Ludwig Ganghofer, Hugo Engl

Der Klosterjaeger

Roman aus dem XIV. Jahrhundert

Ludwig Ganghofer, Hugo Engl

Der Klosterjaeger
Roman aus dem XIV. Jahrhundert

ISBN/EAN: 9783337357740

Hergestellt in Europa, USA, Kanada, Australien, Japan

Cover: Foto ©ninafisch / pixelio.de

Weitere Bücher finden Sie auf **www.hansebooks.com**

Buchschmuck von Hugo Engl

86.—108. Auflage.
Aller Ausgaben 184.—206. Tausend.

Stuttgart, A. Bonz & Comp. 1920

Der
Klosterjäger

Roman
aus dem XIV. Jahrhundert

von
Ludwig Ganghofer

Copyright 1917 by Adolf Bonz & Comp.,
Stuttgart.
Alle Rechte vorbehalten; insbesondere das
Recht der Übersetzung in fremde Sprachen.

Druck von A. Bonz' Erben in Stuttgart.

Dem Angedenken meines
heimgegangenen Kindes

Sie stieg hernieder auf die Erde,
Wie von der Sonne fällt ein Strahl ...
Und schwand hinweg von dieser Erde,
Wie er verglüht im dunklen Tal.

Der Blume gleich im Frühlingshage,
An Leib und Seele sonder Fehl,
War sie die Freude meiner Tage,
Mein Sorgentrost und mein Juwel.

Kein Wölklein, das sich nicht zerteilte
Vor ihrem sonnigen Gesicht,
Und wo sie ging und wo sie weilte,
Da war die Wärme, war das Licht.

Sie lächelte: man mußte lieben.
Ein Blick: und sie gewann ein Herz ...
Und ach, was ist von ihr geblieben?
Ein kleines Grab, ein großer Schmerz.

L. G.

1.

Frühling im Bergwald! Er kennt die Blumen nicht, die der Lenz über die Wiesen des Tales streut, kennt nicht die linden Lüfte, die spielend durch blühende Hecken streichen, und nicht das liebliche Gezwitscher der heimgekehrten Schwalben, die unter gastlichem Dach ihre Nester bauen. Frühling im Bergwald! Das ist Brausen und Sausen, Toben und Donnern, Sturm und Tod. Über dem Bergwald liegt der Winter wie ein grauenhafter Riese, und der Frühling, der ihn scheuchen will, muß kommen als ein gewaltiger Held, muß töten und zerstören, bevor er bauen kann und neues Leben wecken aus eisigem Schlaf.

Hoch in den steilen Felsen krachen ohne Unterlaß die stürzenden Lawinen, über die Halden fährt der stürmende Föhn mit dumpfem Sausen, mit seinem heißen Atem schnaubt er über den schwindenden Schnee, im Walde packt er die alten mächtigen Fichten und rüttelt sie, daß sie erbeben in ihrem Mark. Und was sie tragen an morschem Gezweig, das bricht er ab von ihnen und führt es davon in jagendem Wirbel. Ein Rieseln und Gurgeln, immer und überall, auf jedem Hange bildet sich ein springender Bach, über alle Felsen plätschern die Wasser, zu denen der Schnee zerschmolzen, alle Wurzeln umspülen sie und sammeln sich zum tobenden Gießbach, der den Bergwald säubert von allem Unrat, jeden kranken, schwachen Baum zerschmettert und nur bestehen läßt, was stark ist und gesund. Die Felsklötze, die der Winterfrost von der Steinwand sprengte, kommen ins Wandern, wenn der Schnee zerrinnt; sie stürzen und sausen nieder durch den Bergwald in dröhnenden Sprüngen, mit Krachen und Schmettern, und wo sie im Sturz die Erde treffen, da pflügen sie den Grund, damit der überwinterte Same, den der Lenzwind ausweht, im Boden die frische Narbe fände.

In diesem Rauschen und Brausen, inmitten dieses Frühlingskampfes gegen den Winter, wandert ein einsamer Mensch.

Rüstigen Ganges, mit halblauter Stimme ein Lied singend, schreitet er über den vom Schnee schon halb entblößten Almenhang: eine schlanke, knochenfeste Gestalt; ein junges Antlitz mit blitzenden Augen und einem lachenden Mund, den der Flaum des blonden Bartes umkräuselt. In eisenbeschlagenen Bundschuhen stecken die nackten Füße; Strümpfe aus ungegerbtem Rehfell, die Haare nach innen gewendet, umschließen die Waden; aus der kurzen, verwitterten Lederhose ragen die nackten Knie hervor, die aus braunem Erz gegossen scheinen. Ein grobes Hemd und ein aus zottigem Loden geschnittenes Wams umhüllen den straffen Körper. Über dem krausen Blondhaar trägt er die pelzverbrämte Lederkappe mit der Adlerfeder, am Gürtel ein kurzes Weidmesser und den kleinen Bolzenköcher, hinter dem Rücken die plumpe Armbrust mit fingerdicker Sehne, und in den Händen führt er das lange ‚Griesbeil': den mit scharfem Stachel und eisernem Haken versehenen Bergstock. Es ist Haymo, der Klosterjäger, der dem Propste Heinrich von Berchtesgaden die Hirsche, Gemsen und Steinböcke hütet.

Vor Wochen schon, da der Schnee noch tief lag und im Marsche kaum zu überwinden war, hatte Haymo die Jägerhütte bezogen, hoch über dem grünen Königssee, in einem weiten Felstal, dem die roten Marmorwände, die es rings umschließen, den Namen gaben: ‚In der Röt'.

Vom Morgen bis zum Abend, täglich, machte Haymo seinen Hegergang; das war für ihn eine harte Zeit; er durfte keine Stunde rasten, mußte die Augen offen halten den ganzen langen Tag. Der strenge Winter hat das Wild vertraut und zahm gemacht, und die Raubschützen haben leichte Arbeit; in großen Rudeln ziehen die Hirsche schon früh am Abend auf die offenen Almen und erst am späten Morgen wieder zu Holz; die Gemsen stehen tief im Bergwald, und sogar die scheuen Steinböcke trieb der Winter aus ihren unwegsamen Felsrevieren in die Nähe der verlassenen Almhütten. Da galt es, unermüdlich Wache zu halten, denn gerade dieses seltene, edelste Wild war von den Raubschützen am meisten bedroht.

Ein ‚Stainpokh' ist wie eine wandelnde Apotheke; die gerippten Hörner, die Hornschalen der Läufe, das getrocknete Blut, das im Volksmund ‚Schweißbluh' genannt wurde, und besonders die ‚Herzkhreizl', jene kleinen knochenähnlichen Gebilde, die im Herzen des erlegten Tieres gefunden werden, alles an ihm ist wunderbare, heilsam wirkende Arznei, die von Herren und Bauern mit teurem Gelde bezahlt wird. Wohl standen schwere Strafen auf der Erlegung solch eines Wildes: Kerker und Peitsche, Verlust der rechten Hand, sogar der Tod — doch der hohe Gewinn verlockte zum Raub, und so kam es, daß Haymo schon in der ersten Woche seiner Hegezeit den Abgang zweier Steinböcke vermerken mußte. Als unwiderlegbare Zeugen des geschehenen Raubes hatte er im Schnee die Schweißfährten der erlegten Tiere und die Fußspuren des Räubers gefunden, die sich im tieferen, schneefreien Bergwald verloren. Als zu Ende der Woche ein Laufbube des Klosters dem Jäger frischen Mundvorrat gebracht hatte, schickte Haymo mit dem Buben diese schlimme Nachricht hinunter ins Tal, in banger Sorge, wie Propst Heinrich, der an seinem Weidgehege und besonders an dem edlen Steinwild eine ritterliche Freude hatte, diese Botschaft aufnehmen würde.

Und die ganze folgende Woche gönnte Haymo sich keine Ruhe mehr, in der Nacht kaum einen kurzen Schlaf, und es war ihm nicht zu verdenken, daß ein zornflammendes Wort von seinen Lippen fuhr, so oft er in seinem öden Bergrevier die Fährte eines menschlichen Fußes spürte. Nur eine Gesundheit, so eisern wie die seine, konnte diese aufreibenden Strapazen überdauern. Wenn er nach tagelangem Marsche heimkehrte in seine Blockhütte, lag ihm die bleierne Müdigkeit in allen Gliedern; er brauchte sich nur auf sein Lager zu werfen, und es fiel über seine jungen Augen ein traumloser, fester Schlaf, der ihn erquickte, obwohl er nur wenige Stunden währte.

Haymo hatte sich, um in diesem schweren Schlummer das erste Grau des Morgens nicht zu verschlafen, einen Wecker erfunden. Er band sich mit einer Lederschnur einen schweren Stein an den Arm und legte, wenn er sich auf die Wolfsdecke streckte, dieses Steinstück so lose auf die Holzkante seines Lagers, daß es bei der leisesten Erschütterung zu Boden fiel. So oft dann Haymo im Schlummer sich bewegte, weckte ihn der fallende Stein. Lag in der Hütte, wenn er erwachte, noch die finstere Nacht, dann richtete Haymo den Wecker wieder und schlummerte weiter. Doch wenn er sah, daß draußen vor dem kleinen Fenster die Sterne zu erblassen begannen, sprang er auf, wusch sich am rinnenden Quell, dessen eiskaltes Wasser vor der Hütte gurgelte, nahm sein karges Frühmahl ein und wanderte hinaus in den vom Föhn durchschütterten Frühlingsmorgen.

Noch waren die Nächte kalt, und es währte immer eine Weile, bis Haymo das Frösteln aus seinen Gliedern brachte. Der rasche Gang auf beschwerlichem Wege machte sein Blut lebendig, frische Röte färbte wieder seine jungen Wangen, und seine Augen blitzten hell wie Wasser, in das die Sonne scheint.

Je wilder ihn die Frühlingsstürme umrauschten, desto freier und wohler wurde ihm zu Mut. Und wenn sich der Morgen, an dem er das zu Holze ziehende Wild nicht stören und scheuchen durfte, zum vollen Tage wandelte, sang der Jäger, um der in seinem Innern treibenden Lebenskraft einen Ausweg zu schaffen, mit hallender Stimme ein Lied in den Frühlingsbraus und der steigenden Sonne entgegen, die mit ihrem funkelnden Gold die schneebedeckten Kuppen der Berge überschmolz. Doch wenn die Sorge, die ihn seit Tagen bedrückte, wieder sein Herz beschlich, wurde er schweigsam, stieg lautlos empor von Höhe zu Höhe und schickte die spähenden Augen in die Runde.

Da hatte er nun wieder einen schweren Tag hinter sich. Auf dem Heimweg zur Hütte begann er die Ermüdung hart zu spüren; in diesem tobenden Sturm, in diesem Schnee und rinnenden Gewässer war es kein Marsch zu nennen, den er gemacht, vielmehr ein Kampf um jeden Schritt. Wohl dämmerte schon der Abend, aber solange noch ein Schimmer von Licht über den Halden schwebte, durfte er nicht an die Heimkehr in seine Hütte denken. Auf hoher Bergrippe wollte er den Anbruch der Nacht erwarten.

Als er die Höhe betrat, winkte ihm, scharf abgehoben vom rotglühenden Abendhimmel, ein mächtiges Kreuz entgegen; ein Dächlein war darüber gespannt, in den Querhölzern staken die Nägel, aber das Bild des gekreuzigten Erlösers fehlte; die frommen Almbauern hatten es im Herbste vom Kreuz genommen, damit es nicht leiden möchte von der Unbill des Winters, von Schneedruck und Lawinen.

Haymo zog die Kappe und sprach ein Gebet. Dann ließ er sich zu Füßen des Kreuzes nieder, lehnte sich an den Stamm, verschlang die Hände hinter dem Nacken und blickte still umher mit müden Augen, die sich schon dem Schlummer entgegensehnten. In kurzen Stößen, bald sich dämpfend, bald wieder aufbrausend mit verstärkter Macht, sauste der Föhn über ihn weg.

Gegen die steilen Felswände zog sich ein mehr als hundertjähriger, von Stürmen und Lawinen stark gelichteter Lärchenwald empor, dem die Nähe des Kreuzes seinen Namen gegeben; er hieß der ‚Kreuzwald'. An manchem Morgen war Haymo schon zu diesem Wald hinaufgestiegen, um den ersten Balzruf des Auerhahns zu erlauschen. Aber der stolze, einsiedlerische Vogel, dieser gefiederte Liebessänger der Berge, mochte den Frühlingsmorgen noch zu frostig finden, um den Sang seiner heißen Liebe zu beginnen. Zur Linken der Kreuzhöhe breitete sich das weite Felstal, an dessen jenseitiger Grenze, von einzeln stehenden Fichten überschattet, die Blockhütte des Jägers stand und daneben das größere Balkenhaus, in welchem Herr Heinrich und der Klostervogt zu nächtigen pflegten, wenn sie pirschen kamen. Und diesem Tal zu Füßen dehnte sich der mächtige Bergwald, der das vom Schnee schon völlig entblößte Almenland umschloß und sich niedersenkte in die Tiefe, in welcher der See gebettet lag.

Haymo konnte den See nicht gewahren, auch nicht das weite Klosterland im Tal. Die tiefer liegenden Bergrücken wehrten seinem Auge den Niederblick. Aber ringsumher in weiter Runde bot sich ihm ein Bild von wundervoller Schönheit. Übergossen von der roten Glut der sinkenden Sonne, ragten die gewaltigen Schneeberge empor über das dunkle Meer der Wälder: dem Jäger zur Linken die wilden

Tauern, die beiden Riesenzacken des Wazmann und die Schrofen der Wazmann-Kinder, zur Rechten der stolze, unwegsame Göhl, und in der Ferne, von bläulichem Schattenduft umwoben, stiegen die scharfgezahnten Lattenwände und die plumpen Massen des Untersberges in den golddurchleuchteten Abendhimmel. Wenn auch der Föhn mit Brausen alle Lüfte füllte, so trübte doch kein Wölklein den frühlingsklaren Himmel; um die Zinnen der Berge flatterte keine Nebelflocke, und ohne Dunst und Schleier lag das tiefere Geländ.

Unter langen Atemzügen hob sich Haymos Brust; bei dem stillen Schauen, mitten in Sturm und Wehen, befiel es ihn wie träumender Halbschlummer. Dann jäh erwachte er und fuhr betroffen auf, beinahe berührt von abergläubischem Schreck.

Ein junges Mädchen stand vor ihm, mit großen, staunenden Augen.

Er hatte den Hall ihres Schrittes nicht vernommen, hatte sie nicht emportauchen sehen über den Rand der Höhe. Sie stand vor ihm wie aus den Lüften getreten. In ihrem zarten Wuchs, mit dem blassen, fein geschnittenen Gesicht und mit den tiefen Rätselaugen, umflattert von den schwarzen Strähnen des gelösten Haars, und in dem dünnen roten Rock, den der Sturmwind peitschte, war sie einer jener Elfen zu vergleichen, die in den Tiefen der Berge hausen und zuweilen an das Licht der Erde steigen, um ein Menschenkind zu beglücken mit ihren Gaben.

Und sie trug auch ein Körbchen in der kleinen Hand. Was es wohl bergen mochte? Funkelndes Geschmeide, Perlen, edle Steine?

Haymo fühlte, wie ein leiser Schauer ihn durchrann. Nun aber mußte er lächeln. Denn des Mädchens plumpe Schuhe und die ärmlichen Lappen des Gewandes hatten wenig Elfenhaftes. Haymo erhob sich. „Dirn? Was willst du hier?"

Sie schwieg und betrachtete ihn noch immer mit einem

halb scheuen, halb traulichen Blick.

„Dirn! Woher kommst du?"

„Von dort!" sagte sie mit einer leisen, weichen Stimme und deutete nach der steilen Schneehalde, die sich hoch über dem Wald gegen die starre Felswand emporzog.

„Von dort?" wiederholte Haymo und überflog mit ungläubigem Blick die zarte Gestalt des Mädchens. Dort oben war es ein mühsames und gefährliches Gehen. Ein falscher Tritt auf dem von Tauwasser und Föhnwind glattgewaschenen Schnee, und es ging bergab in sausender Fahrt. Wohin? Das blutige Bild, das Haymo auf diese stumme Frage vor seinen Augen auftauchen sah, weckte ein bedrückendes Gefühl in seiner Brust, und er sagte: „Dirn! Das war ein böser Weg. Sei froh, daß du heil zurück bist."

Sie schüttelte den Kopf und lachte — ein hell klingendes Kinderlachen.

„Aber was hast du nur da droben gesucht?"

„Schneerosen," sagte sie und lüftete den Deckel an ihrem Körbchen, das zur Hälfte angefüllt war mit jenen zarten, weißen Blüten, die so schön und auch so kalt sind wie ein Wintermorgen. Dann wieder blickte das Mädchen lächelnd zu dem Jäger auf. „Es war eine rechte Plag! Seit dem Morgen bin ich auf den Füßen und hab doch kaum so viele Blumen gefunden, daß sie reichen für ein kleines Kränzl. Wir sind schon spät im Jahr, die meisten Stöck haben schon verblüht."

„Für wen gehören die Rosen?"

„Für das Grab unseres lieben Herrn. Übermorgen ist Charfreitag."

Eine Weile schwiegen die beiden. Haymo blickte zu dem leeren Kreuz empor; dann wieder sah er in die Augen des Mädchens und fragte: „Wer bist du?"

„Ich bin die Gittli![1] Und du?"

„Der Klosterjäger."

„Der neue?"

„Ja! Und wo bist du zu Hause, Dirn?"

„Drunten im Klosterdorf."

Haymo erschrak. „Aber Dirn! Wie willst du den Heimweg finden? Heut noch? Das ist ein Weg, den du nit wanderst in fünf Stunden. Und es wird eine finstere Nacht."

„Ich weiß eine Sennhütt, von hier eine halbe Stund, dort will ich nächten."

„Du wirst frieren. Die Nacht wird kalt."

„Frieren?" lachte sie. „Das Heu macht warm!" Und da sie sich schon zum Gehen wenden wollte, nahm sie rasch ein paar Schneerosen aus dem Körbchen und schob sie zwischen die beiden eisernen Nägel, die im Fußbalken des Kreuzes staken. Einen stummen Gruß nickte sie dem Jäger noch zu, dann fing sie mit der Hand das flatternde Haar, wand es um den Hals und huschte davon. Ein paar Schritte nur, und sie war in die Senkung des Tales hinuntergetaucht.

Haymo stand und wartete; es währte lang; dann sah er sie weit drüben im Steintal zwischen den Büschen wieder zum Vorschein kommen; ihr Rotrock schimmerte noch hell aus dem sinkenden Dunkel. Nun blieb sie stehen und schaute zurück; so glaubte Haymo. Aber es dämmerte schon zu sehr, als daß er auf die weite Strecke ihr Tun noch hätte genau unterscheiden können. Jetzt war sie schon so klein wie ein roter Käfer in dunklem Buschwerk, und nun verschwand sie.

Noch immer spähte Haymo den Weg entlang, den sie gegangen. Dann atmete er tief, und sein Blick fiel auf die weißschimmernden Blüten am Kreuz.

Schneerose! Du echte Blume der Berge! Nicht minder schön und lieblich, als die rotglühende Almenrose des Sommers, und noch geheimnisvoller als der Sammetstern des Edelweiß. Schneerose! Wenn der Winter seinen weißen Mantel über alle Berge wirft, wenn alles Blühen erstirbt und alles Wachstum entschlummert, dann regt sich die keimende Kraft in den tief gesenkten Wurzeln dieser einzigen Pflanze, als wäre sie bestellt zur Hüterin des Lebens, damit es nicht ganz erlösche in der toten Zeit zwischen Herbst und Frühling. In frostiger Öde sprossen ihre Blätter, und zwischen Schnee und Eis entfalten sich ihre weißen Blüten. Und wandert zur Winterszeit der Tod durch die verschneiten Hochlandstäler, und berührt er ein unschuldig Kind mit seiner kalten Hand, dann klimmt die weinende Mutter empor zu den schimmernden Schneehalden und windet ihrem entschlafenen Liebling die weißen Rosen zum Kranz, als Sinnbild des ewigen Lebens.

Schneerose! Das ist Leben und Tod zugleich! Denn die Wurzeln dieser Pflanze bergen einen geheimnisvollen Saft, der kranke Herzen gesunden läßt und bleiche Wangen wieder färbt. Für jenen aber, der diese Arznei zu gierig genießt, wird sie zum tödlich wirkenden Gifte.

> „Zwei Tröpflen machen rot,
> Zehn Tropfen machen tot!"

So sagt der Volksmund — und während das sinkende Dunkel den weißen Rosenschimmer am Kreuze zu verschleiern begann, murmelte Haymo diesen Spruch vor sich hin, als überkäme ihn die Ahnung, daß die Zeit nicht fern wäre, in der ihm ‚zwei Tröpflen' nötig würden.

Über allen Bergen war der rote Schein erloschen; ein grauvioletter Duft ließ Himmel und Erde ineinanderschwimmen. Zu Haymos Häupten dunkelte schon die Nacht; nur fern im Westen zog sich über den Horizont noch ein grünlichgelber Lichtstreif, in den der gezackte Grat der Lattenwand sich schwarz hineinzeichnete.

Der Bergwald und die Gießbäche rauschten, dumpf sauste der Föhn, und unruhig fingen die erwachenden Sterne zu funkeln an.

---

[1] Brigitte.

2.

Eine Stunde hatte Haymo in der Nacht zu wandern, um seine Hütte zu erreichen. Als er dem Blockhaus näher kam, gewahrte er staunend, daß durch die halboffene Tür der rötliche Schein eines Herdfeuers leuchtete. Wer war zu Gast gekommen? Er beschleunigte den Schritt und trat in das Blockhaus.

Ein kleiner Raum. Die Balkenmauern des Hauses waren auch die Wände der Stube; mit dürrem Moos waren die Ritzen zwischen den Balken verstopft. Neben der Tür durchbrach ein winziges Fenster die Blockwand. Der niedere, aus Felsbrocken rohgemauerte Feuerherd nahm fast den vierten Teil des Raumes ein; an der Wand neben dem Herde stand das plump gezimmerte Bett, angefüllt mit Heu, darüber eine Wolfsdecke, ein Kissen aus Rehfell und ein großes, rauhhaariges Stück Loden; rings um die freien Wände lief eine Balkenbank, und in der Ecke neben dem Fenster stand der klotzige Tisch. An der Wand noch ein kleiner Schrein zur Aufbewahrung des Mundvorrates, über dem Herd zwei gekreuzte Stangen zum Trocknen der durchnäßten Kleider, neben der Tür zwei Holzzapfen für die Armbrust und das Wehrgehäng, ein Brett mit mancherlei Geschirr, und in der Ecke über dem Tisch ein Kreuz, dessen welker Blumenschmuck ebenso gebräunt war wie alles Gebälk; denn der Rauch des Herdfeuers hatte immer ein langes Weilen in der Stube, bis er durch die Ritzen der Blockwand und des Daches seinen Weg ins Freie fand.

Vor dem Herd, auf dem ein knisterndes Feuer flackerte, stand, mit der dampfenden Pfanne beschäftigt, der Laufbube des Klosters, ein etwa fünfzehnjähriger Bursch, hager, mit einem verschmitzten stulpnasigen Gesicht, die braunen Haare kurz geschoren; er war mit einem rauhhaarigen Wams bekleidet, das in Schnitt und Länge fast einer Kutte glich.

Als Haymo unter die Tür trat, grüßte ihn der Bub mit einem Kopfnicken und einem blinzelnden Blick. Vom Heubett erhob sich eine rundliche Gestalt, ein Mönch in der weißen Brudertracht der Augustiner, das wohlgenährte Bäuchl umschlungen von breitem Ledergurt; die genagelten Bundschuhe, die schon am Feuer zum Trocknen standen, hatte er durch Strohpantoffeln ersetzt. Er trat auf Haymo zu, die Fäuste in die Hüften gestemmt; seine kleinen Augen zwinkerten, der Mund bewegte sich kauend, und über der knopfigen Nase und den kugeligen Backen lag eine Purpurglut, wie sie der Widerschein des Herdfeuers allein nicht erzeugen konnte.

„Willkommen, ehrwürdiger Pater!" grüßte Haymo und zog die Kappe.

Walti, der Laufbub, kicherte zu diesem Gruß; der Mönch aber lachte: „Also du bist der Haymo, unser neuer Jäger?"

„Ja!"

„Glaub ich nit! Du? Was? Du willst ein Jäger sein? Ui jei! [2] Mit dir hat Herr Heinrich was Schönes aufgegabelt. Ein Jäger muß Augen haben! Verstehst du? Aber du hast Augen wie eine Blindmaus. Sonst tätst du mich nit für einen Pater halten."

Und Walti, den fettglänzenden Eisenlöffel schwingend, schrie dem Jäger ins Ohr, als hätte er einen Tauben vor sich: „Das ist ja nur der Frater Severin, unser Gärtner!"

O Spott des Namens! Severinus, das heißt zu deutsch der ‚Strenge', der ‚Ernsthafte' — und dieses Gesicht dazu und dieses Bäuchl, das vor Lachen wackelte, daß Frater Severin sich auf die Holzbank niederlassen mußte, um Atem zu finden!

„So? So? Ihr seid ein Frater?" sagte Haymo, sein Wehrgehäng von den Hüften schnallend. „Nun, dann seid mir doppelt willkommen!" Lächelnd streckte er seine Rechte hin.

Severin faßte sie mit der einen Hand, während er die andere drohend erhob: „Du! Du! Wenn ich das dem Dekan verrate, daß dir ein Pater die halbe und ein Frater die doppelte Freud macht, dann setzt es was!" Er wollte weiter sprechen; doch aus der Pfanne, die über dem Feuer hing, stieg plötzlich ein zischender Dampf. „Walti, du Rabenvieh!" rief der Bruder erschrocken und sprang zum Herd. „Richtig! Läßt der Kerl uns das Futter anbrennen, als wär's eine Seel, die der Teufel schmort! Her mit dem Löffel!" Er riß dem Buben den eisernen Zinken aus der Hand und begann die rauchende Speise mit einem Eifer durcheinander zu stoßen, daß ihm die Schweißtropfen über die dicken Backen rannen.

Haymo sah ihm eine Weile zu, dann nahm er die Armbrust von der Schulter und rieb mit einem Lederlappen die von der feuchten Luft erweichte Sehne so lang, bis sie warm und trocken wurde. Als er die Waffe über den Holznagel hängte, trug Frater Severin die dampfende Pfanne zum Tisch.

„So, ihr Knospen, her zum Futter!"

Sie reihten sich um den Tisch, dem das Herdfeuer genügende Helle gab, sprachen ein kurzes Gebet, und Frater

Severins Schmunzelgesicht wurde ernst für eine Minute. Kaum aber hatte er das Amen von den Lippen, da war sein Löffel der erste in der Schüssel.

Einige Bissen hatten sie gegessen, da legte Severin den Löffel nieder und hielt den beiden anderen die Hände fest. „Halt! Wir haben das Beste vergessen. Walti! Her mit der Güte Gottes!"

Der Bub sprang auf und holte flink aus dem Zwerchsack eine bauchige Tonflasche. Bedächtig löste Frater Severin den Rindenpfropf und schob dem Jäger die Flasche hin. „Sollst den ersten Schluck haben. Klosterbier!" Er schnalzte mit der Zunge.

Haymo tat einen langen Zug. „Ja, Frater, da merkt man die Güte Gottes!"

Walti kicherte. Und Frater Severin lachte. „Hörst du, was er gesagt hat? Güte Gottes!" Er gab dem Buben einen Puff in die Seite und vertiefte sich in die Flasche. Dann wieder zu Haymo gewendet, lachte er: „Ich will dir's verraten! Weißt du, ich bin kein böser Mensch. Wenn ich in meinem Chorstuhl knie, dann schlag ich an meine Brust und spüre, daß ich ein armer Sünder bin. Aber in Garten, Keller und Küche, da redet man auch gern wieder von irdischen Dingen. Dem Pater Dekan gefällt das nit. Drum haben wir uns eine Sprach erfunden, weißt du: ein fester Brotlaib, der heißt bei uns ‚eine gute Seel', solch ein Krug, das ist die ‚Güte Gottes', und eine alte Flasche, das ist ‚des Himmels höchste Gnad'. Und weißt du, was die ‚wahre Andacht' ist? Eine gebackene Forelle! Und das ‚Labsal der Betrübten'? Ein gesulzter Hecht! Ui jei! Du solltest den Pater Dekan sehen, wie zufrieden er lächelt, wenn er uns von so frommen Dingen reden hört. Wenn ich etwa sag: ‚Heut wurde mir des Himmels höchste Gnade zuteil'! Oder: ‚Ach, wie bin ich erfüllt von wahrer Andacht'!"

So plauderten sie weiter, ließen die Flasche kreisen und taten sich gütlich an ihrem bescheidenen Mahl. Als Walti den Tisch räumte, sagte Frater Severin zu Haymo: „Neugierig bist du aber gar nit. Fragst nit einmal, weshalb wir gekommen sind!"

„Ich freu mich, daß ihr da seid!"

„Du sollst morgen hinunter ins Kloster und deiner Christenpflicht genügen."

„Das tät ich gern. Wer aber hütet, bis ich wieder komm, meine Gemsen und Steinböck?"

„Ich!"

„Ihr?" lachte Haymo.

„Ja, ich, was sagst du?" jammerte Frater Severin. „Herr Heinrich meint, der faule Winter hätt mir zu wohl angeschlagen. Nun soll ich mir ein paar gute Pfündlen aus der Kutt laufen. Das wird eine böse Sache!" In banger Sorge befühlte er den Umfang seines Gurtes. „Aber du, du kannst dich auch freuen, wenn du morgen hinunter kommst. Neulich, als der Walti mit deiner Botschaft kam, da gab es ein Donnerwetter, ui jei! Weißt du, Herr Heinrich ist ein frommer, guter Mann, aber wenn es sich um verlorene Seelen und Steinböck handelt, kann er schelten wie ein Türk! Weißt du, was er sagte? Er sagte: ‚Zwei Böck in einer Woche? Wenn das so fortgeht, steck ich den Burschen unter die Klosterknechte und schick einen anderen, der wachsamere Augen hat und sich besser versteht auf die Hut des Gewildes'. Ja, das sagte er."

Haymo erblaßte. Das hatte ihn ins Herz getroffen. Er hing am Weidwerk und an den schönen, freien Bergen wie ein Blatt am Baum, das welken und sterben muß, wenn es der Wind vom Aste reißt. Er brachte kein Wort hervor; nur die Fäuste stieß er auf den Tisch und biß die Lippen übereinander.

Als Frater Severin gewahrte, was er angerichtet hatte, streichelte er dem Jäger die zitternde Faust und sagte begütigend: „Nun, nun, so schlimm wird's nit gleich werden. Herrn Heinrich brauchst du nit fürchten. Komm du morgen nur hinunter, schau ihm frei ins Aug, und alles ist gut! Und wenn Herr Schluttemann, der Klostervogt, ein Hagelwetter losläßt, so nimm es nit ernst und schüttel den Pelz! Weißt du, der speit halt Feuer, weil ihm Frau Cäcilia gehörig einheizt. In seiner Vogtstub hängt ein Bild. Hast du es gesehen? Der heilige Georg, der den Drachen ersticht! Ich mein', da sollt eher ein Bildnis hängen: der Drache, der den heiligen Georg ersticht, aber nit mit der Lanze, sondern mit einer Blutwurst!"

Er wollte weiter sprechen. Aber vom Herde klang die Stimme des Buben: „Frater Severin!"

„He?"

„Wißt Ihr, wen ich heut gesehen hab in aller Gottesfrüh?"

„Wen?"

„Den Schwarzen! Drunten am See, unter einer Feicht hat er gesessen und hat an einem Netz geflickt, als wär er nit der Pater Fischmeister, sondern ein höriger Knecht. Und wie ich vorübergegangen, hat er Augen auf mich gemacht wie Feuer, richtig zum Fürchten! Das ist einer!"

„Das ist freilich einer!" wiederholte Frater Severin. Und um den Jäger von seinen trüben Gedanken loszureißen, fragte er: „Hast du ihn nie gesehen, drunten am See?"

Haymo schüttelte den Kopf.

„Heuer um die Weihnachtszeit haben sie uns den hergeschickt aus Passau. Warum? Ich weiß es nit! So was erfährt ja unsereiner nie. Er soll aus fürstlichem Geblüt sein. Aber da drinnen —" er pochte auf seine Brust, „da muß es finster ausschauen bei dem! Ganze Tage lang ist er im verschneiten Klostergarten auf und ab gewandert wie ein Gespenst. Und jetzt im Frühjahr, da haben sie ihn zum Pater Fischmeister gemacht und an den See geschickt. Drunten, weißt du, wo es heraufgeht über den Wildbach, in dem öden Winkel zwischen Felsen und See, da haust er in seiner Klause. Könnt es so gut haben in seiner

Chorherrenstub! Und hockt da heraußen in der Wüstenei! Mutterseelenallein! Freilich, umsonst heißt er nit Pater Desertus, der ‚Einsam'! Meinst du, er duldet einen Knecht in seiner Näh? Draußen im Seedorf müssen sie sitzen und dürfen nur kommen, wenn er sie ruft mit seiner Glocke."

Haymo hörte nur mit halbem Ohr. Als Frater Severin das merkte, rüttelte er den Jäger am Arm. „Aber so red doch ein Wort! Das ist langweilig, so stumm zu hocken wie ein Räupl im Kohl. Komm! Trink einen Schluck! Und dann erzähl! Wo bist du denn eigentlich her?"

„Aus Sankt Benedikt Buren."

„Wo Herr Heinrich vor Wochen zu Gast war?"

„Ja. Er fand Gefallen an mir und nahm mich mit."

„Da hat er recht gehabt. Ich hätt es auch so gemacht. Sind deine Eltern Klosterleut?"

Haymo senkte den Kopf. „Mein Vater war ein freier Mann, ein Falkner; bei einem bösen Wetter hat ihn der Blitz erschlagen, und meine Mutter ist darüber gestorben aus Gram."

„Armer Teufel!" murmelte Frater Severin und wollte des Jägers Hand fassen.

Haymo erhob sich und verließ die Stube. Draußen umfing ihn die Nacht. Lange stand er an den Stamm einer Fichte gelehnt, die unter dem stoßenden Föhn erzitterte bis in die Wurzeln. Er blickte empor zu den Sternen. Aber er sah ihr Funkeln und Leuchten nicht; die Bilder der Vergangenheit, traurig und froh, zogen an seinen Augen vorüber: die stürmische Nacht, da man den Vater brachte als einen stillen Mann; der Morgen, an dem man die Mutter tot auf ihrem Lager fand; der schöne Abend, da ein Klosterknecht den zehnjährigen Buben zum Pater Wildmeister in das Jachental brachte; die erste Bergfahrt, der erste Schuß auf die Scheibe und der erste in das Herz eines jagdbaren Hirsches; und dann die schönen Jahre hoch oben im freien Revier der Berge mit ihren Jägersorgen und Jägerfreuden — bis zu diesem letzten Abend, an dem das Mädchen mit den Schneerosen so plötzlich vor seinen Augen stand, selbst einer Schneerose vergleichbar, schlank wie eine Elfe.

„Gittli?"

Sein Blick bohrte sich in die Nacht. Aber dort unten, wo der rauschende Bergwald den Almenhang und jene Hütte umschloß, in der das Mädchen Schutz für die Nacht gesucht, dort unten war Finsternis.

Schlief sie schon? Und fror sie nicht im Schlummer? Sennhütten sind nur gebaut für den warmen Sommer: handbreite Lücken klaffen in den roh gefügten Balkenwänden, und es fährt der Sturm hindurch, zudringlich und kalt. Da wäre der Schläferin ein wärmendes Fell, eine schützende Decke willkommen.

Haymo sprang in die Hütte. Das Feuer auf dem Herd war fast erloschen; nur eine dünne Flamme schlug noch aus den zerfallenden Kohlen. Im Herdwinkel hatte Walti sich auf die warmen Steine gestreckt, und im Heubett schnarchte Frater Severin auf dem Wolfsfell und hielt die Lodendecke bis übers Kinn gezogen. Was der gute Frater wohl sagen möchte, wenn Haymo ihn weckte und zu ihm spräche: „Gib das Fell her und die Decke, die kleine Gittli friert!"

Haymo, leis, um die beiden anderen nicht zu wecken, ließ sich auf den Herdrand nieder. Da sah er, daß der Laufbub die Augen noch offen hatte. „Walti!" sprach er ihn flüsternd an. „Gelt, du kennst alle Leut im Klosterdorf?"

„Ja!" gähnte der Bub.

„Kennst du eine junge Dirn mit Namen Gittli?"

„Wohl. Das ist die Müllerstochter am Seebach drunt, ein festes Weibsbild mit blonden Zöpfen, dick wie mein Arm."

„Die mein' ich nit. Eine andere."

„Halt! Ja! Die Krämerdirn? Haymo, die hat Moos und kriegt ein Haus. Aber schielen tut sie und einen Buckel hat sie auch. Pfui Teufel!"

„Die mein' ich auch nit. Eine andere."

„Eine andere? Gittli? Ich weiß keine mehr."

„Besinn dich!"

„Wie soll sie denn ausschauen?"

Haymo neigte sich über den Herd; seine Augen leuchteten, und von seinen Wangen widerstrahlte die Glut der Kohlen: „Schlank und fein wie ein junges Lärchenstämml, flink wie ein Reh, ein Gesicht, so weiß wie die Schneerosen, und Augen so schön und so tief wie der See."

Walti glotzte den Jäger an und schüttelte den Kopf. „Nein, die kenn ich nit. So eine gibt's gar nit bei uns im Dorf. Die müßt man draußen in der Salzburg suchen oder im reichen Hall, in den Herrenhäusern." Er ließ sich gähnend zurücksinken in den Winkel, richtete sich aber gleich wieder auf. „Halt! Eine fällt mir noch ein. Ja, die heißt auch Gittli. Aber das ist noch gar keine Dirn. Die ist mit mir in die Klosterschul gegangen. Ein kleberes[3] Ding. Hat Augen wie eine Wildkatz und Haar, so schwarz wie des Teufels Großmutter. Die kannst du nit meinen."

Haymo lächelte. „Nein, die mein' ich freilich nit! Wer ist denn ihr Vater?"

„Sie hat keinen. Bei ihrem Bruder haust sie. Das ist einer! Dem geh ich aus dem Weg. Neulich, wie die Glock zum Essen läutet, hab ich sein Kindl umgerannt. Da hat er mir die Ohren schier aus dem Kopf gerissen. Der Teufel, der ungute! Ist ein Auswärtiger. Vor zehn Jahren ist er zu uns gekommen, weiß nit, woher. Drunten im Salzhaus ist er Sudmann, und sein Haus ist ein Klosterlehen. Jaaa!" Laut gähnend drehte sich Walti auf die Seite.

Haymo saß gegen die Blockwand gelehnt, flocht die Hände um das aufgezogene Knie und träumte mit offenen Augen.

Auf dem Herd erlosch die Glut, Frater Severin schnarchte, und draußen stürmte der Föhn um das kleine Balkenhaus, daß es zitterte in allen Fugen.

[2] Dialektische Verstümmelung des Ausrufes: „O Jesus!"

[3] Schwächlich, unscheinbar.

3.

Es war nach den schweren Mühen des Tages keine bequeme Rast, die Haymo auf dem Herdrand hielt. Dennoch schlief er fest. Nach stillen Stunden weckte ihn ein Windstoß, der gegen die Hütte fuhr, als wollte er sie wegtragen in die Lüfte. Auch Walti erwachte; sogar Frater Severin stellte das Schnarchen ein und warf sich auf die Seite.

Haymo verließ die Hütte, um sich an der Quelle zu waschen; der Stand der Sterne zeigte die zweite Morgenstunde. Als er zurückkehrte, hatte Walti ein Feuer entzündet. Frater Severin schnurrte schon wieder im Schlaf wie die Säge in einer dürren Zirbe.

Heute brauchte Haymo kein Frühmahl, denn er mußte nüchtern bleiben für den Tisch des Herrn. Er schnallte das Wehrgehäng um die Hüfte, warf die Armbrust hinter den Rücken und drückte die Kappe über das krause Gelock. Aus dem Schreine nahm er eine ältere Armbrust hervor und einen Bolzenköcher und reichte beides dem Buben, dessen

Augen aufblitzten, als er nach der Waffe griff.

„Kannst du schießen?"

„Auf hundert Gäng treff ich wohl einen Baum!" sprudelte es über Waltis Lippen.

„Gut! Laß den Frater schlafen! Du aber geh, wann der Morgen graut, und übernimm die Hut!"

„Welchen Weg soll ich machen?"

„Hinüber zur Kreuzhöh, dann hinauf durch den Wald bis unter die Wänd und immer an den Wänden fort. Aber nimm dich in acht vor den Lahnen[4] und spring nit talwärts, wenn du sie rollen hörst über dir, sondern drück dich an die Wand! Und wenn du einen Steinbock siehst oder ein Rudel Gemsen, dann scheuch mir das Wild nit! Hörst du? Und wenn dir einer begegnet, der nichts hier oben zu schaffen hat, dann zeig, daß du ein richtiger Bub bist, und ruf ihn an! Es ist Klostergut, das du hütest."

Walti nickte nur; sein Gesicht brannte, und fester schlossen sich seine Hände um die Armbrust.

„Und nun behüt dich Gott! Und grüß mir den Frater Severin!"

Draußen lag noch die Nacht mit ihrem Sturm und ihren Sternen. Rüstigen Ganges folgte Haymo durch das rauhe Steinfeld dem talwärts führenden Jägersteig. Nach einer Stunde erreichte er den rauschenden Almenwald. Durch die Finsternis, die ihn zwischen den Bäumen umgab, wanderte er so sicher dahin, als wär' es heller Tag. Manchmal hörte er flüchtendes Hochwild brechen.

Nun teilte sich der Weg; der eine Pfad führte über die bewaldeten Wände steil hinunter zum See, der andere quer durch den Wald, auf einem Umweg bei den Sennhütten vorüber und dann nach weiten Windungen beim Seedorf in das Klostertal.

Bei den Sennhütten vorüber? Haymo fühlte, wie es ihn zog und zog. Er hätte gerne gewußt, ob Gittli die stürmische Nacht auch fahrlos überstanden. Um sich loszureißen, mußte er des Zweckes denken, der ihn heute hinunter rief ins Kloster.

In doppelter Eile folgte er dem immer abschüssiger werdenden Pfad. Die Sterne erblaßten, immer lichter wurde der Himmel, und über den Spitzen der Berge erwachte das Frührot. Ein rosiger Schimmer erfüllte den weiten Felsenkessel, in dessen Tiefe der See mit weißen Wellen schwankte. Als Haymo das steile Ufer erreichte, wurde drüben über dem See, in der Bartholomäusklause, der Morgensegen geläutet. Er zog die Kappe und sprach ein Gebet. Dann stieß er den Einbaum, der zwischen wirrem Gestrüpp an das Ufer gezogen lag, in das Wasser, sprang mit raschem Satz in das schwankende Fahrzeug und griff zum Ruder. Wohl hatte der wehende Föhn zwischen den tief gesenkten Felswänden nur halbe Macht, Haymo mußte aber doch seine ganze Kraft zusammennehmen, um bei den häufigen Wirbelwinden, die ihn überfielen, den plumpen Kahn in gerader Fahrt zu halten.

Es war heller Tag geworden, als er nahe dem Seedorf in einer vor dem Sturme geschützten Bucht den Einbaum wieder ans Land zog. Zwischen den rauschenden Fichten stieg er den sanft geneigten Waldweg empor. Nun verhielt er betroffen den Schritt. Vor ihm auf einem moosigen Steine saß ein Mönch. Netzwerk und Angelschnüre lagen zu seinen Füßen; er hielt die Arme auf die Knie gestützt und das Antlitz in den Händen vergraben. Die weiße Kapuze war zurückgesunken und enthüllte ein edel geformtes Haupt mit kurzgeschorenem, tiefschwarzem Haar; dicht und lang quoll der schwarze Bart unter den Händen hervor bis auf die Brust.

In Haymo erwachte die Erinnerung. Dieser Mönch vor ihm, das war wohl der ‚Schwarze', von welchem Walti geplaudert hatte, der neue ‚Pater Fischmeister', den ‚sie von Passau hergeschickt', und von welchem Frater Severin erzählt hatte, daß er ganze Tage lang stumm und einsam im beschneiten Klostergarten auf und nieder gewandert wäre ‚wie ein Gespenst'?

Einen Schritt trat Haymo näher, sein eisenbeschlagener Schuh streifte an eine Felsplatte, und da richtete der Mönch sich auf. Diese stolze, edle Gestalt hätte eher in den Harnisch gepaßt als in die Kutte; das Gesicht aber, das der schwarze Bart umrahmte, war bleich wie Schnee; Gram und Seelenpein hatten die Züge verschärft und tiefe Furchen in die weiße Stirn gegraben; um die schmalen Lippen zuckte der Schmerz, und die tiefliegenden Augen brannten wie Feuer — das waren Augen, die lange die Wohltat der Tränen nicht mehr kannten. Haymo fühlte sein Herz berührt vom Anblick dieses Priesters; er zog verwirrt die Kappe und stammelte: „Hochwürdiger Vater! Was fehlt Euch? Seid Ihr krank?"

Der Mönch wandte sich wortlos ab, hob die Fischnetze und Angelschnüre auf seinen Arm und wollte gehen.

Haymo vertrat ihm den Weg. „Ich bitt Euch, redet ein Wort zu mir! Vielleicht kann ich Euch was zulieb tun? Sagt mir, was bedrückt Euch?"

„Das Leben!" glitt es leise von den Lippen des Mönches, als hätte er dieses Wort für sich allein gesprochen, nicht aber als Antwort auf die herzliche Frage des Jägers. Dann neigte er das Haupt — es war ein Gruß und eine Abweisung zugleich — und ging zu dem Pfade hinüber, der von den Bergen herunterführte gegen das Seedorf.

Betroffen blickte Haymo ihm nach; nun hob er lauschend den Kopf; eine klingende Stimme tönte von einer höheren Stelle des Pfades durch den Wald. Haymo erkannte die Stimme, und heiß schoß ihm das Blut in die Wangen. Jetzt sah er auch zwischen den Bäumen schon das rote Röckl schimmern. Gittli war es. Und sie sang:

„Auf steiler Höh,
Tief unterm Schnee,
Da blüht ein Blüml grün und weiß.
Es gräbt in Stein
Die Wurzen ein
Und streckt sein Köpfl aus dem Eis,
Schneeweiß!

Die Winterszeit,
Wenn's eist und schneit,
Das ist sein Lenz auf weißer Hald.
Doch bringt der Föhn
Den Frühling schön,
Dann siecht es hin und welket bald,
Schneekalt!

Im Herzen tief
Ein Blüml schlief,
Gar lieblich und an Schönheit reich;
Es blühte rot,
Da kam der Tod
Und trug's hinunter in sein Reich,
Schneebleich!"

Wie Lerchengesang hob Gittlis Stimme sich über den wehenden Sturm und das dumpfe Rauschen des Waldes. Und als sie die letzte Strophe gesungen hatte, sah Haymo, wie Gittli auf dem schmalen Pfad erschrocken stehen blieb, den scheuen Blick auf den Pater Fischmeister gerichtet. Dieser stand vor ihr, mit erstarrtem Gesicht und mit Augen so voll Entsetzen, als wäre das Mädchen vor ihm nicht das lieblichste Bild des Lebens, sondern ein dem dunkelsten Schoß der Erde entstiegenes Gespenst. Die Knie drohten ihm zu brechen, Netze und Schnüre fielen von seinem Arm, taumelnd griff er nach einer Stütze, und von seinen zuckenden Lippen klang es mit heiserem Laut: „Wer bist du?"

„Ich bin die Gittli," stammelte das Mädchen mit versagender Stimme.

„Wer ist dein Vater?"

„Mein Vater ist tot, und meine Mutter auch. Ich hause bei meinem Bruder, der heißt Wolfrat und ist Sudmann im Salzhaus des Klosters."

Das hatte Gittli scheu hervorgestottert, wie ein Kind die Litanei in der Schule stammelt, wenn der Kaplan die Haselrute schwingt. Nun stand sie schweigend, das Körbchen mit den Schneerosen an ihren jungen Busen drückend, ein Bild, so hold, daß Haymo von diesem Anblick sein Herz zum Springen schwellen fühlte. Es zuckte in seinen Fäusten, und es war ihm, als müßt' er auf den unheimlichen Wegelagerer losstürzen und ihm zuschreien: Was willst du von dem Kind? Laß das Kind in Ruh! Oder du hast es mit mir zu tun!

In wachsender Verstörtheit war der Blick des Mönches auf das Mädchen gerichtet. Röte und Blässe wechselten auf seinen Zügen, seine Augen waren wie zwei Flammen, heiß und verzehrend. „Wer gab dir dieses Gesicht?" so brach es fast wie ein Schrei von seinen Lippen; nun streckte er die Arme, als wollte er das Mädchen umschlingen — und da wich Gittli erbleichend vor ihm zurück; einen Augenblick stand sie ratlos, dann schwang sie sich mit einem herzhaften Sprung über den steilen Rand des Pfades auf den moosigen Waldboden und flog mit flatterndem Rock an Haymo vorüber, um zwischen den Bäumen zu verschwinden.

Wie man lange nach der dunklen Stelle des Himmels starrt, an der ein fallender Stern erloschen ist, so starrte Haymo in den Waldschatten, in dem die Gestalt des Mädchens sich verloren hatte. Langsam wandte er das Gesicht und blickte wieder zum Pfad hinauf. Dort oben stand noch immer der Mönch mit gestreckten Armen, als wollte er die Luft umschlingen, in der das Mädchen geatmet. Jetzt kam ein Zittern über ihn, seine Arme fielen, stöhnend sank er auf einen Stein und bedeckte das Gesicht mit den Händen.

Haymo wußte nicht, wie ihm geschah. Er hätte gern diesem Priester gezürnt, und dennoch fühlte er, wie das Mitleid sein Herz gefangen nahm. Eine Weile noch stand er wie gebannt; dann schlich er davon, und je weiter er sich entfernte, desto rascher wurde sein Schritt.

Vielleicht gelang es ihm noch, das Mädchen einzuholen? In seinem Geleit wäre Gittli sicher und hätte einen gefahrlosen Heimweg. Er begann zu laufen. Was war das? Diese zornige Stimme, die von der offenen Seelände durch die Lichtung der Bäume klang? War das nicht Gittlis Stimme? Ja! Und nun verstand er auch ihre Worte: „So laßt mich doch! Was wollt ihr von mir? Was hab ich euch denn getan? So laßt mich doch in Ruh!"

Haymo hatte den Waldsaum erreicht; draußen lag eine breite Wiese, halb überspült von dem weißen Sand, den der schäumende See über das Ufer warf; an Stangen hingen Fischnetze zum Trocknen aufgespannt; unter weitästigen, im Föhnwind rauschenden Ulmen, zu Füßen eines Hügels, standen die beiden Hütten der dem Kloster hörigen Fischerknechte. Zwei der struppigen, an Gesicht und Kleidung derb verwitterten Gesellen hatten inmitten der Wiese das Mädchen mit einem Stück Netz umfangen, und der eine lachte: „Hilft dir nichts! Wer so ein feines Fischl im Garn hat, der hält es fest."

„Aber so laßt mich doch, laßt mich!" flehte Gittli und suchte sich dem Netz zu entwinden.

„Zappel nur!" lachte der andere. „Weißt du, was einem Ferch geschieht, wenn er ins Netz gegangen ist? Wir geben ihm eins auf den Schnabel!"

Gittli kreischte, und während sie mit dem einen Arm ihr Körbchen in die Höhe hielt, schlug sie mit dem andern zornig um sich.

„Geh, hab keine Sorg!" tröstete der jüngere der beiden Knechte. „Wir machen's bei dir nit gar zu grob! Komm her, wirst sehen, es tut nit weh!" Er faßte mit derber Hand ihr

Kinn und wollte sie küssen. Da flog er unsanft zur Seite. Haymo hatte ihn beim Kragen gepackt, und der Griff hatte ausgegeben. Ein Dutzend Schritte von der Stelle saß der Bursch im Gras und machte ein dummes Gesicht. Dem anderen versetzte Haymo mit dem Bergstock eins über die Hand, daß er das Netz gutwillig fallen ließ. Gittli, die sich so plötzlich befreit sah, warf dem Jäger einen dankbaren Blick zu, streifte hurtig das Netz von den Füßen und huschte kichernd davon.

Der ins Gras Gesetzte hatte sich inzwischen erhoben. Mit kirschrotem Gesicht kam er auf den Jäger zugestürmt.

Haymo machte eine Faust und hob sie ein wenig. „Komm nur!" sagte er lächelnd.

Da war der Zorn des Burschen verraucht. Und der andere, der noch immer seine Hand rieb, brummte: „So ein Wildling! Gleich zuhauen! Da schau, ganz blau sind alle Finger!" Und scheltend ging er dem Ufer zu und steckte die Hand ins kalte Wasser.

Lachend schulterte Haymo den Bergstock und folgte der Straße. Er wäre gern rascher gegangen; aber das wollte er den beiden Gesellen nicht zuliebe tun; die hätten ihm sonst wohl nachgerufen: „Schau, wie er sich tummelt, daß er davon kommt!" Als er um die Ecke lenkte und den Blicken der beiden entschwand, beschleunigte er seinen Gang; aber von Gittli war nichts mehr zu sehen und zu hören.

Auf schmaler, von den Rädern der Bauernkarren übel zerrissener Straße schritt Haymo durch das frühlingsblühende Tal. Wenn auch droben auf den Bergen der Lenz noch eine harte, zähe Schlacht gegen den Winter schlug, so hatte doch im Tal der Frühling sich schon häuslich eingerichtet. Auf den Wiesen lag es schon wie grüner Sammet, in dem sich die zahllos blühenden Primeln ausnahmen wie goldene Stickerei. Veilchenduft wehte aus den Hecken, in denen die kleinen Meisen zwitscherten. Aus den Zweigen der Fichten spitzten schon die jungen Triebe, und über den Buchen und Ahornbäumen lag's von den sprossenden Blättchen wie lichtgrüner Schimmer. Die wilde Kraft des Föhns, der droben auf den Bergen allen Grund der Felsen zittern machte und die donnernden Lawinen löste, war hier im Tal verwandelt in ein frisches Wehen, das in alle Büsche griff, in alle Wipfel der Bäume, als wollt' es ihnen sagen: Nur frisch, nur munter! Jetzt nach dem Winterschlaf kein Gähnen mehr! Jetzt heißt es wachsen, treiben, blühen, Früchte tragen und für Samen sorgen! Die schöne Zeit ist kurz. Und eh ihr euch's verseht, ist wieder der Winter da. Munter! Munter!

Jetzt stieg die Morgensonne hinter den Bergen empor, Wald und Feld überspinnend mit ihrem Gold. Ein Funkeln und Leuchten überall. Sogar der Schatten, den Haymo auf die Straße warf, war Schimmer und Farbe.

Blaue Rauchsäulen stiegen aus den hölzernen Bauernhäusern, die zerstreut lagen zwischen kleinen Gehölzen, zwischen Wiesen und brachen Feldern; in den umhegten Gärten weidete das Vieh mit läutenden Glocken, und in steinigem Bette rauschte die dem See entströmende Ache ihr eintöniges Lied.

Die Straße begann zu steigen; nun trat sie unter den Bäumen hervor, und Haymo sah zu oberst auf der sonnigen Höhe des Weges das Mädchen schreiten.

„Gittli! Gittli!" rief er mit hallender Stimme.

Sie hörte ihn, blieb stehen, wandte das Gesicht, schwang wie zum Gruß ihr Körbchen und lief davon, in der Senkung der Straße verschwindend.

Haymo seufzte zuerst, dann lachte er und wanderte weiter. Eine halbe Stunde noch, und er hatte das Klosterdorf erreicht. An beiden Ufern der Ache reihte sich Haus an Haus, und von der Höhe nieder winkte der schlanke Münsterturm und der mächtige, weit ausgedehnte Bau des Stiftes, mit hundert funkelnden Fenstern. Haymo überschritt auf hölzerner Brücke die Ache und gelangte zu einem riesigen Holzgebäude. Es war das Salzhaus, die Goldschmiede des Klosters, welche die Dukaten in so schöner Menge lieferte, daß in kaum zweihundert Jahren die arme Martinsklause zu Berchtesgaden das reichste Kloster weit und breit geworden war. Alle Fürsten zankten sich um die Hoheitsrechte über die reiche Propstei, und die Erzbischöfe von Salzburg machten scheele Augen.

In langer Reihe standen die Frachtwagen und Saumpferde aus aller Herren Länder vor dem Salzhaus, und ein Frater in geschürzter Kutte verzeichnete auf einem Täfelchen jeden Sack, der von den Knechten zum Verladen herbeigetragen wurde. Auf einem Seilzug, der über die Ache gespannt war, kamen die in Rollen laufenden Kufen mit dem Rohsalz knarrend einhergezogen. Dort drüben lag der Salzberg Tuval, in dessen Schachten das Steinsalz von den Klosterknappen gefördert wurde. Dann kam es in die Pochmühle, aus der Mühle in die Solwannen, und aus der gesättigten Sole wurde das reine Salz in mächtigen Pfannen wieder ausgekocht. Sogar in der Karwoche durften die Feuer nicht erlöschen. Wie fleißig der Sud betrieben wurde, das verriet der weiße Dampf, der in dichten Wolken aus allen Luken des Daches, aus jedem Tor und allen Fenstern des Sudhauses qualmte.

Da drinnen in der brütenden Hitze mochte kein gutes Weilen sein; das meinte Haymo dem Sudmann anzusehen, der triefend von Schweiß aus einem der Tore trat, um frische Luft zu schöpfen; er war nur mit einer blauen Leinenhose bekleidet, Oberkörper und Arme waren nackt und von der Hitze gerötet wie ein Krebs, der aus dem siedenden Wasser auf die Tafel kommt. Eine schwere Gestalt, Muskeln und Arme wie aus Kupfer gegossen, ein Stiernacken, ein klobiger Schädel mit kurzgeschnittenem, rötlichbraunem Haar; der struppige Bart hatte die Wangen fast bis zu den Augen überwachsen; dadurch bekam das Gesicht einen finsteren Ausdruck, der durch den verdrossenen Blick der grauen

Augen noch verschärft wurde.

„Wolfrat!" rief eine herrische Stimme im Innern des Salzhauses, und der Sudmann verschwand im Tor.

Wolfrat? — Dieser Mensch sollte Gittlis Bruder sein? Haymo schüttelte den Kopf; er stellte die beiden im Geiste nebeneinander. Das waren zwei Geschwister, von denen eins zum andern paßte, wie der Eichbaum zur Heckenrose, wie der Bär zum Reh, oder — der Volksmund pflegt zu sagen: wie die Faust aufs Auge!

---

[4] Lawinen.

4.

Als Haymo durch die Pforte des Klostergartens trat, scholl vom Kirchplatz herab ein lautes Knattern und Gepolter. Das waren die hölzernen ‚Ratschen', die zur Messe riefen; während der Passionstage dürfen die Glocken nicht geläutet werden; ihre klingenden Seelen, so geht die Sage, ziehen nach Rom, um vom heiligen Vater gesegnet zu werden, und erst in der Osternacht kehren sie zurück in ihre ehernen Leiber, um schwebenden Schalles die Auferstehung des Erlösers zu verkünden.

Über Felsstufen und gewundene Wege stieg Haymo den Hang des Hügels empor, auf dessen Kuppe das Kloster stand; das ganze Gehänge, einst mit Felsklötzen besät und von wirrem Gestrüpp überwuchert, war in einen freundlichen Garten verwandelt, mit zahlreichen Blumenbeeten, Baumgruppen und säuberlich gehaltenen Pfaden. Wohl war der Garten um diese frühe Jahreszeit noch arm an Grün und Blüten. Aber was mußte das im Sommer für eine Pracht und Freude sein! Frater Severin, der Gärtner, verstand seine Kunst; das mußte auch der Neid bekennen.

Auf schwankendem Steg überschritt Haymo den tiefen Hirschgraben, in dem ein Rudel Hochwild friedlich äste. Die Tiere sahen elend und verkümmert aus; ein Hirsch, auf dessen Haupt schon das neue Geweih zu sprossen begann, war bis zum Rande des Grabens emporgestiegen und drückte die Stirn gegen das hölzerne Gitter; er sah durch die Lücken der Stäbe in der Ferne den freien Bergwald blauen; Haymo wandte sich ab, bewegt von Erbarmen; es dünkte ihn ein hartes Unrecht, solch ein edles Tier gefangen zu halten in traurigem Kerker, nur zu müßiger Augenweide.

Als der Jäger an der Klosterpforte den Hammer rührte, sagte ihm der Pförtner, daß Haymo nach der Messe in der Amtsstube des Klostervogtes sich einzufinden hätte; doch sollte er neben Dienst und Pflicht auch seines irdischen Leibes gedenken und den Umweg über die Küche nicht scheuen. „Freu dich, Junge, heut ist großer Fasttag!" flüsterte der Pförtner und schmunzelte.

Haymo gab die Armbrust und den Bergstock in Verwahrung und schritt über den weiten Klosterhof dem Münster zu, durch dessen offenes Tor der Weihrauch duftete und die brennenden Kerzen flimmerten. Stehend, die Kappe zwischen den verschlungenen Händen, hörte er die Messe. Im Beichtstuhl hatte er ein schweres Viertelstündchen; er besann und besann sich, aber es fiel ihm keine Sünde ein, die er begangen hätte. Das ganze Jahr hindurch mit sich allein auf den Bergen und im Wald, nichts anderes im Herzen als die stille Freude an der schönen Gotteswelt, nichts anderes im Sinn als die Jägersorgen, die der Morgen weckte und der Schlaf vergessen machte, wie soll man da zu einer Sünde kommen? Kein Gebet, kein Glaube macht die Menschen frömmer als die Einsamkeit des rauschenden Waldes, als die freie Himmelsnähe auf den Gipfeln der Berge. Aber sündigen *muß* doch der Mensch! Wozu wäre sonst die

Beichte da? Haymo sann und sann. Der Pater im Beichtstuhl wurde ungeduldig. Und Haymo, dem der Angstschweiß auf die Stirne trat, stotterte: „Hochwürdiger Vater, ich bitt Euch, habt nur ein Weilchen Geduld, es wird mir gewiß noch eine Sünd einfallen!" Und richtig — der heiße Zorn, der ihm über die Lippen fuhr, so oft er droben in seinem Revier die verdächtige Spur eines Menschen fand — das war doch Sünde! Und der Wunsch, daß er Flügel haben möchte, um die entflohenen Raubschützen verfolgen und fassen zu können? Wieder eine Sünde! Denn dieser Wunsch war so viel wie ein versteckter Zweifel an der Weisheit Gottes, der die Menschen nun einmal *ohne* Flügel erschaffen hatte. Haymo atmete erleichtert auf; der Anfang war gemacht, und da ging es prächtig weiter, so daß er schließlich ein ganz gewichtiges Päckl Sünden zusammenbrachte. Der Pater lächelte, als er diesem schwer beladenen Beichtkind die Absolution erteilte; Haymo aber war völlig zerknirscht und hielt die kleine Buße, die er zu beten bekam, für unverdiente Milde. In tiefer Andacht genoß er den Leib des Herrn und verließ die Kirche.

Der Pförtner, der ihm das Tor des Stiftes öffnete, zwinkerte ihm freundlich zu und sagte: „Geh nur! In der Küch wissen sie schon, daß du kommst!"

Haymos eisenbeschlagene Schuhe klapperten auf den Steinfliesen des langen Korridors, den er zu durchschreiten hatte. Durch die hohen Bogenfenster fiel das goldene Sonnenlicht und machte die Farben der frommen Bildnisse leuchten, mit denen die weißen Wände geziert waren. Aus einer Türe hörte er summende Stimmen, dazu ein lautes Klappern und Klirren. Er öffnete und betrat die Klosterküche. Feuchte Hitze umfing ihn, und angenehme Düfte quollen ihm entgegen. Ein großmächtiger Raum mit sechs hohen und breiten Fenstern; die Wände schneeweiß getüncht, der Boden mit roten, spiegelblanken Marmorplatten belegt. Überall weißgescheuerte Tische,

Kasten, Schreine und Truhen; alle Wände funkelten von kupfernen Pfannen und zinnernen Schüsseln; an den Fensterpfeilern hingen die aus Blech getriebenen Kuchenformen in Gestalt von Sternen, Herzen, Blumen und allerlei Getier. In der Mitte des Raumes stand der riesige Herd, dessen Inneres, nach den vielen Kupfertüren zu schließen, ein wahres Labyrinth von Feuerhöhlen und Bratröhren enthalten mußte; die Platte des Herdes war dicht bestellt mit dampfenden Pfannen und Kesseln, und über offenem Kohlenfeuer wurde an langem Spieß ein Seeferch gebraten, der wohl an die dreißig Pfund wiegen mochte.

Und welch ein emsiges Leben in diesem Dampf und Duft! Rings um den Herd und um die Zurichttische standen und gingen die Küchenbrüder, mit nackten Armen, mit blauen Schürzen über den Kutten, jeder betraut mit einem hochwichtigen Amt. Hier wurden Hechte, Forellen und Saiblinge gereinigt, dort walkte einer mit derben Fäusten an einer ellenlangen Teigstulle, hier wurden Zwiebeln geschnitten und Zitronenschalen gewürfelt, hier schlug einer mit langer Birkenrute einen ganzen See von Eiweiß zu schneeigem Schaum, dort wurde Mehl abgewogen und Gewürz sortiert, und zwischen den Brüdern tummelten sich die Laufbuben, Holz tragend, das Feuer schürend, die gebrauchten Kessel scheuernd und das zinnerne Geschirr spülend. Hohe Stöße von Tellern wurden durch einen Schalter hinausgeschoben, durch den man das weite Refektorium mit seinen blütenweiß gedeckten Tischen gewahrte. Und in diesem Klappern, Klirren, Zischen und Brodeln ein ununterbrochenes Rufen, Plaudern und Lachen. Und alle Gesichter rotbrennend vor Hitze.

Die Fäuste in die Hüften gestemmt, mit gebieterischer Ruhe, wie ein Feldherr, schritt Frater Friedrich, der Küchenmeister, auf und nieder, alles überblickend, alles überwachend. Breit lag ihm das Doppelkinn auf der Brust, die kleinen Augen versanken fast in den Fettpolstern der

Backen, und bei seinem Umfang mochten fünfzehn Ellen Tuch nicht ausreichen für die Kutte. Ja, das Fasten! Das Fasten!

Als Haymo die Küche betrat, weckte sein Erscheinen einen lauten Aufruhr. „Der Jäger! Der Jäger!" rief es auf allen Seiten, die Brüder kamen auf ihn zu, die Laufbuben ließen fallen, was sie in den Händen hatten, und rannten ihm entgegen. Mit glotzender Neugier umstanden sie ihn; der eine griff nach Haymos Weidmesser, der andere streichelte die Armbrust, der dritte griff in den Köcher und prüfte die Schärfe einer Bolzenspitze am Finger. Und so viele Fragen gab es auf einmal, daß der Jäger sie in einer Stunde nicht hätte beantworten können. Haymo wurde verlegen, ihm war zumut wie der Wildtaube im Hühnersteig. Da kam der Frater Küchenmeister — herbeigegangen? — nein, herbeigerollt wie eine Tonne. „So? Bist du da? Hast du deine Seel gestärkt? Brav, mein Sohn, brav! Das ist Christenpflicht. Jetzt aber komm und stärke deinen Leib!"

Er nahm den Jäger unter den Arm und führte ihn in eine kleine Stube, die neben der Küche lag und halb einer Mönchszelle, halb einer Speisekammer glich. Im Erker war säuberlich ein kleiner Tisch gedeckt, und neben dem Zinnteller stand eine Holzbitsche, bis zum Rande gefüllt mit schäumender ‚Güte Gottes'.

Die beiden setzten sich, und ein Laufbube trug auf; Schüssel um Schüssel kam, und Haymo machte immer größere Augen. Er hatte noch nie im Leben so herrenmäßig — nein, das will zu wenig sagen — so klosterwürdig getafelt! Der Frater Küchenmeister schien den schmucken Jäger ins Herz geschlossen zu haben; er hatte die Arme breit über den Tisch gelegt und schaute dem Schmausenden mit zufriedenem Lächeln zu.

Da gab es zuerst eine Erbsensuppe mit gerösteten Schnitten, dann kamen Pastetchen, mit Forellenbacken gefüllt; es folgte ein gesottener Hecht, der sich, wie der

Frater scherzte, aus Freude darüber, daß er gar so schön blau geraten, in den eigenen Schwanz biß; er trug zwei grüne Rosmarinzweiglein in den Nasenlöchern und hatte absonderliche Augen: aus gelber Zitronenschale geschnitten und in der Mitte ein Pfefferkorn; und rings um den Rand des Tellers lag ein Kranz von Zwiebelscheiben, darin der geputzte Fisch so prächtig anzusehen war, daß Haymo erst nach langem Zureden das Herz hatte, diese Pracht zu zerstören. Dann folgten gedünstete Froschschenkel in köstlicher Tunke mit gebackenen Krapfen. Und nun kam ein richtiger Braten. Ein Braten am Fasttag? Haymo blickte verlegen auf den Frater. „Darf ich denn das essen?"

Der Küchenmeister tätschelte die Hand des Jägers. „Iß nur, Bub! Glaubst du denn, ich möcht deine frischgescheuerte Seel mit einer Sünd beflecken? Iß nur! Das ist Fastenspeis, wie Fisch und Frosch!"

Zögernd kostete Haymo; aber gleich wieder legte er die Gabel nieder und schob den Teller kopfschüttelnd von sich. „Nein, Herr, das ist Fleisch!"

„Freilich Fleisch," lachte der Frater, „aber Fleisch von einem Biber!"

„Biber? Das ist doch ein Tier mit Haar und Füßen?"

„Frißt aber Fische! Verstehst du? Das ist Philosophie der Klosterküche: Biber, Otter und Wildente, ob Pelz oder Federn, was Fische frißt, wird wieder als Fisch gegessen. Und ganz mit Recht! Denn die Nahrung macht das Wachstum und bildet aus ihrem Stoff den Körper. Somit verzehrst du in diesem Braten kein richtig Fleisch, sondern ein Teilchen von jedem Hecht und Karpfen, von jeder Grundel und Schleie, die der Biber schmauste."

„So?" lächelte Haymo. „Dann aber, Frater Küchenmeister, wundert mich eines."

„Was, mein Junge?"

„Daß Ihr am Fasttag nit auch eine Hirschkeule auf die Tafel setzt."

In Entsetzen klatschte der Frater die Hände zusammen. „Haymo! Du gottverlorener Mensch!"

„Warum? Die Hirsche äsen Gras und Kräuter. Also muß ihr Fleisch ein Gemüse sein, wie Kohl und Rüben. Und das ist doch Fastenspeis."

Der Küchenmeister machte ein verdutztes Gesicht; dann schlug er lachend die Hand auf den Tisch. „Schade, schade, Haymo, daß du kein Klerikus geworden! In dir steckt ein Kirchenlicht. Und das soll nit umsonst geleuchtet haben! Im nächsten Kapitel mache ich den Vorschlag, daß man alles Wildbret als Fastenspeis erklären soll." Nachdenklich schwieg er und schüttelte den Kopf. „Nein! Ich tu's doch lieber nit. Am Ende drehen sie den Spieß um und sagen: wie der Hirschbraten kein Gemüse ist, so ist der Biberschwanz kein Fisch, obgleich er Schuppen hat. Und Biberschwanz ess' ich für mein Leben gern. Gib her ein Bröckl!" Und aus dem ‚Bröckl' wurde mit Kosten und Kosten der halbe Braten. „Gelt, du? Das rutscht wie Butter."

„Ja, Frater, ein feiner Braten! Der kommt wohl von weither?"

„Von der Donau. Dort leben die Biber zu Hunderten in ihren Wasserdörfern. Von Straubing bis weithinunter gegen Wels hat der Passauer Bischof das Jagdrecht. Mit dem letzten Salzkarren hat er uns ein Dutzend geschickt, wickelfette Kerle!"

„Von Passau? Ist das von dorther, von wo der neue Pater Fischmeister gekommen ist?"

„Warum fragst du?"

Haymo wurde rot. „Ich mein' nur so. Ich hab ihn gesehen, heut früh am See."

Des Fraters Augen leuchteten. „Den soll der liebe Gott unserm Kloster erhalten! So viel hat noch keiner von See und Fisch verstanden, wie der! Hast du den Ferch draußen am Spieß gesehen? Den hat er mit eigener Hand gefangen. Ich laß aber auch nichts auf ihn kommen. Ich halt es mit ihm. Da mögen sie im Kloster reden, was sie wollen."

„Was reden sie von ihm?" fragte Haymo, wobei er sich alle Mühe gab, seine Spannung zu verbergen.

„Ach, dummes Zeug! Bevor er hinauszog in die Seeklause, haben sie ihn in der Nacht oft schreien hören in seiner Zell, daß es jedem, der es hörte, durch Mark und Bein ging. Und wenn sie dann zu ihm hineinrannten, fanden sie ihn am Boden, mit zerrauftem Haar und blutigen Fingernägeln. Nun sagen sie, daß der Teufel Macht hätte über ihn, weil furchtbare Sünden auf seinem Gewissen liegen. Und sie sagen, der Teufel käme in der Nacht und raufe mit ihm um seine Seele."

Haymo saß mit erblaßtem Gesicht und stammelte: „Soll das wahr sein können?"

„Glaub mir, Haymo, dem Teufel laufen die Seelen so scharenweis zu, daß er gemütlich warten kann, bis sie kommen. Der braucht sich nit zu raufen um das, was sein ist. Und bei einer Seel, die dem lieben Herrgott gehört, da hilft ihm auch das Raufen nichts."

„So?" Haymos Stimme klang seltsam gereizt; denn wieder sah er den Pater Fischmeister vor Gittli stehen, mit verlangend gestreckten Armen, mit brennenden Augen. „Ihr meint wohl, der Pater hätt so eine fromme Seel, die nirgends hin will, als nur hinauf in den Himmel?"

„Was weiß ich? Kein Mensch hat ein Guckloch vor dem Herzen, daß man hineinschauen könnt, wie's aussieht drinnen. Auf jeder Pfanne liegt ein Deckel. Nun errat's, was drinnen kocht! Mit der Nase riecht man auch nit alles. Und wer immer auf den Knien rutscht, ist noch lang kein Heiliger. Es kann auch einer in den Himmel kommen, der steife Beine hat. Und dann, was geht's mich an? Er ist der beste Fischer. Das ist mir genug. Freilich, was Besonderes muß es schon gewesen sein, was den ins Kloster verschlagen hat. Wenn ich zurückdenke die zwanzig Jahr —"

„Ihr habt ihn gekannt?" fiel Haymo hastig ein.

„Gekannt? Nein! Aber gesehen hab ich ihn einmal. Und hab ihn auch nimmer vergessen. Es war zu Regensburg. König Ludwig — jetzt ist er lange schon Kaiser, und Gott mag ihn erhalten, denn er ist ein guter Herr — der sollte damals zu Gast kommen bei Bischof Adalbert. Und da holten sie mich aus dem Kloster, damit ich das Mahl rüste. Ja, mein Junge, ich hab allzeit was gegolten! Ein Koch wie ich! — Lassen wir's, denn stolz sein ist eine Sünd. Ich kam also, und ich sag dir, Wunder hab ich gewirkt, Wunder! Was ein Auerhahn für ein Vieh ist, das weißt du doch?"

„Keine schönere Jagd, Frater!"

„Jagen? Meintwegen! Aber essen? Ich dank! Was aber will ich machen? ‚Bruder Küchenmeister', sagte Herr Adalbert zu mir, ‚ich will dir kund und zu wissen tun, daß Herrn Ludwigs Lieblingsgericht der Auerhahn ist.' Auch ein Geschmack, denk ich mir! Dazu gehört ein gut bayrischer Magen. Und Zähne! Die hat er freilich. Das haben seine Feinde gespürt, mit denen er ins Beißen kam. Also, ein Auerhahn! Ja, aber wie? Ich sag dir, Haymo, die ganze Nacht hab ich kein Auge zugetan. Und der liebe Gott hat mich erleuchtet. Ich habe damals eine Beize erfunden — eine Beize! Und der Auerhahn kam auf die Tafel. Und wie! Butter, Haymo, Butter!"

„Aber der Pater Fischmeister?" drängte Haymo.

„Ja, richtig! Es war ein wunderschöner Maitag, als Herr Ludwig einzog im Hof der Bischofsburg. Alles glitzerte von Sonne. Der Himmel gut bayrisch: blau mit silbernen Schäflen. Als sie kamen — ich sag dir, Haymo, das war ein Glanz und eine Pracht, von all dem funkelnden Gold und Eisen! Vom Küchenfenster sah ich's mit an. Und ein Jubel und eine Freud! Herr Ludwig ritt auf einem schneeweißen Pferd."

„Die Krone auf dem Haupt und das Zepter in der Hand?"

„Dummer Bub!" lachte der Frater. „Da kennst du unsern Kaiser schlecht. Nein! Im schlichten Jägerkleid, nit ärmer wohl, aber auch nit besser als der Kittel, den du am Leib trägst. Sein Gefolg aber! Du, das schaute sich an, als wären die Schatzkammern der Untersberger Zwerge lebendig geworden. Und unter den Fürsten und Rittern war einer —"

„Der Pater Fischmeister?"

„Erraten! Freilich, damals hieß er noch nit Pater Desertus, sondern Dietwald, Burggraf zu Falkenberg."[5]

„Ein Graf!" staunte der Jäger.

„Hast du schon den heiligen Georg auf seinem Roß gesehen?"

„Ja, auf dem Bild, das im Zimmer des Vogtes hängt."

„So sah er aus. Stolz und schön! Unter dem blitzenden Helme ringelten sich die schwarzen Locken hervor. Auf den Lippen sproß ihm der erste Flaum, ein lachendes Gesicht wie Milch und Blut, aber eine Gestalt und Glieder, und eine Kraft! Sein Roß schnaufte nur so unter ihm! Und als wär's ein Birkenblatt, so trug er den schweren Schild, einen weißen Falk auf blauem Grund. Andern Tages beim Turney, da brauchte er nur so zu machen —" der Frater Küchenmeister tippte den Zeigefinger auf Haymos Brust, „und die Herren Ritter purzelten in den Sand und streckten alle viere in die Luft. Und die Weibsleut! Wie verrückt waren sie. Die Augen guckten sie sich aus nach ihm. Er aber — — Was gibt's?"

Ein Laufbursch war in die Stube hereingestürmt; der Klostervogt hätte nach dem Jäger fragen lassen.

Erschrocken sprang Haymo auf; aber so rasch kam er nicht zur Tür hinaus. Der Frater Küchenmeister hatte noch allerlei Anliegen; er zählte dem Jäger an den Fingern die würzigen Wald- und Almenkräuter her, welche Haymo in die Küche liefern sollte, sobald der Frühling sie erweckt hätte zum Blühen. Auch die Bärenschinken wären aufgeknappert bis auf den letzten Knochen. Ob nicht Aussicht wäre auf neuen Vorrat? Nicht nur wegen der Schinken. „Gesulzte Bärentatzen!" Der Frater verdrehte die

Augen und schlug mit der Zunge einen Triller.

„Vergangene Woch hab ich einen Bär gespürt, hoch oben im Schnee," sagte Haymo, „doch die Fährt hat sich im aperen[6] Wald verloren."

„Pack ihn, Haymo, pack ihn! Und noch eines! Hat die Schneerose schon verblüht?"

Ein träumerisches Lächeln glitt über die Züge des Jägers. „Ich hoff, noch lang nit!"

„Ich aber hoffe, bald!" Auf das behäbig freundliche Antlitz des Fraters legte sich ein wehmütiger Schatten. „Weißt du, Haymo, das viele Kosten von allen Schüsseln, das tut nit gut auf die Dauer. Manchmal in der Nacht, da spür ich's hier, am Herzen, daß ich meine, ich muß ersticken. Dafür hilft die Wurzel der Schneerose, die Nieswurz. Aber sie muß gegraben werden, wenn das letzte Stöckl verblüht hat. Dann ist ihr Saft am stärksten. Er macht das dicke Blut wieder flüssig und das schläfrige Herz wieder lebendig."

„Ja, Frater, Ihr sollt eine Wurz haben, an die noch kein Wurm gerührt hat. Aber seid vorsichtig! Ihr wißt:

> Zwei Tröpflen machen rot,
> Zehn Tropfen machen tot."

„Sei ohne Sorg!" lächelte der Frater und klopfte dem Jäger herzlich auf die Schulter. „Bist ein guter Bursch! Schick mir die Wurzel durch den Walti! Und komm nur wieder einmal! Für dich hab ich immer ein gutes Bröckl im Kasten. Aber jetzt mach weiter, sonst brummt der Vogt. Gelobt sei Jesus Christus!"

„Amen!"

---

[5] Falkenberg in Niederbayern an einem Nebenbach der Vils.

[6] Schneefrei.

5.

Durch lange Korridore, in denen die weißen Chorherren an dem Jäger vorüberwanderten, lautlos seinem Gruße dankend, und über eine steile Wendeltreppe gelangte Haymo in die Wartestube des Vogtes. Die Stube hatte noch ein zweites Treppenhaus und Tor gegen den Marktplatz, damit die Bauern, die Weiber und Hörigen, die Kaufleute und Kriegsknechte, die dem Vogt ein Anliegen vorzutragen hatten, die klösterliche Schwelle nicht überschreiten mußten.

Der einzige Schmuck des großen Raumes war ein mächtiges Kreuz aus Untersberger Marmor und ein rohes, grellbemaltes Schnitzwerk, den heiligen Augustinus darstellend. Auf den Steinbänken, die sich rings um die Wände zogen, saß ein halbes Dutzend Leute, zumeist Salzkäufer aus der Fremde. Durch die geschlossene Tür der Vogtstube klang eine zankende Stimme. Herr Anselmus Schluttemann, der Klostervogt, war wieder in übler Laune. Das heißt, in solcher Laune war Herr Schluttemann jahraus, jahrein. Das machten aber nicht die Geschäfte des Klosters. Gott bewahre! Herr Schluttemann brachte diese Laune von Hause mit herein in die Amtsstube. Wer mit Frau Cäcilia, die der Vogt seine ‚gestrenge Hausehre' zu nennen pflegte, nur einmal in seinem Leben zu schaffen hatte, der begriff, daß Herr Schluttemann zum mindesten fünf geschlagene Stunden im kühlen Kellerstübl des Klosters sitzen mußte, um sein Hauskreuz zu vergessen. Das geschah nur, wenn er nach der zehnten Bitsche in eine Stimmung geriet, die ihn alles vergessen ließ, überhaupt alles, und ganz besonders das Nachhausegehen. Pünktlich mit sinkender Nacht schickte Frau Cäcilia die Knechte. Mit dem Herrn Vogt war um diese späte Stunde nicht mehr zu reden. Das heißt, Frau Cäcilia redete wohl. Anselmus aber hörte nicht. Doch was der folgende Morgen brachte, das war so Tag um Tag die Ursache zu Herrn Schluttemanns übler Laune. Zwischen dem Erwachen und der Morgensuppe war Frau Cäcilia unbesiegbar. Und so mußten es die Klosterbauern und Salzkäufer in der Amtsstube büßen, daß des Herrn Vogtes ‚gestrenge Hausehre' von Haaren einen ganzen Urwald, nicht auf dem edlen Haupte, wohl aber auf den Zähnen trug.

Kaum eine Stunde war vergangen, seit Herr Schluttemann im Sturmschritt — er selbst nannte diese Eile ‚lobesamen Diensteifer' — seinem häuslichen Herd entflohen war, um sich in die Amtsstube zu retten. Da war in seiner Laune noch die erste Ofenwärme. Die Tür zitterte vom Hall seiner Stimme wie der Resonanzboden einer Brummgeige.

Haymo lauschte diesem Stubengewitter, und ihm wurde unbehaglich zu Mut. Er hatte wohl ein reines Gewissen. Aber zwei gestohlene Steinböcke, und dazu die Laune des Herrn Vogts! Das konnte eine böse Viertelstunde absetzen. Er legte die Kappe auf die Bank und ließ sich nieder. Doch gleich wieder sprang er auf, freudig betroffen. Ihm gegenüber, schüchtern eingedrückt in einen Winkel, saß

Gittli, das Körbchen mit den Schneerosen auf ihrem Schoß. Und wie schmuck sie sich aufgeputzt hatte! Das war wohl ihr Feiertagsgewand? Ein blauer Rock mit grüner Borte, ein schwarzes Mieder, ohne Silberschmuck, aber knapp und kleidsam. Wie frischgefallener Schnee war das Linnen, das die Arme und den Hals umschloß. Das schwarze Haar war in zwei dicke Zöpfe geflochten und gleich einer Krone um die Stirn gelegt. Dazu noch der im Mieder steckende Primelnstrauß, der sie mit seinen goldgelben Blüten lieblicher schmückte, als es irgend ein blitzendes Geschmeide vermocht hätte.

Haymo ging auf das Mädchen zu. „Grüß dich Gott, Gittli!"

Sie nickte nur und sah lächelnd zu ihm auf.

„So gib mir doch deine Hand! Wir haben uns ewig lang nit gesehen."

„Ewig lang? Ich weiß nimmer, war's heuer oder voriges Jahr, oder gar erst heut in der Früh." Sie legte ihre schmale Hand in seine braune Jägerfaust.

„Wie hast du denn geschlafen heut nacht?"

„Wie ein Mankerl![7] Aber beim Aufwachen, du, da war's kalt! Ich hab mich schier kaum zusammenklauben können aus dem Heu. Und dann bin ich gelaufen wie ein Härml,[8] nur daß ich wieder warm geworden bin. Ja, drunten erst, am See —" Sie stockte. Ein halb ängstlicher, halb sinnender Ausdruck war in ihren Zügen. „Gelt, du hast ihn auch gesehen?" Sie blickte scheu um sich, und ihre Stimme dämpfte sich zum Flüstern. „Den mit den Feueraugen? Ich bin völlig erschrocken. Nein, ich fürcht mich nit so leicht. Aber der! Ich glaub, der kommt mir im Traum! Hast du ihn angeschaut? Gelt, ein Gesicht wie ein Gestorbener!" Ein Gruseln flog über Gittlis Schultern.

„Dirn," sagte Haymo ernst, „wenn du von mir einen Rat hören willst, dann geh ihm aus dem Weg! Aber sorgen brauchst du dich nit! Da sei du ganz ruhig! Ich laß dir nichts geschehen."

Sie sah zu ihm auf. „Das weiß ich." Doch als sie den raschen Druck verspürte, mit dem er ihre Finger umschloß, befreite sie fast erschrocken ihre Hand.

Haymo wurde rot bis über die Stirn. Nach einer Weile fragte er: „Weswegen bist du denn da hergekommen?"

Sie saß verlegen, mit gesenkten Augen, und erwiderte leis: „Die Schneerosen will ich dem Kloster bringen. Und mit dem Vogt soll ich reden von meines Bruders wegen. Aber ich werd wohl noch lang verweilen müssen." Sie überflog mit einem Blick die Reihe der Wartenden. „Und ich sollt schon wieder daheim sein. Weißt, ich hab ein krankes Bäsl, und meine Schwährin ist siech und kann nit schaffen."

„Nein, Gittli, du darfst nimmer warten! Komm nur!" Er nahm sie bei der Hand, und obwohl sie sich unter stammelnden Worten sträubte, zog er sie gegen die Tür der Vogtstube. „Leut!" rief er die Wartenden an. „Die Dirn da hat zwei Kranke daheim und kann nimmer warten. Gelt, ja? Sie darf zuerst hinein?"

Eine Antwort bekam er nicht. Aber nur deshalb, weil im gleichen Augenblick die Tür von innen aufgerissen wurde. Drinnen sah man einen Bauer stehen, der seinen Filzhut zwischen den Fingern drehte; und vor ihm, mit weitgespreizten Beinen, stand Herr Schluttemann, der Vogt, eine derb gedrungene Gestalt in einem Koller aus braunem Hirschleder, eine steife Krause um den Hals. Wie zwei Dolche stachen die Schnauzbartspitzen aus seinem dunkelroten Gesicht, und die borstigen Haupthaare starrten wirr durcheinander wie die Stoppeln eines Ährenfeldes, auf dem eine Herde geweidet hat. War das die Frisur, mit welcher Frau Cäcilia Herrn Schluttemann aus ihren Händen entlassen hatte?

„Wir sind fertig, Eggebauer, fertig miteinander!" schrie der Vogt und schüttelte den Kopf wie ein Roß, das nimmer ziehen will. „Du siehst, da warten die Leut. Ich habe noch mehr zu tun, als mit dir zu hecheln. Weiter! Weiter! Die Tür steht offen und ich kann den Zug nicht leiden."

„Herr Vogt," stotterte der Bauer, „wenn ich den Acker schon nimmer haben soll, dann habt doch Erbarmen mit meinem armen Weib und —"

„Dein Weib hat die Krapfenkrankheit!" donnerte Herr Schluttemann. „Mit drei Ellen um den Bauch herum hab ich kein Erbarmen. Dein Weib soll die Schmalznudeln und den Met lassen, soll Schlappermilch essen und Schwarzbrot, dann braucht sie kein Bibergeil und kein Herzkreuzl vom Steinbock. Das sind medicamenta für andere Leute. Punktum!"

Der Eggebauer stand vor der Tür, er wußte nicht wie; es war ihm nur einen Augenblick so vorgekommen, als hätte ihn Herr Schluttemann beim Kragen gefaßt. Und während der Bauer wie ein begossener Pudel dem Ausgang zutrollte, hatte der Vogt schon ein neues Opfer seiner Laune gefunden: den Jäger.

„Soooo?" grölte Herr Schluttemann und machte, denn er wollte höhnisch sein, eine tiefe Reverenz. „Belieben schon da zu sein?"

„Ja, Herr Vogt," sagte Haymo und schob das Mädchen, das an allen Gliedern zitterte und mit jedem Atemzug die Farbe wechselte, vor sich hin. „Aber da ist eine Dirn —"

„Natürlich!" Herr Schluttemann machte mit ausgebreiteten Armen eine noch tiefere Reverenz. „Seine fürstlich Gnaden von der Wildschur belieben sich in der Klosterküche festzupflanzen. Der Vogt kann warten. Natürlich! Da muß man erst Pastetlen speisen, Saibling und Forellen!"

„Nein, Herr Vogt," sagte Haymo, „es war Hecht und Biberschwanz. Aber da ist eine Dirn —"

Herr Schluttemann stutzte und richtete sich straff in die Höhe. „Biberschwanz?" wiederholte er, und sein ganzes Wesen war auf einen Streich verwandelt; im freundlichsten

Ton der Neugier fragte er: „Heute gibt's Biberschwanz?"

„Ja, Herr Vogt! Aber da ist eine Dirn —"

„Dirn! Dirn!" Herr Schluttemann hatte sich wiedergefunden. Er schnaubte und zeigte das Weiße im Aug. Gittlis lieblicher Anblick rührte ihn nicht; er hatte in ihr ein Teilchen von jener Hälfte des menschlichen Geschlechtes vor sich, zu welcher Frau Cäcilia gehörte. Und das war Ursache genug für den Ton, in dem er Gittli anschnauzte: „Was will das Weibsbild?"

Gittli bewegte die Lippen, aber sie brachte keinen Laut aus der Kehle.

„Also? Wird's bald? Was will man?"

„So rede doch, Gittli!" mahnte Haymo. „Mußt dich nit fürchten! Der Herr Vogt ist ein lieber und guter Mann. Rede nur frisch weg!"

„Ich will — was — bringen —" stotterte das Mädchen.

„Bringen? Dem Kloster? Herein damit!" Ein Griff des Herrn Schluttemann, und Gittli stand im Zimmer des Vogtes. Sie wollte noch einen hilfesuchenden Blick zu Haymo zurückwerfen, aber hinter ihr war schon die Tür geschlossen. Scheu blickte sie um sich her. Ein großer Raum mit hohen Schränken an den Wänden. Zwischen den beiden Fenstern ein Bild: der heilige Georg, der den Drachen ersticht. In der Mitte ein Tisch mit Lehnstühlen.

In solch einen Stuhl hatte Herr Schluttemann sich geworfen und hielt nun die Hände verschlungen und die Beine gestreckt.

„Also! Was bringt man?"

Gittli näherte sich zögernd, nahm den Deckel von ihrem Körbchen und hielt es dem Klostervogte hin.

Herr Schluttemann guckte hinein und rollte die Augen, daß man zweimal das Weiße sah. Er hatte in dem Korb zum mindesten ein Dutzend frischer Eier vermutet oder einen Ballen Butter. „Dummes Zeug!" schnauzte er Gittli an, daß sie erschrocken zusammenfuhr und das Körbchen schier fallen ließ. „Was soll denn das? Soll ich mir das Gras vielleicht auf den Hut stecken?"

Gittlis Augen wurden feucht, und mit leiser, kaum noch vernehmlicher Stimme sagte sie: „Morgen ist Karfreitag!"

„Das weiß ich. Oder glaubt man, ich kenne den Kalender nicht?"

„Und das sind Schneerosen. Ich selber hab sie heruntergeholt von den Schneehalden in der Röt. Und sie gehören für das heilige Grab unseres lieben Herrn."

Herr Schluttemann dämpfte seine Entrüstung. „So? So? Das ist christlich!" brummte er. „Stell das Körbl nur auf den Tisch! Ich will es dem Bruder Mesner schicken. So! Und jetzt Gottes Dank! Und Gott befohlen!"

Er machte einen bezeichnenden Wink nach der Tür; Gittli aber rührte sich nicht; ihr Gesicht war kreideweiß vor Angst, und mit flehendem Blick suchte sie Herrn Schluttemanns Augen.

Der Vogt wurde stutzig; er drehte den Kopf auf die Seite und kam auf das Mädchen zugegangen, mit so drohenden Augen, daß Gittli scheu ein paar Schritte zurückwich. „Man will vielleicht noch etwas? Hoho! Ich merke schon! Das also ist die christliche Frömmigkeit? Heeh? Das Kraut da war nur ein Vorwand, um hereinzukommen?"

„Nein, nein, Herr Vogt!" stammelte Gittli mit versagender Stimme.

„Keine Widerred!" kam es wie ein Donnerkeil unter dem gesträubten Schnauzbart herausgefahren. „Was will man? Also? Wird's bald oder nicht?"

Gittli sah mit angstvollen Augen auf. Sie wollte sprechen, aber ehe sie noch das erste Wort herausbrachte, kamen ihr die Tränen, und schluchzend bedeckte sie mit den Händen das Gesicht.

„Natürlich! Natürlich! Jetzt wird geheult!" Herr Schluttemann durchmaß mit langen Schritten die Stube und hob die Arme gegen den Himmel. „Herr du mein Gott, du hast die Weibsleut auch in deinem Zorn erschaffen! Heulen! Gleich heulen! So machen sie's alle. Alle! Alle!" Ob er wohl im stillen hinzufügte: nur Frau Cäcilia nicht? Breitspurig blieb er vor Gittli stehen und stemmte die Fäuste in die Hüften. „Also? Hat man bald ausgeheult? Soll ich bald hören, was man will?"

„Ach, Herr Vogt," kam es unter Tränen und Schluchzen heraus, „mein Bruder kann das Lehent[9] nit zahlen."

„Da haben wir's!" Schmetternd fiel die Faust des Herrn Schluttemann auf die Tischplatte. „Der saubere Bruder will nicht zahlen, und das feine Schwesterlein stolziert herum, aufgeputzt wie ein Burgfräulein."

Gittli warf einen erschrockenen Blick über ihre Gestalt, mit zitternden Händen zerdrückte sie den Primelnstrauß vor dem Mieder und stammelte in Tränen: „Nein, nein, Herr Vogt! Ich bin doch ein blutarmes Ding. Seht doch die Schuh an, die hab ich mir selber genäht! Und das Röckl trag ich vier Jahr schon, und die Borte da, die ist ja nur angestückelt, und das Mieder hat mir die Eggebäuerin geschenkt, weil ihre Zenza drausgewachsen ist. Und das Leinen hab ich mir selber gewaschen."

Die Augen des Herrn Schluttemann begannen verdächtig zu zwinkern. Das tat aber der Gewalt seiner Stimme keinen Eintrag: „Natürlich! Und da hat man wieder ein Pfund Seife verschmiert."

„Nein, nein, Herr Vogt, ich hab's bleichen lassen in der Sonn."

„Sooo? Natürlich! Die liebe, gute Sonne muß auch schon herhalten für die Eitelkeit der Weibsleut. Und ich, der Vogt, muß mich abgeben mit solchen dummen Geschichten. Warum ist dein Bruder nicht selber gekommen? Warum will er nicht zahlen?"

„Ach, Herr Vogt, mein Bruder muß ja von früh bis in die sinkende Nacht im Sudhaus stehen. Und er möcht doch zahlen, wenn er nur könnt. Aber er hat ein krankes Kind daheim, und sein Weib ist siech geworden, wie der Winter kam. Dreimal in der Woch muß die Schwährin Fleisch essen, und neulich haben wir Wein kaufen müssen, weil sie gar so schwach und elend ist."

„So? So?" knurrte Herr Schluttemann. „Und warum kommt man nicht zu mir und holt sich einen Armenzettel? Und warum geht man nicht zum Armenvater und holt sich Fleisch und Wein und kräftige Süpplen? Das Kloster hat's doch, und das Kloster gibt. Donnerwetter noch einmal! Warum nicht?"

„Ach, Herr Vogt!" Träne um Träne kollerte über Gittlis zuckende Wangen. „Ich hätt es ja gern getan. Tät ich doch alles für die Schwährin und das liebe Bäslein. Aber der Bruder will's nit leiden. Er sagt immer, daß er ein Mensch ist, der schaffen und verdienen kann. Und ein Kriegsmann ist er doch auch einmal gewesen. Und er will's nit leiden, daß ich mich unter die Bettelleut stell. Und er könnt's nit hören, wenn man uns Hungerleider schimpft oder Schnappsäck."

„So? So? Natürlich! Not und Elend hint und vorn! Aber stolz! Nur stolz! Und die Nase hinauf in den Wind! Das wär mir das Richtige! Warte nur, warte, ich will deinem Bruder den Hochmut austreiben! Sag deinem Bruder: wenn er nicht zahlt am Ostermontag, dann setzt es ein Donnerwetter. Das Lehen laß ich ihm wegnehmen und geb's einem andern. Ja, das tu ich! Gott soll mich strafen!"

Gittli erblaßte, und ihre Knie drohten zu brechen.

Herr Schluttemann wetterte weiter: „Das wär mir das Wahre! Nicht zahlen wollen! Natürlich! Da käm dann einer um den andern, zuerst die Lehensleut, und dann die Zinsbauern, und dann die Salzkäufer. Und die frommen Patres und Fratres, die auch leben müssen, könnten sich den Hals an den Bindfaden hängen und Luft schnappen. Oho!" Herr Schluttemann wollte der Tischplatte eins versetzen mit der Faust, aber mitten im Schwung hielt er inne; auch Gittli erschrak und fuhr mit der Hand an die Kehle, als ginge ihr der Atem aus. Die beiden hatten zu gleicher Zeit bemerkt, daß sie nicht mehr zu zweien in der Stube waren.

Vor ihnen stand die hohe Gestalt eines Priesters; über dem weißen Talar, dessen Skapulier mit violetter Stickerei umsäumt war, hing an goldener Kette ein funkelndes Kreuz, halb verschleiert durch die dünnen Strähnen des grauen Bartes; ein violettes Käpplein deckte den Scheitel; unter der knöchernen, hart modellierten Stirne ragten die buschigen Brauen hervor wie kleine Dächer über den Augen; aber das Gesicht hatte keinen finsteren Zug; es war männlich ernst und dennoch milde.

Herr Schluttemann verbeugte sich; denn dieser Priester vor ihm, das war Herr Heinrich von Inzing, der Propst zu Berchtesgaden.

„Reverendissime!" sagte Herr Schluttemann und verbeugte sich abermals. „Kein Ende, Reverendissime, kein Ende mit Zorn und Ärger! Die Luft könnte einem ausgehen vor Gift und Galle! Da ist wieder so eine Dirn —"

„Ich habe selbst gehört!" fiel Herr Heinrich ein, winkte den Vogt zu sich in die Fensternische und sagte in fließendem Latein: „Mich dünkt, Ihr seid zu rauh mit den Leuten, Herr Vogt. Seht das arme Ding nur an, es gibt keinen Tropfen Blut und zittert am ganzen Leibe."

Das rote Gesicht des Herrn Schluttemann schwoll wie der Kamm eines gereizten Gockels. „Bitte in aller Weisheit zu bedenken, Reverendissime," sagte er in einem Latein, bei dessen bedenklichem Klang Herr Heinrich nur mit Mühe ein Lächeln unterdrückte, „bitte zu bedenken, daß man den Leuten die Fuchtel zeigen *muß*. Sonst ist man verloren und betrogen alle Stund."

„Auch ich liebe die falsche Milde nicht. Aber auch Strenge muß geübt werden mit Maß und Ziel." Herr Heinrich musterte Gittli mit ruhigem Blick. Sie erbebte vor dem Glanz dieser Augen wie Espenlaub, duckte sich und zog den Kopf zwischen die Schultern, als möchte sie sich so klein machen wie ein Mäuschen. Herr Schluttemann wollte sprechen, der Propst aber winkte ihm zu schweigen und sagte, immer noch in lateinischer Sprache: „Der Bruder dieses Mädchens ist der Sudmann Wolfratus? Ich kenne den Mann, er hat ein furchtloses, mutiges Herz. Als wir das letzte Mal unter den Wänden des Wazmann jagten, holte er einen weidwunden Steinbock aus der schwindelnden Wand herunter, die kein anderer zu betreten wagte. Forschet nach, Herr Vogt, ob das Mädchen die Wahrheit gesprochen hat! Trifft den Mann kein Verschulden, dann soll ihm das Lehent erlassen sein für dieses Jahr. Höret Ihr aber, daß dieser Wolfratus ein Säufer ist, oder ein Würfelspieler, dann büßet ihn mit aller Strenge! Und jetzt schicket das Mädchen heim und lasset den Jäger kommen." Herr Heinrich wandte sich zum Fenster, von dem aus man einen herrlichen Blick genoß über Tal und Berge.

Zitternd und bangend war Gittli die ganze Zeit gestanden; der Klang der fremden Sprache hatte sie noch mehr verwirrt, noch ängstlicher gemacht; ihr furchtsam lauschendes Ohr hatte unter den ihr unverständlichen Lauten zweimal den Namen ihres Bruders aufgefangen, und nach den bärbeißigen Drohungen, die Herr Schluttemann ausgestoßen, glaubte nun das arme Ding nicht anders, als daß mit der lateinischen Zwiesprach ihres Bruders Schicksal und Strafe beredet worden und beschlossen wäre: zahlen, oder das Lehen verlieren und verjagt werden von Haus und Hof. Ihre Augen wurden heiß, aber sie konnte nicht mehr weinen; an ihrer Kehle würgte die Angst, und ihr war, als stünde sie versteinert am ganzen Leib und vermöchte keinen Finger mehr zu rühren. Sie wich auch keinen Schritt zurück, als Herr Schluttemann blasend, mit dunkelrotem Gesicht und rollenden Augen auf sie zugeschossen kam; nur ihre tränenfeuchten Lider öffneten sich noch weiter, und ihre Lippen zuckten.

„Marsch jetzt, fort mit dir!" knurrte der Vogt, der sich

trotz der Vermahnung, die ihm geworden, von seiner Würde nichts vergeben wollte. „Und sage deinem Bruder, wenn er nicht kommt am Ostermontag, dann schick ich die Knechte!" Da sich Gittli noch immer nicht rührte, versetzte ihr Herr Schluttemann einen gelinden, durchaus nicht ernst gemeinten Puff; sie zuckte aber doch zusammen, als wäre das Richtschwert über ihrem Scheitel geschwungen worden. Wortlos wandte sie sich und schlich zur Türe, Schritt um Schritt. Dieser Abschied währte Herrn Schluttemann zu lang, er faßte Gittli am Arm, schob sie hurtig vor sich her, und da die lateinische Lektion, die er empfangen, sein Wohlwollen für den Sudmann Wolfratus gerade nicht gemehrt hatte, so konnte er sich nicht enthalten, dem Mädchen noch ins Ohr zu brummen: „Und sag ihm nur, daß ich einstweilen meinen Stecken in Salzwasser legen will, damit er besser pfeift. Huitt!" Das war nun freilich wieder nicht gar so schreckhaft gemeint; denn in Wahrheit hatte Herr Schluttemann bis zur Stunde noch kein lebendiges Wesen geprügelt, nur Tote: nämlich die ‚Schwarzreiter', die geräucherten Saiblinge, die geklopft werden mußten, bevor man ihnen die rauchgeschwärzte Haut vom rosigen Fleische zog.

Aber Gittli sah und hörte mit den Augen und Ohren eines Kindes, und was sie sah, war trostlose Finsternis. Noch ein Puff, und sie stand vor der Tür.

Haymo, der draußen gelauert hatte, wie der Teckel vor dem Dachsbau, trat ihr hastig entgegen. „Bist du schon fertig, Gittli? Und hast du —" Da sah er ihr verstörtes, tränennasses Gesicht und ihre kummervollen Augen. Das ging ihm ins Herz wie ein Messerstich. „Gittli? Was ist dir?"

Sie schüttelte traurig den Kopf und entwand sich seinen Händen.

„Gittli!" stammelte er und wollte ihr nacheilen; aber da klang aus der Amtsstube die Stimme des Vogtes: „Haymo! Wo steckst du denn? Herr Heinrich wartet."

[7] Murmeltier.

[8] Wiesel.

[9] Pachtschilling für das Hauslehen.

6.

Als Gittli ins Freie kam, tat ihr der helle Glanz der Sonne in den Augen weh. Und so müde war sie, so zerschlagen an allen Gliedern, daß sie sich eine Weile an die Mauer lehnen mußte. Dann raffte sie sich auf, trocknete das nasse Gesicht mit den Armen und floh wie ein gescheuchtes Reh über den Marktplatz, den Klosterberg hinunter und dem Sudhaus entgegen. Hier blieb sie stehen und besann sich. Nein! Weshalb es dem Bruder jetzt schon sagen? Sie wollte ihm den Kummer ersparen bis zum Abend; er erfuhr noch immer früh genug, was ihm drohte.

Über die Brücke eilte sie zu einem Karrenweg, der bachaufwärts am Ufer der rauschenden Ache hinführte. Nach kurzer Weile gelangte sie zu einem umhegten Garten, in dessen Mitte, von kümmerlichen Obstbäumen umgeben, ein kleines, armseliges Haus stand. Zwei enge Stuben, ein schmaler Raum, welcher Flur und Küche zugleich war, und ein kleiner Schuppen — mehr hatte das bemooste

Schindeldach vor Sturm und Regen nicht zu schützen. Das Haus mit dem Garten war Klostergut, das Wolfrat Polzer, der Sudmann, seit zehn Jahren zu Lehen hatte. Seine Heimat war ein niederbayrisches Dorf; als fünfzehnjähriger Bursche war er von Hause weggelaufen, der eisernen Haube zuliebe. Das Kriegshandwerk hatte ihn tüchtig umhergeworfen, von Burg zu Burg, von Stadt zu Stadt. Zuletzt hatte er bei der reisigen Schar des Erzbischofs von Salzburg gestanden und unter dem Heerbann Friedrichs des Schönen die Schlacht bei Ampfing[10] mitgeschlagen. Dann war er des Hauens und Stechens müde geworden und in die Heimat zurückgekehrt. Einige Jahre später hatte er in einer verheerenden Seuche, die nach allem Brennen und Morden das Land heimsuchte, den Vater und die Mutter an einem Tag verloren; da führte ihm der Zufall einen Salzkärrner in den Weg, der im Auftrag des entlegenen Klosters gesunde und kräftige Leute für das Salzwerk zu werben hatte. Wolfrat ließ sich bereden, und auf dem Salzkarren traf er in Berchtesgaden ein; doch kam er nicht allein; er brachte die fünfjährige Schwester mit, und zumeist um dieses Kindes willen geschah es, daß Wolfrat das erste freie Lehen erhielt. Unter den Sacknäherinnen des Salzhauses fand er ein verwaistes Mädchen, das dem finsteren, verschlossenen Manne gut wurde; er hatte sie einmal vor Mißhandlung geschützt, als ihr ein fremder Fuhrmann das allzu schlagfertige Nein, das sie auf eine zudringliche Frage zur Antwort gegeben, mit der Peitsche vergelten wollte. Ein Jahr später wurden sie Mann und Weib. Sie fingen zu dreien an, Wolfrat, Sepha und Gittli, hielten fest zusammen und waren mit ihrem kargen Los zufrieden; erst kam ein Knabe, darauf ein Mädchen; und dann kamen Krankheit, Sorge und Not. In diesen schlimmen Zeiten wurde Gittli der gute Geist des kleinen Hauses; ihr sanftes Wesen milderte den verdrossenen Groll des Bruders, ihr herzlicher Frohsinn erheiterte das kranke Weib, und bei ihren fünfzehn Jahren schaffte sie wie eine Alte und betreute die beiden Kleinen mit sorgender Liebe, so daß die Kinder fast zärtlicher an ihr als an der Mutter hingen.

Von dem Gang, den sie ins Kloster getan, brachte sie ein schweres Herz mit heim. Doch als sie am geflochtenen Gartenhag das hölzerne Gatter öffnete, wurde der große Kummer, der sie bedrückte, gemildert und verdrängt durch die Sorge im kleinen. Forschend schaute sie umher; hier schien alles in Ordnung; die sieben Hennen stolzierten über den Rasen, scharrten glucksend in den Maulwurfshügeln und schüttelten das Gefieder in der Sonne; friedlich grasten die beiden Ziegen im Bogen um die Bäume, an die sie mit langen Stricken gebunden waren. Jetzt gewahrte Gittli im Gras ein ploderndes Hemdlein, aus dem zwei schlenkernde Beinchen hervorragten; ein fünfjähriger blonder Bub lag bäuchlings auf den Rasen gestreckt und grub und wühlte mit beiden Händen in der schwarzen Erde, als gält' es, einen Schatz ans Tageslicht zu fördern.

„Aber Lippele," rief Gittli, „was machst du denn da?"

„Mausi fangen!" flüsterte der kleine Maulwurfsjäger geheimnisvoll und wollte sein Graben und Wühlen von neuem beginnen.

Gittli zankte: „Bist du denn gescheit? Da herliegen auf den kalten Boden! Gleich steh auf!"

Lippele erhob sich schmollend, und da schlug das Mädchen entsetzt die Hände ineinander.

„Lippele! Aber, aber! Wie schaust du denn aus! Da wird die Dittibas gleich weinen." Dittibas — diesen Namen hatte der lallende Kindermund erfunden, der es nicht fertig brachte, ‚Base Gittli' zu sagen.

Die Dittibas wird weinen! Das war für Lippele die wirksamste aller Drohungen. Er verzog den Schnabel zu einem Pfännlein, streckte die Ärmchen mit gespreizten Fingern auseinander und schaute mit steifen Augen an sich hinunter. Dem langen Hemdl, das sein ganzes Gewand war, hätte es der schärfste Blick nicht mehr angesehen, daß es die Dittibas am Morgen weiß und frisch aus der Truhe genommen hatte. Und diese Hände! Und ein Gesicht dazu, als hätte Lippele den Versuch gemacht, die Maus mit den Zähnen aus der Erde herauszubeißen.

„O mein, o mein Gott!" jammerte Gittli. „Gelt? Jetzt schaust du! Jaaa! Und die Dittibas kann morgen wieder am Wasser stehen und Pfaidi[11] waschen! Gleich sagst du jetzt: was bist du für ein Bubi?"

„Suggibubi!" bekannte Lippele mit rühmenswerter Selbsterkenntnis, während seine Augen sich mit Tränen füllten.

„Gelt, ja!" pflichtete Gittli bei, faßte das Bürschl am Ellbogen und ging der offenen Haustür zu, so rasch, daß Lippele mit Hopsen und Stolpern kaum nachkommen konnte.

Es war eine ärmliche Stube, die sie betrat, mit dem dürftigsten, bäuerlichen Hausrat bestellt, aber alles sauber in Stand gehalten, Tisch und Bänke blank gescheuert. Hinter dem weißgetünchten Lehmofen stand das große Doppelbett, und in dem Winkel zwischen Bett und Mauer ruhte Sepha, das Weib des Sudmanns, in einem aus Weidenruten geflochtenen Lehnstuhl. Sie schien zu frieren, ein dickes Tuch war um ihre Schultern geschlungen und eine Lodendecke über den Schoß gebreitet. Das blonde Haar war gelöst und hing in dünnen, mattschimmernden Strähnen um das bleiche, verkümmerte Gesicht mit den krankhaft glänzenden Augen. An ihrer Haltung sah man die Schwäche; ganz zerfallen lag sie zwischen den Lehnen des Stuhles, den ihr Wolfrat an einem freien Tag geflochten hatte, weil ihr das Liegen so schlecht bekam.

Eine Kranke als Krankenwärterin! In den mit grober Leinwand bezogenen Kissen des Bettes lag ein dreijähriges Mädchen; mit üppigen Ringeln floß das goldblonde Haar um das kleine Gesicht, dessen Wangen in fieberhafter Röte brannten. Die dünnen, zitternden Finger spielten über der Bettdecke mit den schon halb verwelkten Primeln und Veilchen, welche Gittli dem Kinde gebracht hatte, bevor sie das Haus verlassen.

Und als das Mädchen nun die Tür öffnete, leuchteten die Augen des Kindes freudig auf. „Dittibas!" lispelte es und streckte die Ärmchen.

„Ja, mein Mimmidatzi, ich komm schon!" sagte Gittli mit zärtlichem Lächeln und Nicken. Sie stellte den kleinen Verbrecher, den sie gefangen herbeigeführt, mitten in die Stube. „Schau nur, Schwährin, wie das Bürschl wieder ausschaut."

Über Sephas Züge flog ein mattes Lächeln. Und als der kleine Schlingel gewahrte, daß sein Aussehen die Mutter nicht schelten, sondern lachen machte, schrie er jauchzend auf, als hätte er eine stolze Heldentat zu verkünden: „Lippele Suggibubi, Suggibubi!" Und wie eine toll gewordene Hummel surrte er tanzend durch die Stube.

Gittli hatte sich auf das Bett gesetzt; sie hielt das Kind umfangen, das ihren Hals mit seinen dünnen Ärmchen umklammerte; so umschlungen, Wange an Wange gelehnt, wiegten sie sich hin und her, und die Kleine sang dazu in schmeichelnden Lauten.

Durch das niedere Fenster fiel ein leuchtender Sonnenstrahl, der in dem trüben Raume tausend fliegende Stäubchen flimmern machte. Wollte nach hartem Winter der Frühling nun auch Einkehr halten unter diesem Dach? An der Zeit wär' es gewesen!

Gittli machte sich an die Arbeit. In ihrer kleinen Kammer vertauschte sie das ‚gute' Gewand mit ihrem abgetragenen roten Röckl. Erst las sie draußen im Garten die den Hühnern ausgefallenen Federn zusammen, damit das kranke Kind neue Kurzweil hätte. Dann kam Lippele in die Kur. Gittli kniete auf den Dielen, neben sich eine kleine Holzwanne mit kaltem Bachwasser; mit einem linnen

Lappen bearbeitete sie dem kleinen Burschen Gesicht und Hände, daß ihm die Haut zu glühen begann. Ließ er nur einen Muckser hören, dann hieß es gleich: „Schön brav sein, Lippele, oder die Dittibas tut weinen!"

Sepha schaute ihr eine Weile schweigend zu; dann fragte sie: „Hast du den Vogt daheim gefunden?"

„Ja freilich."

„Ist er gut mit dir gewesen? Und hat er eine Freud gehabt mit den Röserln?"

„Das glaub ich!" sagte Gittli, während sie sich tief über die Wanne beugte, um den Lappen auszuringen. „Ah, ah, hat er gesagt, die sind aber schön! Ja, du — so schöne hab ich schon bald nit gesehen, hat er gesagt. Komm her, Lippele!"

„So? So? Und was hast du sonst noch mit ihm geredt?"

„So halt, wie man redet, von allerhand, ja! Aber weißt du, gar lang hab ich mich nit verhalten dürfen. Du! Was da die Leut warten, eins am andern!"

Eine Weile war Stille. Dann sagte Sepha mit scheuem Klang in der Stimme: „Geh, sag mir's, Gittli!"

„Was denn?"

Sepha atmete schwer. „Sag mir's! Hat der Polzer das Lehent schon beisammen?"

„Aber freilich!" lachte Gittli, doch mit abgewandtem Gesicht, denn sie fühlte, daß sie rot wurde bis über die Stirn.

„Gott sei Dank!" Ein befreiender Seufzer löste sich aus Sephas Brust.

Lippeles Kur war beendigt. Er wurde noch in sein starrendes Lederhösl gesteckt, wie die Grille in ihr Häuschen. Und dann hieß es: „So, Lippele, brav, jetzt bist du wieder schön!" Er bekam einen Kuß, als Draufgabe noch einen Klaps, und sprang zur Tür hinaus, um die Verwandlung in den bei ihm natürlichen Suggizustand mit frischem Eifer zu zu beginnen.

Gittli trug die Wanne aus der Stube. Draußen blieb sie schwer atmend stehen und schüttelte in ratloser Sorge den Kopf.

Nun mußte sie die bescheidene Mahlzeit richten. Hinter dem Haus lag ein mächtiger Stoß dürren Holzes; den hatte Gittli während des Winters zusammengetragen; hier stand sie und zerbrach über dem Knie die morschen Äste; immer wieder ließ sie die Hände sinken und starrte vor sich hin. Wie sollte sie es dem Bruder sagen, wenn er heimkam nach Feierabend? Und wenn er es wußte — wo sollte er Hilfe finden? Da schoß ihr eine heiße Welle zum Herzen. Einen wußte sie. Der würde helfen, das hätte sie beschwören mögen. Haymo, der Klosterjäger! Weshalb ihr gerade dieser Eine in den Sinn kam? Sie wußte keine Antwort auf diese Frage. Aber das Herz war ihr leicht geworden. Und wie glatt und einfach dieser Weg war! Ein einziges Wort zu Haymo, und Haymo sprach ein paar Worte mit Herrn Heinrich. Und Herr Heinrich konnte doch dem Haymo nichts abschlagen. Ihr war, als sähe sie den Jäger schon daherkommen, lachend: „Gittli! Ich hab mit ihm geredet, und er hat gesagt, dein Bruder soll sich Zeit lassen mit dem Lehent und soll zahlen, wann er kann. Sorg dich nimmer! Ich hab alles gerichtet. Gelt, du weißt schon, ich laß dir nichts geschehen!"

Sie fuhr sich mit der Hand über die Augen. War sie denn wach oder träumte sie? Nur gedacht hatte sie an ihn. Und dort kam er schon! Als hätten ihre Gedanken ihn gerufen! Raschen Ganges wanderte er den Karrenweg einher, der am Hag vorüberführte. Wohl verschwand er immer wieder zwischen Büschen und hinter Bäumen. Aber sie hatte ihn von weitem schon erkannt. Jetzt trat er auf den freien Weg heraus, und nun mußte das Wort gesprochen werden. Sie preßte die Hände auf die beklommene Brust, faßte sich ein Herz und versteckte sich hinter dem Holzstoß. Hier stand sie, zitternd an allen Gliedern, lugte nur ein wenig zwischen den Ästen hindurch und sah, wie Haymo langsam den Hag entlang ging; jetzt blieb er stehen und spähte nach jedem Fenster, in alle Winkel des Gartens. Und da kam es Gittli vor, als wäre sein Gesicht bekümmert und ernst. Sie sah noch, wie er verdrossen den Kopf schüttelte; dann kehrte er sich ab, schulterte den Bergstock und wanderte weiter.

Hinter den Stämmen der Linden und Ulmen, welche die Straße geleiteten, verschwand er.

Zögernd trat Gittli hinter dem Holzstoß hervor. Ihr war, sie wußte nicht wie — ähnlich vielleicht, wie dem Lippele zu Mut gewesen war, als Gittli zu ihm gesagt hatte: ‚Lippele, wie schaust du aus!' Was hatte sie nur getan! Den Bruder verkauft und verraten, wo es sie nur ein Wort gekostet hätte, ihn zu retten! Sie hatte die gute Stunde verpaßt. Weshalb nur, weshalb? Der Atem versagte ihr, und sie meinte fast zu ersticken. Wer sollte dem Bruder jetzt noch helfen? Haymo stieg zu Berge. Wann würde sie ihn wieder sehen? Lange, lange nicht! Es sei denn, daß sie selbst zu ihm hinaufstiege in die Röt. Am Ostersonntag! Weshalb aber so lange warten? Jetzt gleich! Haymo war noch nicht gar so weit, sie hätte ihn bald mit ihren flinken Füßen eingeholt! Ein paar Schritte flog sie dahin, dann wieder blieb sie stehen, zitternd, schlug die Hände vor das Gesicht und warf sich schluchzend über das dürre Holz.

Gar weit konnte Haymo noch nicht sein; so hatte Gittli gedacht. Wie nah er war, das ahnte sie doch nicht. Denn als er am Hag des benachbarten Gartens vorüberschritt, mit sinnenden Augen vor sich hinblickend, flog ihm ein kleiner Strauß von Primeln mitten auf die Brust. Betroffen blieb er stehen, schaute verdutzt auf die zur Erde gefallenen Blumen nieder und sandte einen spähenden Blick in die Hecke, aus der sie hervorgeflogen waren. Hinter den mit zarten, blaßgrünen Blättern bedeckten Zweigen schimmerte es rot und ein leises Kichern schlug an das Ohr des Jägers.

Haymos Augen blitzten freudig auf, rasch hob er den Strauß von der Erde, steckte ihn neben der Adlerfeder auf die Kappe, sprang auf die Hecke zu und teilte lachend mit beiden Armen das Gezweig.

Vor ihm auf der Erde kauerte ein junges, dralles Mädel, das hübsche, aber ländlich derbe Gesicht umrahmt von dicken, blonden Flechten. Kichernd und mit zutunlichen

Augen blickte sie zu Haymo auf, streckte aber abwehrend die Hände gegen ihn, als wäre sie eines lustigen Überfalles gewärtig.

Haymo schien für die Gunst der Gelegenheit kein Auge zu haben. Die Wahrnehmung, daß der rote Schimmer von einem mit silbernem Kettchen umschnürten Mieder herrühre und nicht von einem gewissen Röckl, mochte ihm nicht sonderlich willkommen sein. Die ratlose Miene, die er zeigte, schien das Mädel halb zu ärgern, halb zu ergötzen. Sie richtete sich auf, verschränkte die Arme und lachte ihm ins Gesicht.

„Hast *du* den Buschen geworfen?" fragte er.

Sie lachte nur und zeigte die weißen Zähne; doch als er sich ohne Gruß von ihr wenden wollte, sagte sie hastig: „So eine Frag! Wenn der Buschen nit fliegen kann von selber, wird ihn wohl eine geworfen haben, die nit weit ist."

„So weit vielleicht, wie du von mir?"

Sie zuckte die Schultern und trat dicht an die Hecke heran.

Haymo maß das Mädel mit verwunderten Augen. „Du mußt aber nit viel Arbeit haben!"

„Warum?"

„Ich mein' halt, daß du den ganzen Tag dazu brauchen mußt, bis du so viel Blümlen findest, daß du jedem, der da vorbeigeht, einen Buschen an den Kopf werfen kannst."

„An den Kopf?" lächelte sie. „Ich mein', er wär ein bißl tiefer geflogen. Und es könnt auch sein, daß ich nit für jeden einen Buschen hab."

„So?"

„Ja!" Sie streckte den Arm über die Hecke und faßte wie in Neugier den Kolben der Armbrust. „Ein schönes Schießzeug hast du! Bist wohl auch ein guter Schütz?"

„Kann schon sein!" meinte er und trat einen Schritt zurück.

„Aber manchmal trifft auch eine Dirn mitten hin auf den

richtigen Fleck und braucht keinen Bolzen dazu."

„So?"

„Sooo? Sooo?" spottete sie, während unverhehlter Ärger um ihre Brauen zuckte. „Sind bei dir die Wörtlen allweil so kostspielig?"

Jetzt mußte Haymo lachen. „Gott bewahr! Nur in der Karwoch, weißt, in der größten Fasten."

„Sparst sie dir halt auf für den Feiertag, gelt? Freilich, beim Ostertanz kann sie einer brauchen, die vielen Wörtlen. Und die lang aufgehobenen, das sind die besten." Sie blitzte ihn mit ihren kecken Augen an. „Kommst du auch gewiß zum Tanz?"

„Wenn ich wissen tät, daß die richtige Tänzerin kommt." Haymos Blicke spähten seitwärts durch die Bäume.

„Sie kommt schon, brauchst dich nit sorgen drum!"

„Meinst?" fragte Haymo rasch; dann schüttelte er den Kopf. „Wie kannst du denn wissen —"

„Sie hat mir's selber gesagt," erwiderte das Mädel mit scherzender Wichtigkeit, „sie hat ja nit gar so weit zu mir!"

Das stimmte; denn wenn ihn der Bub, den er auf der Achenbrücke mit der Frage nach dem Haus des Sudmanns angehalten, nicht irrgewiesen hatte, dann wohnte Gittli dort drüben unter dem nachbarlichen Dach.

In freudiger Bewegung faßte Haymo die Hand des Mädels. „Sie hat es dir selber gesagt? Dann sag ihr wieder, daß ich komm! Ganz gewiß! Und dank schön für die Botschaft!"

„Zenza! Zenza!" rief von dem stattlichen Bauernhause her eine ungeduldige Stimme.

„Ich komm schon!" Und flüsternd wandte sich das Mädel wieder zu Haymo. „Mußt ihr aber auch einen Buschen bringen zum Feiertag!"

„Den schönsten, den ich find. Schneerosen!"

Sie schüttelte lachend den Kopf. „Die mag ich nit. Die sind mir alles zu kalt. Mußt schon wärmere suchen für mich! Und steck mir den Buschen vor Tag an das Kammerfenster!

Dann trag ich ihn auf dem Kirchgang. Schau hinüber, das zweite Fenster neben der Tür!"

„Zenza! Zenza!" rief's wieder vom Hause her.

„Ich komm schon!" Kichernd sprang sie davon, auf halbem Wege noch einmal zurückwinkend mit der Hand.

Haymo machte ein paar Augen, als wäre das Blaue vom Himmel gefallen und ihm gerade auf den Kopf. „So? So meinst du's?" brummte er. Dann lachte er auf und ging mit eiligen Schritten seines Weges weiter. Als die Straße zwischen Bäumen und Strauchwerk an das Ufer der Ache lenkte, hörte Haymo hinter sich die singende Stimme des Mädels:

> „Ich weiß mir ein' hübschen grünen Wald,
> Dort laufen drei Hirschlen wohlgestalt,
> Dort laufen drei Hirschlen hübsch und fein,
> Die freuen dem Jäger sein Herzelein."

Lauschend blieb Haymo stehen, und die Stimme sang weiter:

> „Ich weiß mir ein' hübschen grünen Wald,
> Dort laufen drei Rehlen wohlgestalt,
> Eins schwarz und eins braun, eins geel wie Gold,
> Möcht wissen, welches der Jäger wollt!"

„Ich könnt's dir schon sagen. Wenn ich nur möcht!" lachte Haymo vor sich hin und wollte sich zum Gehen wenden. „Jetzt hätt ich aber bald vergessen —"

Er nahm die Kappe vom Kopf, riß den Primelnstrauß herunter und warf ihn flink in den Seebach, dessen tanzende Wellen ihn verschlangen, wie ein springender Ferch die schillernde Mücke schnappt.

---

[10] 28. September 1322.

[11] Hemdchen.

7.

Der Nachmittag verging, und mit dem Feierabend kam Wolfrat nach Hause. Es war der Sudmann, den Haymo unter dem Tor des Salzhauses gesehen; nun trug er zu der Leinenhose noch ein grobes Hemd und einen mürben Janker. Vor der Tür legte er die Holzschuhe ab und trat barfüßig in die Stube, in der es schon dunkel war.

„Bist du's, Polzer?" klang die leise Stimme des Weibes.

„Ja, Seph!" erwiderte er, seine Stimme zum Flüstern dämpfend; dann trat er zu Sepha und strich ihr mit der schweren Hand über den Scheitel. „Wie geht's denn, Hascherl?"

„Es muß halt gehen!"

„Bist in der Sonnzeit ein lützel draußen gesessen?"

„Wohl."

Er beugte sich über das Bett. „Schlaft 's Kindl schon?" Sie nickte nur. Sachte ließ er sich auf den Bettrand nieder und fühlte mit dem Rücken der Hand an die Wange des schlummernden Kindes. „Völlig brennen tut's!" Noch tiefer neigte er sich und trank den heißen Atem, der ihm entgegenströmte. Dann richtete er sich auf und fragte: „Wo schafft die Dirn?"

„Sie feuert."

Er erhob sich und verließ die Stube. Draußen in der Küche fand er Gittli beim flackernden Herdfeuer.

„Warst du bei ihm?" fragte er.

Gittli nickte, und die Tränen kamen ihr in die Augen.

„So red doch! Will er mir Zeit lassen?"

Sie schüttelte den Kopf; sprechen konnte sie nicht. Und ihr Schweigen sagte ihm mehr, als er aus hundert Worten hätte hören können. Er wurde bleich, griff nach einem dürren Ast und stocherte im Feuer umher. „Der Fitzmeier," sagte er nach einer Weile mit schwankender Stimme, „der hat an Michaeli das Lehent auch nit zahlen können, und am andern Tag haben sie ihn ausgekehrt aus der Stub."

„Geh, wie magst du dich auf gleich stellen mit so einem!" sagte Gittli fast zornig. „So ein schlechter Mensch!"

„Gut oder schlecht, nur scheppern muß es, scheppern!" Er stieß mit heiserem Lachen die Fäuste in die Hosensäcke und beutelte die leeren Taschen. „Jetzt hat der Simmerauer dem Fitzmeier sein Lehen. Und der Sutter-Franzl wartet auch schon, bis eins ledig wird." Er wandte sich ab und verließ die Küche. Auf der Schwelle fragte er über die Schulter zurück: „Wo ist der Bub?"

Im gleichen Augenblick kam Lippele zur Haustür hereingestürmt. Mit beiden Armen griff Wolfrat zu und riß das Bürschl an seine Brust empor. Lippele sträubte sich greinend gegen diese rauhe Zärtlichkeit; er hatte auch eine wichtige Botschaft zu bringen: der Eggebauer hätt' nach dem Vater gefragt, und der Vater soll heut noch hinüberkommen.

„Der auch?" murmelte Wolfrat. „Freilich, einschichtig ist

noch nie eine Sorg gekommen. Schockweis, schockweis! So wird's wohl sein müssen." Er stellte den Knaben auf die Erde, schob ihn zur Stubentür hinein und verließ das Haus.

Wolfrat brauchte sich nur über den Gartenhag zu schwingen; denn der Eggebauer war sein Nachbar, und ein schwerer dazu: er hatte volle Truhen und Kasten, vier Rosse im Stall und über die zwanzig Kühe. Freilich, für den Klostervogt war das noch lang keine Ursach zum Respekt; das hatte Herr Schluttemann heut bewiesen.

Der Bauer schien den Sudmann schon erwartet zu haben; er stand unter der Haustür, die Daumen in den breiten Ledergurt eingehängt.

„Grüß Gott, Eggebauer!"

„Grüß Gott auch, Polzer!"

„Mußt nit harb sein, Bauer," sagte Wolfrat, jedes Wort hervorwürgend, „es ist unrecht von mir, daß ich mich erst hab rufen lassen. Ich hätt von selber kommen sollen, denn ich weiß, ich hab dir in die Hand versprochen, das Geld in der Palmwoch heimzuzahlen."

„Was willst?" brummte der Bauer. „Hab ich drum gefragt?"

Wolfrat schaute freudig betroffen auf.

„Behalt das Geld, solang du willst. Ich brauch's nit. Bist ein armer Teufel, aber eine ehrliche Haut. Bei dir ist's gut aufgehoben. Und ich bin eine mitleidige Seel und hab mich gefreut, daß ich dir helfen hab können."

Eine Hoffnung schoß in Wolfrat heiß empor. „Bauer, wenn du so mit mir redest," sagte er, „nachher möcht ich gleich statt einem Vergeltsgott ein ‚Bitt schön' sagen. Eggebauer! Ich kann das Lehent nit zahlen. Wenn du mir helfen möchtest?"

Der Eggebauer spitzte die Ohren; was er hörte, schien er nicht ungern zu vernehmen. „Ich könnt schon, wenn ich möcht," sagte er schmunzelnd, „und wer weiß, vielleicht mag ich."

„Bauer!" Wolfrat hatte mit zitterndem Druck des Bauern Hände gefaßt.

„Laß aus! Laß aus!" wehrte der Bauer lachend. „Wir reden noch drüber. Damit du aber siehst, was ich für einer bin und wie gut ich dir's mein': ich weiß ein paar schöne Heller zu verdienen, und da bist gleich du mir eingefallen."

„Verdienen! Mein Gott, Bauer, ich möcht ja schaffen wie ein Narr. Aber ich muß von früh bis auf den Abend im Sudhaus werken."

„Was ich mein', das kannst du schaffen in der Nacht. Es ist sternscheinige Zeit. Nach Feierabend packst du es an, zehn Stund brauchst du dazu und kannst fertig sein, vor das Glöckl im Sudhaus läutet. Und wenn du's machst in der Samstagnacht, da kannst du auch länger brauchen. Am Ostersonntag brennt kein Feuer im Sudhaus."

„Und was wär das, was ich schaffen soll?"

„Zenza!" rief der Bauer in den Flur zurück. „Bring die Latern!"

Nach einer Weile erschien die Tochter des Bauern unter der Haustür, in der Hand die Laterne mit brennendem Licht. Der Bauer nahm sie. „Komm!" sagte er und ging dem Sudmann voran einer Scheune zu.

In dem großen, fensterlosen Raum herrschte schon tiefes Dunkel. Wolfrat staunte: so spät im Frühjahr, und die Scheune strotzte noch von Heu und Garben.

„Da schau!" sagte der Bauer und hob die Laterne.

Wolfrat stand betroffen; scheu griff er nach dem Hut und entblößte den Kopf. Über einem Haufen Heu lag ein lebensgroßes Schnitzwerk: das Bild des Erlösers mit ausgebreiteten Armen. Es fehlte nur das Kreuz. Das Schnitzwerk war mit frischen Farben bemalt: die Locken braun, die Augen blau, die Glieder bleich wie Schnee, und aus allen Wunden, unter jedem Stachel der Dornenkrone, rannen die roten Tropfen. Der flackernde Schein der Kerze warf über das Bildnis ein Gezitter von Licht und Schatten, daß es zu leben und sich zu bewegen schien.

„Den sollst du hinauftragen auf meine Alm in der Röt und sollst ihn ans Kreuz schlagen!" sagte der Bauer. „Ich hab ihn bei mir überwintert, damit er nit zugrund geht im Schnee. Aber jetzt fangt das Gras zu wachsen an, jetzt muß er hinauf und auf mein Sach schauen. Schwer tragen mußt du freilich an ihm, aber schau, ich hab dir da eine Krax hergestellt, die liegt dir gut auf dem Buckel. Da spürst du ihn nur halber. Und jetzt red! — Willst du?"

„Ja, Bauer, in der Samstagnacht," sagte Wolfrat, „und aufpacken will ich ihn gleich."

„Brav, brav!" nickte der Eggebauer.

Wolfrat hob zur Probe die Kraxe auf den Rücken, um abzumessen, wie hoch er das Schnitzwerk hinaufschnüren müsse, damit es ihn mit den Füßen nicht im Gehen behindere. Dann legte er die Stricke zurecht und kleine Heubüschel, mit denen er das Schnitzwerk unterlegen mußte, damit die frische Farbe von den Kanten der Kraxe nicht abgeschürft würde.

„Gelt," sagte der Eggebauer, „hast ein rechtes Kreuz bei dir daheim?"

Wolfrat nickte nur.

„Mein Gott, mein Gott, schaut bei mir auch nit besser aus!"

„Wie geht's der Bäuerin?"

Der Bauer seufzte. „Schlecht, schlecht! Wär mir schon lieb, wenn sie bald wieder gesunden tät! Das Weib ist so viel ungut und zuwider. Und jagt mir die Seel aus dem Leib."

„Ist halt ein Krankes, Bauer, da muß man Geduld haben."

„Ja, ja, metzenweis! Aber jeden Wehdam von ihr, den krieg ich zehnfach zu spüren. Und Salben! Und Trankln! Und Geschichten! Mein Gott, ja, mir wär doch alles recht, wenn's nur was helfen tät. Und jetzt meint der Bader, daß gar nichts anders mehr die Bäuerin auf die Füß bringt als nur ein Herzkreuzl von einem Steinbock. Aber wo soll ich's denn hernehmen? Jetzt war ich heut beim Klostervogt, hab geglaubt, er verkauft mir eins. Aber der hat mich schön gestampert. So was wär nur für die Herrenleut, sagt er. Als ob eine Bäuerin nit grad so gern leben tät wie eine Ritterin! Und das Weib zieht mir schiergar die Haut vom Leib. Gleich zehn Schilling tät ich zahlen für ein Herzkreuzl! Aber wo soll ich denn eins hernehmen?"

Wolfrat schaute auf, und die Blicke der beiden trafen sich. Nun wußte der Sudmann, wie es der Bauer meinte. Schweigend machte er sich wieder an seine Arbeit; die Hände zitterten ihm. Zehn Schilling. Und mit acht Schilling wäre das Lehent bezahlt. Und dazu noch ein paar Flaschen roten Tiroler für die Seph und Fleisch zur Suppe, und vom feinsten Kälbernen einen tüchtigen Schnitz, der ausgab auf fünf Mahlzeiten für das Kind. Und ein paar Heller blieben immer noch übrig für eine weitere Woche. Ach du lieber Gott, was hatte der Teufel, der den Wolfrat zu versuchen kam, ein gutes, gutes Herz!

Aus dem Hause klang die fröhlich singende Stimme der Zenza. „Hehehehe!" lachte der Eggebauer. „Die kann's auch schier nimmer erwarten, bis Sonntag ist. Die spürt den Feiertag heut schon in den Füßen. Gehst du auch zum Ostertanz, Polzer?"

„So eine Frag, Bauer! Wenn einmal getanzt wird an vierzehn Nothelfer, dann geh ich vielleicht."

„Hehehehe! Das Mädel ist völlig närrisch vor Freud. Meintwegen! Soll sich einen aussuchen unter den jungen Mannsleuten! Hehehehe! Vielleicht taugt ihr der neue Klosterjäger. Der kommt auch. Grad jetzt, wie er draußen vorbeigegangen ist, hat er es ihr versprochen: daß er ganz gewiß kommt am Sonntag, in aller Früh schon!" Es schien dem Eggebauer viel daran gelegen, daß seiner Zenza zum mindesten dieser eine Tänzer sicher war; jedem Wort, das er sprach, gab er einen Druck, als wär's ein Schilling, den man auf den Tisch zählt. Und genau so, wie man die letzten

Münzen, um seiner Sache sicher zu sein, noch einmal nachzählt, so wiederholte er die letzten Worte: „Ja! In aller Früh schon!"

Wolfrat hatte sich aufgerichtet und sah den Bauer, der ihm lustig zuzwinkerte, mit funkelnden Augen an; dann wischte er sich den kalten Schweiß von der Stirn und schaffte weiter. Mit beiden Armen hob er das schwere Christusbild empor, um es auf die mit weichen Heubüscheln gepolsterte Kraxe zu legen. Aber wie unsicher seine Hände waren! Fast wäre das schwere Schnitzwerk seinen Armen entglitten; dabei riß ihm ein Stachel der Dornenkrone eine blutige Schrunde in die Wange. Er wischte das Blut weg und besah seine Hand. Und da war ihm, als hätte jemand zu ihm gesprochen, ganz leise und dicht am Ohr — nicht der Eggebauer, sondern ein dritter. Aber sie waren doch nur zu zweien! Er schüttelte den Kopf und griff nach den Stricken, aber durch das Herz ging es ihm wie ein kalter Schauer.

„Sei so gut! Und laß mir den Herrgott fallen!" lachte der Eggebauer. „Der tät mir kein Halmerl Gras nimmer wachsen lassen auf meiner Alm! Hehehehe!"

Wolfrat gab keine Antwort. In fester Spannung schnürte er die Stricke über das hölzerne Bild, daß es auf der Kraxe keinen Ruck mehr tat.

Der Eggebauer schaute nicht auf Wolfrats Hände, nur immer in sein Gesicht. „Deinem Weib geht's besser, wie ich von der Zenza hör?" sagte er nach einer Weile. „Ja, ja, gut Essen und Trinken mußt du ihr geben, nachher klaubt sie sich schon wieder zusammen, wenn das Frühjahr wärmer wird. Aber was macht denn das kleine Katzerl, das liebe? Da schaut's schlecht aus, hör ich!"

Wolfrat nickte nur; seine Brust hob sich, als wollte sie springen.

„So ein festes und gesundes Kind! Wie über so ein Kind nur so was kommen kann?" sagte der Eggebauer und schüttelte den Kopf. „Wie hat's denn angefangen?"

Mit stockenden Worten schilderte Wolfrat den Beginn und die Zeichen der Krankheit.

„Du, Polzer, das ist heilig dieselbige Krankheit, an der im vorigen Winter das Jüngste vom Klostervogt schier draufgegangen wär. Der Totengraber hat schon gewartet, ja!"

„Ich bin fertig, Bauer!" unterbrach Wolfrat mit heiserer Stimme.

„Brav, brav!" Der Eggebauer ging auf die Kraxe zu, rüttelte an dem Schnitzwerk und fühlte überall hin, wo es auflag. „Ich mein', es tut's. Aber hohl liegen tut er, schau! Geh, nimm einen festen Buschen Heu und stopf drunter hinein, was geht! Ja, Polzer, völlig im Verlöschen war das Kindl schon, und kein Mensch hätt sich mehr gedacht, daß der arme Wurm noch einmal aufkommt! — Was hast du denn?"

Wolfrat war auf den Heuhaufen zugegangen, um aufzunehmen, was seine Arme fassen konnten. Da hatte er etwas Hartes im Heu gegriffen und hervorgezogen. Eine Armbrust! Über Wolfrats Züge flog ein irres Lächeln.

„Bauer? Wie kommt das Schießzeug da her?"

„Wie wird's herkommen?" lächelte der andere. „Füß hat's keine. So wird's wohl einer hergelegt haben. Ja, Polzer, daß ich sag — und wie die Leut schon geglaubt haben, jetzt und jetzt hat das letzte Stündl geschlagen für das arme Kind, da haben sie ihm zur Letzt noch was eingegeben. Und geholfen hat's! Wie ein Wunder! Ja! Und heut springt das Kindl wieder umeinander, frisch und fest wie ein Huiserl![12] Wär schad drum gewesen, wenn es hätt verfaulen müssen!"

Wolfrat stand mit aschfahlem Gesicht und hielt die Armbrust umklammert, als wollte er ihren Schaft zerquetschen unter seinen eisernen Fingern.

„Und was war's, Bauer, was dem Kind geholfen hat?"

„Schweißbluh von einem Steinbock."

Wolfrat wandte sich ab. Mit ruhiger Hand prüfte er die

Sehne und das Schloß der Armbrust, nickte befriedigt, umwickelte die Waffe dicht mit Heu und schob sie auf der Kraxe in den hohlen Raum unter dem Schnitzwerk. Nun erhob er sich, schüttelte die Heufäden von seinem Gewand und sagte: „In der Samstagnacht, Bauer! Um Feierabend komm ich und hol den Herrgott."

„Brav, lieber Polzer, hilf mir, und du hilfst dir selber!"

„Und wenn ich komm — und bring's?"

„Was ich gesagt hab! Ich bin der Eggebauer." Er streckte die Hand, und Wolfrat schlug ein mit festem Druck.

Als der Sudmann sein Haus erreichte, stand Gittli wartend in der finsteren Tür.

„Aber geh, wie kannst du so lang ausbleiben?" schmollte sie. „Die Seph hat sich schon gelegt. Komm! Ich hab dein Essen heraußen auf dem Herd stehen, weißt, drin in der Stub könnt das Kindl wieder wach werden."

Er ging in die Küche und setzte sich an den Herd, auf dem die letzten Kohlen schon zu erlöschen begannen; nur noch ein roter Schimmer füllte den Raum. Gittli wollte sich an seine Seite setzen; er schob sie von sich und sagte: „Geh schlafen."

Sie schüttelte den Kopf, denn sie wollte mit ihm von der Hilfe sprechen, die sie sich ausgesonnen. Aber kaum begann sie vom Lehent zu reden, da sagte er: „Sorg dich nimmer! Ich hab das Lehent. Der Eggebauer leiht mir das Geld."

Gittli war sprachlos vor Freude; nur die Hände schlug sie ineinander; dann rannte sie davon, huschte in die Stube, tappte zum Bett und fiel der Seph um den Hals. „Er hat's! Er hat's!"

Das Weib verstand sofort, was Gittli meinte. „Gelt, daß er's noch nit gehabt hat?"

„Ich hab dir nur die Sorg ersparen wollen!"

„Woher hat er's denn?"

„Der Eggebauer hat's ihm geliehen."

„Ist das ein guter Mensch!" weinte Seph und faltete die

Hände. So kräftig ist für den Eggebauer wohl noch nie gebetet worden, außer von ihm selbst vielleicht.

Gittli hauchte einen Kuß auf die heiße Stirn des schlummernden Kindes und schlüpfte in ihre Kammer. Als sie in den Kissen lag, weinte und kicherte sie, immer eins ums andere. Dazu sprach sie das Vaterunser, und noch ein zweites als Dreingabe; das hatte der liebe Herrgott heut verdient, der diese zwei guten, guten Menschen erschaffen hatte, den Eggebauer und den Haymo. Und von den beiden war Haymo gewiß noch der bessere; daß es bei ihm gar nicht zum Helfen kam, das war nicht seine Schuld. Sie wollte dem Eggebauer gewiß nichts abzwacken von seinen Verdiensten. Aber der Haymo! Der hätte dem Bruder das Geld nicht nur geliehen, nein, geschenkt! Hätt er's denn aber auch gehabt?

Gittli mußte lachen, als sie in ihrer Gedankenreihe zu diesem Ende kam. Sie streckte sich vergnügt, verschränkte die Hände unter dem Nacken und summte das Lied von der Schneerose vor sich hin:

> „Auf steiler Höh,
> Tief unterm Schnee —"

Als sie zu der Stelle kam, an der es heißt:

> „Im Herzen tief
> Ein Blüml schlief,
> Gar lieblich und an Schönheit reich —"

da verstummte sie. Was für ein Blüml war das? Sie hatte das nur immer so hingesungen. Jetzt zum erstenmal kam diese Frage. Was für ein Blüml war das?

So lag sie mit offenen Augen und träumte in die Nacht hinein.

Und draußen in der Küche saß Wolfrat beim neu entfachten Feuer und schnitzte aus einem Birnbaumzweig den Bolzen für die Armbrust.

Vergangene Zeiten erwachten bei dieser Arbeit: das war nicht der erste Bolz, der aus seinen Händen kam. Die Bilder und Abenteuer seiner Jugend und seiner Kriegsjahre zogen an ihm vorüber. Einmal hob er den Kopf und blickte langsam gegen die Wand, hinter welcher Gittlis Kammer lag. Dabei spielte ein seltsam verlorenes Lächeln um seinen bärtigen Mund.

Neben dem Herde sah er Federn liegen; mit ihnen fiederte er den Pfeil. Es waren die Federn, mit denen das ‚Mimmidatzi' gespielt hatte, bevor es entschlummert war.

---

[12] Füllen

8.

Seit zwei Tagen hauste Haymo wieder einsam in der Röt. Spät abends hatte er am ‚grünen Donnerstag' die Jagdhütte erreicht. Walti, den er in der Nähe der Kreuzhöhe getroffen, hatte den Jäger in der Dämmerung für einen Raubschützen angesehen und nicht übel Lust gezeigt, die Armbrust auf ihn abzuschießen. Dann gab es freilich ein lachendes Erkennen. Während des ganzen Heimwegs hatte der Bub zu erzählen; für ihn war jeder Schritt ein Abenteuer gewesen.

Als sie zur Hütte kamen, fanden sie den Frater Severin schnarchend auf dem Heubett. Sie weckten ihn, und da meinte der Frater, es ginge zur Mette.

„Ui jei!" sagte er lachend, als er sich die Augen gerieben hatte. Aber aus dem Lachen geriet er gleich wieder in flammende Entrüstung. Haymo, so meinte er, hätte wohl auf den guten Einfall kommen können, einen Krug voll ‚Güte Gottes' oder eine Flasche mit ‚des Himmels höchster Gnade' aus dem Kloster heraufzubringen. Haymo sah ein, daß seine Sünde groß war, zwar nicht vor Gott, aber wohl vor einem seiner ‚Knechte'. Nun mußte sich der arme Frater Severin nach dem fetten Sterz, den es zum Nachtmahl gab, mit einem Trunk Wasser schlafen legen. Brrr! Er liebte das Wasser nicht einmal in den Schuhen, viel weniger im Magen.

Das ‚himmelschreiende Unglück' schien ihm aber den Schlaf nicht zu verkümmern. Er schnarchte gewaltiger als je.

Haymo und Walti hatten wieder auf dem Herd ihr Nachtquartier aufgeschlagen, die glimmenden Kohlen zwischen ihnen. Draußen das dumpfe Rauschen des Föhns.

„Walti?" fragte Haymo nach langem Schweigen mit leiser Stimme. „Schlafst du schon?"

Der Bub richtete sich auf.

„Walti, ich möchte dir was schenken, eh du fortgehst. Was willst du haben?"

„Die Feder von deiner Kappe!" platzte der Bub heraus.

„Sollst sie haben, nimm sie dir nur morgen früh! Mußt mir aber auch einen Gefallen tun."

„Was?"

„Weißt du, wo die Gittli haust?"

„Die Müllerdirn?"

„Nein, die Schwester des Sudmanns."

„Ach die! Ja. Warum?"

„Dann geh zu ihr, morgen, und frag sie, warum sie geweint hat in der Vogtstub?"

„Was soll ich fragen?" wiederholte Walti, dem die Sache etwas dunkel vorkam.

„Du sollst sie fragen, warum sie geweint hat, heut, wie sie bei Herrn Schluttemann in der Stub war. Sag ihr, daß ich es wissen will. Und wenn ich zum Ostertanz hinunterkomm, dann sag es mir wieder! Verstehst du?"

„Wohl!" nickte Walti. „Aber ich kann mir schon denken, warum sie geweint hat. Der Vogt wird halt giftig gewesen sein und hat sie bei den Ohrwascheln genommen. Das tut er gern, das weiß ich." Gähnend streckte er das kluge Haupt auf die zum Kissen geballte Lodendecke. Nach kurzer Weile richtete er sich wieder auf.

„Haymo!"

„Ja?"

„Jetzt weiß ich, was für eine Gittli die richtige ist!"

„So?" lächelte Haymo.

„Wohl!" Und kichernd streckte sich der Bub wieder aufs Ohr.

Bald darauf schliefen sie alle beide.

Am andern Morgen, eh' der Tag noch graute, verließ Haymo die Hütte, um seinen Hegergang anzutreten. Er hätte seinen Gästen gern ein Wort zum Abschied gesagt; aber die beiden schnarchten doppelstimmig so rührend zusammen, daß ihr gesunder Schlaf einen Stein hätte erbarmen mögen. Haymo nahm die Adlerfeder von seiner Kappe und steckte sie auf Waltis Filzhut. Dann ging er.

Als er mit dem Abend in die Hütte zurückkehrte, waren die Klostervögel lange schon ausgeflogen. Haymo schürte nicht einmal Feuer; so müde war er. Er spürte die beiden auf den Herdsteinen verbrachten Nächte in allen Knochen; und er hatte sich heute geplagt wie nie. Keinen der Hut bedürftigen Platz in seinem weiten Revier hatte er unbesucht gelassen, jeden Steig und jeden Schneefleck hatte er abgespürt. Er wollte nicht ein zweites Mal so dastehen wie gestern in der Vogtstube. Herr Schluttemann war so liebevoll mit ihm umgesprungen, wie die Katze mit der Maus; nur das Verschlucken hatte noch gefehlt. Aber auch Herr Heinrich hatte zu den beiden vermißten Steinböcken eine strenge Miene gemacht; doch er war nicht ungerecht gewesen und hatte auf Haymos Rechtfertigung gehört, trotz Herrn Schluttemann, der die Tischplatte gehörig donnern ließ. Schließlich war Haymo vom Propst sogar mit freundlicher Rede entlassen worden. „Und wenn es dir Freude macht," sagte Herr Heinrich, „so magst du am

Feiertag nach der Frühpirsche herunterkommen zum Ostertanz!"

Diese Güte wollte Haymo mit doppeltem Fleiß vergelten. Wenn es das Glück nur wollte, daß ihm einer der Raubschützen bald in den Weg geriete. Er ballte die Fäuste bei diesem Gedanken. Aber mitten in seinen flammenden Zorn hinein hörte er die Geigen und Pfeifen klingen.

Ob Gittli wohl zum Tanz käme? Nun, eine Dirn, die nicht kommt, die kann man holen. An diesen Gedanken spann Haymo hundert andere, bis sein Denken und Sinnen unmerklich hinüberfloß in Schlaf und Traum.

Nach dieser Nacht kam ein mühsamer Tag. Der Föhn tobte, als möchte er das ganze Haus der Berge in Trümmer werfen. Er wehte schwül, wie der Sturm vor einem Gewitter. Der Schnee auf den steilen Halden schwand vor seinem Hauch, daß man es mit den Augen sehen konnte, wie er weniger und weniger wurde. Über allen Felswänden wurde die weiße, starre Decke des Winters lebendig, und während die Lawinen rollten, führte der Föhn den fallenden Schnee in lichten Wolken durch die Lüfte.

Haymo mußte sich vorwärts kämpfen Schritt um Schritt. Gegen Abend, auf dem Heimweg, kam er am Kreuz vorüber. Leer starrten die Fußnägel aus dem Holz. Wo waren Gittlis Schneerosen hingekommen? Der Föhn hatte sie wohl entführt? Haymo spähte auf der Erde umher; in einer Steinschrunde sah er eine der Blüten liegen, zerzaust und welk. Er hob sie auf und wollte sie auf seine Kappe stecken. Nein. Die Blume gehörte einem andern. Lächelnd schob er sie am Kreuzbalken zwischen die beiden Nägel; kaum ließ er die Hand davon, da trug sie der Föhn schon hinweg.

Vor Einbruch der Nacht erreichte Haymo die Hütte. Heute blieb ihm keine Zeit zum Sinnen und Träumen. Die Augen drohten ihm schon zuzufallen, während er am flackernden Feuer seinen Imbiß bereitete.

Kaum lag er auf dem Heubett, da schlief er schon. Rings

um die Hütte tobte der Frühlingssturm und sang dem müden Jäger ein brausendes Schlummerlied.

Als Haymo erwachte, war noch finstere Nacht. Er lauschte verwundert. Tiefe Stille um die Hütte. Kopfschüttelnd trat er ins Freie; der Föhnwind hatte sich völlig gelegt, und nur noch leise rauschte der Bergwald. Blasse, dünne Nebelschleier flogen über den Himmel, an dem in zahlloser Schar die Sterne funkelten. Der frische, klare Morgen versprach einen schönen Tag.

„Es wird Osterwetter!" sagte Haymo. Dann blickte er nach dem Stand der Sterne und meinte, daß die dritte Morgenstunde wohl schon vorüber wäre. Da war er just zur richtigen Zeit erwacht, um den Auerhahn zu verlusen, den Herr Heinrich nach den Ostertagen erlegen wollte.

Haymo sperrte die Hütte und wanderte in die Nacht hinaus. Nun plötzlich blieb er lauschend stehen. Töne waren an sein Ohr gedrungen, wie Hammerschläge auf klingendes Eisen. Nun wieder die gleichen Töne. Und noch ein drittes Mal. Kopfschüttelnd lauschte er; er wußte sich diese Töne nicht zu deuten, aber sie machten ihm keine Sorge; denn wer im Bergwald auf bösen Wegen schleicht, der tut es in aller Stille. Da war wohl einer der Almbauern, den die Arbeit am Tage festhielt, während der Nacht zu Berge gestiegen, um mit dem frühen Morgen nachzuschauen, wie seine Sennhütte überwintert hätte? Und an der Hüttentür hatte er wohl mit seinem Hammer die eisernen Klammern losgeschlagen. Es war dem Lauschenden freilich gewesen, als klängen diese Töne nicht von den Almen her, sondern von einer höher gelegenen Stelle. Aber Haymo wußte aus Erfahrung, wie sehr ein Hall in der Nacht zu täuschen vermag.

Eine Weile noch lauschte er; alles blieb still. Nun schritt er weiter, quer durch das Felstal; auf dem kürzesten Wege stieg er zum Kreuzwald empor. Es dämmerte, als er sein Ziel erreichte. Lautlos nach allen Seiten horchend, schlich er von

Baum zu Baum. Über den östlichen Bergen, jenseits der Schneefelder des Steinernen Meeres, zeigte sich noch kaum ein fahler Schimmer des nahenden Tages, da hörte Haymo schon das leise Klippen des falzenden Hahnes. Achtsam sprang er ihn an, und endlich sah er auf einem dürren Aste den stolzen Vogel sitzen, der sich in tiefer Schwärze scharf abhob vom erblassenden Himmel. Eine Weile schaute Haymo dem verliebten Sänger zu, der auf seinem Ast sich blähte und drehte, mit gefächertem ‚Stoß' und zitternden Schwingen gaukelte; dann, als es so licht wurde, daß Haymo über den Augen des Vogels schon die glühende ‚Rose' zu erkennen vermochte, schlich er leise zurück, um den Hahn nicht zu vergrämen. Und je weiter es bergabwärts ging durch den schütteren Wald, desto rascher wurde sein Schritt, desto fröhlicher sein Blick. Nun ging es hinunter ins Tal zum fröhlichen Fest, zum Ostertanz: Arm in Arm und Wange an Wange mit Gittli!

Ob er wohl mit jener andern auch einen Reigen tanzen würde? Wie hieß sie nur? Richtig: Zenza! Nun, vielleicht — wenn Gittli müde war und nichts dawider hatte. Müde? Die Gittli?

Er mußte lachen. Aber plötzlich lauschte er. Aus dem Felstal hatte er einen Laut gehört, wie das Kollern eines gelösten Steines. Ging jemand dort unten? Aber nein. Äsendes Fahlwild oder eine ziehende Gemse hatte wohl den Stein gelöst. Fort mit der Sorge! Heute durfte er Wild und Bergwald beruhigt verlassen, denn so gottverloren war kein Mensch in allen Tälern rings umher, um Raub zu treiben am heiligsten Tage des Jahres.

Der Morgen erwachte; ein roter Schimmer fiel über den Wald, und die Kuppen der Berge leuchteten in der steigenden Sonne wie glühendes Erz. Als Haymo den Saum des Kreuzwaldes erreichte, ließ er sich zu kurzer Rast auf einen Felsblock nieder und staunte mit seinen lachenden Augen in den schimmernden Glanz der schönen Frühe.

Von seinen Lippen wollte sich ein Jauchzer lösen, aber gewaltsam hielt er den jubelnden Aufschrei zurück; denn im Steintal zu seinen Füßen, auf etwa dreihundert Gänge, sah er auf schneefreiem Hang einen Steinbock weiden. Er wollte das Tier, dem die Äsung not tat, nicht verscheuchen. Ohne Bewegung saß er und sah dem Wilde zu, wie es langsam über die Halde hinwegzog und seine kärgliche Nahrung suchte. Nun plötzlich hob der Steinbock das Haupt mit dem mächtigen Gehörn — er schien Gefahr zu wittern — in scheuer Eile suchte er den Schutz der nahen Felswand, doch ehe die Wand noch erreicht war, tat er mit schlagenden Läufen einen Satz in die Luft, stürzte nieder, raffte sich wieder auf und verschwand in einer Mulde.

Haymo fuhr erblassend auf. Das ging nicht zu mit rechten Dingen! Ein Ruck, und er hielt die Armbrust in Händen — ein lautloser Sprung, und er stand geborgen in dem dichten Gestrüpp der Zwergföhren, die den Grat der Kreuzhöhe bedeckten. Geschmeidig wie eine Schlange glitt er durch das wirre Gezweig, und als er den Ausblick in die Mulde gewann, schlug ihm das Herz und zitterten ihm die Hände in Zorn und brennender Erregung.

Er sah, wie ein Mensch in Bauerntracht, mit schwarz berußtem Gesichte, den verendeten Steinbock nach einem nahen Dickicht schleifte.

„Hab ich dich endlich, du Dieb!" zischte es durch die Zähne des Jägers. Alles Zittern wich von ihm, und als er die Sehne der Armbrust spannte und den Bolzen in die Schiene legte, waren seine Hände wie Stahl und Eisen. Er hob die Wehr an seine Wange, aber durch die dichten Zweige hatte er keinen sicheren Schuß. Lautlos erhob er sich, um hinauszuschleichen an den Rand der Büsche; dort draußen stand das Kreuz; hinter dem breiten Holze konnte er sich decken und hatte freien Schuß.

Jetzt wand er sich hervor aus den letzten Zweigen, jetzt hob er die Waffe — und da rann es ihm durchs Herz wie kalter Schauer. Am Kreuzbalken hing das lebensgroße Bild des Erlösers.

Gewaltsam wollte Haymo den Blick wenden, aber er brachte ihn nicht los von dem heiligen Bilde. Mit ernsten, kummervollen Augen sah es auf ihn nieder, es schien zu leben in seinen frischen Farben, das rote Blut schien eben jetzt geflossen. Dem Jäger war es, als begännen die großen, blauen Augen sonnengleich zu leuchten, als öffne sich der schmerzenbittere Mund und spräche mit sanften Worten: „Haymo! Willst du morden an meinem Ostertag, der allen Menschen sein soll wie ein Tag des Glücks und der Versöhnung? Tu's nicht, Haymo, tu's nicht!"

In Haymos Händen neigte sich die Armbrust, und der Bolzen fiel aus der Schiene. Der Jäger hob ihn auf mit bebender Hand und küßte die Füße des Gekreuzigten.

Dann stieg er lautlos den Hang hinunter. Der Raubschütz, der im dichten Gebüsch an dem erlegten Wild hantierte, hörte ihn nicht kommen; auf der Erde sah Haymo die Armbrust des Räubers liegen; er faßte sie und schleuderte die Waffe mit mächtigem Schwung hinaus in das Steingeröll; da fuhr der Raubschütz in die Höhe, und als er den Jäger sah, befiel ihn ein Wanken, und er griff mit beiden Händen in die Luft.

„Wer bist du?" fragte Haymo mit harter Stimme.

Der andere stand wortlos und starrte vor sich nieder.

Haymo versuchte ihn zu erkennen, aber vergebens. Der Jäger war fremd im Tal und hatte hier nur wenige Menschen erst gesehen; auch trug der Räuber den Bart und die Haare mit Asche bestäubt, und das Gesicht war mit Ruß so dick bestrichen, daß Haymos forschender Blick kaum einen Zug erfassen konnte.

„Komm!" sagte er und deutete mit dem Arm die Richtung an.

Der Gefangene voran, und Haymo mit gespannter Armbrust hinter ihm, so schritten sie über den Hang empor; mit blitzenden Augen folgte Haymo jeder Bewegung des Raubschützen. Auf halber Höhe verhielt der Gefangene den Schritt; in seinem finsteren Auge glühte die Verzweiflung.

„Jäger! Es war das erstemal. Und ich tat es aus Not."

„Geh!"

„Jäger! Ich hab Weib und Kind. Sie gehen zugrund."

„Durch deine Schuld."

Ein dumpfer Seufzer erschütterte die Brust des Mannes; der Kopf sank ihm, und mit schweren Schritten stieg er weiter. Nun erreichten sie die Kreuzhöhe. Wieder wandte sich der Gefangene, unheimliche Glut in den Augen. „Was geschieht mit mir?"

„Was jedem andern geschieht, wenn er tut, was du getan."

„Jäger! Erbarm dich meines Weibes und meiner Kinder! Laß mich laufen!"

„Und wenn ich auch wollt — ich darf nit!" sagte Haymo mit schwankender Stimme. „Ich steh in Pflicht und Eid. Ich hab geschworen."

„So laß mich ein Vaterunser beten! Für Weib und Kind."

„Bete!" sagte Haymo.

Der Raubschütz kniete vor dem Kreuz auf die Erde nieder, faltete die Hände und begann zu murmeln. Haymo wollte den Kopf entblößen, um dem heiligen Bild zu danken, das ihn vor Blut bewahrt und alles nach Recht gewendet hatte. Doch als er den Arm erhob, fuhr der andere blitzschnell in die Höhe, riß das Weidmesser von Haymos Gürtel, und ehe der Jäger sich zu decken vermochte, stieß ihm der Wildschütz die blitzende Klinge in die Schulter.

Aus Haymos Händen fiel die Armbrust, seine Knie brachen, stöhnend sank er auf das moosige Gestein, das sich färbte von seinem Blut — mit letzter Kraft noch richtete er sich halb wieder auf, mit brennendem Blick suchten seine Augen das starre Bild am Kreuze, dann fiel er zurück, und seine Sinne erloschen.

Über allen Höhen leuchtete die Sonne, mit lindem Hauche strich, nach allem Streit und Kampfe des wilden Föhns, der laue Frühlingswind befruchtend um die Halden, und während auf dem steinernen Hang die überstürzten Tritte des fliehenden Mörders verhallten, schwoll es sanft und leise durch die Luft einher, weit her aus dem fernen, tiefen Tal — der Klang der Osterglocken. Ihre Seelen waren heimgekehrt von Rom, und durch das weite Land, von Turm zu Turm, erhoben sie ihre hallenden Stimmen, die Macht und Glorie des Gottes preisend, der vom Grab erstanden.

9.

Über dem Haus des Sudmanns lag still und sternenhell die Osternacht. Nur die Ache rauschte; sonst kein Laut in der ganzen Runde; denn der Eine, der in dieser Nacht zu dem kleinen Hause gegangen kam, wandelte auf unhörbaren Sohlen; er pochte an die verschlossene Tür — sie öffnete sich nicht vor ihm, und dennoch trat er ein.

In der Stube erwachte das Weib; ein leises Stöhnen hatte sie geweckt. Sie lauschte — und da hörte sie es wieder. Es war das Kind.

„Katzi, was hast du?" fragte sie. Aber das Kind gab keine Antwort. Sepha war am Abend so schwach gewesen, daß sie sich nicht auf den Füßen erhalten konnte. Und jetzt mit einmal hatte sie Kraft. Mit stammelndem Laut sprang sie aus dem Bett. „Polzer!" rief sie — in ihrem Schreck hatte sie ganz vergessen, daß Wolfrat außer Hause war. Mit zitternden Händen tastete sie in der Finsternis nach dem Feuerzeug;

nur matte Funken brachte sie aus dem Stein, und der Zunder wollte nicht brennen. „Mein Gott, mein Gott, hätt ich mich doch nit schlafen gelegt!" jammerte sie. Bis lange vor Mitternacht hatte sie wach gesessen, dann war die Natur stärker geworden als ihr Wille. Gittli wollte die ganze Nacht bei dem Kinde bleiben, aber Sepha selbst hatte das Mädchen zur Ruhe geschickt. Das ‚Katzi' schien gut und fest zu schlummern. Freilich, es war ein böser Tag gewesen, der vorausgegangen, und bedrückten Herzens hatte Seph ihren Mann das Haus für die Nacht verlassen sehen; sie merkte es ihm auch an, daß er nicht gerne ging. Wär' es nur nicht um die paar Heller gewesen, die es zu verdienen gab! Als er, schon den Hut auf dem Kopf, noch einmal die Hand über die Stirn des Kindes strich, da sagte er: „Gib dich, Seph, morgen soll's besser sein!" Seine Stimme hatte wohl gezittert, und dennoch hatte sein Wort zuversichtlich geklungen. Vielleicht wußte er ein stärkendes Kraut oder eine heilsame Wurzel, die er von der Bergfahrt mit heimbringen wollte — vielleicht die Nieswurz, die Wurzel der Schneerose. Von ihr hatte auch Gittli schon gesprochen.

Endlich war es der Seph gelungen, Licht zu machen. Mit der flackernden Kerze leuchtete sie über das Bett und erschrak bis ins innerste Herz. Das Gesicht des Kindes kam ihr so verwandelt vor, als wäre das nicht mehr ihr eigen Kind, sondern ein fremdes. Sie taumelte zur Kammertür und stieß sie auf. „Gittli! Gittli!"

Das Mädchen antwortete schlaftrunken.

„Ich tu dich bitten, steh auf," sagte Seph mit tonloser Stimme, „das Kindl ist so viel ungut!"

Barfuß, das rote Röckl überwerfend, erschien Gittli unter der Tür.

„Da schau: mein Kindl, mein Kindl, mein Kindl!" schluchzte Seph und hielt die Leuchte über das Bett.

Gittli beugte sich über das Kind und faßte sanft seine Ärmchen, die mit geballten Fäusten nach aufwärts lagen.

„Mimmidatzi," flüsterte sie mit süßer Zärtlichkeit, „Mimmidatzi, kennst du mich nimmer? Schau, die Dittibas ist bei dir!" Eine Weile wartete sie vergebens auf Antwort. Dann rief sie noch einmal, alle Angst ihres Herzens in der Stimme: „Mimmidatzi!"

Ein kaum merkliches Zucken ging über das Gesicht des Kindes, ein leises Stöhnen, nicht wie in Schmerz, sondern wie in weher Sehnsucht quoll aus dem regungslosen, leicht geöffneten Mund; aber der kleine Körper rührte sich nicht, das Köpfchen, umringelt von goldblondem Gelock, lag starr auf die Seite geneigt, und unter den zarten, halbgesunkenen Lidern blickten die einst so schelmisch leuchtenden Augen unbeweglich hervor, ohne Glanz und Leben.

„Mein Schatzi, mein liebs, was hast du denn?" stammelte Gittli und schaute, die Wangen von Tränen überronnen, mit einem hilflosen, angstvollen Blick in Sephas Gesicht.

„Mein Gott, mein Gott, wär nur der Polzer daheim!" jammerte das Weib und sank neben dem Bett in die Knie. „Wenn er nur daheim geblieben wär! Mein Gott! Was tu ich denn? Mein Kindl, mein Kindl! Ich weiß mir keinen Rat, ich weiß mir nimmer zu helfen! Was tu ich denn?"

„Schwährin, bleib, bleib! Ich lauf und hol den Bader!" schluchzte Gittli. Und wie sie stand, barfuß, im dünnen Röckl, rannte sie davon.

Sie achtete auf dem Wege nicht der spitzen Steine, die sich schmerzend in ihre Sohlen drückten, nicht der Frische der Nacht, die sie schauern machte; sie rannte nur und rannte, bis sie keuchend auf dem Marktplatz das Haus erreichte, in dem der Bader wohnte. Wie von Sinnen schlug sie an der Tür den Klöppel, immerfort, so lange, bis im Obergeschoß ein Fenster geöffnet wurde.

„Wollt Ihr aufhören oder nit! Was ist denn das für ein Lärm in der Nacht?" rief eine Männerstimme herunter.

„Ach, ich bitt Euch, wir haben ein krankes Kind daheim!" schluchzte Gittli mit aufgehobenen Händen. „Kommt doch, kommt, ich bitt Euch gar schön, ich bitt, bitt, bitt!"

„Wer bist du denn?"

„Die Gittli bin ich, die Schwester vom Sudmann Polzer."

„Sooo?" Der Name, den Gittli genannt, gab dem Bader zu denken. Ja, hätte sie den guten Einfall gehabt, hinaufzurufen: ich bin Zenza, die Tochter des reichen Eggebauern — dann hätte sie was erlebt, wie der Bader gesprungen wäre! „Sooo? Also ja, geh nur heim, und sag, ich komm schon, sobald es Tag wird."

Klirrend schloß sich das Fenster. Gittli stand wie betäubt und griff mit beiden Händen an ihren Kopf. War es denn möglich? Ein Kind — solch ein süßes, herziges Ding! Und es gab einen Menschen, der sich nicht die Seel aus dem Leibe lief, um zu helfen!

Helfen? Helfen? Wer jetzt? Wer? Pater Eusebius? Der hatte das Bübl des Klostervogtes wieder gesund gemacht. Gittli rannte, und atemlos erreichte sie die Klosterpforte. Die Glocke läutete schrill, denn mit dem ganzen Gewicht des Körpers hatte sich Gittli an den Strang gehängt.

„Pater Eusebius? Wo ist der gute Pater Eusebius?" schluchzte sie, als sich das vergitterte Fenster öffnete.

„Ein Dirnlein? In der Nacht?" staunte der Pförtner. „Was willst du vom Pater?"

„Wir haben ein krankes Kind daheim, der Pater Eusebius soll ihm helfen. Ach, guter Frater Pförtner, ich bitt Euch, bitt Euch —"

„O du mein Gott, Kind, den Pater, den holst du heut nimmer. Der ist seit zwei Tagen in der Bartholomäer Klause."

Gittli mußte sich an die Mauer stützen, um nicht umzusinken.

„Aber sag, was fehlt dem Kind?"

„Es rührt sich nimmer und sieht nimmer. Und kennt mich nimmer. Ach, Frater Pförtner, so ein liebes, gutes Kind!"

„Mußt nit weinen, Mädel, der liebe Gott wird schon helfen! Und — wart ein Weil!" Das Gesicht hinter dem Gitter verschwand, dann streckte sich eine Hand heraus mit einer kleinen Flasche. „Nimm, Dirnlein, nimm! Es ist das Beste, was ich hab: Oleum Sancti Quirini vom Kloster Tegernsee."

Gittli griff zu mit beiden Händen.

„Reibe dem Kind die Stirn damit ein, und die Schläfe, und die Pulsadern an den Händen, und die Stelle, wo das Herz schlägt, und bete dazu drei Vaterunser! Das hilft. Das hat schon vielen Tausenden geholfen. Und jetzt geh, Dirnlein! Gelobt sei Jesus Christus!"

„Amen!" stammelte Gittli. Es war ein Laut voll heißen Dankes. Und schluchzend flog sie davon, aber sie weinte nicht mehr in Schmerz, sie weinte vor Freude. Was sie in Händen hielt und an ihr Herz drückte, war die sichere Rettung: geweihtes, heiliges Öl! Immer und immer wiederholte sie Wort um Wort: „Die Stirn, die Schläfe, die Adern, und wo das Herz schlägt!" Und damit sie nur ja mit dem Beten nicht zu kurz käme, fing sie jetzt schon an, während sie rannte und rannte: „Vater unser, der du bist im Himmel —"

Erschöpft, keines Wortes mächtig, erreichte sie das Haus.

Sepha kam ihr entgegen, das Gesicht verstört, kalkweiß und von Zähren überronnen. „Kommt er? Kommt er?"

Gittli schüttelte den Kopf; sprechen konnte sie noch nicht; doch während sie die eine Hand auf die fliegende Brust drückte, drängte sie mit der andern schon die Flasche in Sephas Hände.

„Mein Gott, Gittli, so red doch," jammerte das Weib, „schau, die Angst bringt mich um!"

„Nimm — nimm — das muß ihm helfen! Das hat schon tausend, tausend Mal geholfen, hat er gesagt. Vater unser, der du bist im Himmel —" Und betend sank sie neben dem Bette nieder, in dem das Kind noch lag, wie sie es verlassen hatte.

„Aber Gittli, so red doch, wie soll's denn helfen, was soll ich denn machen damit?"

Mehr mit Zeichen als mit Worten wiederholte Gittli den Rat, den ihr der Frater Pförtner gegeben. Neben dem Bette kniend, mit tränenerstickter Stimme betend, hielt sie das flackernde Talglicht, während Sepha tat, was der Mönch geraten. Mit zitternden Händen, unter Weinen und zärtlichem Stammeln entblößte die Mutter das Kind, das vor ihr lag wie eine vom Stengel gefallene Blüte. Ein zartes, holdes Körperchen, rund und weiß, wie aus Wachs gebosselt, aber alle Glieder gefesselt von starrem Krampf.

Endlich richtete Sepha sich tief atmend auf; alles war geschehen, was geschehen mußte. Sie legte die Kissen zurecht und breitete sorglich wieder die warme Decke über das Kind, das unempfindlich schien für alles, was mit ihm geschah.

„Meinst du, Gittli, es hilft?"

„Ja, ja, es muß helfen!"

„Der liebe Herrgott soll's geben! Wär nur der Polzer daheim!"

Nun saßen sie, Sepha und Gittli, die eine zu Häupten, die andere zu Füßen des Kindes, Stunde um Stunde, leise betend und des Wunders harrend, das sie mit Zuversicht erhofften.

Einmal streckte sich das Kind unter leisem Stöhnen, und die verkrampften Fäustchen schlugen seitwärts.

„Gittli!" stammelte das Weib.

„Tu dich nimmer sorgen! Es hilft, schau, es hilft schon. Weißt, er wehrt sich halt, der Krank, weil er spürt, daß er fort muß."

Wieder saßen sie, betend und wartend. Auf leisen Sohlen schlich die Nacht davon, und durch die Fenster fiel der graue Dämmerschein des erwachenden Ostermorgens.

Seph atmete auf. „Jetzt wird der Polzer doch bald kommen?"

Gittli nickte; die Hände im Schoß gefaltet, saß sie, keinen

Blick vom Gesicht des Kindes verwendend.

Wieder einmal befühlte Sepha die kleinen, starr geschlossenen Hände. Sie erschrak. „Gittli! Ich weiß nit — das Kindl wird so kalt! Da, greif her! Was meinst du denn?" Ihre Augen waren starr geöffnet, und ihre Stimme zitterte vor Angst.

Gittli umschloß mit beiden Händen die kalten, wachsbleichen Fäustchen des Kindes. Sie konnte nicht sprechen. Bang erschrocken schaute sie zu Sepha auf.

„Was meinst du," stammelte das Weib, „wenn ich ihm Tücher warmen tät?"

„Ja, ja!"

Sepha zerrte einen Arm voll Leinenzeug aus einer Truhe, stürzte in die Küche, machte Feuer und preßte das Leinen in eine irdene Schüssel, um es an der Glut zu wärmen. Schluchzend riß sie die Haustür auf; der helle Glanz des Ostermorgens leuchtete ihr entgegen. Sie taumelte auf der Schwelle, raffte sich auf und rannte auf die Straße, um auszuschauen, ob ihr Mann nicht käme. Nichts, nichts, so weit ihre brennenden Blicke reichten.

„Mein Gott, mein Gott, wär er nur daheim geblieben!" stammelte sie und wankte zurück.

In der Stube kniete Gittli vor dem Bett, des Kindes kalte Finger behauchend, die zwischen ihren Händen lagen. Sie wurden nicht wärmer. „Seph, Seph!" rief sie in quälender Angst und wollte zur Tür. Doch während sie sich erhob, schien es ihr, als hätte das Kind sein Köpfchen bewegt. Sie hatte recht gesehen. Ein leises Zucken ging über die Augenlider, und der kleine Mund bewegte sich, als wollt' er sprechen.

„Mimmidatzi!" schluchzte Gittli in neu erwachtem, freudigem Hoffen und warf sich auf die Knie.

Da hob das Kind ein wenig die Ärmchen und tastete mit gespreizten Fingern in die Luft. Gittli meinte, das Kind suche ihre Hände. „Ja, ja, mein Schatzi, das Handerl geben, gelt?" flüsterte sie in heißer Zärtlichkeit, die beiden Hände des Kindes fassend. „Dittibas geht nit fort, nein, schau, ich bin bei dir! Kennst du mich nimmer, Schatzi?"

Es legte sich auf das bleiche Mündlein wie ein sanftes, müdes Lächeln; ein seufzender Atemzug, dann streckte sich das Körperchen, und durch die kalten Finger rann noch ein leises Zittern.

Jetzt kam die Mutter mit den warmen Tüchern gerannt. „Seph, Seph!" rief ihr Gittli mit stammelnder Freude entgegen. „Besser geht's, besser! Es kennt mich schon wieder, und wie ich mit ihm geredet hab, da hat es mich angelacht. Schau nur, Seph, schau nur, es lachet noch allweil!"

„O du lieber, lieber Herrgott!" lallte Sepha. Die Freude benahm ihr fast die Stimme.

Nun griffen sie alle beide zu mit fliegenden Händen und hüllten das Kind von den Füßen bis an den Hals in die warmen Tücher; und wenn die Tücher zu erkühlen begannen, wurden sie wieder ersetzt durch andere, warme.

Und immer lächelte das Kind; nur war das kleine Gesicht so weiß wie Schnee, und der geschlossene Mund war anzusehen, als hätt' er sich verwandelt in ein blasses Veilchen.

Stunde um Stunde verging. Und immer lächelte das Kind.

„Ich mein', es schlaft!" flüsterte Gittli. Und dann plötzlich kam ihr ein Gedanke: „Seph, ich lauf ins Kloster hinauf. Meinst du nit, es wär gut, wenn ein Pater beten tät?" Ohne eine Antwort abzuwarten, eilte sie in ihre Kammer, schlüpfte in die Schuhe, zog eine Jacke über, streifte mit flüchtigem Kuß die rote Wange des Buben, der in ihrem Bette schlief wie ein Murmeltier, und rannte aus dem Hause.

Als sie die Straße erreichte, sah sie zwischen den Bäumen einen Chorherren des Weges kommen. Den hatte ihr der liebe Gott geschickt, so meinte sie. „Herr Pater, Herr Pater!" rief sie und winkte ihm zu. Nun stand er vor ihr — Pater

Desertus, der Fischmeister; er hatte im Kloster die Frühmesse gelesen und wollte heimkehren in seine Klause.

Gittli erschrak, da sie ihn erkannte. Sie zögerte, nur einen Augenblick, dann trat sie auf ihn zu, mit bittend erhobenen Händen, die Augen naß von Tränen.

Dunkle Röte flog über seine bleichen Züge, seine Augen flammten, und wie in heißer Sorge streckte er die Hände nach ihr und fragte: „Mädchen, was ist dir? Weshalb weinst du?"

„Ach, Herr Pater, wir haben ein krankes Kind daheim, ich bitt Euch, kommet mit mir und betet für das arme Würml!"

„Beten?" Über die Lippen des Priesters irrte ein Lächeln, das Gittli nicht zu deuten vermochte. Scheu wich sie vor ihm zurück. Er faßte ihre Hand und sagte: „Komm! Wir wollen sehen, was zu helfen ist."

Sie wollte seine Rechte küssen, doch er wehrte es fast erschrocken. „Führe mich!" sagte er und folgte ihr mit raschen Schritten; dabei verwandte er keinen Blick von ihrem Gesicht, immer wieder schüttelte er den Kopf, als könnte er irgend etwas, das ihn zu bewegen schien in seinem tiefsten Innern, nicht fassen und begreifen.

Nun erreichten sie die Haustür, und da ließ er die Hand des Mädchens und fuhr sich über die Stirn, wie um etwas von sich abzustreifen, was er nicht über die Schwelle tragen wollte.

Gittli bekreuzte sich, als der Chorherr ihr voran in die Stube schritt. Sepha erhob sich vom Bett und zog sich scheu in einen Winkel zurück; Gittli blieb mit gefalteten Händen an der Tür stehen, und so folgten die beiden Frauen mit brennenden Augen jeder Bewegung des Priesters, der neben dem Bette stand, tief über das regungslose, lächelnde Kind gebeugt.

Nun richtete er sich auf, schwer atmend, und sein Antlitz schien noch blässer geworden. Mit wehmutsvollem Blick suchten seine Augen die Mutter. „Komm her zu deinem

Kinde!" sagte er mit leiser, schwankender Stimme.

Ein Zittern fiel über Sephas Glieder, in ihrem Gesicht erstarrte die Angst jeden Zug, nur die Arme konnte sie strecken, aber ihre Füße waren auf der Diele wie festgewurzelt.

„Hier ist keine Hilfe mehr. Es müßte denn sein, daß Herr Jesus in diese Stube träte und zu deinem holden Kinde spräche wie zur Tochter des Jairus: Steh auf und lebe!"

Gittli erbleichte. Und Sepha rang nach Atem, aber noch immer wollte sie nicht fassen, was geschehen.

„Ach, guter Pater," stammelte das Mädchen, „schauet nur hin, es lachet ja, es lachet!"

„Das Lächeln der Erlösung!" Und Sephas Hand erfassend, sagte er: „Dein Kind ist heimgegangen zu seinem Schöpfer."

„Ach du lieber Gott!" schrie Gittli schluchzend auf. Wie von Sinnen stürzte sie zum Bett, doch ehe sie es erreichte, brachen ihr schon die Knie, auf den Knien rutschte sie weiter, schluchzend und schreiend, und mit Gesicht und Armen warf sie sich über die Füße ihres entschlafenen Lieblings: „Schatzi, mein Schatzi!" In heißem Weinen erstickten ihre Worte.

Sepha stand noch immer wie ein steinernes Bild. Nun rang es sich mit gellendem Schrei von ihren Lippen: „Mein Kind!" Mit beiden Fäusten stieß sie den Priester von sich, faßte mit zuckenden Händen das Kind, riß es halb aus den Kissen und rüttelte das zarte, wachsbleiche Körperchen. Ihre Glieder erlahmten, starr quollen die Augen aus dem von Schmerz verzerrten Gesicht, und mit stöhnendem Laut, wie das gehetzte Wild ihn ausstößt, wenn es niederbricht inmitten der Meute, sank sie über das Bett, das Kind umklammernd: „Kann denn unser Herrgott so was zulassen! Mein Kind! Mein Kind! So was — so was muß über mich kommen! Warum denn? Warum denn? Warum denn?"

„Warum? Du armes Weib!" Pater Desertus legte die Hand

auf Sephas zuckende Schulter. „Tausende und Abertausende vor dir haben diese Frage schon hinausgeschrien aus brennendem Herzen, und keinem noch ist Antwort gekommen, nicht aus der Höhe, noch aus der Tiefe. Warum? Auf frühlingsgrüner Wiese steht eine Blume, hold und lieblich in ihren reinen Farben, in ihrem süßen Duft, wie ein gütiger Gedanke Gottes, der zur Erde niederflog und Wurzel schlug, um zu weilen als eine Freude der Menschen. Da kommt die Nacht mit ihrem tötenden Reif. Und ein Tier zieht über die Weide und tritt mit fühllosem Huf die erfrorene Blume in den Kot. Warum? Auf sonniger Halde steht ein Baum, gesund und strotzend von Kraft. Er hat geblüht in zahllosen Kelchen, und nahe schon ist die Zeit, da er für treue Pflege danken will mit köstlichen Früchten. Doch vor der Ernte kommt der Sturm, ein Stoß nur, und der schöne stolze Baum liegt auf der Erde, verwüstet und gebrochen! Warum? Warum? Im weiten Feld steht die reifende Saat, getränkt vom Schweiße hoffender Menschen. Der Hagel vernichtet sie. Warum? In freundlichem Tal steht Hütte an Hütte, zufriedene, lachende Menschen unter jedem Dach. Da brechen am Bergsee die steinernen Dämme, eine Stunde nur, und Trümmer und Leichen bedecken das Tal. Warum? Redlichen Sinnes zieht ein guter Mensch seines Weges, sein Blick ist Treue, und Liebe jeder Schlag seines Herzens. Da fallen die Wölfe über ihn her, oder ein Blitz erschlägt ihn, oder eine Brücke weicht unter seinem Fuß. Warum? Es steht eine herrliche Burg, fest und stolz —" Die Stimme des Chorherren verwandelte sich, klang dumpf und heiser. „In ihren Mauern wohnt das Glück, rein und heilig, wie es noch je hervorgegangen aus Gottes Hand. Aus ihren Toren zieht ein glückseliger Mann. Und da er wiederkehrt, dürstend nach dem Anblick seines Weibes, nach den süßen Augen seiner Kinder, findet er nur rauchenden Schutt und verkohlte Gebeine. Warum? Warum? Warum?"

Sepha richtete sich auf, verschlang die Hände, und zu

dem Priester aufblickend, alle Verzweiflung ihres Herzens im Auge, schluchzte sie: „Ach Herr, redet doch nit so grausam und hart zu mir, sagt mir doch ein Wort des Trostes, nur ein einziges Wort!"

„Ich weiß dir keinen Trost, ich sehe dein Kind und finde keinen. Nur eine Wahrheit kann ich dir sagen, die ich erkannte mit blutendem Herzen: wer lebt, muß leiden, wer lacht, wird weinen müssen, und verlieren, wer besitzt!"

Sepha schlug die Hände vor das Gesicht.

Da klang aus der offenen Kammer eine Kinderstimme: „Muetter!" Und Lippele erschien auf der Schwelle im langen Hemd, die runden Wangen hoch gerötet vom gesunden Schlaf, in der Hand ein kleines hölzernes Pferd ohne Kopf und mit halben Beinen.

Sepha sprang auf, stürzte auf den Knaben zu mit schluchzendem Schrei und riß ihn empor an ihre Brust.

Pater Desertus war zur Tür gegangen; es schien, als wollte er sich noch einmal zurückwenden; aber schwer aufatmend deckte er die Hand über seine Augen und verließ das Haus.

Gittli lag noch immer auf den Knien, das Gesicht in die Arme gedrückt. Erst als Sepha wieder zum Bette trat, hob das Mädchen die brennenden Augen, sah zu der Schwäherin auf und schlug in hilflosem Schmerz die Hände ineinander.

Sepha kniete zur Seite des Bettes nieder, stellte den Knaben auf die Erde, und ihr Schluchzen mühsam bekämpfend, sagte sie: „Schau, Lippele — dein Schwesterl, schau nur, schau — geh, gib ihr noch ein Handl und sag zu ihr: behüt dich Gott, mein Schwesterl, du mein liebs!"

Lippele schaute auf das stille, wie im Traume lächelnde Kind, dann wieder auf die Mutter und fragte: „Warum denn?"

„Mußt nit fragen, Lippele, tu's nur, tu's!"

Lippele streckte den Arm; als er die Kälte des starren Händchens fühlte, erschrak er und brachte kein Wort hervor. Ängstlich schaute er zu der Mutter auf und hob die beiden Arme nach ihr. Sepha umschlang ihn, der gewaltsam verhaltene Schmerz brach mit neuer Macht aus ihrem gepreßten Herzen, und so kauerte sie schluchzend auf der Erde, das Gesicht des Knaben übergießend mit ihren Tränen.

„Muetter, Muetter!" stammelte das Kind und begann zu weinen, weil es die Mutter weinen sah. Gittli erhob sich und wankte in die Kammer; drinnen, am offenen Fenster, stürzte sie schluchzend nieder. Mit breitem Strahl fiel die Morgensonne auf den gebeugten Mädchenkopf.

Draußen webte der Glanz und Schimmer des Ostertages; die Ache rauschte und in den Nachbarhöfen krähten die Hähne. Auf den Obstbäumen, deren Knospen schon zur Blüte drängten, zwitscherten die Meisen und flogen hin und her, Halme tragend für den Nestbau.

10.

Trotz der hellen Sonne, die der Ostermorgen gebracht, brannte in der Stube des Eggebauern ein Feuer im Lehmofen, der vor Wärme schwelte. Der Bauer saß hemdärmelig hinter dem Tisch, vor sich einen großen Napf mit Milchsuppe, die er gemächlich auslöffelte. Er war soeben, gegen die neunte Morgenstunde, mit Zenza aus der Messe zurückgekehrt. Das Mädel stand, mit halblauter Stimme trällernd, vor dem in die Wand eingemauerten Zinnspiegel und durchflocht die blonden Zöpfe mit roten Bändern.

„Heut hat es aber der Pater Hadamar scharf gemacht in der Predigt," sagte der Eggebauer nach einer stillen Weile.

Zenza lachte.

„Hast du dir gemerkt, was er gescholten hat über den Tanz?"

Wieder lachte das Mädel und warf die Zöpfe über die Schulter zurück. „Jetzt tanz ich nur desto mehr. Und fest anhalten tu ich mich auch. Daß ich nit ausrutsch."

Sprechen konnte der Eggebauer nicht, denn er hatte gerade den Mund voll; er drohte nur mit dem Löffel; dann schluckte er und lachte. Da klang aus der Kammer eine weinerlich kreischende Weiberstimme: „Zenzaaa!"

„Jjaa!" rief das Mädel unwillig, trat näher an den Spiegel, nestelte an dem Veilchenbuschen, der im Mieder steckte, und zupfte das Kraushaar in die Stirn.

„Hörst, die Mutter ruft!" mahnte der Eggebauer.

„Hab schon gehört!" sagte Zenza; aber sie rührte sich nicht von der Stelle.

Der Eggebauer seufzte und löffelte weiter.

„Bauer! Aber Bauer! So komm halt du!" klang es mit keifenden Lauten aus der Kammer.

„Ist *das* ein Weib!" brummte der Eggebauer. „Nit einmal beim Essen hat man seine Ruh!" Er schüttelte den Kopf, warf einen Erbarmen heischenden Blick zur Stubendecke, legte den Löffel nieder und wollte sich erheben.

Da klapperten draußen auf den Steinen die Tritte genagelter Schuhe, und ein Schatten fiel über das Fenster.

„Zenz!" sagte der Bauer hastig. „Ich tu dich bitten, geh hinein zu ihr und bleib bei ihr drin eine Weil. Es kommt einer, mit dem ich zu raiten hab."

Das Mädel ging, aber nicht gerne; kaum hatte Zenza hinter sich die Kammertür geschlossen, da stand Wolfrat schon auf der Schwelle; er war anzusehen, als käm' er geraden Weges von der Sudpfanne; sein brennendes Gesicht und seine Hände glitzerten von Schweiß; an Hals und Schläfen sah man, wie es in den geschwollenen Adern hämmerte; sein Atem flog und keuchte, daß er nicht zu sprechen vermochte; er taumelte zur Bank, fiel nieder und drückte die Fäuste auf seine Brust.

Dem Eggebauer wurde ängstlich zu Mut; er schielte nach der Kammertür, dann fragte er mit leiser Stimme: „Polzer, was hast du denn? Ich will nit hoffen, daß —"

„Schau nach der Zeit, Bauer!" keuchte Wolfrat.

„Da brauch ich nit schauen. Die neunte Stund ist kaum vorbei."

„Und wie lang braucht einer vom Kreuz über die Almen herunter ins Ort?"

„Fünf Stund."

„So muß ich droben am Kreuz schon wieder fort gewesen sein, bevor es Tag worden ist!" sagte Wolfrat mit heiserem Lachen. „Darauf könnt einer schwören. Du auch!"

Der Eggebauer verfärbte sich. „Meinst du, es wird sein müssen?"

Wolfrat zuckte die Schultern, wischte mit dem Ärmel den Schweiß von der Stirn und erhob sich; sein Atem war ruhig geworden, sein Gesicht so weiß wie die Wand. Er trat zum Tisch, griff in die Tasche und reichte dem Bauer eine hölzerne Büchse: sie war feucht, als hätte man sie in Wasser getaucht.

„Da nimm!" sagte er. „Das Kreuzl mußt du dir selber herausschneiden. Ich hab mich tummeln müssen."

Der Bauer öffnete die Büchse, die ein blutiges Herz enthielt, und schloß sie wieder. „Hast du die Schweißbluh auch?"

Wolfrat nickte und griff an eine Tasche seines Jankers. „Wenn ich die nit hätt? Für was hätt ich's denn getan?" Der Kopf fiel ihm auf die Brust und mit zitternder Hand strich er sich über den Scheitel.

Der Bauer blickte scheu zu ihm auf und kniff die Lippen übereinander; dann ging er zu einem Wandschrank, verwahrte die Büchse und brachte ein Säcklein herbei, welches klang und klirrte, als er es auf die Tischplatte setzte.

„Hast nichts gehört, Bauer, wie es bei mir drüben steht?" fragte Wolfrat.

„Gehört hab ich nichts. Aber sorg dich nimmer! Hast ja die sichere Hilf im Sack."

Wolfrat atmete tief und stand schweigend, während der

Eggebauer zehn Salzburger Schillinge und ein Dutzend Heller auf den Tisch zählte.

„Streich ein! Hast es verdient."

„Meinst?" Wolfrat, als er die Münzen in der Hand hielt, streckte sie dem Eggebauer hin und sagte: „Ich weiß nit, mir kommt so für, als hätt das Geld einen roten Schein?"

„Dummes Zeug!" stotterte der Bauer. „Das Geld hat Silberfarb."

„So? Dann muß es wohl sein, daß es mir nur im Aug so glitznet. Oder es schaut sich nur die Hand so an." Er schob das Geld in die Tasche. „Und was ich sagen will, Bauer? Gelt, wenn vielleicht eine Frag umgehen sollt — du brauchst nit *mehr* zu wissen, als daß ich gestern nach Feierabend um die achte Stund fort bin. Sieben Stund hab ich hinaufgebracht in die Röt. Lang genug. Aber so ein Herrgott hat sein Gewicht. Dann hab ich ihn ans Kreuz geschlagen, vor Tag war ich fertig, hab mich wieder auf die Füß gemacht, und war daheim um die neunte Stund. Daß ich den Weg vom Kreuz bergab bis zu deinem Haus in dritthalb Stunden gelaufen bin, das brauchst du nit zu wissen."

Der Eggebauer riß die Augen auf und schüttelte den Kopf.

„Und schau mich an, wie ich ausschau! Daß du's weißt, wenn dich einer fragen sollt. Gelt, nein? Ich hab kein Stäubl Ruß im Gesicht, kein Fleckl Blut an meinem Janker."

Der Eggebauer, der eine Farbe bekam als hätte man ihm das Gesicht mit Kalk bestrichen, stotterte: „Lieber Herrgott, Polzer, was hast du getan?"

„Was ich dutzendmal im Krieg getan hab, wenn mich einer hat fassen wollen." Er machte mit der Faust einen Hieb durch die Luft und seine Augen funkelten in finsterer Glut. „Es hat sein müssen."

„Polzer, Polzer!" stöhnte der Bauer und schlug die Hände zusammen.

„Halt 's Maul! Wenn's einer hört, der es weiterredet,

kommt es zur Halbscheid über dich. Und wo der Freimann haust, das weißt du! Seit voriger Woch hat er ein neues Rad, das alte hat er am Mattauser zuschanden gemacht, der in der letzten Gebnacht[13] den Klosterknecht gestochen hat. Und somit behüt dich! Ich hab dir und mir geholfen. Jetzt müssen wir's auch tragen auf zwei Buckeln." Wolfrat wandte sich zur Tür.

Dem Eggebauer schlotterten die Knie; er wollte dem Sudmann nacheilen, brachte aber keinen Schritt zuwege. „Polzer!" keuchte er. „Und das Schießzeug? Das hast du doch um Herrgotts willen nit verloren, wo's ein Unrechter finden könnt?"

„Nein. Ich hab's wieder geholt, und jetzt liegt es im Kesselbach in der tiefsten Klamm, mit einem Stein daran, den kein Wasser mehr in die Höhe treibt. Ich wollt nur, es läg was anderes auch dabei! Aus mir herausreißen kann ich's nit." Er schlug mit der Faust auf seine Brust, nickte noch einen stummen Gruß und verließ die Stube.

Diesmal schwang er sich nicht über den Gartenhag, sondern ging auf die Straße zurück und betrat sein Lehen durch die Zauntür. In einem Winkel des Gartens rannte Lippele hinter den gackernden Hennen her. Wolfrat wollte ihn rufen; doch er schüttelte den Kopf: „Der Bub soll mir heut nit an die Hand rühren." Zögernd trat er ins Haus; im offenen Flur lag die Sonne; als aber Wolfrat über die Schwelle ging, bedeckte sein schwarzer Schatten den lichten Streif. Und wie still es war! Keines rief seinen Namen, keines trat ihm grüßend entgegen. Das Kind wird schlafen, dachte er sich, und sie wollen's nicht wecken. Er stieß die Schuhe von den Füßen und betrat die Stube.

Neben dem Bett saß sein Weib im Weidenstuhl. „Grüß dich Gott, Seph!" sagte er beklommen. Sie gab ihm keine Antwort, hielt die Hände im Schoß gefaltet, das zerraufte Haar hing ihr um die Schultern, und mit starren Augen, deren Tränen erschöpft waren, schaute sie ihm entgegen.

„Aber so red doch ein Wort! Wie geht's ihm denn?"

Sie wollte sprechen, aber nur stumm bewegten sich ihre Lippen; dann plötzlich schrie sie laut auf.

Er warf einen Blick auf das Kind, und was er sah, machte ihn zittern an allen Gliedern. „Gib dich, Seph, gib dich!" stammelte er und riß aus der Tasche einen ledernen Beutel hervor, welcher braune Flecken hatte und zwischen Wolfrats Händen schlotterte. „Gib dich, Seph! Schau, ich hab was heimgebracht, das muß helfen. Dem Vogt seinem Kind hat es auch geholfen. Gib einen Löffel her!"

„Polzer!" schrie sie gellend auf und fuhr sich mit zuckenden Händen in die Haare. „Unser Kind! Unser liebes Kind! O mein Gott, mein Gott!"

„Seph?"

Er stürzte auf das Bett zu und riß das Laken weg, mit dem das regungslose Körperchen verhüllt war. Aschfahl wurde sein Gesicht, die eine Hand fuhr nach seinem Herzen, die andere ließ den Beutel fallen, aus dem das geronnene Blut, das er enthielt, in dicken Brocken auf die Diele klatschte. Und lautlos, wie ein Stier, den das Beil auf die Stirn getroffen, brach er zusammen.

„Polzer!" kreischte Sepha und suchte ihn aufzurichten.

War es ein Schluchzen oder ein heiseres Gelächter, das von seinen Lippen schütterte und seine wirren Worte halb erstickte? „Und alles umsonst, alles, alles! Recht so! Ja, so hat's kommen müssen. Jetzt liegt mein Kindl da. Und droben liegt der ander im Blut."

„Heiliger Herr Jesus!" stammelte Sepha. „Polzer! Polzer!"

Verstört sah er auf, ein Schauer rüttelte seinen Körper. Er hatte schon zu viel gesagt. Nun mußte er alles sagen. Mit beiden Armen umschlang er sie, drückte stöhnend sein Gesicht in ihren Schoß, und in dumpfen, hastigen Lauten bekannte er seine Tat. Alles sagte er: was ihn zum Wildraub verführt hatte, wie droben alles gekommen war, und wie ihm nur die Wahl geblieben zwischen Elend, Kerker,

Peitsche — und dem, was er getan.

Sepha saß mit weißem Gesicht, wie eine Gestorbene, und ihre Hände zitterten, die auf seinem Kopfe lagen. Und als er verstummte, griff sie hinüber in die verwüsteten Kissen und faßte die starre kalte Hand ihres Kindes. „Dank's deinem Herrgott, mein liebes Kind, weil du das nimmer hast erleben müssen!"

„Seph!" stöhnte er.

Sie neigte das Gesicht zu ihm hinunter und sagte ganz leise: „Weißt du es auch, Polzer? Weißt du denn, was du getan hast? Nit bloß den andern hast du erschlagen. Uns alle, dich und mich und deinen armen Buben und —"

Er preßte die Hand auf ihren Mund.

„Nein, Seph, nein! Keiner weiß es. Nur ein einziger, der selber das Reden fürchten muß. Und wenn sie mich auf den Strecker spannen, ich sag's nit. Und ich hab nichts anderes getan, als den Herrgott ans Kreuz geschlagen. Und wenn er selber noch leben sollt und wieder aufkommen —"

Er verstummte plötzlich und hob erschrocken den Kopf. Jäh schoß er in die Höhe, stand mit geballten Fäusten und starrte zur Kammertür.

Gittli stand auf der Schwelle; ihre zitternden Hände suchten eine Stütze am Pfosten, als wollten ihr die Knie brechen. Ihrem entsetzten Blick, ihren verstörten Zügen sah man es an — sie hatte alles gehört.

„Du!" fuhr Wolfrat sie an. „Was willst du?"

Abwehrend streckte sie die Hand gegen ihn, das Grauen schüttelte ihre schmalen Schultern, und an der Wand sich entlang tastend, wollte sie zur Tür.

Mit zornigem Fluch sprang er auf und verstellte ihr den Weg. „Wohin?"

Da hob sie flehend die Hände. „Zu ihm! Zu ihm! Ob er tot oder lebig ist. Laß mich, laß mich! Ich muß zu ihm."

„Zu ihm? Und warum zu ihm?"

„Weil ich sterb, wenn ich bleiben muß!" Wie von Sinnen

faßte sie ihn am Arm und suchte ihn von der Türe wegzuzerren. Er schleuderte sie zurück, daß sie zu Boden sank; sie raffte sich auf und stürzte wieder auf ihn zu.

„Dirn!" knirschte er. „Du tust mir keinen Schritt aus dem Haus, oder —" Er riß ein Beil von der Wand.

„Jesus im Himmel! Polzer!" kreischte Sepha, aber sie hatte nicht die Kraft, sich aufzurichten.

Mit ausgebreiteten Armen stand Gittli vor dem Bruder. „Schlag zu, schlag zu! Hast ihn doch auch erschlagen. Tust mir nur eine Freud an, wenn du zuschlagst, daß ich dalieg und meinen letzten Schnaufer mach. Schlag zu! Oder traust du dich nit? Meinst du, es wär an einem schon genug? Dann geh von der Tür und gib meinen Weg frei!"

Sie stand vor ihm mit blitzenden Augen, als wäre sie gewachsen und um Jahre gealtert in dieser Stunde.

Er ließ das Beil sinken und maß sie mit funkelnden Augen. „Du bleibst!"

Es schien, als wollte sie ihn mit beiden Händen an der Brust fassen; aber sie besann sich und ging auf das Bett zu. „Schau her, auf dein armes Kind! Ich hab es lieber gehabt als mich selber, und heut in der Nacht hab ich gemeint, ich muß mir die Seel herausbeten aus dem Leib. Und schau, jetzt leg ich die Hand auf sein kaltes Herz: daß ich zu keinem Menschen ein Sterbenswort von dem sagen will, was ich weiß! Bist du zufrieden? So gib mir den Weg frei!"

„Du bleibst, sag ich! Und bevor ich nit in aller Ruh mit dir geredet hab —"

„So halt mich, wenn du kannst!"

Ehe sie noch ausgesprochen hatte, war sie in der Kammer verschwunden; er merkte ihre Absicht und stürzte ihr nach; bevor er die Schwelle erreichte, hatte Gittli sich schon auf die Brüstung des Fensters geschwungen. Mit einem Faustschlag zerfetzte sie den dünnen Schliem, mit dem der Rahmen verklebt war, sprang ins Freie und flog der Straße zu.

„Gittli, Gittli! Dirn! Ich tu dich bitten um Gottes willen! Gittli! Gittli!" klang die Stimme des Bruders hinter ihr.

Sie schlug ihre Hände vor die Ohren, um nimmer zu hören. So rannte sie und rannte.

Es war nur eines in ihr, und dieses eine schrie: zu ihm, zu ihm! Sie fragte sich nicht, was so plötzlich in ihr erwachte, allen Schmerz der vergangenen Stunden in ihr erstickte, um ein noch tieferes Weh über sie zu bringen, und sie losriß von ihrem Bruder, um sie unaufhaltsam zu jenem andern zu treiben, der vor wenigen Tagen für sie noch ein Fremder war. Sie fragte sich nicht: ob er tot läge in seinem Blut? Ob er noch lebe? Wie sie ihm helfen wollte? Ob sie auch helfen könnte, allein, mit ihrer schwachen Kraft? Sie fragte und sagte sich nichts, als immer nur das eine: zu ihm, zu ihm!

Was in ihr lebendig geworden, was sie trieb und jagte, ohne Denken und Besinnen, war entfesselte Natur, die in diesem sechzehnjährigen Kinde nicht anders wirkte als in einem tausendjährigen Stein, der auf steilem Berghang liegt, ruhig, bedeckt von Moos; der Tritt eines Wildes, der Fuß eines Wanderers, das Wasser eines jähen Regens, ein Stoß des Zufalls setzt ihn in Bewegung, und unaufhaltsam geht seine Reise, nicht zur Rechten, nicht zur Linken, nur fort und immer fort, dem unbekannten Ziel entgegen, keine Schranke messend, keine Tiefe scheuend, keinem Halt gehorchend; nur immer fort und fort, bis sein Weg vollendet ist, bis am Fuß des Berges ein sonniger Rasen ihn empfängt, oder bis ihn der dunkle See verschlingt, auf dessen tiefem Grund er den Ort der Ruhe findet, den die Natur ihm vorbestimmte.

Die Leute, denen Gittli auf der Straße begegnete, blieben stehen, blickten ihr nach und schüttelten die Köpfe. Ein Mädel, das mit wehenden Bändern im Haar zum Tanze ging und von Gittli überholt wurde, rief ihren Namen. Gittli sah und hörte nichts. Sie rannte und rannte. Als sie, nahe den Bauernhöfen am Unterstein, von der Straße zu einem

Fußpfad ablenkte, vernahm sie plötzlich von der Taferne her das Klingen der Geigen und Pfeifen. Dort wurde der Ostertanz gehalten. Da mußte sie an die Botschaft denken, die Walti der Klosterbub ihr gebracht hatte. Tags zuvor, nach der Auferstehungsfeier, hatte der Bub sie vor dem Tor der Kirche erwartet: „Du, der Jäger schickt mich. Ich soll dich fragen, warum du geweint hast, droben beim Vogt. Und morgen, wenn er herunterkommt zum Ostertanz, soll ich's ihm wieder sagen."

Er hatte an sie gedacht. Er hatte sich gesorgt um ihren Kummer. Und zum Tanz hatte er kommen wollen, zum Tanz mit ihr! Und jetzt? Jetzt?

„Haymo! Haymo!" schrie sie und rannte weiter, während drüben in der Taferne die Stimmen der Geigen und Pfeifen übertönt wurden von einem wirren Jauchzen und Gejohl.

Ein Tanz war eben zu Ende. Mit brennendem Gesicht, aber wenig fröhlichen Augen trat Zenza aus der Tür der Taferne. Suchend schaute sie umher, ging bis in die Mitte der Straße und spähte mit verdrossenem Blick den leeren Weg entlang.

Von der entgegengesetzten Seite kam ein junger, schmächtiger Bursch gegangen, mit freundlichem Gesicht und gutmütigen Augen. Seine leichtgebeugte Haltung und die weißen, schwielenlosen Hände verrieten den Bildschnitzer. Als er das Mädel gewahrte, leuchtete sein Blick. Lächelnd schlich er sich an Zenza heran und drückte ihr die Hände über die Augen. „Rat!" sagte er mit verstellter Stimme. „Wer bin ich?"

Zenza kicherte und griff nach seinen Armen. „Einer, auf den ich gewartet hab!"

Diese Antwort machte sein Gesicht vor Freude glühen; aber er hielt fest; nun wollte er auch seinen Namen hören. „Wer bin ich?"

„Einer, den mir der Herrgott in der Röt geschickt hat."

Er lachte. Den ‚Herrgott', der in der Röt am Kreuze hing,

den hatte er geschnitzt. Eine Feine, die Zenza! Die Wörtlein stellen, das verstand sie wie keine! Aber jetzt sollte sie erst recht den Namen nennen, jetzt gerade!

„Wer bin ich?"

„Einer, der sich heut nacht an meinem Fenster nit hat klopfen trauen, wie er den Buschen gebracht hat, den ich am Mieder trag!" Mit jähem Ruck riß Zenza die Hände des Burschen nieder, zog seine Arme fest um ihren Hals und blickte über die Schulter lachend zu ihm auf. Als sie sein Gesicht erblickte, verstummte ihr Lachen. „Ulei[14]? Du?" Und weil er sie festzuhalten versuchte, stieß sie ihn zornig von sich.

„Aber Zenza? Ich bin's ja doch —" Er deutete auf die Veilchen an ihrer Brust.

Sie trat mit funkelnden Augen vor ihn hin. „Du? Du hast mir den Buschen gebracht?" Mit häßlichem Lachen riß sie den Strauß von ihrem Mieder und warf ihn dem Burschen an den Kopf. „Da hast du mein Vergeltsgott!"

Ulei stand mit erblaßtem Gesicht, während Zenza in der Tür der Taferne verschwand. Sie mußte das Haus und einen Hof durchschreiten, um die Scheune zu erreichen, in welcher der Ostertanz gehalten wurde. Da ging es laut und lustig zu; auf dem Heuboden saßen zwei Fiedler und ein Sackpfeifer, die sich eben anschickten, einen neuen Tanz zu beginnen. Einzelne Paare traten schon zum Reigen an, die Weibsleute lachend, die Burschen jauchzend und mit den Füßen stampfend.

Unter dem Tor der Scheune blieb Zenza stehen und rief mit lauter Stimme in den wilden Lärm hinein. „Buben! Wer ist unter euch der ärmste und der mindest?"

Es wurde still, alle Gesichter wandten sich ihr entgegen; es wollte keiner der ärmste sein und keiner der schlechteste. Zenza trat in die Mitte der Scheune.

„Ist einer da, den gar keine andere mag?"

„Der Kropfenjörgi! Der Kropfenjörgi!" schrien die

Mädchen lachend durcheinander.

Zenza blickte suchend umher und sah in einem Winkel der Scheune einen Burschen hocken, mit blatternarbigem Gesicht und blöden Augen; wer ihn ansah, brauchte nicht mehr zu fragen, weshalb man ihn den Kropfenjörgi nannte. Zenza trat auf ihn zu und faßte seine Hand. „Komm, Jörgi! Heut tanz ich nur noch einen einzigen. Den tanz ich mit dir. He, Spielleut! Macht einen auf!"

Jörgi wurde rot und blaß; als er sah, daß Zenza es ernst meinte, stieß er einen gellenden Jauchzer aus, reckte sich stolz und faßte das Mädel um die Mitte.

Die Geigen klangen, die Sackpfeife dudelte, aber kein zweites Paar trat zum Reigen an; die Burschen und Mädchen standen im Kreis umher und begleiteten den Tanz der Zenza und des Kropfenjörgi mit johlendem Gelächter.

---

[13] Die Nächte vor dem Weihnachtsfest, vor dem Neujahrstag und vor dem Dreikönigstag hießen „Gebnächte".

[14] Ulrich.

11.

Als um die Mittagsstunde vom Münsterturm der Hall der Glocken über Berg und Tal schwebte, hatte Gittli schon die Almen erreicht. Ihre Kräfte waren fast erschöpft, und doch lag vor ihr noch ein weiter, weiter Weg. Über das offene Almfeld, von dem sie den Kreuzwald schon erblicken konnte, eilte sie noch in vollem Lauf hinweg. Doch als sie einen steilen, brüchigen Hang erreichte, auf dem die Regenstürze des Frühjahrs jede Spur eines Pfades vertilgt hatten, ging ihr der Atem aus, und die Glieder versagten. Zu Tod erschöpft sank sie auf einen Rasenfleck; schluchzen konnte sie nicht, nur stöhnen. Mit der Brust auf der Erde liegend, drückte sie das glühende Gesicht in das kühle Gras und krampfte die Hände in den Grund. Sie meinte zu sterben, zu ersticken. Und dennoch fühlte sie nicht die eigenen Schmerzen, sie dachte nicht an sich selbst, immer nur an ihn! Jetzt lag sie hier, ein Häuflein Elend und

Schwäche — und er lag hilflos dort oben, verblutend, sterbend. Sie richtete sich halb empor und schrie mit gellender Stimme in die lautlose Stille der Berge: „Hoidoooh! Leut! Leut!"

Niemand gab Antwort; nur das Echo ihrer Stimme klang hohl zurück von Wald und Wänden.

Weshalb nur hatte sie zu seiner Hilfe die Leute nicht gerufen, wo Leute waren? Drunten im Tal, im Dorf? Hatte sie an den Schwur gedacht, bei dem sie die Hand auf das erkaltete Herz des Kindes gelegt? „Ach Gott, das Kindl, das Kindl!" Nun konnte sie wieder schluchzen. Oder hatte sie gemeint, daß sie allein ihm helfen, allein ihn retten und heilen könnte, wie durch ein Wunder? Nein, nein! An gar nichts hatte sie gedacht, weder an das eine, noch an das andere — sie war gerannt und gerannt, blind und taub, ohne zu denken, ganz von Sinnen. Und jetzt lag sie hier, so weit von ihm, noch weiter von den Menschen im Tal. Und wenn er verbluten mußte, verschmachten in Schmerzen und Not, dann war es ihre Schuld, nur ihre Schuld allein!

Sie mußte zu ihm, sie mußte, mußte, und wenn ihr die Füße brechen und alle Glieder vom Leibe fallen sollten. „Haymo! Haymoli! Schau, ich komm schon!" Mühsam raffte sie sich auf, keuchend überwand sie den steilen Hang. Droben im dunklen Hochwald, der sie umfing, lehnte sie sich für kurze Weile an einen Baum, bis sie Atem fand, dann wankte sie weiter. Die sachte Neigung des Waldes und ein ausgetretener Pfad erleichterten ihr den Weg.

Plötzlich blieb sie lauschend stehen; hinter einer Biegung des Steiges hörte sie Steine kollern, hörte tappende Schritte, als käme, schwer auftretend, einer mit nackten Füßen gegangen. Heiß fuhr ihr die Freude zum Herzen. Das war Hilfe, die ihr der liebe Herrgott sandte! Sie wollte rufen, aber der Laut erstarb ihr in der Kehle.

Um die Biegung des Pfades kam ein Bär getrottet, die Nase des dicken Kopfes spürend zur Erde gesenkt. Ohne recht zu wissen, was sie tat, raffte Gittli einen Stein auf und hob den Arm zum Wurfe; doch als der Bär verhoffend den Kopf aufrichtete, machte der Schreck sie erstarren. Sie rührte wohl die Lippen; aber nicht in Worten, nur in Gedanken sprach sie den Bärensegen:

„Großvater Zottefell,
Süßfuß, Waldgesell,
Rühr mich nit an,
Birg deinen Zahn,
Hüt deine Tatz,
Weiche vom Platz,
Krumm, krumm,
Um mich herum!"

Regungslos standen der Bär und das Mädchen sich gegenüber; Gittli mit erhobenem Arm, vom Entsetzen fast versteinert, der Bär betroffen, beinahe selbst erschrocken über die unerwartete Erscheinung. Eine Weile betrachtete er mit schiefgehaltenem Kopf das Mädchen, dann schüttelte er den Pelz, wandte sich seitwärts in den Wald und trollte zwischen den Bäumen davon. Der Stein fiel aus Gittlis Hand, der Bann ihrer Glieder löste sich, und von peinigender Furcht getrieben, stürzte sie davon. Doch nicht für ihr eigenes Leben fürchtete sie. Das Abenteuer war gefahrlos überstanden. Aber der Bär war von dort gekommen, wohin ihr Weg ging! Die Angst stellte ihr ein Bild vor die Seele, das sie schaudern machte bis ins innerste Mark. Sie rannte und rannte; alle Erschöpfung war von ihr gewichen. Entsetzen, Jammer und Sorge hatten ihre erlöschenden Kräfte neu belebt.

Jetzt erreichte sie das offene Steintal und sah auf der Höhe schon das Kreuz in die Lüfte ragen, umflimmert vom Schein der Sonne.

Nun stieg sie über den letzten Hang empor. Immer wieder mußte sie stehen bleiben. Nicht die Ermüdung, sondern die herzbrechende Angst vor dem Anblick, der ihrer wartete, benahm ihr den Atem und fesselte ihre Glieder. Alle Pein, die sie erfüllte, sprach aus dem trostlosen Blick ihrer Augen.

Wankend erreichte sie die Höhe. „Haymo, Haymo!" Der Platz vor dem Kreuze war leer. Nur eine halb vertrocknete Blutlache bezeichnete die Stelle, an der die Tat geschehen war. Und versprengtes Blut klebte auch an dem Kreuz und seinem Bilde. „Du! Du bist dabei gewesen und hast es geschehen lassen." Dann wieder schrie sie: „Haymo! Haymo!" Keine Antwort kam. Da gewahrte Gittli, daß eine blutige Fährte auf dem Pfad hinwegführte gegen die Jagdhütte. Ein Schimmer freudiger Hoffnung erwachte in ihr: Haymo mußte leben, er hatte noch die Kraft besessen, sich aufzurichten, sich heimzuschleppen. Immer wieder den Namen des Jägers rufend, folgte sie der Spur, die er gezeichnet mit seinem Blut. Und jeder neue Tropfen, den sie fand und der sie leitete, war ihr ein neuer brennender Schmerz.

Immer näher kam sie der Hütte, und immer wollte ihr jammernder Ruf noch keine Antwort finden. An der Hütte, die sie mit einem Steinwurf schon hätte erreichen können, sah sie die Tür geschlossen. Diese Wahrnehmung jagte ihr neue Angst in die Seele.

Jetzt lenkte der Pfad aus den dichten Büschen der Krüppelföhren auf eine Rodung — und da lag er vor ihr, mitten auf dem Steige, leblos, mit Blut besudelt, das Haupt versunken in welkem Krautwerk, mit seitwärts geschlagenen Armen, deren Finger noch den Bergstock und die Armbrust umklammert hielten.

„Haymo! Haymoli!" rang es sich in Schmerz und doch in Freude von ihren Lippen, während sie niederstürzte an seiner Seite. Sie faßte seine Hände, rüttelte seine Arme, hob sein Haupt empor. Kein Zeichen des Lebens rührte sich in seinen Zügen, kein fühlbarer Hauch entströmte seinem halb geöffneten Mund, fahle Blässe lag auf den eingefallenen Wangen, und bläulich schimmerten die Lippen und die geschlossenen Lider. Dennoch erlosch die Hoffnung nicht in ihrem Herzen; sie konnte das Schlimmste nicht fürchten, an seinen Tod nicht glauben — das Undenkbare denkt man nicht — und sie hielt ihn in ihren Armen, fühlte die Wärme seines Körpers! Und zum Jammer blieb ihr keine Zeit, sie mußte helfen, helfen, helfen!

In einer tiefen Felsschrunde gewahrte sie einen Klumpen Schnee; sie sprang hinüber, warf sich auf die Erde, griff mit beiden Armen hinunter und faßte, was ihre Hände fassen konnten. Mit dem Schnee begann sie Haymos Gesicht zu reiben; wohl färbte eine matte Röte seine Wangen, aber das schlummernde Leben wollte nicht erwachen. Was tun? Was tun? Da schoß ihr die Erinnerung an jenen Spruch durch die Sinne:

„Zwei Tropfen machen rot —"

Eine Nieswurz! Mit brennenden Augen spähte sie umher. Auf hundert Schritte fast, einem hohen Fels zu Füßen, meinte sie eine Staude zu erkennen; sie rannte hin und hatte sich nicht getäuscht: rings um das Stöckl hingen noch die verblühten Schneerosen an den welken Stengeln. Mit den Fingern grub sie die Wurzel aus der Erde, und während sie zurücklief, säuberte sie Wurzel und Hände an ihrem Rock.

Nun lag sie wieder neben Haymo auf den Knien, brach die Wurzel in zwei Stücke, hielt sie über seine Lippen und drückte und preßte, bis aus dem Mark der Wurzelstücke zwei große Tropfen auf Haymos Lippen fielen. Mit heißpochendem Herzen wartete sie, keinen Blick von seinem Munde verwendend. Aber seine Lippen wollten sich nicht rühren, und nicht die leiseste Bewegung zeigte sich an seiner Kehle.

Sie rüttelte seine Schultern und schluchzte dicht an seinem Ohr: „Haymo, so tu doch schlucken, ich bitt dich um Tausendgottswillen, tu doch schlucken!" Dann wieder wartete sie — vergebens. „O Gottele, Gott, was tu ich denn?"

Sie faßte einen Ballen Schnee, brachte ihn durch die Wärme ihrer Hände zum Schmelzen und ließ das Wasser über Haymos Lippen träufeln. Seine Mundhöhle füllte sich, ein Zucken lief über seinen Körper, ein heftig stoßender Atemzug, ein Gurgeln und Röcheln, dann wieder lag er still; seine Lippen bewegten sich; er hatte geschluckt, und gleichmäßig strömte sein Atem.

Schluchzend und lachend in Freude, schlang Gittli die Hände um sein Gesicht und hob es an ihre Brust. Sie spürte an dem Hauch seiner Lippen, wie sein Atem sich kräftigte, sie sah, wie seinen Wangen, wenn auch nur matt, die Farbe des Lebens wiederkehrte. Seine Arme bewegten sich, er rührte den Kopf, langsam öffneten sich seine Augen und lange, lange sah er das Mädchen an mit verlorenem Blick. „Kennst du mich, Haymo, kennst du mich?" stammelte sie und beugte den Kopf zurück, damit ihm nicht ihre rinnenden Tränen in das Gesicht fielen. „Kennst du mich? Schau, ich bin's doch, die Gittli!" Nun erkannte er sie. Ein tiefer Atemzug hob seine Brust, seine Augen schimmerten, und ein Lächeln huschte um seinen Mund. Er wollte sprechen, aber seine Zunge konnte nur lallen.

„Tu dich nit plagen, mußt nit reden!" stammelte sie, während sie den Arm unter seinen Nacken legte, um ihn aufzurichten. „Komm, tu dich anhalten an mir, so! Halt nur recht fest! Schau, es geht schon, es geht!" Ihr ganzer Körper schwankte unter dem Gewicht, mit dem der Entkräftete an ihrem Halse hing. Dennoch brachte sie ihn auf die Füße. „So, und jetzt mach ein Schrittl! Und jetzt noch eines! So, so!" Er wandte halb den Kopf und tastete mit dem freien Arm gegen die Erde. Sie verstand ihn: er wollte sich von seiner Waffe nicht trennen, sie war ein Stück seines Lebens; als er vor dem Kreuz aus tiefer Ohnmacht erwachte, hatte sein erster Blick der Armbrust gegolten, und bevor er sich von der Stelle schleppte, hatte er das Weidmesser, noch rot und naß von seinem eigenen Blut, in der Scheide verwahrt.

Gittli ließ ihn halb in die Knie sinken, und es gelang ihr, die Armbrust zu erfassen. „Schau, Haymo, schau, ich hab sie schon! Jetzt aber komm nur, komm! Wir müssen schauen, daß ich dich heimbring. Das Griesbeil hol ich dir später, jetzt muß ich's liegen lassen. Schau, ich brauch meine Händ für dich!" Sie hatte das Schießzeug hinter die Schulter gehängt und umschlang den Wankenden wieder mit beiden Armen; und so schleppte sie ihn vorwärts, Schritt um Schritt, jeden Fußbreit Weges, den er mit taumelnden Knien gewann, als ein heiß erkämpftes Gut begrüßend, jeden zitternden Ruck seiner Füße mit zärtlichen Worten preisend wie eine Heldentat. Einmal zuckte er stöhnend zusammen.

„Haymo!" flog es in Angst von ihren Lippen.

Der heiße Klang seines Namens schien ihm neue Kraft zu geben; er ballte die Fäuste, wie um den Schmerz zu bezwingen, hob das Gesicht zu ihr und schüttelte den Kopf, als wollte er sagen: „Es tut nit weh!"

Wieder ging es weiter, Schritt um Schritt. Endlich erreichten sie die Hütte; nur mühsam gelang es dem Mädchen, Haymo zum Lager zu bringen; sie ließ ihn auf das Wolfsfell sinken und schob das Polster unter seinen Kopf. Dann wankte sie selbst vor Erschöpfung, ein Schwindel befiel sie, und schwer atmend, zitternd an Händen und Knien, saß sie eine Weile mit taumelnden Sinnen auf der Bank. Als sie sich erholte, gewahrte sie, daß Haymo das Bewußtsein wieder verloren hatte. Sie stürzte zu ihm; als sie den ruhigen Gang seines Atems spürte und den matten, aber gleichmäßigen Schlag seines Herzens, da war sie wieder getröstet. Sie richtete sich auf und nahm ihren Kopf zwischen die Hände: was mußte, was konnte sie tun? Hier in dieser Öde, auf sich allein gestellt? Sie jammerte und klagte nimmer. Erst dachte sie, und dann ging sie ans Werk, in fliegender Hast und dennoch ruhig und besonnen. Wohl faßte und ermaß sie nicht ganz die Schwere des Ernstes, der auf ihre jungen Schultern gelegt war. Doch aus dem Kinde war ein Weib geworden, das wohl die jäh erwachte Sprache seines Herzens noch nicht hörte und verstand, ihrem zwingenden Geheiß aber unbewußt gehorchte, wie das in Lüften treibende Blatt der Gewalt des Sturmes. Tapfer und siegesfreudig kämpfte sie für den todwunden, hilflosen Mann, ohne zu wissen, daß sie rang um das köstlichste Gut ihres Daseins, um das Leben des Geliebten.

Was Gittli empfand, verhüllte sich vor ihr in dem kindlichen Gedanken: daß sie mit Leib und Seele diesem Manne dienen und an ihm sühnen müsse, was die mörderische Hand ihres Bruders verschuldet hatte.

Bei der Armut des Lebens, das sie unter dem Dach des Sudmanns geführt, hatte Gittli von Kind auf gelernt, manchem Übel mit eigener Hand zu wehren, ohne fremde Hilfe. Das kam ihr nun zustatten. Bei einer Musterung der Stube fand sie das Nötigste: Feuerstein und Zunder, gesalzenes Fleisch, das eine kräftige Suppe gab, Hirschtalg zur Bereitung einer Wundsalbe und Leinen zum Verband; mit dem letzteren war es wohl spärlich bestellt; aber da war gleich geholfen; sie riß sich die weißen, bauschigen Ärmel ihres Hemdes von den Schultern.

Rasch und sicher ging ihr alles, was sie tat, von den kleinen, flinken Händen. Und bei allem, was sie begann, flog immer wieder ein Blick hinüber zu dem stillen Mann. Durch Tür und Fenster leuchtete die Sonne, und würzig strömte die Frühlingsluft der Berge in den kleinen Raum, in dem das Schicksal zweier Menschen auf der Wage schwebte.

Gittli hatte Feuer gemacht und das sorgsam ausgewaschene Fleisch zum Sieden gesetzt. Nun eilte sie ins Freie, um eine frische Nieswurz auszugraben und Harz von den Fichten zu sammeln, die um die Hütte standen. Am Feuer läuterte sie einen Teil des Harzes, vermischte es mit geronnenem Hirschtalg und stellte die fertige Salbe an einen schattigen Ort, damit sie verkühle. Im Fleischtopf brodelte schon die werdende Suppe. Ach, wenn es doch Sommer wäre, dachte Gittli; sie kannte alle heilsamen und kräftigen Bergkräuter; welch eine würzige Suppe hätte sie bereiten können! Aber noch sproßte auf den Berghalden kein Kraut und blühte keine Blume. Ein Glück nur, meinte sie, daß der liebe Herrgott die Schneerosen erschaffen hatte!

Sie holte frisches Wasser und trug in einer Pfanne allen Schnee zusammen, den sie in den Felsschrunden rings um die Hütte fand. Und nun mußte geschehen, was ihr am schwersten wurde; mit zitternden Händen, scheu und beklommen, begann sie das Werk. In der Tischlade hatte sie ein Messer gefunden. Mit ihm trennte sie auf der Seite, auf welcher Haymo die Wunde trug, den Ärmel von seinem Wams und löste über der Schulter die Nähte bis zum Hals. Ein Zittern befiel sie, als sie die bloßgelegte Wunde erblickte, die mit blutigen Rändern klaffte wie ein Mund mit roten Lippen. Die Blutung schien gestillt, doch rings um die Wunde zog sich eine breite, brennende Schwellung.

Gittli hatte die Hände vor die Augen geschlagen; rasch fand sie wieder den in Schmerz und Pein verlorenen Mut. Sie wusch die Wunde, kühlte mit Schnee die glühende Schwellung und erneuerte immer wieder den schmelzenden Schnee, bis die Röte der Haut zu schwinden, die Schwellung sich zu senken begann. Jetzt verteilte sie die Salbe auf einen Leinwandlappen, legte ihn über die Wunde und verklebte den Rand mit Harz.

Nun war es getan! „Aaaach Gottele!" seufzte sie aus erleichtertem Herzen, und beugte sich über Haymo. Regungslos hatte er alles mit sich geschehen lassen; seine Ohnmacht hatte sich, ohne daß er aus ihr erwachte, verwandelt in den tiefen Schlummer der Schwäche.

Um die bösen Geister von ihm zu treiben, welche Gewalt über Schlafende haben, machte sie auf seine Stirn und Brust das Zeichen des Kreuzes, flocht aus einem langen Heuhalm, den sie aus dem Lager zog, einen Drudenfuß und legte ihn zu Häupten des Bettes auf die Erde. Dann eilte sie zum Herd zurück. Die Suppe war kräftig und wohlschmeckend geraten; das Fleisch schnitt Gittli in kleine Stücke und zerrieb sie auf einer reinlichen Felsplatte mit einem Kieselstein zu Brei, den sie der Suppe beimengte; dann setzte sie noch einen Tropfen vom Saft der Nieswurz zu — er machte das Herz frischer schlagen und das Blut lebendiger strömen — und die Suppe war fertig.

In der einen Hand den hölzernen Löffel, in der andern den Napf mit der Suppe, setzte sie sich auf den Rand des Bettes.

„Haymo?"

Er rührte sich nicht.

Sie neigte sich zu seinem Ohr. „Haymoli!"

Da streckte er sich mit langem Atemzug und schlug die Augen auf.

Sie nickte ihm lächelnd zu. „Da schau, was ich dir gekocht hab! Oh, du, das ist gut!" Als hätte sie ein Kind vor sich, führte sie den Löffel an ihre Lippen und tat, als ob sie koste. „Aaah! Das ist was Feines! Magst du es essen, ja?" Er versuchte sich aufzurichten, doch kraftlos fiel ihm der Kopf zurück auf das Polster. „Aber bleib doch, tu dich nur gar nit plagen, schau, es geht schon!" Sie rückte näher, hielt ihm den Löffel an den Mund, und während er nahm und mühsam schluckte, an ihr hängend mit feuchten Augen, redete sie mit ihm, wie sie zu hundertmalen mit ihrem kleinen, süßen Mimmidatzi geredet hatte.

Ein Kind der Sorge war ihr mit diesem Tage genommen worden, ein Kind der Sorge wieder gegeben.

Während sie ihm Löffel um Löffel reichte, merkte sie, daß auch in ihr der Hunger brannte. Seit dem vergangenen Abend hatte sie keinen Bissen genossen. Im Kasten lag ein Laib Schwarzbrot — das war gut genug für sie. Alles andere mußte sie für Haymo bewahren. Verlassen durfte sie ihn nicht, und es konnten Tage vergehen, bis ein Mensch zur

Hütte kam. Drunten wußte niemand um Haymos Schicksal, außer dem einen, der auch auf der Folter nicht reden würde. Ein Schauer rann ihr durchs Herz, als sie an Wolfrat dachte und ihn wieder stehen sah mit erhobenem Beil — der Bruder wider die Schwester! Sie hatte ein Empfinden, als stünde sie vor einem bodenlosen Abgrund, so breit, daß keine Brücke hinüberreichte — und drüben stünde dieser Mann. Und seltsam: es kam ihr vor, als wär' es immer so gewesen. Als kleines Ding hatte sie ihn gefürchtet, dann war sie der Sepha von Herzen gut geworden und hatte die Kinder geliebt, als wäre sie ihnen Schwester und Mutter zugleich.

Wie ein flüchtiger Schatten zog dieser Gedanke durch ihr Herz; er wich der hellen Freude darüber, daß Haymo die Suppe genossen hatte bis auf den letzten Tropfen. Nun lag er wieder still, mit geschlossenen Augen.

Sie stellte den Napf auf den Herd zurück, schnitt sich ein Stück Schwarzbrot, trug einen hölzernen Pflock vor Haymos Lager und ließ sich darauf nieder. Nun durfte sie ruhen. Was sie zu tun vermochte, hatte sie getan. Alles übrige mußte der liebe Herrgott leisten und Haymos junge, kräftige Natur.

Während Gittli ihr Brot verzehrte, stiegen wieder die finsteren, schmerzvollen und blutigen Bilder dieses Tages vor ihr auf, von der nächtigen Stunde an, da Sephas angstvoller Ruf sie aus dem Schlummer geweckt hatte. „Ach, das Kind, das Kind!" Solch ein liebes, süßes, unschuldiges Ding! Wie kann nur das geschehen? Gestern hielt man es noch in seinen Armen, hat es geherzt und geküßt, hat sich die Seele warm gefreut an seinem holden Leben, hat mit dem Herzen sich hineingetrunken in die blaue, lautere Tiefe seiner Augen. Und wo ist es heut? Weg, fort, irgendwo — wohin keine Arme greifen und keine Sehnsucht reicht!

„Ach, und die Seph! Mein Gott, mein Gott, die arme

Seph!"

Es legte sich auf Gittlis Herz wie ein schwerer Stein; sie schlug die Hände vor das Gesicht.

Da klang die lallende Stimme Haymos an ihr Ohr: „Gittli?"

Hastig fuhr sie sich über die Augen. „Ja, Haymoli, schau, ich bin schon bei dir! Willst du was?"

Er tastete mit kraftlosen Armen nach ihr, und als sie seine Hand mit beiden Händen umschloß, lallte er:

„Gittli — vergelt's Gott!"

Sie schüttelte den Kopf und lachte ihn an. Sie hatte doch nur getan, was sie mußte.

Seine Hand ließ sie nicht wieder los. Und während sie nun so saß, Stunde um Stunde, bald in heißer Sorge zu ihm aufblickend, bald wieder verloren in finster und sonnig durcheinanderschwimmende Gedanken, kam auch in ihr die Natur zu Recht und Geltung. Die Erschöpfung löste ihre Glieder, ihr Kopf sank auf den Rand des Lagers, und als sich draußen der Tag zum Abend wandelte, schlief sie schon und atmete in langen Zügen.

Vor der Hütte gurgelte der rinnende Quell, und leise rauschte der Bergwald in der Ferne.

12.

Am Morgen des Ostermontags trug Wolfrat Polzer sein entschlafenes Kind zur ewigen Ruhe. Da gab es keine Klagleute — Sepha lag fiebernd zu Bett, Lippele zählte nicht, Gittli fehlte, und von den Nachbarsleuten kümmerte sich keine Seele um den Tod, der im Hause des Sudmanns Einkehr gehalten. Wolfrat Polzer und auf seiner Schulter das stille Kind — das war der ganze Leichenzug; das starre Körperchen war in ein Leintuch gewickelt und lag auf einem Brett, das Wolfrat in Gestalt einer Wickelpuppe zugeschnitten hatte. Der Sudmann hatte schon oft in seinem Leben schwerer getragen, aber noch keine Last hatte ihn so tief gebeugt. Die Leute, denen er auf dem Weg zur Kirche begegnete, zogen die Kappen und schlugen ein Kreuz. Im Friedhof erwartete ihn der Totengräber beim ausgeworfenen Grab, in einem Winkel nahe der Mauer.

„Ich will den Kaplan holen," sagte der Mann, „kannst das Kind derweil hinunterlegen."

Wolfrat blieb allein; er löste den Strick, mit dem der kleine Leichnam auf das Brett gebunden war, nahm das Kind auf seine Arme und stieg in die Grube; ein Stück Rasen gab er der kleinen Schläferin als Polster; zwei Steinplatten, die der Totengräber aus dem Boden geworfen, stellte er wie ein Dach über den Kopf des Kindes, damit ihm die fallende Erde nicht das Gesicht drücke. Nun sah er den Kaplan mit dem Bruder Mesner kommen und stieg aus der Grube.

Ein lateinisches Gebet, zwei sich kreuzende Striche mit dem tropfenden Weihwedel, und Kaplan und Mesner gingen wieder davon. Eine Armeleutleich ist immer schnell abgetan. Der Totengräber stieß die Schaufel in die Erde. „Kann ich anfangen?"

Wolfrat nickte. Doch als der Mann die ersten Schollen schwer in die Grube fallen ließ, faßte Wolfrat den Stiel der Schaufel. „So tu doch nit so grob!"

„Ich muß mich tummeln, in einer Stund kommt schon wieder ein anderer. Jetzt sterben die Leut wie närrisch."

„So laß mir die Schaufel!"

„Meintwegen! Hast du die drei Heller?"

Wolfrat griff in die Tasche und zog eine Handvoll blinkender Münzen hervor. „Da schau her!" sagte er mit heiserem Lachen. „Geld hab ich wie Mist!" Und statt der drei Heller, die der Mann nach dem klösterlichen Weistum zu fordern hatte, bezahlte Wolfrat einen halben Schilling. „Nimm nur! Ein bißl was muß das Kind doch auch davon haben." Wieder lachte Wolfrat; aber sein Gesicht verzerrte sich, und seine Hände zitterten.

Kopfschüttelnd ging der Totengräber davon. „Ist das aber einer! Der kann lachen, wenn er sein Kindl eingrabt."

Wolfrat faßte die Schaufel und legte Scholle um Scholle achtsam in das kleine Grab. Bei der ersten Scholle sagte er: „Von der Mutter!" Bei der zweiten: „Vom Vater!" Bei der dritten: „Vom Lippele!" Dann schaufelte er schweigend weiter. Weshalb vermied er es, auch in Gittlis Namen dem Kind eine Scholle als letzten Gruß zu spenden? Es sollen nach altem Brauch in ein sich schließendes Grab doch alle eine Scholle legen, die eines Stammes sind? War die Schwester für ihn tot, seit er in finsterer Stunde erfahren mußte, daß ihrem Herzen das Schicksal eines Fremden näher stand, als Wohl und Wehe ihres leiblichen Bruders?

Der Hügel über dem Grabe war vollendet. Wolfrat stieß die Schaufel in die Erde, und nun stand er lange, lange, den Kopf auf die Brust gesenkt, zwischen den zuckenden Fingern die Kappe drehend. Beten konnte er nicht. Er tat einen schweren Atemzug und bedeckte das Haupt.

„Mußt nit lang warten, Katzl! Paß nur auf, es kommt schon eins ums ander! Die Mutter und ich, und —" Nein, den Namen seines Buben brachte er nicht über die Lippen.

Als er sich vom Hügel wandte und das leere Brett unter den Arm nahm, kollerten ihm zwei schwere Tränen in den Bart.

Er wollte nicht über den Marktplatz gehen; dort waren ihm zu viel Leute. Auf einem Umweg suchte er das Haus eines Taferlmalers. Er fand den Meister daheim. „Schreib mir den Namen auf das Brett!" sagte er zu ihm.

„Ist bei dir eins gestorben?"

„Ein Kind. Mariele hat's geheißen! Mach's nur recht schön! Rot und Blau. Und mal auch ein Kreuz darunter! Ich zahl's. In einer Stund komm ich wieder und hol das Brett."

Von hier begab sich Wolfrat in die Klostervogtei, um das Lehent zu entrichten. Er fand Herrn Schluttemann in Montagslaune. Das war von allen Launen des Vogtes die schlimmste. Denn am Sonntag, dazu noch an einem hohen Feiertag, pflegte Herr Schluttemann länger als gewöhnlich im Kellerstübl des Klosters zu verweilen; um so schärfer war dann aber auch am folgenden Morgen Frau Cäcilias Zunge geschliffen; und da das größere Feuer die größere Hitze macht, so war es begreiflich, daß Herr Schluttemann an solch einem Montagmorgen in seiner Amtsstube umherfuhr wie ein Wetterstrahl, der aus den Wolken keinen Ausweg findet, immer blitzt und donnert, ohne sich ganz entladen zu können.

Als Wolfrat über die Schwelle trat, fiel Herr Schluttemann mit einem Schwall von scheltenden Worten über ihn her, wie ein Wildbach mit seinen Wassern über einen geduldigen Felsblock; Wolfrat stand ruhig und stumm; eine Weile ließ er das Ungewitter über sich ergehen; dann, als Herr Schluttemann einmal Atem schöpfte, sagte er: „Was plagt Ihr Euch so mit Schreien, Herr Vogt? Ich hör auch, wenn Ihr den Blasbalg minder anzieht."

Die Verblüffung über diese kecke Rede schien Herrn Schluttemann beinah in Stein zu verwandeln; sein rotes Gesicht wurde noch röter, er warf die Fäuste in die Höhe, durchmaß im Sturmschritt die Stube und donnerte: „Hat man so was schon erlebt in der ganzen Christenheit? Wie dieser Mensch sich mit mir zu reden traut! Solch ein Schwertmaul! Oh! Ah! Hoho! Ich, der Vogt, ich soll wohl höfische Reden führen? Mit solch einem Salzpantscher? Belieben, geruhen, befehlen Euer Gnaden? Soll wohl gar noch katzebuckeln vor solch einem Kerl, der das Lehent nicht bezahlen kann?"

Aus Wolfrats Augen schoß ein finsterer Blick. „Wer sagt das, Herr Vogt? Ich bring das Lehent."

Herr Schluttemann drohte die Fassung zu verlieren. „Er bringt das Lehent? Bringt es? Bringt es?" Blasend stemmte er die Fäuste in die Hüften und kam auf Wolfrat losgeschossen, als wollte er ihn über den Haufen rennen wie der Sturmbock die Mauer. „Wer hat dich geheißen, das Lehent zu bringen? Wenn Seine hochwürdigste Gnaden, unser Propst, die Güte und himmlische Milde haben, zu sagen: man sehe zu, ob dieser Wolfratus ein Spieler und Säufer ist — und das bist du nicht, und ein tüchtiger

Schaffer bist du auch, da beißt die Maus kein Faden ab! Gott straf mich! Und weil es wahr ist, sagen Seine Gestreng, Herr Heinrich von Inzing, mein allergnädigster Herr Propst, soll diesem Wolfratus für heuer das Lehent erlassen sein!" Herrn Schluttemann ging der Atem aus.

„Das Lehent? Erlassen sein?" stammelte Wolfrat. Er war kreidebleich geworden und wankte, als hätte ihn ein Schwindel befallen.

„Und jetzt bringt er das Lehent! Bringt es! Bringt es!" Herr Schluttemann rang über diese Tatsache die Hände, als hätte er den Untergang von Jerusalem zu bejammern. Und wieder zu Wolfrat sich wendend, schrie er ihn an: „Woher hast du das Geld?"

„Ich hab's geschafft, weil es her hat müssen!" erwiderte Wolfrat, starr aufgerichtet, mit heiserer Stimme. „Woher ich es hab, braucht Euch nit zu kümmern. Ihr müßt es nit heimzahlen. Aber wenn Euch schon die Neugier plagt: der Eggebauer hat mir's geliehen."

„Der Eggebauer? Geliehen?"

„Weil ich ihm in der Samstagnacht seinen hölzernen Herrgott hinaufgetragen hab auf seine Alm in der Röt." Laut und langsam sprach Wolfrat diese Worte.

„Den schweren Herrgott? In der Nacht? Und deshalb hat er dir das Geld geliehen?"

„Und weil er vielleicht gemeint hat, Ihr könntet ihm noch einen schlechteren Nachbar auf das Genick setzen, wenn ich vom Lehen gejagt werde."

„Der Teufel jagt dich vom Lehen! Aber ich nicht!" donnerte Herr Schluttemann. „Bin ich denn ein Wurm, der Feuer speit und Steine frißt? Auf der Stelle machst du jetzt, daß du heimkommst zu Weib und Kind. Und diesem Schmersack gibst du sein Geld zurück, bis auf den letzten Heller. Apage!"

Herr Schluttemann machte einen Versuch, Wolfrat am Kragen zu fassen, um ihn zur Tür hinauszudrehen. Der

Sudmann aber packte mit eisernem Griff den Arm des Vogtes. „Jetzt hab ich das Geld, jetzt will ich auch zahlen. Ich will von keinem was geschenkt. Und vom Kloster am allerletzten." Er ging auf den Tisch zu und zählte die acht Schillinge der Reihe nach auf die Platte; jedem gab er mit dem Daumen einen Druck, daß es klang und klirrte.

„Himmelwetter, soll ich denn in meiner Stube nimmer Herr sein?" schrie Herr Schluttemann, dessen rote Nase vor Zorn blau anlief wie Stahl im Feuer. „Wirst du gleich tun, was ich sage! Wirst du gleich das Geld wieder einpacken! Wirst du machen, daß du weiterkommst?" Bei jedem ‚wirst du' schlug er die Faust auf die Tischplatte, daß die Silberstücke sprangen und hopsten wie die Dirnen beim Ostertanz. „Und wenn der Eggebauer schon sein Geld zum Fenster hinausschmeißen will, so behalt es selber und laß es deinem kranken Kind zugutkommen. Das Kloster braucht es nicht."

„Mein Kind auch nimmer."

„Dein Kind ist also wieder gesund?"

„Dem tut kein Faserl nimmer weh. Der schwarze Bader hat ihm geholfen, der Armeleutbader. Und umsonst, Herr Vogt, ganz umsonst! Der hat allweil Zeit, und hat keinen Schlaf in der Nacht, wenn eins um ihn schreit. Und habt Ihr einmal Zeit, Herr Vogt, nachher nehmt das Leutbuch aus dem Kasten und machet einen dicken Strich, wo meinem Kind sein Nam steht. Polzer Mariele." Wolfrat wandte sich ohne Gruß zur Tür.

„Polzer! Um Herrgottswillen!" stotterte Herr Schluttemann. „Polzer! He! Polzer!"

Wolfrat hatte die Stube schon verlassen. Vor dem Klostertor stand er still und drückte die Fäuste vor die Stirn. „Das auch umsonst, das auch! Und niemand anders hat mir das eingebrockt als die Dirn!" Er streckte die rechte Hand vor sich hin und sprach sie an mit verbissenem Lachen: „Du hast es notwendig gehabt, daß du dich so getummelt hast, selbigsmal!" Ein zorniger Blick seiner heißen Augen suchte die fernen Höhen der Berge. „Aber wart nur, du Kramp, komm mir nur wieder unter die Hand!"

Langsam ging er, um das Totenbrett seines Kindes zu holen.

Als er sein Lehen erreichte und in den Hausflur treten wollte, hörte er vom Hag her einen leisen Pfiff. Dort drüben stand der Eggebauer. Wolfrat spähte nach allen Seiten, lehnte das Totenbrett an die Wand und ging zum Hag.

„Warst du bei ihm?" fragte der Eggebauer flüsternd.

Wolfrat nickte.

„So red doch!" Dem Bauer sprach die heillose Angst, die ihn erfüllte, aus jedem Blick.

„Reden? Was ist da viel zu reden? Heut hat er noch allweil nichts wissen können. Ich selber hab geredet, wie's ausgemacht war. Halt nur fest bei der Stang, wenn die Frag einmal an dich kommt!"

Der Eggebauer machte zwei Fäuste mit eingezogenen Daumen.

„Wie steht's denn mit deinem Weib?" fragte Wolfrat. „Hast du es ihr schon gegeben?" Er meinte das Herzkreuzl des Steinbocks.

Der Eggebauer schüttelte trübselig den Kopf. „Das Weib treibt's ärger mit jeder Stund. Was Füß hat im Haus, Mensch und Hund und Katz, alles wird von dem Weib umeinander getrieben, daß einem der Schnaufer vergehen möcht. Und wenn ihr der Wehdam ankommt, nachher halt's schon gar kein Mensch nimmer aus mit ihr. Und doch, ich trau mich nit, daß ich ihr's geb! Wenn das Weib gesunden tät, sie könnt das Maulwerk nit halten. Und alles müßt aufkommen."

Es zuckte seltsam in Wolfrats Gesicht. „Am End willst es ihr gar nimmer geben? Aus lauter Angst, es könnt ihr helfen?"

Der Bauer nickte. „Daß mich die Versuchung nit

ankommt, wenn mich das Weib wieder einmal plagt bis auf die Haut, drum hab ich das ganze Teufelszeug mitsamt dem Büchsel hinterm Haus vergraben."

Jetzt lachte Wolfrat laut hinaus.

„Geh, du Narrenteufel!" brummte der Eggebauer, dem nicht lustig zu Mut war bei diesem Gelächter. „Mir scheint, du kommst aus der Wirtsstub, aber nit vom Freithof."

„Aber geh, Bauer, so lach doch mit! Denn jetzt paßt alles zueinander. Mein Kind hat nichts davon haben sollen, als nur den halben Schilling für die ewige Liegerstatt und um einen Heller Farb auf dem Brett, und dein Weib soll nichts haben davon, und es hätt auch nit sein müssen ums Lehent! Nur grad, daß ich die roten Händ davon hab! Alles umsonst! Aber gelt Bauer, es wird halt so sein müssen! Warum? Da kannst du lang drum fragen!"

„So red doch nit daher wie ein Unsinniger! In meinem Kopf schaut es eh schon aus wie in einem Grillenhaus."

Da klang vom Hause her Zenzas scharfe Stimme: „Vater!"

„Ja, ja, ich komm schon!" rief der Eggebauer und wandte sich wieder zu Wolfrat. „Mir graust, weil ich nur wieder hinein muß ins Haus! Ich sag dir's, Polzer, mir graust vor einer jedweden Stund! Und wenn eins anfangt, kommt gleich alles übereinander. Ich hätt schon genug an dem Weib, und jetzt fangt das Mädel auch noch an und dreht den Daum auf, heult in einem fort, oder schreit und haut alles kurz und klein, was ihr in die Händ kommt, als wär seit gestern eine Hex in sie gefahren. Ich sag dir's, Polzer, jedes Stück Vieh in meinem Stall hat's besser als ich, der Bauer. Umeinander steh ich wie eine Sulz, an der alles zittert, wenn einer mit dem Finger dran hinrührt. Mir schmeckt kein Bissen mehr und kein Trunk. Da schau her!" Der Eggebauer stieß die Faust hinter seinen ledernen Gurt. „Schau! Zwischen Gurt und Bauch fahrt mir schon bald ein Wagen durch. Polzer, Polzer! Es muß doch wahr sein: man soll die Händ von allem lassen, was nit richtig ist. Was hast du davon? Nichts, nichts, nichts — als daß dir's den guten Schlaf vertreibt und den schlechten Magen bläht!"

„Gelt? Kommst auch schon drauf?"

Und während Wolfrat lachte mit bleichen Lippen, kugelten dem Eggebauer dicke Zähren über die schwammigen Backen. Der Bauer fuhr sich mit dem Ärmel über die Nase. „Was ist denn, ist dein Mädel schon wieder heimgekommen?"

„Ich weiß nit."

„Wenn du was hörst, wie's droben ausschaut, so komm und sag mir's!"

Wolfrat nickte; dann gingen sie auseinander.

Als der Sudmann in seinem Haus die Stube betrat, sprang ihm Lippele jubelnd entgegen; der Bub hatte dem Vater eine große Neuigkeit zu melden: in der Scheune begännen zwei ‚wutzikleine, butziliebe Vogerln' ihr Nest zu bauen.

„So, so?" sagte Wolfrat und strich die zitternde Hand über den Kopf seines Buben. „Nachher geh nur, Lippele, und schau ihnen zu und paß recht auf! Da kannst du dir auch einmal ein Nestl bauen!" Er schob den Knaben zur Tür hinaus.

Kaum war der Bub verschwunden, da richtete Sepha im Bett sich hastig auf. Alle Angst ihres Herzens zitterte in ihrer Stimme: „Polzer? Hat dich schon einer drum angeredet?"

Er schüttelte den Kopf. „Es kann noch keiner drum wissen." Als wären ihm alle Glieder gebrochen, so ließ er sich auf den Rand des Bettes nieder. Sie faßten sich bei den Händen und sahen sich stumm in die Augen. Wolfrat ließ den Kopf auf die Brust sinken, und Sepha weinte leise vor sich hin.

Nach einer Weile fragte sie: „Wo liegt's denn?"

„Bei der Mauer im Eck."

Wieder nach einer Weile: „Hast du das Brettl mit heimgebracht?"

Er nickte.

„Geh, laß mich's anschauen!"

„Wozu denn? Schau, Seph, was hast du denn davon? Nur daß du dich kümmern mußt!"

„Ich möcht's aber sehen! Mehr hab ich eh nimmer von ihm als das Brettl."

Er ging und holte das Totenbrett. „Gelt, schön hat er's gemacht?"

Sie wischte sich die Tränen aus den Augen, um besser sehen zu können. Mit beiden Händen hielt sie das kleine Brett vor sich hin; um seinen Rand war ein Kränzl gemalt, welches blühende Schneerosen vorstellen sollte; in der Mitte stand, blau und rot, der Name — und darunter ein schwarzes Kreuz. Mit brennenden Augen starrte Sepha die Zeichen an, die sie nicht lesen konnte, von denen sie nur wußte, was sie bedeuten sollten. „Mariele! Mariele!" Aufschluchzend drückte sie das Brett an ihr Herz und umschlang es mit den Armen.

Abermals verging eine lange, stumme Weile. Dann fragte Wolfrat: „Wie nimmt's denn der Bub auf? Hat er schon einmal gefragt nach ihr?"

Sie schüttelte den Kopf. „Mein Gott, ein Kind! Ich glaub, er spürt's gar nit, daß eins fehlt im Haus."

„Könnt eins doch allweil ein Kind bleiben! Da ist jeder Tag ein ganzes Leben. Nachher schlafst du und fangst wieder ein neues an." Wolfrat erhob sich und stieß die Kammertür auf; als er den Raum leer fand, fuhr ihm ein Fluch über die Lippen.

„Polzer, Polzer!" stammelte Seph. „So sei doch froh, daß die Dirn noch allweil nit daheim ist. Ich mein', das wär ein gutes Zeichen. Sie wird ihn lebendig gefunden haben. Polzer, Polzer! Wenn das wahr sein könnt! Wenn er davon käm! Wär das ein Glück!" Schluchzend hob sie die Hände gegen den Himmel. „O du grundgütiger Herrgott, schau, nur grad das Einzige tu für uns!"

„Ja, ja, nur grad das Einzige!" fiel Wolfrat mit heiserem Lachen ein. „Daß er wieder aufkommt, daß er herstehen kann vor mich und den Arm strecken und sagen: ‚Der da war's!' Wär das ein Glück! Geh, Seph, brauchst dich nimmer sorgen, es wird schon so kommen. Die Dirn wird schon helfen dazu. Und wenn sie ihn lebig gefunden hat, wird sie ihn hascheln und päppeln, und wird reden für ihn und wird's halten mit ihm gegen uns."

„Polzer! Wie kannst du so von deiner Schwester reden?"

„Schwester!" lachte Wolfrat zornig auf. „Ich hätt gemeint, sie wär angewachsen an uns. Aber Blut ist Blut. Sie will hoch hinaus. Hat sich aber doch vergriffen. Wenn er auch gleich eine Feder auf der Kappen tragt und ein Schießzeug führt wie ein Herrischer, er ist halt doch nur ein Knecht." Wieder lachte er. „Sie soll ihn haben! Und wenn sie drinsitzt in seiner Keuschen, nachher sag ich ihr's."

Sepha schaute ihn mit großen Augen an; sie verstand nicht, was er redete. „Was, Polzer, was willst du ihr sagen?"

Er wandte sich ab und tat, als hätte er ihre Frage nicht gehört.

„Polzer?"

„Laß mich in Fried mit der Dirn! Sie hat mein Brot gegessen und schickt mir zum Vergeltsgott den Freimann über den Hals."

„Jesus!" schrie Sepha auf, griff mit beiden Händen zum Herzen und fiel erblassend in die Kissen zurück.

Er stürzte erschrocken zu ihr. „Seph, um Gottes willen, was hast du?"

„Völlig ungut ist mir worden!" sagte sie mit matter Stimme und umklammerte seine Hand.

„Schau, Seph! Tu mir's zulieb, nimm mir doch grad die Sorg um deintwegen von der Seel! Der Krank in dir wird ärger mit jeder Stund. Schau, wenn du dich überwinden könntst und tätst die Schweißbluh nehmen?"

„Und wenn's um mein ewiges Leben wär, Polzer, ich tu's

nit! Lieber soll's mit mir ein End haben beim nächsten Schnaufer!"

Er atmete tief und erhob sich.

„Schau nach der Zeit, Polzer," sagte sie, „du mußt ins Sudhaus. Und das Brettl mußt du auch noch aufstellen."

Er nahm das Totenbrett, suchte einen Hammer hervor und wollte die Stube verlassen. Unter der Tür wandte er sich wieder, löste einen hölzernen Pflock aus der Lehmwand und zog den Lederbeutel mit der Schweißbluh aus der Vertiefung hervor.

„Was willst du damit?" fragte Sepha ängstlich.

„Wegschaffen muß ich's! Ich kann's doch nit in der Mauer drin verfaulen lassen."

Nun ging er. Vor der Haustür blieb er stehen. „Miez, Miez!" rief er. Aus der Scheune kam eine graue Katze herbeigesprungen. Ihr warf er den Inhalt des Beutels vor. „Für die Katz! Alles für die Katz!"

Er stand und sah dem Tiere zu, wie es gierig über die Brocken herfiel. Je hastiger es fraß, je besser ihm das Gericht zu munden schien, desto finsterer wurde Wolfrats Blick, desto mehr machte ihm ein heiß aufsteigender Zorn die Adern an den Schläfen schwellen. Und als die Katze das Letzte aus dem Sande leckte, schwang Wolfrat den Hammer: „Sollst du allein was haben davon?" Er warf. Klagend machte das getroffene Tier einen verzweifelten Sprung und lag verendet auf der Erde.

Da kam Lippele um die Ecke gesprungen. Hastig griff Wolfrat zu und verbarg die tote Katze unter seinem Janker; er hätte sie gerne wieder lebendig gemacht; das Tier war seines Buben Liebling und Spielkamerad gewesen.

Mit raschen Schritten ging er dem Hag zu und trat auf die Straße. Scheu blickte er sich um und warf die Katze in den vorbeirauschenden Seebach.

Dann schlug er neben der Zauntür das Totenbrett des Kindes, die bemalte Seite gegen die Straße gewendet, mit dem

Hammer aufrecht in die Erde. Es sollte jedem vorüberwandernden Menschen sagen: „Bet ein Vaterunser, hier ist der Tod gewesen und hat sich wieder auf den Weg gemacht nach einem andern Haus. Bet, bet, vielleicht bist du der nächste!"

Als Wolfrat den letzten Hammerschlag getan, ging Zenza auf der Straße vorüber. Sie sah weder den Sudmann noch das Brett; finster blickte sie vor sich hin auf die Erde.

„Bet, bet," sagte das Totenbrett, „vielleicht bist du die nächste!"

Wolfrat warf den Hammer über den Hag und wollte sich auf den Weg nach dem Sudhaus machen. Die Pfannen mußten vorgeheizt werden, wenn der Sud mit dem kommenden Werktag wieder in vollem Gang sein sollte.

Da gewahrte Wolfrat, daß er auf der Seite, auf der er die erschlagene Katze getragen hatte, von der Brust bis zum Knie mit Blut betropft war. „Mensch oder Katz, es bleibt halt allweil was hängen an einem!" Er stieg zum Ufer der Ache hinunter, um sich zu reinigen. Ein paar Hände voll Wasser, und die Flecken waren getilgt. „Ob's wohl für das ander auch ein Wasser gibt?"

Als er wieder hinaufstieg zur Straße, hörte er Hufschlag. Er wollte dem Zug, der sich näherte, nicht begegnen und sprang hinter ein Gebüsch.

Mit heiterem Geplauder zogen sie vorüber: voran Herr Heinrich von Inzing, der Propst des Klosters, und Herr Schluttemann, beide zu Pferde; hinter ihnen Frater Severin mit geschürzter Kutte, den Bergstock führend; an seiner Seite Walti mit vollgepfropftem Rucksack; dann noch vier Klosterknechte mit schwer beladenen Kraxen.

„Der Haymo wird Augen machen, wenn er uns kommen sieht!" sagte Frater Severin, als er an dem Gebüsch vorüberschritt, hinter welchem Wolfrat stand. „Ich freu mich schon auf ihn! Weißt du, Bub, ein Gärtner hat allweil die Sonn gern, und sie scheint so warm in Haymos Augen!"

„Möcht wissen, warum er gestern gefehlt hat beim Ostertanz?" sagte Walti. „Ich hab ihm eine Botschaft bringen wollen und hab gewartet —"

Das Rauschen der Ache verschlang die Worte der Weiterschreitenden.

Wolfrat kam hinter dem Gebüsch hervor und sah den Verschwindenden nach.

„Jetzt hebt sich der Hammer über der Katz!" Er griff mit beiden Händen nach seinem Kopf.

13.

Herr Heinrich von Inzing fuhr zu Berge, um den balzenden Auerhahn zu jagen. Er hatte das Kleid des Priesters gegen ein ritterliches Jagdgewand vertauscht, trug um die Hüften das Weidgehenk und die Armbrust hinter dem Rücken. In gleicher Weise war Herr Schluttemann bewaffnet; aus seinen rollenden Augen aber blickte kein Schimmer froher Jägerlaune; Frau Cäcilia, die ihn notgezwungen für eine Woche aus ihrem Zaum entlassen mußte, hatte ihm einen Abschied bereitet, der auf eine für acht Tage voll ausreichende Wirkung bemessen war.

Eine Probe dieser Wirkung bekamen an der Seelände die beiden Fischerknechte zu spüren, die in einem weitbauchig gezimmerten Kahn auf den Propst und sein Gefolge warteten. Sie hatten nach der Meinung des Vogtes den Boden des Schiffes nicht genügend gesäubert, und so fuhr unter Herrn Schluttemanns Schnauzbart hervor ein Donnerwetter auf sie nieder, daß sie die Köpfe duckten wie Hirschkälber, wenn ihnen der erste Schnee auf die Luser fällt.

Walti und die vier Knechte wurden beordert, den Weg nach der Röt über die Almen zu nehmen. Frater Severin wollte sich ihnen anschließen. „Die Leut tragen kostbare Sachen auf dem Buckel," meinte er, „es muß einer dabei sein, der ein Aug auf sie hat."

„Nein, Bruder, komm nur mit uns!" lächelte Herr Heinrich. „Die Leute gehen zu langsam für dich. Du mußt wacker ausschreiten, damit du Fett verlierst, sonst fällt dir im Garten das Bücken schwer."

Frater Severin seufzte und ergab sich in sein schweißtreibendes Schicksal.

Das Boot stieß in den See, dessen schimmernden Spiegel kein Lufthauch trübte. Die Tropfen, die von den plätschernden Rudern fielen, glitzerten in der Sonne wie Edelsteine; alle Berge waren von Duft umwoben; über die grauen, hochgetürmten Felswände und durch den immergrünen Bergwald zogen sich die schäumenden Sturzbäche hernieder gleich silbernen Adern.

„Sagt, Herr Vogt," und mit genießenden Augen blickte Herr Heinrich umher, „wo in aller Welt noch steht ein Kloster, dessen Fürst sich eines Münsters rühmen kann, wie ich es besitze: die Säulen der Wände für die Ewigkeit gebaut, die Fliesen ein einziger Smaragd, und als Dach der Himmel mit Gottes leuchtendem Auge."

Herr Schluttemann ließ ein Gebrumm vernehmen, das seine Zustimmung kundgeben sollte. Im Hinterteil des Schiffes seufzte Frater Severin: „Gottes Auge hat einen heißen Blick, ,Gottes Güte' wär kühler." Er tauchte die Hand in das kalte Wasser und benetzte seine Stirn.

Die Fischerknechte wollten die Richtung mitten durch den See nach der Fischunkel halten, von der aus der kürzeste

Weg in die Röt emporführte. Herr Heinrich aber befahl ihnen: „Zur Seeklause, wir nehmen den Aufstieg von dort!"

„Reverendissime", wandte Herr Schluttemann ein, „das ist aber ein teuflischer Umweg!"

„Den Umweg kenn ich, doch ist mir der Teufel noch nie auf ihm begegnet." Lächelnd blickte Herr Heinrich zu Frater Severin zurück. „Wir gehen den minder steilen Weg, dir zuliebe. Festina lente, sagte der Heide Augustus — du sollst sänftiglich vom Fleische fallen."

„Ach, Herr Heinrich," klagte Frater Severin, „ich könnt Euch erwidern mit einem Heidenwort: Naturam expellas furca, tamen usque recurret! Aber wie kann Heidenweisheit ein Trost sein für einen guten Christen. Und da mir geschah, wie Lukas, der Evangelist, Kapitel 6, Vers 38 prophezeite: Ein gutes, ein gedrückt volles Maß wird euch in den Schoß gegeben — so wollet bedenken, Herr Heinrich, daß der heilige Johannes in seiner Offenbarung, Kapitel 2, Vers 25 befiehlt: Und was ihr habt, das sollt ihr bewahren!" Sorgend legte er die Hände über sein Bäuchl.

Herr Heinrich lachte; Vogt Schluttemann aber dachte an Frau Cäcilia: *auch* ein gedrückt volles Maß, das er bewahren mußte!

Knirschend fuhr das Boot in sandig verlaufendes Ufer, das durchbrochen war vom Bett eines schäumenden Baches. Herr Heinrich, der Vogt und Frater Severin stiegen ans Land, und die Fischerknechte stießen den Kahn in den See zurück, um die Heimfahrt anzutreten.

„Steiget nur immer voran und wartet meiner auf der Höh!" sagte Herr Heinrich.

Der Vogt und Frater Severin überschritten auf schwankendem Stege den Wildbach und verschwanden auf dem jenseitigen Ufer im sanft ansteigenden Bergwald. Herr Heinrich ging den Wildbach entlang, bis er eine aus Steinen erbaute, an eine hohe Felswand angelehnte Klause erreichte. Er öffnete die Tür; die Klause war leer.

„Dietwald!" rief er mit lauter Stimme; niemand zeigte sich. „Sollte er hinausgefahren sein zum Fischfang?" Nein, der Einbaum lag an das Ufer gezogen. Herr Heinrich folgte einem schmalen Fußpfad. Immer näher trat die ragende Felswand an den Wildbach heran, von der andern Seite näherte sich der Bergwald, so daß eine enge Schlucht gebildet wurde, auf deren Grund die schäumenden Wasser in tief zerrissenem Bett mit ohrbetäubendem Lärm hinwegrauschten über mächtige Steinklötze und zerschmetterte Baumstämme. Wo die Schlucht ein Ende nahm, stürzte der Bach aus schwindelnder Höhe hernieder in ein von siedendem Schaum erfülltes Becken, das der fein zersprühende Wasserstaub, von einem Sonnenstrahl durchleuchtet, mit buntfarbigem Schimmer überwob. Neben dem Wasserfall zeigte sich an der Felswand der Eingang einer Höhle, vor der ein hohes steinernes Kreuz errichtet war, schon grau verwittert und halb überzogen von gelblichem Moos.

Dem Kreuz zu Füßen, auf einem Holzblock, saß Pater Desertus, der Fischmeister des Klosters. Er hielt den einen Arm auf das Knie gestützt und das Haupt auf die Hand geneigt; mit der andern Hand nahm er von dem dürren Astwerk, das der Wildbach an das Ufer geschwemmt hatte, einen Zweig und warf ihn in das wirbelnde Wasser; verloren in Gedanken, schaute er zu, wie der Strudel den Zweig verschlang, wie ihn die Wellen mit sich fortrissen. Dann nickte er vor sich hin und warf einen anderen Zweig.

Er hörte vor dem Rauschen des Wassers die nahenden Schritte nicht und blickte betroffen auf, als er eine Hand auf seiner Schulter fühlte. „Herr Heinrich?" Grüßend neigte er das Haupt und erhob sich.

„Was treibst du hier?" fragte lächelnd der Propst.

„Das Spiel meiner Tage."

Herr Heinrich betrachtete den Chorherren ernst und schüttelte den Kopf. Dann sagte er: „Komm, laß uns zur

Klause gehen, hier hört man kaum den Klang des eigenen Wortes."

Er wanderte den Pfad zurück, und Pater Desertus folgte. Vor der Klause ließen sie sich auf die Steinbank nieder. Warm schien die Sonne über ihnen, das gemilderte Rauschen des Wildbachs tönte wie Musik, draußen lag der glatte See, wie grüne Seide schimmernd, und über die steilen Wände, die ihn umzogen, hoben der Wazmann und die sieben Wazmann-Kinder ihre weißen Zinken in das reine Blau des Himmels.

„Ein schönes Plätzchen!" sagte Herr Heinrich. „Hier bist du wohl gerne?"

„Ja, denn ich lebe und störe doch die Freude keines anderen Menschen. Aber sagt, was führt Euch zu mir?"

„Muß ich nicht zu dir kommen, da du mich zu meiden scheinst?"

„Ich tu es um Euretwillen. Mein Blick verjagt das Lächeln, und Ihr lächelt gerne."

„Ja, Dietwald, seit ich erkennen lernte, daß Weinen zwecklos ist. Doch lassen wir das. Ich bringe dir einen Gruß."

Langsam hob Pater Desertus das Gesicht. „So lebt noch ein Mensch, der Ursach hätte, meiner zu denken?"

„Der Kaiser!"

Über das bleiche Antlitz des Chorherren flog eine heiße Röte, und es zuckte durch seine Glieder, als stünde ein Roß vor ihm, das es zu besteigen gälte, als hinge ein Schwert in der Luft, das er fassen müßte. Doch rasch ging diese Regung vorüber; er legte die Hand auf das Kreuz an seiner Brust und sagte mit versinkender Stimme: „Ich danke für den Gruß. Grüßet Herrn Ludwig wieder!"

„Er hat mir einen Brief geschrieben, ach, von Sorgen schwer! Sie setzen ihm bitter zu in Avignon und schüren ihm Zwietracht an allen Ecken und Enden. Hätt er Kriegsmannen so viel, wie Sorgen, er hätt ein Heer, wie es noch kein Kaiser gesammelt. Und sieh, Dietwald, in allen Sorgen denkt er dein und läßt dich grüßen und fragt nach deinem Wohlergehen und hofft, daß dein Kummer sich gemildert hätte. Er hat dir den Tag von Ampfing nicht vergessen. Du hast ihm sein Reich erfechten helfen."

„Und habe um jenes Tages willen mein eigen Reich verloren! Meiner Güter bestes! Allen Wert und alle Sonne meines jungen Lebens, mein Glück, meine Seligkeit!"

„Dietwald!" mahnte Herr Heinrich. „Darf so ein Priester sprechen?"

Pater Desertus hörte nicht; es loderte aus ihm hervor wie entfesseltes Feuer. „Wie war ich stolz an jenem Tag, als ich vor Ludwig stand, ein Sieger unter Siegern, mit stumpfgeschlagenem Schwert, der Glanz meiner Rüstung erloschen im Blut der Feinde! Wie ein Falk flog meine Seele, und mein Herz wie eine sehnende Taube nach ihrem Nest — heim zu, heim zu! Neun Tage noch hält mich die Pflicht. Dann geht es heimwärts, wie im Sturm, Tag und Nacht durchreitend. Das Roß bricht unter mir. Schon im Sturze greif ich nach einem andern. Heim, heim, zu Weib und Kind! So hell und freudig hat mein Schlachtruf nie geklungen, wie dieser Jubelschrei meines Herzens. Bei grauendem Morgen erreiche ich den Bannwald meiner Burg. Jeder Baum, der an mir vorüberfliegt, ist mir ein Weiser zu meinem Glück. Nun ist Friede, nun darf ich ruhen. Ich sehe schon die heimliche Stube mit dem sonnigen Erker, sehe mich sitzen, mir zur Seite mein junges Weib, die von dunklem Gelock umflutete Wange an meine Schulter lehnend, zu mir aufblickend mit leuchtenden Augen. Und hier, auf meinem Knie, da schaukelt mein Knabe, macht große Augen und lauscht, denn ich erzähle vom Kaiser, von Fehde und Sieg. Und in der Wiege schlummert mein süßes Mädel und träumt in sein werdendes Leben hinein wie eine Knospe in den sonnigen Tag. Heim, heim, heim! Dort ist schon die Höhe im Wald, von der ich den Giebel meiner

Burg erblicken muß. Ich spähe, spähe und spähe. Und sehe nichts. Hat sich mein Haus verrückt? Hat sich der Wald verwachsen? Ein zitterndes Ahnen befällt mich, ich peitsche mein Roß, ich reite, reite. Dort ist der Saum des Waldes, jetzt hab ich ihn! Ich hebe mich auf im Sattel, mein Blick fliegt über das Tal. Und ich sehe — sehe —"

Schaudernd schlug er die Hände vor das Gesicht, und seine Stimme erlosch in dumpfem Stöhnen.

„Dietwald!" sagte Herr Heinrich tiefbewegt. „Kannst du deinem Herzen nicht gebieten, so gebiete deiner Zunge. Sie soll nicht nennen, was hinter dir liegt, seit du den Scheitel beugtest, um Gottes Knecht zu werden."

Desertus hörte nicht. Er ließ die Arme sinken und starrte mit brennenden Augen ins Leere. Und dann, als stünde geisterhaft ein Bild vor ihm, deutete er vor sich hin: „Das? Das ist mein Glück? Ein Haufen Trümmer, glühende Steine und rauchendes Gebälk? Das war mein Haus? Es steht das Tor noch, mit dem Wappen darüber: der weiße Islandfalk im blauen Feld! Und das? Sind das die Tauben, die im Turm genistet? Tauben, die wie Raben krächzen, wie hungernde Geier schreien? Sie wittern das Futter. Wie die Äpfel um den Baum, so liegen die Leichen. Der dort, mit dem grauen Kopf und der gespaltenen Stirn, das ist Reinhold, mein Pförtner. Er hat immer gern geschlafen. So wach doch auf, Alter! Rede doch! Wo ist mein Weib, wo sind meine Kinder? Soll ich dir eine Handvoll Asche zeigen? Sieh doch her! Ist das mein süßes Weib? Oder das? Und hier, der verkohlte Knochen? Das ist wohl mein schöner Knab? Oder gar dein Hund? Und dort, sieh nur, im Schutt, dort glimmt es noch? Das ist die Wiege? Ja?"

„Dietwald! Erwache!" rief Herr Heinrich und rüttelte ihn am Arm.

Er schaute auf mit verlorenem Blick. „Erwache! Das war das erste Wort, das ich hörte! Einen Tag, eine Nacht und noch einen Tag — wie ein Bergmann nach Gold, so wühlte ich nach verkohlten Gebeinen — und schrie: Wer hat mir das getan? Ich hatte keinen Nachbar, der mir grollte, hatte keinen Feind. In meinem Jammer wußt ich keinen Weg. Die Augen blind vom Weinen, bin ich gegangen und gegangen. An der Pforte des Klosters fiel ich nieder. Sie trugen mich in eine Zelle und riefen: Erwache! Erwache! Und ich blieb und ließ geschehen, was geschah."

„Mit Schmerzen, Dietwald, hab ich es lang erkennen müssen: es war für dich der rechte Weg nicht. Hättest du doch Trost gesucht in Kampf und Tat, auf dem Schlachtfeld, nicht in der Zelle!"

„Ich hoffte, ihn zu finden! Durch Tage und Nächte, Wochen und Jahre lag ich in brünstigem Gebet und schrie zu Gott aus tiefster Seele: Laß mich vergessen! Ich schlug mit der Geißel meinen Rücken blutig, um durch die Schmerzen meines Leibes die Qual des Herzens zu betäuben. Es half nicht, half nicht. Ich konnte nicht vergessen, konnte nicht hoffen. Wenn ich kämpfte um das Heil meiner Seele, so träumte ich den Kuß meines Weibes. Wenn ich den Himmel suchte, fand ich ihn in meiner Kinder Augen, die mir entgegenblickten aus der Luft meiner Zelle, aus jedem Blatt des heiligen Buches, aus jedem Bildwerk in der Kirche, aus jedem Abbild des Erlösers."

„Und fandest du nicht Trost bei deinen Brüdern, von denen mancher eine Welt von Schmerzen überwand, da er sich Gott ergab?"

„Meine Brüder? Sagt Ihr das im Ernst, Herr Heinrich? Ich meine doch, Ihr kennt Eure Chorherren?"

„Verdamme die Schwachen nicht. Kleine Seelen haben kleine Wünsche. Sieh diesen Berg an: das edle Wild treibt es nach der Höhe, die zufriedenen Hasen nisten hier unten im niederen Gebüsch. Und sie beide sind doch Geschöpfe aus eines Schöpfers Hand."

„Meine Brüder? Hätt ich unter ihnen nur einen gefunden, der gewesen wäre, wie Ihr seid! Meine Brüder? Sie freuten sich der Wälder und Felder, die ich dem Kloster brachte, und hatten für mich nur Worte: Gott hat gegeben, Gott hat genommen. Gott! Gott! Gott!"

„Wie sprichst du dieses Wort! Dietwald!" Herr Heinrich erhob sich. „Du glaubst nicht an Gott? Ein Priester!"

Mit ernsten Augen sah Desertus zu ihm auf. „Ich glaube an Gott. Wer hätte diesen Stein zu meinen Füßen erschaffen, wenn Er nicht? Wer hätte diese ewigen Felsen gebaut und über schwindelnd tiefe Gründe diesen schönen See ergossen, wenn Er nicht? Wer die Luft bevölkert, das Wasser und den Wald, wenn Er nicht? Wer hätte diesem Baum die nährende Wurzel gegeben, die treibende Kraft des Markes und den Wohlverstand, mit dem er seine Zweige nach der Sonne breitet. Wenn Er nicht? Aus wessen Hand wäre der Liebreiz geflossen, der mein Weib umschimmerte? Die süße Unschuld in den Augen meiner Kinder? Wenn nicht aus *seiner* Hand? Wer hätte mich selbst erschaffen und mein Herz erfüllt mit jauchzender Freude und seligem Glück? Wenn Er es nicht getan? Doch wer vernichtete mein Glück? Wer riß mir die Freude aus dem Herzen und füllte meine Brust mit Qual und Pein? Wer ließ mein Weib verbrennen und meiner Kinder holdes Leben erlöschen in Glut und Rauch? Wer schickt den Blitzstrahl über diesen Baum, wer in sein Mark die Fäulnis? Wer schlägt mit Schmerzen und Tod, was atmet in Wasser, Luft und Wald? Wer stürzt die Felsen vernichtend über Tal und Hütten, und wer empört den See, daß er die Ufer überschäumt und alles ringsumher verwüstet, was doch ein Werk ist aus Gottes eigener Hand? Wer? Wer? Wer? Und warum?"

In Herrn Heinrichs Augen leuchtete ein herzlicher Blick. „Wer täte das alles? Wenn Er nicht? Aber warum? Ja, mein Sohn, da bin ich überfragt!" Lächelnd legte er die Hand auf die Schulter des Chorherren. „Sieh, Dietwald, ich könnte sagen: Was Übles kommt, ist eine Strafe oder eine Prüfung. Aber das sag ich nicht, zu dir nicht! Gott prüft nicht. Er weiß doch, wie schwach die Menschen sind. Und wer, wie Gott, so groß ist in der Liebe, ist im Zorne nicht so klein. So kleinlich, wie du bist, mit deinem törichten Warum! Ja, Dietwald!" Er setzte sich an des Paters Seite und faßte seine Hand. „Du Kind von zweiundvierzig Jahren! Im Schmerze kannst du fragen: Warum?"

„Herr Heinrich!" stammelte Desertus.

„Hast du aber auch gefragt in der Freude, im Glück? Gelt, da hast du genommen und genossen? Da war dir um den Grund nicht bange, warum dir gegeben wurde. Das Gute leuchtet dir ein, da glaubst du an Gott. Nur im Schmerze willst du ihn nicht fassen und begreifen und Gott nicht finden. Das ist nun freilich schwer, und noch keiner, der lebte, hat es ganz zuwege gebracht. Sogar Christus, der Herr, hat am Kreuze gefragt: Gott, mein Gott, warum hast du mich verlassen? Da sprach der Mensch in ihm. Sag mir, Dietwald: *wäre* Er denn Gott, wenn wir Menschen ihn so leicht verstünden? Und wenn du fragst: warum? Weißt du denn auch, ob Er nicht Antwort gibt? Er spricht vielleicht zu dir im Wehen dieser Frühlingsluft, im Rauschen dieser Wellen. Nur ist dein Ohr zu klein für alle Größe seiner Stimme."

„Nein, nein, ich hör ihn!" flüsterte Desertus.

„Du, nicht wahr, du hörst den Donner der Lawine, wenn du über die Berge steigst im Frühling, du weißt, weshalb sie fallen muß. Und stumm bewundernd stehst du vor dem herrlichen Schauspiel der Gottnatur, erhoben in deinem Herzen. Hört ihren Donner aber auch die Fliege, die in einer Rinse der Felswand klebt? Nein. Ihre Sinne sind zu kurz. Sie klebt. Und wird verschüttet und erstickt. Soll sie auch fragen: warum? Soll ewiger Schnee die Halden drücken und keine Blume keimen lassen, nur damit die Fliege nicht gekränkt wird? Nicht wahr, das geht nicht an. Du liebst die Blumen, du sagst mit deinem Verstande: der Schnee muß fallen. Die Fliege will es nicht begreifen. Von der Fliege zu dir ist ein weiter, weiter Weg, doch nimm ihn millionenfach, und du füllst die Strecke nicht aus von dir zu Ihm! In schwindelnder Höhe geht Er seinen Weg, ein Schritt, und Er ist über alle Berge, ein Schritt, und Meere liegen hinter Ihm und jeder Schritt bringt Werden und Vergehen. Er kennt den Urgrund aller Dinge, Er sieht das Ziel vor Augen, Er denkt der Blumen seiner Ewigkeit. Doch wir, tief unter Ihm, wir, Dietwald, sind die Fliegen unter der Lawine."

Desertus schlang die Arme um Herrn Heinrichs Hals und drückte das Gesicht an seine Brust.

„Ja, ruh dich aus! Du bist müde vom Leben. Und wenn dir die Kräfte wiederkommen, dann beginne neu den Weg und blicke auf zu Ihm! Du siehst von seinem Antlitz einen Zug auf jeden Fels geschrieben, ein Abglanz seiner Augen leuchtet dich an aus jeder schimmernden Welle im See, und einen Hauch seines Atems hörst du im Rauschen des Waldes. Und da du, ein Mensch, Ihn nun einmal nicht fassen kannst in seiner Größe, so halt Ihn fest in seiner Liebe. Ich meine doch, du hättest sie empfunden. Und was du besessen? Hast du es denn wirklich verloren? Nur weil du es nimmer halten kannst mit Händen? Blicke doch in die Tiefe deines Herzens! Liegt dort nicht alles, was an Glück dein eigen war, rein und heilig behütet, ein köstlicher Reichtum an dauerndem Erinnern? Dietwald! Dietwald! Du willst klagen? Weißt du denn auch, um wie viel reicher du bist als ich?"

Desertus hob mit fragendem Blick die Augen.

„Alle holde Freude des Lebens hast du genossen, bis dein Glück sich wandelte in einen Schmerz, wie ein schöner Frühlingstag in eine Nacht mit kaltem Reif. Mein Leben aber war ein Leidensgang, Schritt für Schritt. Eine reine Freude hat mir nie geblüht, und jede Frucht, nach der ich griff, trug den Wurm oder die Fäulnis in ihrem Kerne. Ich habe mehr gelitten, als du, da ich nur Schmerzen gewann, ohne Freude zu verlieren. Ich hatte einen Bruder, der mich haßte, weil ich der ältere war; hatte eine Mutter, die nur ihren Tand und ihre Falken liebte; hatte einen Vater, der mich verstieß, weil ich nicht schmeicheln konnte; das Weib, das mich ohne Liebe nahm, brach mir die Treue; mein Freund, der einzige, an den ich glaubte, war ihr Verführer; ich diente redlich meinem Fürsten, wurde des Verrats beschuldigt und in Ketten geworfen. Aus dem Kerker floh ich ins Kloster. Ich haßte die Menschen und konnte Gott nur fürchten. Nicht mit Inbrunst, in Zittern hab ich gebetet und suchte den Grimm meines Herzens zu ertöten in schwerer Pönitenz. Doch Haß und Furcht hingen fest an mir. Wenn ich aus dem Kloster niederstieg ins Tal, sah ich die Not nur und der Menschen Pein. Wenn ich emporstieg auf die Berge, sah ich nur die Schrecken der Natur, Verwüstung und Zerstörung, den Gott in seinem Grimme. Mit schaudernder Seele floh ich wieder heim in meine Zelle, sang und betete und schwang die Geißel."

„Und wie kam Euch die Erlösung?"

„Es war an einem Tage spät im Herbst. Ich lag auf meinem Bett, entkräftet, blutend aus den Wunden, welche die Geißel gerissen hatte, die brennenden Augen auf die kahle Wand geheftet. Die häßlichen Bilder meines kalten, nutzlosen Lebens zogen vor meinem taumelnden Geiste vorüber, und jeder Gedanke war ein Schrei zu Gott: Töte mich, töte mich, weshalb noch soll ich leben! Da vernahm ich in meiner Zelle ein leises Tippen, wie vom Fall eines Wassertropfens. Hinter dem Rahmen eines Heiligenbildes war ein Schmetterling herausgefallen. Er hielt die Flügel geschlossen und rührte sich nicht. Ich griff nach ihm, und er ließ sich fassen. Seine Füße waren starr, die Schwingen gelähmt. Er war erfroren in der herbstlichen Kälte meiner Zelle. ‚Dein Schicksal ist das meine!' sagte ich und ließ ihn zu Boden fallen. Da stieg die Sonne über die Berge, und durch das offene Fenster meiner Zelle fiel ein warmer Strahl gerade auf die Stelle hin, auf welcher der Falter lag. Es währte nicht lang, da begann er, auf der Seite liegend, die Füße zu rühren. So zappelte er eine Weile, aber es gelang ihm nicht, sich aufzurichten. Ich hielt ihm den Griff meiner Geißel hin, er klammerte sich an das Holz und stellte die Schwingen auf. Lange saß er ruhig. Dann plötzlich legte er die Flügel auseinander, schloß sie wieder, kroch vom Holz der Geißel auf die Erde, und weiter und weiter, immer der Sonne nach, und an der Mauer empor, auf das Gesims des Fensters. Hier saß er noch, als müßte er rasten. Immer spielte er mit den Schwingen. Und dann mit einmal begann er zu flattern. Erst schwer und mühsam. Immer leichter wurde sein Flug, und so schwebte er hinaus zum Fenster und gaukelte in den blauen Himmel."

Herr Heinrich schwieg und blickte lächelnd empor in das endlose Blau.

„Da kam es über mich, ich wußte nicht wie. Mir war, als hätte Gottes Stimme mir geboten: Steh auf und lebe! Ich erhob mich, wusch meine Wunden und kühlte sie mit Balsam. Wie ein Träumender trat ich aus dem Kloster und wanderte hinaus in das herrliche Tal. Die Sonne spann in den Lüften, silberne Fäden flogen, und in den bunten Farben des Herbstes leuchtete der Laubwald. Die Kinder liefen auf mich zu und küßten meine Hände. Traulich blickten ihre lieben Augen zu mir auf. Alle Felder waren belebt, überall hörte ich Lachen und Gesang. Die Leute eggten und streuten die Wintersaat, ohne doch zu wissen, ob sie essen würden von diesem Brot. Und als ich heimkehrte in das Kloster, trat ich vor Herrn Konrad von Altentann, meinen Propst, und sagte: ‚Gebt mir Arbeit!' Ach, die Tage, die nun kamen! Ich zog wie ein Roß, das des langen Stehens im Stalle müd geworden. Überall griff ich zu. Ich ordnete und mehrte das Gut meines Klosters, hob den Salzbau, war Fischmeister, Kellermeister, Wildmeister. Wo immer nur ein anderer müde wurde, trat ich an seine Stelle. Und alles wandelte sich mir zur Freude. Ich milderte die Strenge meiner Oberen, versöhnte die grollenden Landsassen, half, wo zu helfen war. Und je mehr ich den Menschen helfen durfte, desto mehr begann ich sie zu lieben. Ihr Dank, Dietwald, hat mich das Lächeln gelehrt. Und keinen schloß ich aus. Meinen Bruder stützte ich in schwerer Not, die Kinder jenes Weibes hob ich aus Elend empor zu freundlichem Leben, und meinem Fürsten, welcher Kaiser geworden, diene ich mit der ganzen Treue meines Herzens. Sage, Dietwald, war es nicht eine Gotteslehre, die mir der Falter gab, da er emporflog in das Blau? ‚Willst du den Himmel finden, dann geh in die Sonne!' Das tu ich, Dietwald. Ich *suche* am Leben die Sonne, und in den unvermeidlichen Schatten trag ich die Helle, so gut ich es vermag. Da fließt mir jeder Tag wie ein schönes Gottesgeschenk. Ich freue mich jeder Blume, die auf meinem endenden Wege blüht. Und schickt mir Gott mit aller Freude zuweilen auch einen Schmerz, dann trag ich ihn und such ihn zu verwinden. Aber ich frage nicht: *warum* ich leide." Er legte die Hand auf des Paters Schulter und fügte lächelnd bei: „Daß ich leide, genügt mir! Homo sum, Dietwald, homo sum!"

Desertus hatte den Kopf an die Mauer seiner Klause gelehnt, hielt die Hände im Schoß verschlungen, und während er durch die schwankenden Zweige der Buchen, an denen die Blätter schüchtern sproßten, emporblickte zum blauen Himmel, perlten langsame Tropfen über seine bleichen Wangen — die ersten Tränen nach langen Jahren.

Herr Heinrich schwieg eine Weile. Dann sagte er: „Verzage nicht, Dietwald! Auch *dein* Falter wird noch fliegen. Flog er in fünfzehn Jahren nicht, gib acht, er fliegt im nächsten!"

„Fünfzehn Jahre!" glitt es leise von des Paters Lippen. „Und mir ist, als wäre es gestern gewesen, als läge dazwischen nur eine einzige Nacht, eine lange, bange, grauenvolle Nacht, nach der kein Tag mehr kommen will!" Die Hände des Propstes fassend, rief er in heißem Flehen: „Herr Heinrich, hebet mich empor zu Euch, dorthin, wo Sonne ist! Seht mich an! Ich habe gekämpft und gerungen, bis alle Kräfte mir versiegten. Und ich fand auch Stunden ruhiger Ergebung. Als Ihr erkanntet, daß die Enge der Zelle mich erdrückte, und als Ihr mich hierher gesandt in diese herrlichste Kirche Gottes, da ward es still in mir, während der Föhn mich umrauschte und draußen im See mein Einbaum gegen die Wellen kämpfte. Und nun alles, alles wieder verloren!" Seine Augen glühten, und seine Stimme verrann in dumpfem Murmeln. „Verloren seit vier Tagen! Und Pein ist, was ich fühle! Sehnsucht, was ich denke! Verlangen, was ich sinne! Ein Gespenst ist mir erschienen —"

Herr Heinrich erschrak. „Dietwald!"

„Ein Gespenst, wie aus der Asche gestiegen, und dennoch Fleisch und Blut, mit meines Weibes Haar, mit meines Weibes Augen, mit dem holden Kindermund, der mir gelächelt in Liebe."

„Dietwald!" Herr Heinrich sprang auf und rüttelte den Arm des Chorherren. „Deine Sinne taumeln und dein Geist ist krank. Was dir das Herz erfüllt, tritt in die Lüfte. So fing es bei vielen an. Einer wurde heilig und hundert wurden Sünder, eidvergessene Schelme. Greife nach einem Halt, oder du bist verloren! Ich muß dir Arbeit geben. Die Angel zu ködern für Hecht und Ferch, das taugt dir nicht."

„Herr!" stammelte Pater Desertus. „Ich soll fort von hier?"

„Höre mich an! Kaiser Ludwig will mit dem Papst verhandeln. Es zwingt ihn die Not. Und er will einen Priester senden, doch einen, der ein deutsches, ritterliches Herz unter seiner Kutte trägt. Er fragte mich um Rat. Ich hatte an dich gedacht. Nun will ich, daß du gehst. Und ich hoffe, daß ich mich in dir nicht täusche." Herrn Heinrichs Worte klangen, als schlüge Stahl auf Stein.

Über das Gesicht des Chorherren glitt eine matte Röte; er richtete sich auf. „Wann soll ich reisen, Herr?"

„Du wirst es erfahren. Und in andere Luft sollst du mir noch heut! In kühlende Gletscherluft! Begleite mich! Was stehst du noch? Rasch, Dietwald! Schürze deine Kutte, nimm das Griesbeil und den Basthut!"

Pater Desertus trat in die Klause.

Herr Heinrich blickte ihm nach mit sorgenvollen Augen. „Gespenster sieht er? Warte nur, wir wollen sie jagen!"

Zur Bergfahrt gerüstet, kehrte Desertus zurück.

Als sie den Wildbach entlang gingen, kamen sie zu einer Stelle, an der sich über moosigem Grund eine Bucht mit spiegelndem Wasser gebildet hatte.

„Herr Heinrich!" sagte Pater Desertus und deutete in das Wasser.

„Was soll ich sehen?"

„Diese beiden: der eine trägt das Kleid der Kirche, der andere das Lederwams, die Armbrust und das Weidgehenk. Welcher von den beiden ist der Priester?"

Herr Heinrich lächelte. „Ich sehe nur zwei Menschenköpfe, der eine grau, der andere noch schwarz."

Dem Pater voran überschritt er sicheren Ganges den schwankenden Steg.

14.

Bei Einbruch der Dämmerung erreichten die Bergfahrer das Steintal in der Röt. Sie hatten im Almenwald die Bärenfährte auf dem Steig gefunden und die Spur, obwohl sie auf dem schneefreien Waldgrund nur mühsam zu erkennen war, über eine Stunde weit verfolgt — Desertus allen anderen voran. Ein übles Los hatte Frater Severin dabei gezogen; er fand den Mut nicht, allein auf dem Steig zu warten, so trollte er seufzend und keuchend hintennach, über Felsblöcke und Wurzelknorren, über Steinlöcher und Windbrüche.

Die Richtung der Fährte versprach Herrn Heinrich keine Jagd; der Bär hatte sich talwärts gegen den See gewendet.

Als der Propst, Herr Schluttemann und Pater Desertus den Steig wieder erreichten, mußten sie geraume Weile auf Frater Severin warten. Endlich kam er, und Herr Heinrich fand in des Fraters Aussehen alle Ursache, um zu sagen: „Bruder, ich schätze dich schon um fünf Pfund leichter. Gelt, das ist gesünder, als im Kellerstübl hocken und die neuen Fässer kosten?"

„Wenn Ihr es sagt, muß es wohl wahr sein!" klagte Frater Severin und suchte an dem Kuttenärmel einen noch trockenen Fleck für seine Stirn. Im Weiterschreiten sandte er einen jammervollen Blick zum Himmel und seufzte: „Das Kellerstübl!" Wie war es dort so schön, so kühl! Und durch die offene Tür sah man den schier endlosen Keller mit den vom Zwielicht umwobenen Fässern, die in Reih und Glied lagen, eine stattliche Armee von Sorgenbrechern. Besaß doch das Stift Berchtesgaden in der Umgebung von Krems und Klosterneuburg zahlreiche Weingüter: im Tailland, auf der Frechau, zu Oberndorf, Eisentür, Armstorf, Wank, Sattelsteig, Mörtal, Rechberg und Stein! Frater Severin war in keiner Litanei so sattelfest wie in der Kunde dieser seinem Ohr so lieblich klingenden Namen. „Rechberg und Stein!" Das Beste hob er sich immer für zuletzt auf; und der Klang dieser beiden Worte stimmte ihn so träumerisch, daß er, des Weges nimmer achtend, über ein Felsloch stolperte und seine Nase nur mit knapper Not vor einem unsanften Kuß der Mutter Erde bewahrte.

Wie eine Erlösung aus dem Fegfeuer begrüßte er bei Einbruch der Dämmerung den Anblick der beiden Jagdhäuser; es war wohl immer noch eine halbe Stunde zu steigen, aber er sah doch wenigstens die winkende Ruhe vor Augen.

Herr Heinrich, der gleichmäßigen, berggewohnten Ganges den anderen voranschritt, verhielt plötzlich den Fuß. „Mir ist, als hätt ich einen Ruf gehört."

Sie blieben alle stehen und lauschten. Da klang es von der Höhe des Steintales nieder, von dort her, wo die Hütten standen, mit langgezogenem angstvollem Ruf: „Hoidoooh!"

„Eine Mädchenstimme!" sagte Desertus. „Und sie klingt wie der Schrei eines verzweifelten Herzens."

„Dort oben ist jemand in Not! Lasset uns rascher ausschreiten! Vorwärts! Vorwärts!" befahl Herr Heinrich.

Als sie eine gute Strecke Weges weiter emporgekommen waren, klang abermals der Ruf: „Hoidoooh! Hoidoooh!" Trotz der Dämmerung nahm Herr Heinrich mit seinem scharfen Auge auf einem vorspringenden Fels unfern der Jagdhütte die Gestalt des rufenden Mädchens wahr. Er höhlte die Hände um den Mund und gab den Ruf zurück.

Das Mädchen mußte den Ruf vernommen haben, denn man hörte einen Schrei, wie in Freude und doch in Jammer, und dann, vom Winde herabgetragen, die gellenden Rufe: „Leut! Leut! Um Gottes willen, da her, da her! Hoidoooh!"

„Diese Stimme!" murmelte Desertus. „Ich habe sie schon gehört!" Und den anderen voran eilte er, so rasch es der steile Weg gestattete, durch die Sunke des Tals empor. Herr Heinrich hielt sich nahe hinter ihm, Herr Schluttemann blieb keuchend zurück, Frater Severin rang atemlos die Hände und fiel auf einen Steinblock nieder.

Als Desertus den Fuß der letzten Höhe erreichte, kam Gittli mit jammernden Worten ihm entgegengestürzt.

„Sie ist es!" stammelte er, und drückte, den Schritt verhaltend, die zitternde Faust auf seine Brust.

Nun stand sie vor ihm; wirr hingen ihr die Haare um das bleiche, von Angst verstörte Gesicht. Sie wollte sprechen, da erkannte sie ihn und erschrak. Sie machte eine Bewegung, als hätte sie fliehen mögen; aber die Sorge um jenen anderen bannte in ihr die Furcht vor diesem einen. Schluchzend fiel sie vor ihm nieder und schrie: „Helfet ihm! Helfet ihm!"

Er hob sie auf. „Wem soll ich helfen? Rede, Mädchen, rede doch!"

Da klang die Stimme Herrn Heinrichs: „Was ist geschehen?"

Gittli riß sich aus den Händen des Chorherren, eilte dem Propst entgegen, umklammerte seine Hand, und während sie ihn mit sich fortzog, zur Jagdhütte, klagte sie: „Ach, guter, lieber Herr, schauet, ich bitt Euch, helfet ihm, er muß versterben!"

„Wer, Mädchen, wer?"

„Der Haymo, der Haymo!"

„Mein Jäger? Was ist mit ihm? Ist er gestürzt?"

„Nein, nein, viel ärger noch! Es hat ihn —" Ihre Stimme erlosch; sie durfte nicht reden, sie hatte geschworen! „Ich weiß nit, weiß nit," schrie sie auf, „ich hab ihn gefunden und hab ihn heimgebracht, gestern, und er hat so gut geschlafen die ganze Nacht. Und heut in der Früh, da hat er noch gern genommen, was ich ihm gekocht hab. Zu Mittag aber, da hat er angefangen, hat schiech geredet, hat um sich geschlagen, und allweil hat er aufspringen und fort wollen. Ich hab ihn gebitten und gebettelt, daß er sich halten soll und den Arm nit rühren. Und schauet, mit zwei Händ hab ich ihn heben und zwingen müssen. Und auf einmal ist er weggefallen, daß ich schon gemeint hab, er verlischt wie ein Licht. Und so liegt er noch allweil. Und einmal war ich bei ihm, und das andermal wieder bin ich hinausgelaufen und hab geschrien und geschrien, weil ich gemeint hab, es müßt und müßt wer kommen! Ach, was hab ich ausgestanden!"

Sie hatten die Hütte erreicht; Gittli eilte voran, Herr Heinrich und Desertus folgten. Auf dem Herde brannte ein flackerndes Feuer.

„Schauet her," stammelte Gittli, „da liegt er und tut keinen Rührer nimmer!"

Herr Heinrich trat an das Lager. „Licht, Dietwald, Licht!" Desertus riß ein zur Hälfte brennendes Scheit aus dem Feuer und hob es über das Bett. Während Herr Heinrich den Kranken zu untersuchen begann, zog Gittli sich scheu in einen Winkel zurück; dort stand sie mit angstvollen Augen, die zitternden Hände am Mund.

„Was ist das? Ein Wundverband?" Herr Heinrich richtete sich auf. „Hast du ihn angelegt?"

„Ja, Herr! Weil er geblutet hat!"

Jetzt stolperte Herr Schluttemann keuchend über die Schwelle. „Was gibt's? Alle Wetter! Was gibt's? Was gibt's?"

„Seht nach, Herr Vogt, ob unsere Leute noch nicht kommen," sagte Herr Heinrich, „ich brauche das Kästlein mit Verband und Balsam."

„Was fehlt dem Bursch?"

„Das werdet Ihr erfahren, wenn ich selbst es weiß. Geht!"

Herr Schluttemann war beleidigt und verschwand. Der Propst beugte sich wieder über Haymo. „Er schläft," sagte er nach einer Weile zu Desertus, „sein Herzschlag ist matt, aber ruhig, sein Atem gleichmäßig. Er mag einen schweren Anfall von Wundfieber überstanden haben und liegt nun in der Betäubung der Schwäche. Ich sehe keine Gefahr."

Gittli faltete die Hände und rührte stumm die Lippen.

„Du dort, komm her!" rief Herr Heinrich ihr zu. „Wie heißt du?"

„Gittli!"

„Komm her, Gittli! Und sag mir, was du alles getan hast zu seiner Hilfe."

Zögernd kam sie näher, und nun erkannte er sie. „Warst du nicht vor wenigen Tagen beim Vogt? Du bist die Schwester Wolfrats, des Sudmanns?"

Gittli zuckte zusammen.

„So komm doch näher und rede! Was hast du für meinen Jäger getan?"

Die Hände zitternd, die Augen zu Boden gesenkt, gab sie mit stockenden Worten Bericht. Aufmerksam hörte Herr Heinrich zu, und Pater Desertus hing wie gebannt an Gittlis Zügen.

Als sie geendet hatte, blickte sie mit scheuer, stummer Frage zu Herrn Heinrich auf, als wollte sie sagen: „Hab ich auch nichts schlecht gemacht?"

Da kam Herr Schluttemann zurück. „Die Leut sind da, Reverendissime, hier ist das Kästl!"

Herr Heinrich nahm es. „Erwartet mich draußen und laßt mir niemand in die Stube! Frater Severin —"

„Er ist noch immer nicht da."

„Wenn er kommt, soll er rasten und Atem schöpfen, dann soll er die Herrenhütte instand setzen. Der Walti mag hier bleiben, die vier Knechte sollen in den Almhütten nächtigen und morgen beizeiten wieder hier sein."

Herr Schluttemann ging, und man hörte, wie er draußen mit den Knechten umschrie, als hätten sie Wunder was verbrochen. „Und morgen vor Tag seid ihr wieder da!" schloß er sein donnerndes Kapitel. „Oder ich reiß euch die Ohren vom Kopf weg! Wurzweg!"

Je lauter er geschrien hatte, desto kleiner war Gittli geworden, desto tiefer hatte sie sich in ihren Winkel gedrückt.

Herr Heinrich entnahm dem Kästlein, was er brauchte, um einen neuen Verband anzulegen. Als er die mit Harz verklebte Leinwand von der Wunde löste, streckte sich Haymo stöhnend, schlug die Augen auf und schloß sie wieder.

„Dietwald, sieh her," rief Herr Heinrich erregt, „das ist keine Wunde, wie ein fallender Stein sie schlägt, oder wie man sie bei einem Sturz erhalten kann. Das ist ein Stich, ein Messerstich! Der Mann ist überfallen worden. Das hat ein Raubschütz getan, den der Jäger fassen wollte. Mädchen! Komm her zu mir!"

Gittli zitterte an allen Gliedern.

„Aber so komm doch! Sag mir: wo hast du ihn gefunden?"

„Draußen," lispelte sie mit versagender Stimme, „vor der Hütte."

„Weit von hier?"

Sie schüttelte den Kopf.

„Und wie kam es, daß du ihn fandest?"

Ratlos, mit angstvollen Augen, schaute sie zu Herrn Heinrich auf.

„Aber so rede doch! Ich will wissen, was dich zu der Stelle führte, an der du ihn fandest. Was hattest du hier oben zu schaffen?"

Sie schlug die Hände vor das Gesicht.

„Ich bitt Euch, Herr Heinrich, quälet das Kind nicht!" sagte Desertus mit schwankender Stimme. „Ich glaube den Grund zu kennen, der sie hierher geführt. Gestern in der Nacht starb im Haus ihres Bruders ein Kind."

„Ein Kind des Wolfrat?" Herr Heinrich ging auf das Mädchen zu. „Du wolltest Schneerosen holen? Zum Engelkränzlein? Und da hast du den wunden Mann gefunden und bist bei ihm geblieben Tag und Nacht und hast alles für ihn getan, was nur zu tun war?" Er strich die Hand über Gittlis Haar. „Du bist ein braves, tapferes Mädchen. Ich will es dir und deinem Bruder danken."

Gittli wandte sich ab und wankte zur Tür hinaus. Draußen fiel sie auf die Bank und weinte in heißem Kummer vor sich hin.

Walti kam herbei, zog ihr die Hände herab und schaute ihr ins Gesicht. „Jeh, du bist es? Warum heulst du denn?"

Sie riß sich los und schluchzte noch lauter.

„Flennst du wegen dem da drin? Geh, du bist dumm! Der hat einen Gesund wie ein Trumm Eisen. Und wenn's auch ihm ein bißl weh tut, du spürst es ja nit!" Er lehnte sich an die Hüttenwand und gähnte. Da sah er dicken Rauch aus der Herrenhütte qualmen. „Da schau! Der Frater feuert schon. Du! Da werden gute Sachen gekocht. Weißt, beim Heraufsteigen bin ich allweil hinter den Kraxen hergegangen. Du! Das hat gerochen! Aaah! Fein!" Er schnalzte mit der Zunge. „Meinst du, wir kriegen auch was?" Ohne eine Antwort abzuwarten, schlich er zur Herrenhütte und spähte durch die offene Tür.

Der Eingang führte in eine geräumige Küche mit offenem Herd; daneben lag eine kleine Herrenstube, deren einfaches Gerät aus rötlichem Zirbenholz gefertigt war, und die Schlafkammer mit zwei Heubetten. Von der Küche stieg man über eine Leiter zum Bodenraum, auf welchem Bergheu in genügender Menge aufgeschüttet war, um für ein halbes Dutzend Schläfer weiche Liegerstatt zu bieten.

Neben dem Herd, auf dem ein helles Feuer brannte, stand Frater Severin; er hatte die Ärmel der weißen Kutte aufgestülpt, eine blaue Schürze vorgebunden und war damit beschäftigt, ein ‚Spießchen Schwarzreiter' zu putzen, die, mit Eiern übergossen und am Feuer rasch gebacken, für den Abendtisch einen köstlichen Imbiß gaben.

Auf den Stufen vor der Tür der Herrenstube saß Herr Schluttemann, nachdenklich, mit gesträubtem Schnauzbart, grimmig die Augen rollend. Die Geschichte mit Haymo war eine Nuß, die zu beißen gab. Des zwecklosen Grübelns müde, schüttelte er schnaubend das Haupt, fuhr mit den Fäusten durch die Luft und platzte los: „Teufel! Teufel! Wenn ich denke, daß ich jetzt drunten im Kellerstübl sitzen könnt!"

„Mit Pater Hadamar und dem Küchenmeister," schmunzelte Frater Severin, „bei Rechberg und Stein!"

„Höret auf, höret auf," stöhnte Herr Schluttemann, „ich kann's nicht hören, es reißt mir die Seel aus dem Leib." Dann wieder in grimmige Melancholie versunken, fragte er: „Es ist doch wohl gesorgt für unseren Durst?"

Frater Severin zuckte die Achseln. „Wie es Herr Heinrich anbefohlen. Fünf Tage sollen wir bleiben. Zehn Flaschen sind befohlen. Rechnet aus, wieviel auf einen trifft!"

„Verflucht wenig!" meinte Herr Schluttemann mit langem Gesicht. „Verflucht wehenig! Frater! Frater! Mir wird die Leber brandig werden. Ich kann das Wasser nicht vertragen. Aber schon gar nicht!"

Frater Severin betrachtete den unglücklichen Vogt mit zwinkernden Augen, dann leckte er die von den Schwarzreitern fett gewordenen Finger ab, trat auf ihn zu und flüsterte ihm ins Ohr: „Habt Ihr den Binkel gesehen, den der Walti getragen hat?"

„Ja, warum?"

Frater Severins Miene wurde immer geheimnisvoller. „Und habt Ihr's nit scheppern hören in dem Binkel?"

Herr Schluttemann legte den Kopf auf die Seite und zeigte das Weiße in den Augen. Ein schüchternes Licht der Hoffnung schien in seiner trostlos finsteren Seele aufzudämmern. „Redet, Frater, was hat gescheppert?"

„Zehn heimliche Flaschen! Rechberg und Stein. Hinter der Hütte liegen sie in kühler Erde vergraben, und wenn Herr Heinrich schlummert, holen wir uns ein Pärchen."

„Frater Severin, Ihr seid ein Heiliger!" rief Herr Schluttemann und wollte dem Frater um den Hals fallen.

Der schob ihn von sich. „Nit so laut, Herr Vogt!" Er schielte nach der Türe. „Herr Heinrich könnt uns hören."

Des Fraters Sorge war unbegründet. Herr Heinrich weilte noch immer in der Jägerhütte. Er hatte einen neuen Verband um Haymos Wunde gelegt und den Arm in einer Schlinge befestigt, damit nicht eine ungestüme Bewegung des Schläfers eine neue Blutung hervorriefe. Nun blickte er suchend umher.

„Wo ist das Mädchen?"

Desertus ging rasch zur Türe. Vor der Hütte saß Gittli auf der Bank; ihre Tränen waren versiegt; verloren starrte sie hinaus in die sinkende Nacht. Desertus berührte ihre Schulter. Sie fuhr erschrocken zusammen und erhob sich.

„Komm, Gittli! Herr Heinrich fragt nach dir." Er nahm ihre Hand und führte sie in die Stube.

„Nun, willst du nicht sehen, wie es deinem Pflegling geht?" sagte der Propst. „Komm her! Sieh nur, wie gut und ruhig er schläft!"

In wortlosem Danke wollte sie Herrn Heinrichs Hand küssen.

„Laß doch, du Kind!" sagte er. „Ich habe zu seiner Rettung nicht das mindeste getan. Haymo wäre ein verlorener Mann gewesen ohne dich. Er hat dir allein zu danken, daß er nun leben wird."

Ein Seufzer, heiß und freudig, schwellte Gittlis Brust. Mit leuchtendem Blick hing sie an Haymos blassen Zügen; dann fuhr sie mit der Hand über die feuchten Augen und wandte sich zur Tür.

„Wohin willst du?" fragte Herr Heinrich.

„Jetzt braucht er mich nimmer!" lispelte sie. „Heim will ich gehen."

„Mädchen! Es ist finstere Nacht!" sagte Desertus erschrocken.

„Ich fürcht mich nit. Es ist sternscheinig, den Weg kenn ich auch, und auf der Alm kann ich nächtigen."

„Dort schlafen die Knechte!" warf Herr Heinrich ein; dann lächelte er. „Und denke nur, wenn Haymo morgen erwacht und fragt nach dir? Was sollen wir ihm sagen? Willst du nicht bleiben?"

„Wenn ich darf?" stammelte sie. „Schauet, Herr, ich nehm doch keinem seine Liegerstatt weg. Ich setz mich dort auf den Herd."

Sie wollte in ihren Winkel schleichen, aber Herr Heinrich rief sie noch einmal zurück. „Gittli," sagte er freundlich, „du bist doch kein Kind mehr, du solltest nicht so herumlaufen." Er deutete auf ihre Arme, die bis über die Schultern nackt waren, und auf einen Riß, der in ihrem Hemd fast bis zum Gürtel ging.

Sie sah ihn mit großen Augen an. „Ich hab mir die Ärmel weggerissen, weil ich das Leinen gebraucht hab. Für ihn."

Da ging er auf sie zu, legte ihr die Hand auf den Scheitel und sagte leise: „Deo placebis in nuditate tua!" Und zu Desertus sich wendend, fuhr er in lateinischer Sprache fort: „Kann eines Fürsten Tochter reicher sein an edlen Steinen und Geschmeide, als dieses Bettelkind an Schätzen des Gemüts?"

Der Chorherr schwieg; seine träumenden Augen hingen an Gittli, die zum Herde ging, in ihre Jacke schlüpfte und sich leis in den Winkel kauerte.

Herr Heinrich war an Haymos Lager getreten und hatte seine Hand auf die Stirn des Schlummernden gelegt. „Das Fieber ist gemildert, und der Schlaf wird ihn erquicken. Er hat gesundes Blut und eine gute Natur. Ich hoffe, wir haben den Mann in drei Tagen wieder leidlich auf den Beinen. Ich will Wein herüberschicken, davon soll er bekommen, wenn er munter wird in der Nacht. Und Frater Severin soll bei ihm wachen."

„Überlasset mir dieses Amt!" sagte Desertus rasch. „Der Bruder ist müde."

„Gut, so bleibe!" Herr Heinrich reichte dem Chorherren die Hand, nickte Gittli mit freundlichem Lächeln zu und verließ die Stube.

Zu Häupten des Lagers setzte sich Desertus auf die Bank.

Es war still in der Stube. Gittli rührte sich nicht in ihrem Winkel; man hörte nur Haymos tiefe Atemzüge, und auf dem Herde knisterte es zuweilen noch leise in den glühenden Kohlen.

Draußen murmelte das Wasser, von der Herrenhütte herüber klang in Zwischenräumen die laute Stimme des Vogtes, und tief aus dem Steintal herauf ertönte der Gesang der vier Knechte, die zu den Almen niederstiegen:

> „Das Herzelein
> Im Herzensschrein
> Tut gar so weh dem schwarzen Knaben:
> Das braune Mägdlein möcht er haben,
> Ja haben,
> Wenn man es ihm nur gäb,
> Ja gäb, ja gäb!"

Nach einer Weile kam Walti, um den Chorherren zum Imbiß zu rufen; er brachte auch einen Teller für Gittli. „Du, das ist gut!" flüsterte er dem Mädchen zu. „Ich hab's auch schon verkosten dürfen, und was übrig bleibt, das krieg ich alles, hat der Frater gesagt." Gittli richtete sich auf und begann zu essen, während Desertus die Stube verließ. Als er die

Herrenhütte betrat, sagte er zu Frater Severin: „Schickt ein Kissen und eine Lodendecke hinüber für das Mädchen; das Kind hat ein hartes Lager auf den Herdsteinen."

Nun saßen sie beim Schein einer Kienfackel in der Herrenstube beisammen, der Propst, Herr Schluttemann und Desertus, der letztere schweigend in sich versunken, während Herr Heinrich und der Vogt die an dem Jäger verübte Untat besprachen. Herr Schluttemann beschwor die ganze Rache seines flammenden Zornes über das Haupt des Untäters, den er finden wollte, und wenn er sich auch in den untersten Schlupf der Hölle verkrochen hätte; sobald es Tag würde, gedachte er sich mit den Knechten auf den Weg zu machen, um in weitem Kreise rings um die Hütte jeden Busch und jede Felsschrunde zu untersuchen; ein Haken würde sich schon finden, an den der Faden eines Verdachtes sich anknüpfen ließe.

Als Desertus in die Jägerhütte zurückkehrte, fand er Gittli schlafend im Herdwinkel. Das Kissen, das ihr Walti gebracht, hatte sie unter Haymos wunden Arm gelegt; nur die Lodendecke hatte sie für sich behalten und zum Polster geballt unter ihren Kopf geschoben. So lag sie, die beiden Hände unter der Wange, die müden Glieder vom Schlafe sanft gelöst; sie schien auf den harten Steinen so gut zu ruhen, als läge sie in weichen Daunen. Die glimmenden Kohlen strahlten einen roten Schimmer über ihr Gesicht, so daß es aus dem Dunkel hervorleuchtete wie ein liebliches Rätsel.

Lange stand Desertus vor dem schlafenden Mädchen. Immer näher zog es ihn, er beugte das Knie, er streckte die Arme, er neigte das Gesicht in dürstender Sehnsucht. Da bewegte sich Gittli und stöhnte leis, wie unter schweren Träumen: „Haymo."

Desertus taumelte zurück; die Hände vor das Gesicht schlagend, wankte er zur Tür und sank auf die Schwelle nieder. „Herr! Herr! Du versuchest mich über meine Kräfte!"

rang es sich mit erstickter Stimme von seinen Lippen, und die brennenden Augen starrten hinaus in die Nacht, empor zu den ruhelos flimmernden Sternen.

In den Fenstern der Herrenhütte war das Licht schon erloschen; Herr Heinrich schlief. Durch die Klumsen der geschlossenen Türe quoll aber noch ein matter Schein; dort saßen Frater Severin und Herr Schluttemann beim erlöschenden Feuer auf dem Herdrand, leise plaudernd, mit dem ‚heimlichen Pärchen' beschäftigt, das sie aus dem Versteck hervorgeholt. Walti hockte in einem Winkel und vertilgte die Reste des Mahles; dann trank er noch einen Krug Wasser leer und kletterte über die Leiter hinauf ins Heu.

Als den beiden anderen ‚des Himmels höchste Gnade' zur Neige ging, bekam Herr Schluttemann seine üblichen ‚Zustände'. Er schien völlig vergessen zu haben, wo er sich befand, wähnte im Kellerstübl zu weilen und fürchtete, daß mit jedem Augenblick die handfesten Boten der Frau Cäcilia eintreten könnten, um ihn zu holen. „Aber ich geh nicht, Bruder, ich geh nicht! Jetzt sitz ich einmal, Donnerwetter, und jetzt bleib ich!" Frater Severin drückte ihm die Hand auf den Mund und zerrte ihn zur Leiter; mit aller Mühe, stoßend und schiebend, brachte er ihn endlich über die Leiter hinauf und warf ihn ins weiche Heu. „Cäcilia, Cäcilia, du treibst es heut wieder arg mit mir!" brummte Herr Schluttemann, halb erstickt von dem über ihn herfallenden Heu. Eine Weile lallte er noch fort, dann begann er zu schnarchen. Frater Severin folgte diesem Beispiel, und da ging nun ein Sägen um die Wette los, daß Walti erwachte und kein Auge mehr schließen konnte; dazu hatte er bald eine Faust des Herrn Schluttemann im Gesicht, bald dessen Füße auf der Brust oder zwischen den Beinen; er verkroch sich in den äußersten Winkel, aber Herrn Schluttemanns Füße fanden den Weg zu ihm. Schließlich erhob er sich, glitt über die Leiter hinunter und legte sich auf den warmen

Herd. Jetzt konnte er schlafen.

15.

Nach Mitternacht bewölkte sich der Himmel, und ehe der Tag noch graute, begann ein warmer Regen zu fallen. Bei Anbruch der Dämmerung kamen die Knechte. Pater Desertus saß noch immer auf der Schwelle der Jägerhütte, mit bleichen, müden Zügen, die Augen heiß umrändert. Als er die Knechte gewahrte, erhob er sich und atmete tief, als wäre ihm die Nähe wachender Menschen willkommen. Einer der Knechte fragte ihn, was sie zu tun hätten. Er meinte, sie sollten sich, da Herrn Heinrich der Pirschgang auf den Auerhahn verregnet wäre, ruhig verhalten, bis die Schläfer von selbst erwachen würden. Dann trat er in die Hütte. Gittli war schon wach, sie stand über Haymo gebeugt, der noch immer ruhig schlief; als sie den Chorherren kommen hörte, trat sie scheu zurück, lispelte den Morgengruß und verließ die Hütte. Nach einer Weile kam sie wieder, gewaschen, mit frisch gezopften Haaren; sie schürte auf dem Herd ein Feuer an und ging geräuschlos ab und zu, um saubere Ordnung in der Stube zu machen. Als sie wieder einmal Wasser holte, wurde drüben an der Herrenhütte ein Fensterladen aufgestoßen.

„Guten Morgen, Gittli!" rief Herr Heinrich.

Sie stellte die Wanne nieder und lief hinüber.

„Nun, wie geht es ihm?"

„Er schläft noch allweil, Herr, und ich mein', der Schlaf hat ihm gut getan, denn er hat schon Farb im Gesicht."

„Dann wird er wohl auch bald erwachen. Freust du dich schon?"

„Und wie!"

„Gelt, und du freust dich auch schon auf seinen Dank?"

„Den hab ich schon, Herr!"

„So?"

„Ja, gestern auf die Nacht, da hat er ein lützel reden können, und da hat er mir gleich ein Vergeltsgott gesagt."

„Aber ich meine, du hoffst doch wohl noch auf besseren Dank?" lächelte Herr Heinrich, während er sich breit ins Fenster legte.

Sie sah mit großen Augen zu ihm auf. „Was sollt ich noch wollen? Ich hab mein Vergeltsgott."

Er betrachtete sie mit freundlichem Blick. „So? So?" Und leise zuckte es um seinen Mund, als er sagte: „Freilich, mehr kannst du nicht verlangen von ihm. Aber jetzt geh nur, ich komme gleich hinüber."

Hurtig lief Gittli davon, um aus dem Regen wieder unter Dach zu kommen.

Über diesem Zwiegespräch war Walti aus dem Schlaf erwacht. Er rieb sich erschrocken die Augen, als er den hellen Morgen schimmern sah, kletterte die Leiter empor und rief: „Frater! Frater! Stehet auf, der Herr ist wach!"

Frater Severin fuhr aus dem Heu wie der Hase aus dem Krautacker, wenn der Bauer kommt. Er packte seinen

Schnarchgenossen an der Brust. „Herr Vogt! Auf! Auf! Auf!"

Herr Schluttemann drehte sich auf die Seite. „Aber Cäcilia!"

„Auf! Auf! Auf!"

„Aber Cäcilia!" wimmerte Herr Schluttemann. „Geht denn der Teufel schon wieder los? Alle Tag und alle Tag! Nicht einmal ausschlafen soll der Mensch können! Kreuz Teufel! Laß mich in Ruh! Oder ich fahr dir noch einmal mit groben Pratzen in die Zöpf!"

Frater Severin schüttelte seufzend den Kopf, überließ den Vogt seinem grausamen Traum und stieg mit starren Beinen über die Leiter hinunter.

Herr Schluttemann hatte sich tief eingewühlt in das Heu, als umschlänge er mit seinen Armen das Kissen, das er an jedem Morgen fest über die Ohren zu drücken pflegte, wenn Frau Cäcilia ihre Predigt begann. Die lautlose Ruhe, die ihn plötzlich umgab, mochte ihm als etwas Ungeheuerliches erscheinen. Er richtete sich erschrocken auf und starrte mit großen, runden Augen im Dämmerlicht des Heubodens umher.

„Ach sooo!" flötete er, als er das stille Wunder langsam zu begreifen begann. Dann lachte er vergnügt vor sich hin. „Jetzt kann geschehen, was will, jetzt schlaf ich mich einmal aus!" Sprach's, legte sich wieder auf die Seite und streckte sich behaglich: „Aaah!" Eine kleine Weile, und er schlief schon wieder.

„Herr Vogt!" rief Frater Severin in der Küche. Herr Schluttemann hörte nicht.

„Vogt! Vogt! Wo seid Ihr?" rief Herr Heinrich selbst. Vogt Schluttemann hörte nicht. „So laßt ihn schlafen!" lächelte der Propst. „Das irdische Vergessen ist über ihn gekommen." Er drohte mit dem Finger zum Heuboden hinauf: „Wartet nur, Vogt, der Morgen kommt schon wieder, da Euch die Donner des Gerichtes wecken! Dies irae, dies illa!"

„Jactat scopas turturilla!"[15] kicherte Frater Severin, die zweite Zeile der ernsten Hymne in seinem Küchenlatein lustig parodierend, und ließ sich vor dem Herde nieder, um mit vollen Backen in die Kohlen zu blasen.

Als Herr Heinrich hinüberging zur Jägerhütte, kam ihm Gittli entgegengelaufen. „Herr, Herr! Er wachet schon!" stammelte sie. „Mein Gott, und so viel sorgen tut er sich, Ihr könntet ihm harb sein, weil ihm so was hat geschehen können." Die Freude redete aus ihr, aber es war eine zitternde Freude; nun konnte Haymo sprechen, nun mußte er sagen, was geschehen war.

Sie blieb, als Herr Heinrich die Hütte betrat, an der Türe stehen, Freude im Herzen, Angst in der Kehle.

Haymo saß aufgerichtet in seinem Heubett. „Herr Heinrich!"

Der Propst legte ihm die Hand auf den Mund. „Du sollst nicht sprechen, Haymo, ich will es so! Lege dich zurück und laß mich nach deiner Wunde schauen! Dann sollst du essen und trinken und wieder schlafen, und wenn du dann gestärkt erwachst, dann setz ich mich zu dir, und du erzählst mir alles. Und mach dir keine dummen Sorgen! Du bist Haymo, mein treuer Jäger! Hast ja deine Treue mit deinem Blut besiegelt."

„Herr Heinrich —"

„Wirst du schweigen!" schalt der Propst und drückte den Jäger mit sanfter Gewalt auf das Kissen zurück.

Gittli atmete auf; und da sie in der Jägerhütte nun entbehrlich war, lief sie hinüber in das Herrenhaus.

„Frater? Kann ich Euch nit helfen?"

„Ei freilich, mein Dirnlein, schürz dich, tummel dich!" Und im Hui hatte er ein Dutzend Aufträge für Gittli bereit.

Sie griff mit flinken Händen zu, trug alles herbei, was der Frater in der Küche brauchte, brachte Ordnung in die Schlafkammer und machte die Herrenstube spiegelblank.

Draußen ‚schnürelte' der Regen, und die Knechte, die unter dem vorspringenden Dach der Herrenhütte an die Balkenwand gelehnt standen, sangen mit leisen Stimmen, um sich die nasse Zeit zu vertreiben.

Als Herr Heinrich mit Desertus aus der Jägerhütte trat, sagte er: „Dein Aussehen ist schlimm, Dietwald. Die Nachtwache hat dich erschöpft."

„Ja, Herr!"

„Aber ich hoffe, es hat dich in dieser Nacht dein Gespenst in Ruhe gelassen?"

„Meint Ihr?"

„Dietwald!"

„Es weilte mit mir unter einem Dach die ganze lange Nacht."

Herr Heinrich schwieg, den Pater mit forschendem Blick betrachtend. Dann sagte er: „Komm, lege dich schlafen, du bist ermüdet."

Sie betraten die Herrenhütte; Desertus ging in die Schlafkammer und warf sich auf das Lager, doch seinen Augen war es anzusehen, daß sie den Schlummer nicht finden würden. Herr Heinrich füllte einen Becher mit Wein und goß dazu einige Tropfen aus einer Phiole, die er seinem Arzneikästlein entnommen hatte. „Trink, Dietwald, das wird dir Schlaf bringen!"

Desertus leerte den Becher. Und es währte nicht lang, so lag er mit geschlossenen Lidern, tief atmend, in schwerem Schlummer.

Herr Heinrich wollte ins Freie treten, da sah er Gittli in der Küche schaffen. Ein Gedanke schien ihn zu befallen, er schüttelte wie abwehrend den Kopf, doch immer wieder kehrte sein Blick zu dem Mädchen zurück.

„Gittli!"

Sie säuberte die Hände an der Schürze und kam auf ihn zugegangen. „Ja, Herr?"

„Erzähl mir doch, hast du dich mit dem Chorherren auch

gut vertragen die lange Zeit vom Abend bis zum Morgen?"

„Allweil gut!" meinte Gittli mit scheuem Lächeln. „Der Pater hat gewachet, und ich hab geschlafen." Als müßte sie sich entschuldigen, fügte sie bei: „Ich bin so viel müd gewesen."

„Immer geschlafen? Die ganze Nacht?"

„Gott behüt, Herr! Diesmal bin ich schon aufgekommen."

„Nun? Und dann habt ihr wohl miteinander Haimgart gehalten, gelt?"

„Aber Herr!" sagte sie ganz erschrocken. „Wie tät ich mir denn einfallen lassen, daß ich haimgarten wollt mit so einem Herrn. Ich bin allweil gelegen und hab keinen Muckser getan."

„Und er? Er wird doch mit dir geredet haben?"

„Kein Sterbenswörtl! Ich glaub, er hat mich gar nit gesehen. Allweil ist er gesessen und hat blinde Augen gemacht, als tät er einwendig schauen."

„Einwendig schauen?" wiederholte Herr Heinrich und nickte vor sich hin. „Aber sag, hast du ihn schon öfters gesehen?"

„Zweimal, Herr! Das erstemal drunten am Seesteig." Sie stockte; denn sie durfte Herrn Heinrich doch nicht sagen, welchen Schreck sie damals empfunden hatte — Schreck und Furcht vor einem Gottesmann! Leise sprach sie weiter: „Und das andermal am Ostertag." Da kamen ihr die Tränen.

„Was hast du, Gittli, warum weinst du?"

„O mein Gott, schauet, Herr, er ist dazugekommen, wie unser Kindl hat verscheinen müssen, unser liebes, gutes Kind!"

„Komm, Gittli, komm, setz dich!" Er führte sie zu einer Bank. „So! Und jetzt sage mir, wie war es mit dem Kind?"

Unter Tränen erzählte sie in ihrer schlichten Weise von Mimmidatzis kurzem Leben. „Schauet, Herr, wie ein Lichtkäferl ist das Kind gewesen in unserem Sorgenhaus, wie ein Blüml im Winter, und in aller Herzensnot wie ein

Stückl ewiges Brot, von dem man allweil hat zehren können, und es ist doch nit weniger worden. Und jetzt hat's verscheinen müssen! Warum denn? Warum?"

Frater Severin klapperte am Herd mit seinen Pfannen; ein Zittern war ihm in die Hände gekommen; auch mußte ihm was ins Auge geflogen sein, denn er wischte immer, aber es wollte nicht helfen.

Herr Heinrich hielt die Hände des Mädchens gefaßt und blickte tiefbewegt in Gittlis Gesicht, das von Tränen überronnen zu ihm emporgerichtet war, wie einer tröstenden Antwort harrend.

Hätte nicht das Feuer geknistert, der Regen über dem Schindeldach geplätschert und Herr Schluttemann auf dem Heuboden ein klein wenig geschnarcht, es wäre ganz still gewesen in der Küche.

„Warum? Ja, warum?" Herr Heinrich setzte sich an Gittlis Seite. „Das fragst du? Das weißt du nicht? So ein kluges Dirnlein wie du? Geh doch, Gittli, wie kannst du nur so fragen?"

Sie wurde verlegen und suchte nach Worten. „Weil ich's halt doch nit weiß, Herr!"

„Aber freilich weißt du es! Welch ein liebes, holdes Kind euer Mimmikätzlein war, das weißt du doch, gelt?"

„Ja, Herr, ach ja, ja, ja!"

„Und nun denke dir: wenn das Kind hätte leben müssen und Schmerzen leiden und siechen, und böse Menschen hätten es gestoßen, getreten und geschlagen, und es hätte Unglück über Unglück erfahren, Kummer über Kummer, Not und Elend? Und du und des Kindes Mutter, ihr hättet das alles mit ansehen müssen? Hätt euch das im Herzen nicht weher getan als jetzt, weil es verscheinen ist?"

„Ach Gott!" klagte Gittli und wehrte mit beiden Händen, als wollte sie den Gedanken, daß ihr Mimmidatzi hätte leiden müssen, gar nicht eindringen lassen in ihr Herz.

„Gelt? Da ist halt wieder einmal der liebe Herrgott

gescheiter gewesen, als wir alle miteinander. Der hat sich gedacht: nein, so was laß ich nicht kommen über das liebe gute Kind, da nehm ich es lieber zu mir herauf in meinen Himmel und mach ein Englein aus ihm, damit es in Freude und Glückseligkeit hinunterlachen kann auf sein Heimatl, und damit es ein fester Schutzengel sein soll für seine lieben Leut!"

„O mein, brauchen täten wir freilich einen!" seufzte Gittli tief auf; und zu Herrn Heinrich emporblickend sagte sie: „Schauet, Herr, ich hab mir allweil so was gedacht, aber ich hab mir's halt völlig nit sagen können."

„Gelt, siehst du, daß du es weißt!"

„Ja, und es muß auch wahr sein, denn hätt ich den Schutzengel nit gehabt, ich hätt den Haymo nimmer finden können, und jede Stund derzeit, Tag und Nacht, hab ich das Kind allweil bei mir sitzen sehen, und allweil hat's mich angelacht. Gelt, Herr Heinrich, unser Herrgott ist doch ein guter, guter Mann?"

„Das mein' ich! Und drum sei gescheit, Gittli, verlaß dich nur auf ihn und wisch dir die Zähren ab! Und dann laß dir vom Frater Severin eine tüchtige Schüssel voll Suppe geben, trag sie hinüber zum Haymo und sorge dafür, daß er tüchtig ißt."

Jetzt lächelte Gittli. „Da seid nur ganz ruhig, Herr Heinrich, ich will schon hineinstopfen in ihn, was Zeug hat!"

Frater Severin kam bereits mit der Schüssel. „Nimm, Dirnlein, nimm!" flüsterte er und zwinkerte mit freundlichen Augen. „Die besten Bröcklen hab ich für ihn gefischt."

„Vergeltsgott!" sagte sie, nahm die Schüssel und ging mit achtsamen Schritten davon, die Augen starr auf die Suppe gerichtet, um nur ja keinen Tropfen zu verschütten.

Herr Heinrich blickte ihr lächelnd nach. „Warum? Warum? Du alte, ewig menschliche Frage! Wärst du doch in jeder Brust so leicht zu geschweigen, wie in dem Herzen dieses Kindes!"

Als er die Herrenstube betreten wollte, fühlte er einen Kuß auf seiner Hand. Frater Severin stand vor ihm mit brennender Nase.

„Wie, Bruder? Auch du gerührt? Mens agitat molem?" lachte Herr Heinrich. „Aber es hilft dir nichts! Der Bauch muß weg."

„Herr Heinrich!" schmollte der Frater und zeigte eine gekränkte Miene. „Wenn Ihr meinet, daß ich es deshalb tat, dann —" Er streckte den Bauch heraus und trommelte mit beiden Händen drauf. „Dann nehmet nur gleich ein Messer und schneidet zu! Ich will stillhalten!"

„Bruder! Bruder!" drohte Herr Heinrich. „Wenn ich dich beim Wort nähme? Doch sei beruhigt, ich tu's nicht. Es ginge dir ans Leben. Und wer brächte mir dann die Suppe? Denn mich hungert, Bruder!"

Frater Severin rannte, daß die Kutte flog.

Inzwischen hatte Gittli die Jägerhütte erreicht, in welcher Walti plaudernd bei Haymo saß. „Da schau," sagte sie, „was ich da jetzt bring!"

Haymo richtete sich auf. „Gittli!" Hätte er tausend Worte gesprochen, er hätte mehr nicht sagen können, als was der Klang dieses Namens verriet und was der leuchtende Blick seiner Augen sprach.

„Du! Jetzt tu nit reden!" drohte sie. „Jetzt mußt du essen! Und alles! Bis auf das letzte Bröserl!" Sie setzte sich auf den Rand des Lagers und zog das Knie herauf, um eine Stütze für die Schüssel zu haben. Er begann zu essen, und bei jedem Löffel, den er nahm, sah er zu ihren Augen auf; und immer wieder nickte sie ihm zu und lächelte: „Gelt, das schmeckt?"

Walti steckte die schnuppernde Nase in den Suppendampf. „Kruzi, Kruzi, wenn ich allweil solche Sachen kriegen tät, da ließ ich mir auch eins auf den Buckel stechen von so einem schlechten Kerl!" Er griff mit beiden Händen zu, denn die Schüssel wackelte bedenklich zwischen Gittlis Händen. „Was machst du denn? So halt doch fest!" Und zu Haymo sich wendend, fragte er: „Sag, Jäger, du mußt aber doch wissen, was es für einer war?"

Haymo schüttelte den Kopf. „Sein Gesicht war angerußt."

Tief atmete Gittli auf; dann sagte sie zu Walti: „Geh, tu den Becher spülen! Jetzt muß er den Wein kriegen!"

Der Bub nahm den Becher vom Tisch und rannte hinaus.

„Haymo," stammelte Gittli mit raschen, leisen Worten, „gelt, wenn sie dich ausfragen, nachher sag's nit, daß es beim Kreuz geschehen ist!"

„Warum nit?"

Sie senkte den Kopf. „Weil ich dich bitten tu!"

Er nickte vor sich hin. „Ich weiß schon, wie du's meinst! Gelt, weil sie Gottesleut sind? Und müßten sich kränken, wenn sie hören täten, daß ihr Herrgott so was hat geschehen lassen." Ein bitteres Lächeln zuckte um seinen Mund. „Zu mir hat er reden mögen! Warum denn hat er nit auch zum anderen sagen können: tu's nit, tu's nit?"

Gittli hing an ihm mit angstvollen Augen; sie verstand den Sinn seiner Worte nicht. „Haymo —"

Sie konnte nicht weitersprechen, denn Walti kam zurück. Mit zitternder Hand reichte sie dem Jäger den gefüllten Becher, den er dürstend leerte, mit dem Becher zugleich ihre Hand gefangen haltend. Als er dann aufblickte zu ihr mit glänzenden Augen, flüsterte er: „Nein, Gittli, nein, ich darf nimmer fragen: warum? Ich weiß schon, warum er's hat geschehen lassen. Ich weiß es!" Er zog ihre Hand mit dem Becher an seine Brust.

Sie ließ ihn gewähren und stand, als wüßte sie nicht, wie ihr geschähe. Und da er ihre Hand nun freigab, blickte sie auf, wie erwachend, nahm wortlos die Schüssel und ging zur Türe.

„Gittli!" rief er ihr leise nach. „Kommst du bald wieder?"

„Wohl, Haymo!" lispelte sie und verließ die Hütte.

„Hohohoho!" lachte Walti auf, klemmte die Hände zwischen die Knie und schüttelte vor Vergnügen die Schultern.

„Was hast du denn, dummer Bub?"

„Ich weiß auch was! Hohohoho! Ich weiß auch was!" Kichernd steckte Walti den Kopf in den Winkel zwischen Bett und Bank.

Draußen vor der Hütte stand Gittli, fuhr mit dem Rücken der freien Hand über ihre heißen Wangen und stammelte: „Was weiß er denn? Was kann er denn wissen?" Zögernd ging sie der Herrenhütte zu.

Einer der Knechte kam ihr entgegen; er hätte ihr eine Botschaft auszurichten. Ihr Bruder, der Sudmann, wäre in der Nacht zu den Almen gekommen und hätte gejammert, daß seine Schwester seit zwei Tagen abginge, und daß kein Mensch wüßte, wohin sie gekommen wäre. Als ihm die Knechte erzählten, daß seine Schwester den Jäger todwund gefunden und in der Hütte gepflegt hätte, bis die Herrenleute kamen, da hätte er sich vor Staunen kaum fassen können; jedes Wort, das er gesprochen, wäre ein Lob für seine Schwester gewesen; und sie sollte nur ja in der Hütte bleiben, solang die Herrenleute sie nötig hätten; er selbst wäre gern noch zu ihr hinaufgestiegen in die Röt; aber da er nun wüßte, daß sie wohlauf und sicher geborgen wäre — hätte er gesagt — so wollte er lieber wieder heimlaufen, um die Schicht im Sudhaus nicht zu versäumen. Er täte die Schwester recht schön grüßen lassen.

Mit Bangen und Zittern hörte Gittli diese Botschaft an, die sie nicht zu verstehen vermochte. Wie wäre es ihrem kindlichen Sinn auch beigefallen, daß Wolfrat diesen Gang zur Alm, wo er die Knechte zu finden hoffte, nur getan hatte, um einen drohenden Verdacht von sich abzuwenden. Wenn er die Schwester hatte gehen lassen, ohne sich weiter um ihr Verbleiben zu kümmern, dann mußte er wissen, weshalb sie gegangen war, wissen, wo und weshalb sie blieb.

Als Gittli die Herrenhütte betrat, kam sie gerade recht, um Herrn Schluttemanns Auferstehung mitzufeiern. Sein Kopf erschien über dem Rand des Heubodens. Wo aber hatte er das Gesicht gelassen, das er sonst an jedem Morgen zu zeigen pflegte? Jenes zornbrennende Gesicht mit den finster gerunzelten Brauen, den rollenden Augen und dem gesträubten Schnauzer? Er schien sich verwandelt zu haben in diesem langen Schlaf. Sanft hing ihm der Schnauzbart über den Mund, lustig blitzten seine Augen, und mit einem Gesichte, lachend bis zu den Ohren, stieg er über die Sprossen nieder, Frater Severin meinte: wie der strahlende Erzengel Gabriel herunterkommt über die Himmelsleiter.

Auf der Erde angelangt, streckte und dehnte sich der Vogt, rieb vergnügt die Hände, schüttelte die Heufäden von seinem Wams, schlug den Frater mit der flachen Hand auf die breite Schattenseite, daß die ganze Kutte wackelte, kneipte Gittli in die Wange und trat mit fröhlichem Gesicht in die Herrenstube. Und während nun Stunde um Stunde verging, hörte man seine lachende Stimme an allen Ecken und Enden, bald im Herrenhaus und bald in der Jägerhütte. Hier wurde er freilich von Herrn Heinrich ausgetrieben, um Haymo einen ruhigen, stärkenden Schlaf zu sichern.

Einige Stunden nach Mittag versiegte der Regen, die Wolken klüfteten sich, und die Sonne warf, ehe sie hinter die Berge sank, noch einen goldigen Schein über die beiden Hütten.

Herr Heinrich nahm die Armbrust hinter den Rücken und stieg zum Kreuzwald empor; der Vogt machte sich mit den Knechten auf die Suche, und Desertus wanderte einer nahen Felshöhe zu; dort sah ihn Gittli auf einem Steinblock sitzen, bis der Abend dämmerte. Haymo schlief, und Gittli weilte mit Frater Severin und Walti auf der Bank vor der Hütte, mit halbem Ohr nur hörend, was die beiden plauderten; in Sorg und Unruh glitten ihre Blicke immer wieder hinüber nach dem Steintal; die bitterste Angst war aber doch von ihr genommen. Sie hatte jetzt einen Schutzengel, der droben im Himmel sorgte für sie, für den Wolfrat und die Seph. Und was der Bruder auch gesündigt — sie hatte es doch ein lützel wieder gut gemacht.

Der erste, der zurückkam, war Herr Schluttemann. Er hatte nichts gefunden, rein gar nichts! Der Regen hatte Haymos blutige Fährte und die Schweißspur des verschleppten Steinbocks ausgelöscht. Ja, der Schutzengel!

Bei Anbruch der Nacht kam der Propst mit Pater Desertus zurück. Herr Heinrich hatte eine Fehlpirsch auf den Auerhahn getan. Beim Niederstieg hatte er einen Luchs aufgegangen und dem fliehenden Raubtier einen Bolzen nachgeschickt. Nun sollten zwei der Knechte während der Nacht hinuntersteigen zum Kloster, um die beiden Schweißhunde zu holen: die Hel und den Weckauf. Einem der Knechte befahl Herr Heinrich, im Hause des Sudmanns vorzusprechen, um für Gittli mitzubringen, was sie nötig hätte an Gewand und Wäsche. Bald nachdem der Abendimbiß genommen war, wurde es still in den beiden Hütten; Gittli und Walti wachten bei Haymo; Herr Heinrich, der vor Tag wieder auf den Beinen sein wollte, hatte sich zur Ruhe begeben, und Desertus mußte seinem Beispiel folgen. In der Küche saßen Herr Schluttemann und Frater Severin am Herd. Als der Vogt meinte, daß Herr Heinrich schon in Schlaf gesunken wäre, verließ er die Hütte und holte das zweite ‚Pärchen' aus dem Versteck. Schwer seufzend wandte Frater Severin sich ab, als Herr Schluttemann die eine der beiden Steinflaschen zwischen die Knie nahm, um mit hochwichtiger Sorgfalt den mit Wachs verklebten Pfropf zu lösen. Einen langen, langen Zug tat der Vogt, dann reichte er die Flasche dem Bruder. „Tauchet an, Frater!"

Ein stummes Kopfschütteln war die Antwort.

Herr Schluttemann erschrak. „Bruder? Seid Ihr krank?"

„Nein. Aber ich will nit trinken. Heut treib ich keine Heimlichkeit. Herr Heinrich war so gut zu mir."

„Tatata! Das ist eine Ausred! Wer nicht trinken will, hat entweder ein böses Stück getan oder will's begehen. Zeiget, daß Ihr ein unschuldig Herz habt! Schluck, schluck!"

„Ich hab keinen Durst!" sagte Frater Severin und seufzte tief.

„Tatata! Durst? Durst? In unserer unschuldigen Zeit trinken nur zu viel ohne Durst. Und billig! Man trinkt für den zukünftigen. Kauft in der Not, so sagen die Quacksalber, dann habt ihr's im Tod!"

„Jetzt hab ich's einmal gesagt," seufzte Frater Severin, „ich trink nit!"

„Tatata!" Herr Schluttemann faßte des Fraters Kutte und zog ihn zu sich nieder. „Kommt her, Frater, setzet Euch zu mir, ich will Euch ein Liedl singen, das soll Euch ins Gewissen reden!" Er schlang seinen Arm um den des Fraters, schwenkte die Flasche und sang mit leiser Stimme:

„Wohlauf, lieb Bruder und Gespiel,
Quem sitis vexat plurima,
Ich weiß ein Wirt im Tale kühl,
Qui vina habet aurea!

Er zapfet fleißig uns den Wein
De dolio in cantharum!
Drum wollen wir auch fröhlich sein
Ad noctis usque terminum!

Wer greinen oder murren will,
Ut canes decet rabidos,
Der mag wohl bleiben aus dem Spiel,
Ad porcos eat sordidos!"

Schon die zweite Strophe hatte Frater Severin mit wiegendem Kopfe mitgesummt; und jetzt ergriff er die Flasche und sog und schluckte, aber schon gehörig! Dann freilich, als er absetzte, machte er ein kummervolles Gesicht. „Jetzt hab ich halt doch getrunken! O Mensch, Mensch! Was bist du für ein Hafen voll teuflischer Suppe! Pfui!" Mißbilligend schüttelte er den Kopf, setzte die Flasche an und trank. „Jetzt geht's schon in einem hin!"

Ein paar feuchte Stunden verrannen den beiden, bis sie es zuwege brachten, daß die Flaschen einen trockenen Boden bekamen. Als Herr Schluttemann sich erhob, merkte er, daß er nicht mehr völlig Meister seiner Beine war — er merkte es, als er mit der Nase schon auf der Erde lag.

„En jacet in trexis!" jammerte Frater Severin. „Sehet Ihr, Herr Vogt, sehet Ihr! Das ist Gottes Strafe, weil Ihr meine Seel in des Teufels Schlinge getrieben habt."

Herr Schluttemann krabbelte sich mühsam an des Fraters Kutte in die Höhe. „Glaubet mir, Frater, das ist seiner Lebtag kein guter Fuhrmann, der nicht auch einmal umwerfen kann!" Die Zunge wurde ihm schwer. „Und Ihr wisset doch, wie der gelehrte Philosoph sagt:

Wirft uns der Wein schon nieder,

Gehn wir morgen doch zu ihm wieder."

Frater Severin hielt die Leiter, und Herr Schluttemann tappte über die Sprossen hinauf ins Heu.

---

[15] Tag des Zornes, an dem „das Turteltäubchen mit Besen schmeißt."

16.

Dem trüben Regentag folgte ein frischer, frühlingsduftiger Morgen. Jeder Rasenfleck auf den steilen Gehängen und alle Almen hatten über Nacht einen lichtgrünen Schimmer bekommen. Es war Lenz geworden auf den Bergen; er hauchte aus den lauen Lüften, blickte nieder aus dem tiefen Blau des Himmels, stieg aus der Erde mit würzigem Odem und wehte in den Düften, die der bergwärtsziehende Wind emportrug aus den Tälern, in denen die ersten Blumen sich schon erschlossen hatten.

Als die warme Sonne auf allem Grunde rings um die Jägerhütte lag, durfte Haymo das Lager verlassen. Frater Severin und Gittli führten ihn zur Bank vor der Tür; doch hätte der Jäger kaum einer Stütze bedurft, so kräftig war sein Schritt; er wäre am liebsten vor Tag schon aufgestanden, um mit Herrn Heinrich auszuziehen zum

Hahnfalz.

Da saßen sie nun zu dreien. Frater Severin erzählte Schnaken und Schnurren, Haymo schaute mit nimmermüden Augen über Berg und Wälder aus, Gittlis Hand in der seinen haltend. Schweigend saß sie an seiner Seite, die Augen gesenkt, mit der freien Hand an einem Zipfel ihrer Jacke nestelnd. Ihr war zu Mut, sie wußte nicht wie. Überall, meinte sie, wäre ihr wohler als hier auf dieser Bank. Nun tat sie einen stockenden Atemzug, stand auf und löste ihre Hand.

„Gittli? Was hast du?" fragte Haymo.

„Schaffen muß ich!" sagte sie und schlich davon. Als sie die Küche der Herrenhütte erreichte, drückte sie die beiden Hände auf die Brust. „Was hab ich denn, was hab ich denn nur?" Wie konnte sie so fragen? Was ihr das Herz bedrückte und beängstigend umklammerte, daß ihr fast der Atem versagen wollte — was sonst denn konnte es sein als die Sorge um den Bruder und die Schwäherin? War doch Herr Schluttemann im Morgengrau mit Walti und zwei Knechten wieder auf die Suche gezogen. Auch Pater Desertus hatte sich ihnen angeschlossen, als wäre ihm das Bleiben bei den Hütten unerträglich. Und der mit seinen unheimlichen Messeraugen, meinte Gittli, würde gewiß etwas finden.

„O du gutes Engerl droben, jetzt halt aber fest!"

Mit diesem Stoßseufzer machte Gittli sich an die Arbeit. Immer wieder mußte sie Zähren aus den Augen wischen, und ein um das andere Mal schlich sie zum Fenster, um verstohlen hinüberzuspähen, ob Haymo noch auf der Bank säße — nein, um auszuschauen, ob nicht der Vogt mit seinen Knechten schon zurückkäme.

Da hallte aus dem Steintal herauf der langgezogene Jauchzer einer Mädchenstimme. Gittli sprang zur Tür und legte die Hand über die Augen, um in der grellen Sonne besser sehen zu können. Von weitem erkannte sie die Tochter des Eggebauern.

„Was will denn die daheroben?"

Gittli war der heiteren Nachbardirn immer gut gewesen. Jetzt mit einmal empfand sie etwas gegen das Mädel wie grollenden Unmut. Freilich, Zenza war die Tochter des Bauern, der das Kreuz auf den Wolfrat gelegt hatte.

„Was die nur will? Und aufgeputzt hat sie sich, uuh!" Unwillkürlich guckte Gittli an sich hinunter. Ihrem abgeschabten Rock merkte man die Nächte an, die sie auf dem Herd verbracht hatte. Zögernd trat sie in die Küche zurück, aber nur so weit, daß sie die Zenza nicht aus dem Blick verlor.

Jetzt erschien das Mädel auf der Höhe. „Da schau," schmunzelte Frater Severin, „ich glaub gar, wir kriegen Besuch! Und was für einen! Ui jei!"

Haymo machte große Augen. „Was will denn die daheroben?" murmelte er, als hätte er Gittlis Worte gehört und nachgesprochen.

Zenza kam näher; sie trug einen dicken Veilchenbusch im Mieder und hatte sich aufgeputzt, als ging' es zum Hochamt in die Kirche. Ihr Gesicht brannte, und mit heißen Augen hing sie an Haymo.

„Grüß dich Gott, Mädel!" rief Frater Severin. „Was für ein Heiliger hat denn dich daherauf geschneit?"

„Der heilige Hubertus!" lachte Zenza. „Grüß Gott auch, Herr Frater! Und der heilige Leonhardus hat auch mitgeholfen. Ja! Nachschauen hab ich wollen auf meiner Alm. Bis zur Sennzeit ist nimmer gar so lang. Und weil ich schon auf meiner Alm war, hab ich mir gedacht, ich mach das Katzensprüngl noch herauf, daß ich doch selber schauen kann, wie's eurem Letzerl[16] geht!" Ihre Augen blitzten Haymo an, der in Unmut über den kindischen Kosenamen, den das Mädel ihm gab, die Brauen furchte.

Frater Severin hatte Zenzas Hand erfaßt und tätschelte ihre Finger. „Macht sich, ja, macht sich schon wieder. Schau ihn nur an: acht Tag noch, und er springt wieder über alle

Berg aus. Aber sag, woher weißt du denn, daß ihm was geschehen ist?"

„Hat es ja der Polzer, der gestern seine Schwester gesucht hat, überall ausgeschrien!"

Gittli, die am offenen Fenster lauschte, erschrak bis ins Herz. Hatte Wolfrat den Verstand verloren, daß er selbst erzählte, was in der Röt geschehen war?

„Der bildet sich jetzt was ein auf seine Schwester!" sprach Zenza weiter. „Aber das muß ich selber sagen, brav hat sie sich gehalten. Ein halbes Kindl noch! Ich weiß nit, aber ich glaub, ich hätt den Kopf verloren!" Sie lächelte. „Was meinst du, Jäger?" Wieder blitzten ihre Augen.

Gittli griff sich in ihrem Versteck mit beiden Händen an den Hals; alles in ihr begann zu wirbeln.

„Du? Und den Kopf verlieren?" lachte Frater Severin. „Ja! Andere Köpf verdrehen! Das wird das richtige sein. Aber komm, setz dich, wirst müd sein von dem weiten Weg und hungrig auch. Wart ein Weil, ich hol dir eine Zehrung. Dann halten wir einen lustigen Haimgart." Flink zappelte er zur Herrenhütte hinüber.

Gittli erblaßte. „So, schön, jetzt laßt er sie gar allein mit ihm!" stammelte sie. Aber weshalb nur sorgte sie sich, daß ihr einwendig völlig kalt wurde? „Am End weiß sie was? Und sagt es ihm!" Das mußte sie verhindern.

Kaum war der Frater gegangen, da trat Zenza auf den Jäger zu. „Hast du viel ausstehen müssen?" fragte sie mit leiser, bebender Stimme.

„Es hat grad ausgereicht!" brummte er.

„Den wenn ich wüßt, der dir das getan hat!" Sie ballte die Fäuste. „Da hast du freilich nit können zum Tanz kommen. Und ich wart allweil und wart, eine Wut hab ich gehabt, daß ich dich hätt zerreißen können."

„So?"

„Und derweil liegt er daheroben, der arme Hascher, halb am Verscheinen! Aber schau, seit ich es gestern gehört hab, hat's mich nimmer gelitten, ich hab herauf müssen!"

„Geh?"

„Ja! Und weil du mir keinen Buschen hast bringen können, schau, jetzt hab halt ich dir einen gebracht!" Sie löste den Veilchenstrauß von ihrem Mieder. Als sie ihn dem Jäger reichen wollte, kam Gittli herbeigegangen, zögernd, mit finsteren Augen. Hastig legte Zenza die Veilchen neben Haymo auf die Bank, ging auf Gittli zu und streckte ihr beide Hände hin. „Grüß dich Gott, Kleine! Brav hast du dein Sacherl gemacht!"

Gittli legte die Hände auf den Rücken.

Zenza lachte. „Geh, du Dummerl, was hast du denn? Ich mein' doch, du hättest dir ein Vergeltsgott verdient. Da schau!" Sie löste das dünne Silberkettl von ihrem Mieder, haschte Gittlis Arm und zwang es ihr in die Hand. „Nimm's nur, nimm's! Ich schenk dir's!"

Haymo sprang auf. Zornig klang seine Stimme. „Gittli! Gib ihr das Kettl wieder! Du brauchst dir nichts schenken lassen."

„Ich hätt's auch so nit genommen!" sagte Gittli ruhig und streckte die Hand. „Da hast du es wieder, ich brauch's nit, für mich tut's auch ein Bändl!"

Bis in den Hals war Zenza erbleicht. Einen funkelnden Blick warf sie auf Haymo, einen auf Gittli, dann lachte sie. Mit zornigem Griff packte sie das Kettl, zerriß es, warf Gittli die Stücke ins Gesicht und ging davon, das Mädchen noch einmal streifend mit einem Blick des Hasses.

Zitternd stand Gittli, die Wangen von heißer Röte übergossen, Tränen in den Augen. „Was hab ich ihr denn getan? Ich hab ihr doch nie kein ungutes Wort gegeben. Und jetzt tut sie mich so verschimpfen." Sie brach in Schluchzen aus.

„Gittli!" stammelte Haymo und wollte sie umschlingen. Da kam Frater Severin aus der Herrenhütte, Teller und Becher in den Händen. Er machte große Augen und wollte fragen, wohin die Zenza geraten und was denn geschehen wäre. Nach dem ersten Wort verstummte er wieder und verschwand hurtig in der Tür. Er hatte Herrn Heinrich gewahrt, der von der Höhe niedergestiegen kam, den erlegten Auerhahn am Bergstock über der Schulter tragend.

Haymo stand wortlos und nagte an der Lippe. Gittli, als sie Herrn Heinrich erblickte, bückte sich und las die Stücke des zerrissenen Kettleins von der Erde. Was sie gefunden, reichte sie dem Frater Severin und sagte: „Ich bitt Euch, Frater, wenn Ihr wieder hinunterkommt ins Kloster, so legt das der Jesumutter in den Schrein. Es ist gefunden Gut und will keinem gehören."

Herr Heinrich war näher gekommen. Er nahm den stattlichen Urhahn vom Bergstock. „Haymo, sieh her, ich habe Weidmannsheil gefunden!"

In Haymo kochte alles, aber er vergaß nicht seiner Jägerpflicht. Von der nächsten Fichte brach er das grüne Ende eines Zweiges, trat vor Herrn Heinrich hin, tauchte den Zweig in den roten Schweiß des Vogels und sagte:

> „Vor meinen Herren hin ich tritt,
> Mit Weidmannsgruß und mit der Bitt:
> Er hat ein' gerechten Schuß getan,
> Drum soll er den Bruch auch nehmen an
> Und tragen wohl in Freude
> Dem edlen Vogel zu leide!
> Jo! Hoch, o ho!
> Brauchet Eure gute Wehr
> Allezeit zu Gottes Ehr!"

Herr Heinrich nahm den Bruch, steckte ihn auf die Kappe und gab mit Handschlag den Weidmannsspruch zurück:

> „Habe Dank, mein lieber Jäger frei!
> Trag alleweil der Dinge drei:
> Wehr ohne Schart und Fehl,
> Graden Sinn ohne Hehl,
> Treues Herz ohne Wank!
> Habe Dank überall, habe Dank!"

Lächelnd legte Herr Heinrich die Hand auf seines Jägers Schulter und sagte: „Ich habe meinen Spruch geredet nach Herrenpflicht. Auf dich, Haymo, paßt er nicht, denn ich habe dir wünschen müssen, was du schon hast. Zu dir hätt ich sagen sollen:

> Bleib, wie du bist,
> Zu aller Frist!
> Und gesunde bald,
> Daß der liebe Gott es walt!"

Die Freude über diese herzlichen Worte färbte Haymos Wangen. Nun gingen sie zur Bank, und es begann das Erzählen. Rechte Jagd muß immer zweimal gehalten werden: erst mit der Waffe in der Hand, dann mit dem Herz auf der Zunge. Frater Severin hatte sich lauschend herbeigeschlichen; Gittli schaffte mit stiller Geduld in der Herrenhütte.

Als in Herrn Heinrichs Erzählung die Sehne der Armbrust schwirrte und der stolze Vogel niederrauschte durch das Gezweig, da kamen die Knechte mit den Hunden über das Steintal her. Hellen Lautes begrüßten die schönen, geschmeidigen Tiere den Anblick der Hütte; wie der Wind kamen sie herbeigesaust und sprangen mit so ungestümer Freude an Haymo empor, daß Herr Heinrich ihm helfen mußte, sie abzuwehren. Nun sollte in aller Eile ein Imbiß genommen werden, und dann sollte es mit den Hunden hinausgehen auf die Luchsfährte, auf welcher Herr Heinrich am Morgen reichlichen Schweiß gespürt. Haymo wurde in die Hütte geschickt, um wieder ein paar Stunden zu ruhen. Als er sich von der Bank erhob, sah er die Veilchen liegen; er faßte sie und hob die Hand zum Wurfe; lächelnd schüttelte er den Kopf, brach unter den Fichten einen Büschel der langen Schmelen, die vom vergangenen Sommer noch standen, und nahm sie mit den Veilchen in die Hütte.

Einer der Knechte hatte Gittli in der Küche des

Herrenhauses aufgesucht und reichte ihr ein kleines Bündel. „Das hat mir dein Bruder mitgegeben. Und grüßen soll ich dich von ihm."

Gittli hielt die Augen gesenkt. „Weißt du nit, wie's meiner Schwährin geht?"

„Wie soll's ihr gehen? Gut halt!" sagte der Knecht; er hatte Sepha gar nicht gesehen.

„Gott sei Dank!" seufzte Gittli erleichtert auf; dann öffnete sie das Bündel; Freudenröte schlug ihr über die Wangen, als sie ein frisches Hemd und ihr gutes Gewand in dem Bündel fand. Jetzt konnte sie sich doch auch ein bißchen sauber machen. Freilich, um so schmuck auszusehen wie die Zenza, dazu hätte sie die Tochter des Eggebauern sein müssen und nicht die Schwester des armen Sudmanns. Hastig versteckte sie das Bündel und ging wieder flink an die Arbeit.

Eine Weile später machte sich Herr Heinrich auf den Weg. Einer der Knechte mußte ihn begleiten und die ungeduldig ziehenden Hunde an der Leine führen. Über eine Stunde galt es zu steigen, bis die Stelle erreicht war, an welcher Herr Heinrich den Schuß auf das Raubtier getan hatte. „Gib mir den Weckauf und halte dich mit der Hel auf hundert Schritte hinter mir!" sagte er zu dem Knecht, übernahm den Hund und setzte ihn auf die Fährte, die mit reichlichem Schweiß gezeichnet war. Der Hund legte sich in den Riemen, fiel die Fährte gierig an und zog Herrn Heinrich hinter sich her. Das war nun ein mühsamer Weg: durch Wald und über grobes Geröll, durch fast endlose Dickungen der Krummföhre, über Bergrippen auf und nieder, empor bis unter die kahlen Steinwände, wieder herab durch ein felsiges Tal, bis zu den Almen, und quer über das Almfeld in den dunklen Wald. Wohl eine halbe Stunde zog hier der Hund noch auf der Fährte, bis er in einem wirren Gestrüpp den Luchs aus seinem Lager stieß. Als wär's eine große langgestreckte Flamme, so fuhr die rote Bergkatze aus ihrem Versteck hervor.

„Los die Hel!" schrie Herr Heinrich, während er den im Riemen würgenden Weckauf befreite. Die Hunde schossen wie Pfeile dahin und begannen mit läutenden Stimmen die Hatz. Der Luchs suchte aufzubäumen, aber die Krallen der wundgeschossenen Tatze versagten den Dienst, er fiel zurück, im gleichen Augenblick waren die Hunde über ihm: alle drei Tiere zu einem wirren Knäuel geballt, die Hunde heulend, der Luchs fauchend und mit den Waffen schlagend. Bevor es Herrn Heinrich gelang, herbeizuspringen, wurde der Luchs wieder hoch, floh in weiten Sätzen davon, und hinter ihm her ging die kläffende Jagd der Hunde.

Herr Heinrich lauschte den läutenden Stimmen. Eine Weile, dann verwandelte sich der Laut der Hunde in zorniges Gebell, das immer aus der gleichen Richtung kam. „Sie haben ihn gestellt, sie geben Standlaut!" rief Herr Heinrich dem Knechte zu und eilte zwischen den Bäumen dahin, dem Ruf der Hunde nach.

Nun erreichte er sie; zu Füßen einer aus dem Waldgrund aufragenden Felswand standen sie und bellten zu einer vorspringenden Platte empor, auf die sich der Luchs geflüchtet hatte. Er war in eine Falle geraten; rings um ihn her der kahle, glatte Fels, unter ihm die Hunde, vor ihm der Jäger.

„Schießet, Herr, schießet doch!" rief der Knecht.

Herr Heinrich aber warf die Armbrust hinter den Rücken, zog den blitzenden Fänger aus der Scheide und ging auf das Raubtier zu, bis ihn von der Felswand nur noch eine Strecke von zehn Schritten trennte. Sein Kommen machte die Hunde noch ungestümer, sie heulten mit heiseren Stimmen und versuchten an der Felswand emporzuspringen. Um sie kümmerte sich der Luchs nicht mehr; er saß geduckt, die spitz behaarten Lauscher vorgestellt, die großen, feurig funkelnden Augen auf den Jäger gerichtet, regungslos; nur die langen, weißen Barthaare zitterten über dem gefletschten Rachen.

„Nun?" lächelte Herr Heinrich. „So spring doch! Du siehst, ich warte."

Die rote Katze drehte den Kopf, als könnte sie den scharfen, ruhigen Blick dieser klaren Menschenaugen nicht länger ertragen. Sie glotzte auf die kläffenden Hunde nieder, dann rings umher, wie nach einem Ausweg, und wieder richtete sich ihr funkelnder Blick nach dem Jäger. Ein leises Zittern rann über ihr gesträubtes Fell, sie duckte sich noch tiefer, die Tatzen streckten und spannten sich — nun sprang sie — blitzschnell hatte Herr Heinrich den Fänger gehoben, mit der ganzen wilden Kraft des Sprunges bohrte sich der Luchs in den vorgestreckten Stahl und plumpste verendet zu Boden.

„Gelt? Jetzt haben meine Gemskitzen und Hirschkälber Ruh vor dir!" lachte Herr Heinrich, wischte am Moos den blutigen Fänger rein und verwahrte ihn in der Scheide. Der Knecht kam herbeigerannt, um das Raubtier zu betrachten. Aber die Hunde ließen ihn nicht zu; sie würgten und zerrten an dem erlegten Tier, bis Herr Heinrich sie abrief, um nachzusehen, ob sie auch glimpflich aus der Balgerei mit dem Luchs entkommen wären. Weckauf war unversehrt, die Hel hatte einen tiefen Riß über die Schulter.

„Hast du Feuerstein und Schwefelfaden?" fragte Herr Heinrich den Knecht.

„Ja, Herr!"

„So mach Feuer an und brich den Stachel von deinem Griesbeil. Die Hel ist gerissen, wir müssen die Wunde brennen."

Bald flammte ein kleines Feuer, an dem das Eisen zum Glühen gebracht wurde. Herr Heinrich ließ sich auf die Knie nieder, nahm die Hel in den Schoß und drückte ihren Kopf an seine Brust.

„Gib her den Dorn!"

Es zischte — heulend vor Schmerz riß sich der Hund los, rannte mit tollen Sätzen umher und schüttelte immer wieder das Fell.

„Komm, Hel, komm, da komm her!" lockte Herr Heinrich, mit den Fingern schnalzend. Der Hund machte einen scheuen Kopf, zog den Schweif ein und kroch, immer wieder zögernd, vor die Füße seines Herrn. Da er zu merken schien, daß ihm ein neuer Schmerz nicht drohe, sprang er mit freudigem Winseln an seinem Herrn hinauf.

„Hat's weh getan, Heleli?" schmeichelte Herr Heinrich, den Kopf des Hundes streichelnd. „Weißt du, es hat sein müssen. Und gelt? Du fragst nicht: warum? Und bellst nicht gegen die Hand, die dich brennt. Ja! Du bist halt kein Mensch, du bist ein kluges Tier! Ja, Heleli, ja!" Nun rief er den Knecht. „Trag den Luchs hinunter ins Kloster! Ich laß meine Chorherren grüßen, sie sollen sich den Braten schmecken lassen. Den Weckauf nimm mit dir! Die Hel darf bei mir bleiben. Komm, Hel, komm!"

Gemächlichen Ganges stieg Herr Heinrich durch den Bergwald empor.

---

[16] Ein krankes Kind, Pflegling.

17.

Zu später Nachmittagsstunde erreichte Herr Heinrich die Hütten. Unter der Tür des Herrenhauses trat ihm der Vogt entgegen, brennend vor Erregung.

„Reverendissime! Könnt Ihr Euch denken, was wir gefunden haben?"

Ohne eine Antwort abzuwarten, rannte Herr Schluttemann in die Hütte und kam zurück, in der Hand den schon übel duftenden Kopf eines Steinbocks mit mächtigem Gehörn.

Über die Lippen des Propstes flog ein zorniges Wort. Sie traten in die Stube, und Herr Schluttemann begann zu erzählen.

Bis gegen Mittag hatten sie vergebens gesucht; alle Fährten und Schweißspuren waren im Regen erloschen. Schon wollten sie sich auf den Heimweg machen, als Walti in einer tiefen, dunklen Felsspalte etwas Verdächtiges erblickte. Es war der erlegte Steinbock. Er wurde in die Höhe gehoben und genau untersucht; da zeigte sich, daß an dem Tier nichts fehlte — nur das Herz. Der Vogt ließ dem Bock das Haupt abnehmen, um Herrn Heinrich das Gehörn zu bringen. Als sie auf dem Rückweg am Kreuz vorüberkamen, machte Walti abermals eine Entdeckung. „Der Bub," meinte Herr Schluttemann, „hat Luchsaugen und eine Hundsnase." Walti bemerkte an dem Christusbild die Blutflecken. „Schier noch so rot, als wären sie auch gemalt wie die anderen!" Das Dach über dem Kreuze hatte den Regen verhindert, die bösen Spuren auszulöschen.

Da war es in Herrn Schluttemanns Gehirn wie eine Fackel aufgegangen, bis sein Verdacht das eine zum andern fügte, wie Glied um Glied zu einer Kette.

„Und jetzt, Reverendissime, hoc igitur censeo!" Er legte die Arme über den Tisch und begann an den Fingern herzuzählen: „Primo: beim Kreuz muß der Lump den Steinbock angeschweißt haben, oder der angeschweißte Bock ist auf der Flucht am Kreuz vorbeigekommen und hat gespritzt. So muß es einer getan haben, der am Ostermorgen vor Tag beim Kreuz war. Einer, den ich kenneeeeh!" Herr Schluttemann dehnte die letzte Silbe wie einen Teigfaden. „So ein Gauner! Hat es mir noch selber erzählt! Warte nur, dir zünd ich auf mit deiner Schlauheit! Secundo: es fehlt nur der Schweißsack.[17] So hat es einer getan, oder vielmehr —" Herr Schluttemann machte verschmitzte Augen, „einer hat es angestiftet, dem es um ein Herzkreuzl zu tun war. Einer, den ich kenneeeeh! Ist zu mir gekommen und hat eins haben wollen, ich hab ihm aber einen Tritt gegeben. Post autem: wenn es einer getan hat für den anderen, so hat er's getan um silbernen Dank. Weil er Geld gebraucht hat, wie der Bäck die Hefen. Sagen wir exempli causa: einer, der am Charsamstag das Lehent nicht hat zahlen können, und am Ostermontag bringt er das Geld! Bringt es! Bringt es! Und haut mir's auf den Tisch! Und sagt, der ander hätt's ihm geliehen! Haha! Geliehen! Warte nur, Bursch, dir will ich was borgen, das hat der Freimann im Kasten!"

Herr Heinrich war betroffen aufgesprungen. „Vogt? Ihr meinet den Sudmann, den Wolfrat?"

„Stimmt, Reverendissime! Und der andere, das ist dieser Schmerwanst, der Eggebauer. Der bleibt uns schon, wenn wir nur erst den Sudmann haben. Heut in der Nacht laß ich ihn ausheben. Ich habe die Knechte schon hinuntergeschickt. Sie bringen ihn morgen, damit der Haymo gegen ihn zeugen kann."

„Da habt Ihr übereilt gehandelt!" zürnte Herr Heinrich. „Ihr hättet zuvor meine Stimme hören sollen. Wollt Ihr den Mann gefangen hieher bringen lassen vor die Augen seiner Schwester?"

Herr Schluttemann machte ein verblüfftes Gesicht; er hatte Lob erwartet und wurde gescholten. Bei seiner fundfrohen Weisheit hatte er mit keinem Gedanken an Gittli gedacht. Aber holla, das war ja ein neuer Beweis!

„Herr Heinrich!" stotterte er. „Scheint es Euch nicht seltsam, daß gerade *diese* Dirn den Jäger gefunden hat? Gleich hängen laß ich mich, wenn sie nicht um die Tat gewußt hat."

„Gewußt? Nein! Aber sie mag davon erfahren haben, da es geschehen war. Und da wollte sie helfen, wenn noch zu helfen wäre. Sprechen durfte sie nicht, wenn sie nicht den Bruder verderben wollte. In Gottvertrauen hat sie es gewagt mit eigener Kraft, und Gott ist ihr beigestanden. Ihr aber, Vogt, Ihr meint, alle Schuldigen gefunden zu haben? Denket nach, denn es fehlt noch einer!"

„Einer? Noch einer?" stotterte Herr Schluttemann.

„Ja, und Ihr selbst seid dieser eine!"

Das Gesicht des Vogtes färbte sich dunkelrot, und seine Nase wurde zur Fackel.

„Ja, Ihr!" wiederholte Herr Heinrich. „Mit Eurem rauhen

Wesen, mit Eurem Schreien und Schelten. Besinnt Euch nur, wie das arme Kind vor Euch stand, bleich und zitternd. Die Leute mußten ja glauben, sie würden über Nacht schon von Haus und Hof gejagt. Wenn der Mann die Tat wirklich begangen hat, dann habt *Ihr* ihn dazu getrieben, nicht der Eggebauer!"

Herr Schluttemann war wie ein hilfloses Kind. Er wagte kaum aufzublicken. „Ach, Herr Heinrich," stöhnte er, „wenn Ihr mir doch ins Herz schauen könntet! Meiner Treu, ich bin ein seelensguter Kerl! Aber in der Früh halt, in der Früh! Da steckt mir das Weib in allen Knochen und hebt mir die Fäust und blast mir die Backen auf."

„Wenn Frau Cäcilia das Zanken nicht einstellen will, so laßt ihr doch einmal den Pagstein[18] um den Hals hängen und laßt sie vom Fronknecht durch die Gassen führen. Ihr seid ja der Vogt!"

Herr Schluttemann kraute sich hinter den Ohren. Freilich, er war der Vogt. Aber Frau Cäcilia war der Obervogt!

Herr Heinrich verwand das Lächeln. „Sagt mir, weiß das Mädchen schon von Eurem Fund?"

„Nein, Reverendissime!" gab Herr Schluttemann eilfertig zur Antwort. „Die Dirn war weggegangen, als wir kamen."

„Weggegangen? Wohin?"

„Ich weiß es nicht."

„Sie soll kein Wort von allem erfahren. Und Haymo?"

„Er ruhet wieder."

„Schweigt auch gegen ihn. Mit Eurem Gewissen aber, Vogt, mit dem dürft Ihr reden, so laut Ihr könnt."

Mit zerknirschter Miene machte der Vogt einen tiefen Bückling, als Herr Heinrich die Stube verließ. Draußen rief der Propst den Knecht herbei, der am Morgen mit den Hunden gekommen war; er sollte die beiden einzuholen suchen, die der Vogt hinuntergeschickt; sie möchten den Sudmann in Ruhe lassen und von der Sache schweigen, bis

Herr Heinrich selbst hinunterkäme; könnte der Knecht die beiden nicht mehr einholen und hätten sie den Mann schon gefaßt, dann sollte er sie tun lassen, wie es ihr Auftrag heische. „Und im Salzhaus laß dir ein Saumpferd geben! Ich will morgen zu Tal und kann den Haymo nicht in der Einöd lassen."

Der Knecht machte sich auf den Weg. Herr Heinrich ging in die Jägerhütte, setzte sich zu Haymo an das Lager und ließ sich noch einmal erzählen, wie alles geschehen wäre. Mit stockenden Worten berichtete Haymo.

„So hat er den Stoß an der Stelle geführt, an der das Mädchen dich gefunden hat?"

„Ja, Herr!" sagte Haymo leis.

„Es ist also nicht beim Kreuz geschehen?"

Haymo sah den forschenden Blick des Propstes auf sich gerichtet. Zugleich aber war es ihm auch, als stünde Gittli neben ihm, mit angstvollen Augen und bittend erhobenen Händen. Er senkte den Blick. „Nein, Herr!" Kaum war das Wort gesprochen, da hätte er's gerne wieder zurückgenommen. Nur wenige Stunden waren vergangen, seit er von seines Herren Lippen den Spruch vernommen:

> „Wehr ohne Schart und Fehl,
> Graden Sinn ohne Hehl —"

Und jetzt hatte er schon dawider gesündigt. Aber er fühlte, wenn er ein zweites Mal gefragt würde, so könnte er wieder nur sagen: „Nein, Herr!"

Man hörte draußen den Frater mit Walti reden; er suchte Herrn Heinrich, auf den die Mahlzeit wartete. Der Propst erhob sich und ging in die Herrenhütte. Verwundert fragte er: „Wo ist Pater Desertus?"

„Ich weiß nit, Herr!" sagte der Frater. „Er ist fortgegangen."

„Auch fortgegangen? Und weißt du nicht, wohin das Mädchen gegangen ist?"

„Nein Herr! Ich weiß nit, was über die Dirn gekommen ist. Der Haymo hat sie doch nit vertrieben." Frater Severin lachte. „Ich bin mit ihr hinübergegangen, um dem Jäger das Essen zu bringen, und da war zuvor eine Dirn da, die hat dem Haymo einen Veiglbuschen gebracht, und aus den Blumen hat er ein feines Kränzl gewunden. Wie wir nun zu ihm hineinkommen, und die Gittli geht vor sein Lager hin, da drückt er ihr lachend das Kränzl auf den Scheitel. Rot ist sie geworden wie ein Krebs und ist davongeschossen, ohne ein Wörtl zu reden. Und seit der Zeit hab ich sie mit keinem Aug mehr gesehen."

Freilich! Denn ehe der Frater in die Herrenhütte zurückkam, hatte Gittli ihr Bündel aus dem Winkel gezogen und war davongesprungen, um irgendwo im Gebüsch ein Versteck zu suchen, in dem sie die rußigen Kleider gegen ihr gutes Gewand vertauschen könnte. Mit Suchen und Suchen — auf jedes Flecklein blickten die Hütten her — war sie tief hinunter in das Steintal geraten. Endlich fand sie eine sonnige Mulde mit dichtem Föhrengestrüpp, versteckt zwischen Felsgewirr. Gittli schlüpfte durch das Gezweig und fand inmitten des Gebüsches einen kleinen Teich, zu dem sich das Regenwasser über dunklem Moos und weißem Sande gesammelt hatte; wie ein Spiegel blickte ihr das klare Wasser entgegen, von keinem Lüftchen gewellt, von keinem Staub getrübt, farbig schimmernd in der sinkenden Sonne. Gittli klatschte vor Freude die Hände ineinander. Keine Fürstentochter hatte in ihrer stolzen Burg ein Stübl, wie sie es hier gefunden: mit weichem Teppich, mit immergrünen Wänden, umgeben von himmelhohen Mauern, darüber die blaue Decke, an der die Sonne als Lampe hing — und mitten drin in der grünen Stube ein lockendes Bad, das der Wettermacher des Himmels, der heilige Petrus, als Marschalk ihr bereitet hatte. Hastig tauchte sie die Hand in das Wasser; es war nicht allzu kühl, denn der Regen war lau gefallen, und die Sonne hatte gut geheizt. Im Gebüsch legte Gittli das

Gewand zurecht, das sie mitgebracht, dann schlüpfte sie aus den Kleidern und huschte ins Wasser, flink und schlank, zart und geschmeidig wie ein Elf, bis zu den Knien umhüllt vom schwarzen Mantel der gelösten Haare. Da plätscherte sie nun in der Sonne und schauerte und kicherte und wusch und rieb sich das Gesicht, daß ihr die Wangen zu brennen begannen. Dann plötzlich erschrak sie und lauschte — es raschelte im Gebüsch — mit leisem Aufschrei tauchte sie in das Wasser, daß nur die Augen noch hervorlugten, vom schwimmenden Haar umgeben wie von einem dunklen Schattenkreis. Es war still in den Büschen. Doch nein, jetzt wieder begann das Rascheln, ganz leise, und immer näher kam es. Gittli zitterte vor Angst und Kälte und wagte sich nicht zu regen; sie sah im Dickicht die Spitzen der Äste sich bewegen, etwas Graues schlich da drinnen hin und her, nun teilten sich die Zweige, und zögernd trat aus den Büschen ein Hirschkalb hervor, das der nahende Abend aus dem Lager getrieben hatte.

Beim Anblick des Wassers verhoffte das Tier, denn vor zwei Nächten war an der Stelle, wo der Teich sich gebildet hatte, noch Weide gewesen. Scheu, mit vorgestrecktem Halse, kam es näher, stieg mit tastenden Schritten in das Wasser und schaute verwundert auf sein Spiegelbild.

Das war so drollig anzusehen, daß Gittli, die sich mäuschenstill gehalten, kichern mußte. Das Wild hob mit jähem Ruck den Hals und gewahrte nun das weiße Gesicht mit den großen, leuchtenden Augen; ungeduldig stampfte das Kalb mit den Läufen, denn die seltsame Wasserblume mit den tausend schwarzen, schwimmenden Blütenfäden und dem silberweiß aus dem Teich hervorschimmernden Stengel mochte ihm nicht ganz geheuer erscheinen. Da tauchte Gittli hurtig in die Höhe. „Brrrr!" machte sie, mit beiden Händen Wasser spritzend. Und mit einer hohen Flucht stob das erschrockene Wild in das Dickicht zurück, daß die Äste rauschten und die Zweige knackten.

„Hast du mich erschreckt, hab ich dich erschreckt!" lachte Gittli; aber sie brachte die Worte kaum heraus; so fröstelte sie. Eilig schüttelte sie das Haar, rang das Wasser aus den Strähnen und huschte ins Gebüsch zurück.

Eine Weile, und sie erschien im blauen Rock und schwarzen Mieder, in jenem schmucken Staat, in dem sie am grünen Donnerstag das nörgelnde Staunen des Herrn Schluttemann geweckt hatte; die Haare ließ sie offen hängen, damit sie auf dem Heimweg trocknen möchten; und über ihrem Scheitel saß, als lieblicher Schmuck, der duftende Veilchenkranz. Sie trat an das Ufer, zog den Rock an die Knie und neigte sich vor; mit ernsten Augen betrachtete sie ihr Spiegelbild, dann lächelte sie ein wenig. Sie schien sich zu gefallen. Aber gleich wieder schüttelte sie den Kopf und seufzte: „So schön wie die Zenza bin ich allweil nit!"

Langsam stieg sie durch das Steintal empor und suchte den Pfad zu gewinnen. In der scheidenden Sonne trocknete ihr Haar und begann sich zu locken. Als sie den Steig erreichte und über das Tal hinwegblickte, blieb sie zögernd stehen. Saß dort drüben, einem Fels zu Füßen, nicht Pater Desertus? Doch es gab keinen anderen Weg zu den Hütten; sie mußte an ihm vorüber. Aber weshalb nur war ihr bange vor diesem Mönch? Sie hatte ihm nichts zuleide getan und hatte keine Ursach, ihn zu fürchten. Wohl hatte Haymo ihr geraten: geh dem Chorherren aus dem Weg — aber sie hatte keinen anderen Pfad.

Ruhig schritt sie weiter. Als sie in eine tiefe Senkung des Tales kam, entschwand der Pater ihrem Blick.

Desertus hatte das Mädchen noch nicht gewahrt. Seine Augen blickten — wie Gittli zu Herrn Heinrich gesagt — wieder einwendig. Er saß auf einem niederen Stein und hielt den das Haupt stützenden Arm über einen höheren Felsblock gelehnt. Warm lag die sinkende Sonne auf seinem bleichen Gesicht; und um die schmalen Lippen spielte ein träumendes Lächeln. Die holden Bilder der Vergangenheit webten vor seinem Geist. Frühling war's, und schüchtern begannen im Laubwald die Blätter zu sprossen. Zwischen den Bäumen läuteten die Stimmen der Bollbeißer, die Hörner klangen, und jagender Hufschlag tönte. Nun geben die Hunde Standlaut. „Sie haben ihn!" Allen anderen fliegt Dietwald auf schäumendem Pferde voran und löst schon den Riemen, mit dem der kurze Speer, die ‚Feder', lose an seinen Arm gekoppelt ist. Auf einer kleinen Blöße haben die Beißer den Bären gefaßt, wie die Kletten hängen sie an seinem Gehör. Dietwald schwingt sich vom Pferde, sicher führt er den Stoß. Der Bär hat seinen ‚Fang' erhalten und liegt verendet unter den Hunden. Nun geht es heimwärts durch den Wald mit Lachen und Plaudern. Von den Zinnen seiner Burg weht eine weiße Fahne, frohe Botschaft kündend. Er spornt das Roß, jetzt hat er den Hof erreicht, mit langen Sprüngen nimmt er die Stufen. Unter der Tür der Frauenstube treten ihm die Mägde entgegen und bringen ihm sein Dirnlein, das ihm Gott geschenkt, derweil er den Bären jagte. Ach, Herr, solch ein Würmchen! Kein Gesicht, nur Augen! Mit denen schaut es umher in der Welt, in die es geraten, so neugierig, so erstaunt! Er wagt das winzige Ding kaum anzurühren, fürchtet, es möchte ihm zerbrechen unter den Händen. Da war sein Junge schon aus festerem Holz; der schrie wie ein kleiner Geier, zappelte mit den Füßen, schlug mit den kleinen Fäusten um sich, ließ sich drücken und küssen.

„Dietwald!" Ach, wie matt diese Stimme klang! Er reicht das Dirnlein den Mägden und tritt auf den Zehen in die dunkle Stube, aus deren Ecke die weißen Linnlaken des Bettes schimmern. Er tritt hinzu, noch finden sich seine Augen nicht zurecht, doch eine kleine, weiche Hand erfaßt die seine. „Judita!" stammelt er in seliger Freude und überströmt die zitternde Hand mit seinen heißen Küssen. Da er aufblickt, lächelt ihm die junge Frau entgegen; sie kann in ihrer Schwäche das Haupt nicht erheben, es ruht auf schwarzen Kissen — nein doch, das sind die gelösten Haare, die um ihre Wangen gebreitet liegen wie schwarze Seide.

Sie soll nicht reden, und er darf nicht sprechen zu ihr; aber an ihrem Lager darf er sitzen und ihre Hand in der seinen halten und träumend alle Freude nachgenießen, die er mit diesem holden Weibe gewann. Er hatte sie zum erstenmal gesehen, da er mit König Ludwig einritt in die Passauer Bischofsburg; als das Turnier gehalten wurde, warf er seine Gegner spielend in den Sand; die schönen Augen, die aus allen Fenstern auf ihn gerichtet waren, störten ihn nicht; in seinem Herzen glühte nur die Freude am Kampfspiel; doch als ihm Frau Irmgard, des Bischofs Schwester, den Turnierdank reichte, sah er neben der stolzen Frau ein Mägdlein sitzen, fast noch ein Kind, mit feingeschnittenem Gesicht, mit tiefen Rätselaugen, Stirn und Wangen dicht umringelt von schwarzem Gelock. Die Blicke der beiden trafen sich, und leis errötend senkte das Mädchen die Lider. „Nun, Herr Graf, was zögert Ihr?" lächelte Frau Irmgard. „Ihr habt den Dank verdient!" Dietwald beugte das Knie und ließ sich den Kranz um die Stirne legen. Als er zurücktrat, winkte er dem Seneschall des Bischofs. „Wer ist das holde Kind?" „Frau Irmgards Tochter Judita, ihr Vater hauset auf der Ortenburg."[19] Bei der Tafel fand sich Dietwald an Juditas Seite. Drei Maitage schwanden mit allem Sonnenglanz und Blütenduft der ersten jungen Liebe, mit ihrem sehnenden Sichsuchen, ihrem zagenden Sichfinden, ihrem seligen Stammeln und Verstummen und mit der süßen, alles Verschwiegene bekennenden Zwiesprach der kühneren Augen. Und als Frau Irmgard Abschied nahm, und Dietwald und Judita schweigend standen, sagte die lächelnde Mutter: „Nach der Ortenburg habt Ihr ein kurzes Reiten, Graf, lasset Euch einmal blicken bei uns, ehe Herr Ludwig wieder heimzieht nach seiner Pfalz!"

Einen Tag lang wehrte Dietwald seiner Sehnsucht, am zweiten Morgen saß er zu Pferd. Über blumige Wiesen ging der Weg, durch jung ergrünenden Wald. Auf einem Hügel erhob sich die stattliche Burg, und ihr zu Füßen lag das kleine Dorf. Dort tönten die Pfeifen, und jauchzende Stimmen klangen. „Sie halten den Maitanz," sagte ein Bauer, „und die Burgleute sind auch dabei, und das liebe Fräulein tanzet mit jedem braven Buben und ist gewandet wie ein Bauernkind!"

„So will ich mir auch einen Reigen holen!" lachte Dietwald, sprang vom Pferde, warf die Zügel dem Knechte zu und eilte dem Dorf entgegen.

Nun plötzlich rann es ihm heiß und kalt durch das Herz — dort, zwischen den grünen Büschen, kam sie gegangen, zögernden Schrittes, leise lächelnd, gekleidet wie ein Kind des Dorfes, in blauem Rock mit schwarzem Mieder, die Schultern umringelt von dunklem Gelock, um die Stirn den Veilchenkranz, sie selbst eine liebliche Blume, die ein Wunder verwandelte in Fleisch und Blut.

„Judita!" schrie er, stürzte ihr entgegen und umschlang sie mit zitternden Armen.

Das Mädchen erblaßte, riß sich mit angstvollem Aufschrei von seiner Brust — und hinter ihm rief eine zornige Stimme: „Desertus!"

Taumelnd griff er mit beiden Händen nach seiner Stirn, erwachend starrte er um sich her, und da sah er in weitem Kreis die kahlen Felsen ragen, Herr Heinrich stand vor ihm, und auf dem Pfade floh Gittli, von Schreck gejagt, den Hütten zu.

„Welch ein Erwachen!" stöhnte er, schlug die Hände vor das Gesicht und sank vor Herrn Heinrichs Füße.

Zwischen den Brauen des Propstes glättete sich die zornige Furche. Er legte die Hand auf den Scheitel des Chorherren.

„Dietwald! Erhebe dich!"

Desertus drückte das Antlitz in Herrn Heinrichs Gewand und umklammerte ihn wie der Sinkende den rettenden

Baum.

„Komm, Dietwald, steh auf!" Herr Heinrich nahm ihn bei den Armen, hob ihn empor und führte den Wankenden zu einem Stein. „Rede! Wie kam es, daß du dich so vergessen konntest?"

Desertus schaute zu ihm auf mit dem Blick der Verzweiflung; er drückte die eine Hand auf seine stürmisch bewegte Brust und führte die andere an den Lippen vorüber, wie um zu sagen: ich kann nicht sprechen! Herr Heinrich ließ sich auf einen Felsblock nieder und wartete. Es währte lange, bis Desertus zu sprechen begann, heiser, mit abgerissenen Worten: „Ich saß und schlief mit wachenden Augen und träumte, und da stand es wieder vor mir, wie herausgetreten aus meinem Traum."

„Dein Gespenst?" sagte Herr Heinrich betroffen. „So hätt ich dich falsch verstanden bei der Klause? Nicht eine Ausgeburt deiner irrenden Sinne? Ein Gespenst aus Fleisch und Blut? Dieses Kind hat die Versuchung über dich gebracht?"

Desertus starrte Herrn Heinrich an, als verstünde er ihn nicht. „Versuchung? Nein, Herr! Es war noch kein Lebender seinem atmenden Glück so treu, wie ich an meinen Toten hänge. Eh' ich Judita fand, hab ich kein Weib mit Mannesaugen angesehen, und seit ich sie verlor, ist mir, was Weib heißt, aus der Welt gestorben. Ich wäre Mönch gewesen, es hätte der Gelübde nicht bedurft. Versuchung? Nein! Ihr müßt es Wahnsinn nennen, den ein grausam spielender Zufall der Natur in mir entzündet!" Wie im Fieber flogen seine Worte. „Ich hab es mit eigenen Ohren doch gehört von den bleichen Lippen meiner Sassen, die den mörderischen Räubern noch entkamen und es ansahen mit entsetzten Augen wie mein Weib auf den Altan des brennenden Turmes flüchtete, meinen Knaben an sich gedrückt, mein Töchterlein auf den Armen, und wie die Mauern barsten und die Balken stürzten, mein Glück begrabend unter Flammen, Rauch und Trümmern. Ich habe doch meines armen, süßen Weibes verkohlte Beine gefunden, noch umwunden von dem goldenen Kettenschmuck, den Judita als mein Angebinde getragen. Ich weiß doch, daß aus dem Reich des Todes keine Straße zurückführt in das Leben. Und doch! So oft mir dieses Kind vor Augen tritt, mein' ich, ein Wunder hätte sich vollzogen, der Lauf der Zeiten wäre still gestanden, und alles Geschehene wäre ein böser Traum gewesen, der sich nun löst von mir, da ich erwache. Denn dieses Kind, Herr Heinrich — wo find ich Worte für das Wunder? Ich suche auf der Erde: so gleichet keine Blume ihrer Schwesterblume. Ich suche am Himmel: so gleichet kein Stern dem Stern, wie dieses Kind an Haar und Augen, an Antlitz und Gestalt, an Reiz und Wesen meinem Weibe! Und so, wie dieses Mädchen jetzt, im Kleid des Dorfes, mit gelöstem Haar, den Kranz von Veilchen über der Stirn, so trat mir Judita entgegen, als ich in seliger Freude den ersten Kuß auf ihre Lippen drückte." In sich versinkend schlug er die Hände vor das Gesicht.

„Dietwald!" rief Herr Heinrich in tiefer Erregung. „Sage mir —" Er verstummte wieder. Es war ein Unmögliches, was er dachte! Und durfte er aus der schmerzvollen Seele dieses schwer Gebeugten einen Wahnsinn reißen, indem er einen andern Wahn in ihr erweckte? Er strich ihm langsam die Hand über den Scheitel. „Vergib mir, Dietwald, daß ich dich falsch verstand und dich aus der Pein in die Marter stieß, als ich dich hieherführte, statt weite Meilen zwischen dich und diese Hütten zu legen. Du darfst nicht bleiben. Nicht um deinetwillen, nicht um des unschuldigen Kindes willen, das du erschreckt hast bis ins innerste Herz."

Desertus nickte vor sich hin.

„Weißt du den Weg nach deiner Klause zu finden?"

„Nein, Herr! Aber fort, fort, nur fort!"

„So warte hier. Ich will dir den Walti senden. Er soll dir den Basthut und das Griesbeil bringen und soll dich führen.

Auch eine Fackel soll er mitnehmen, denn ihr kommet in die Nacht hinein. Und wenn du in der Klause bist, dann halte den Buben bei dir, er plaudert gern, und laß die Fackel brennen die ganze Nacht. Beten kannst du nicht mit diesem Irrsinn im Herzen. Und schlafen noch minder. Nimm die Schnüre und beginne ein Netz zu flechten mit engen Maschen! Ich komme morgen abend zu Tal. Eine Klafter hoch und drei Klafter lang soll das Netz geraten sein, bis ich komme. Und weniger will ich nur finden, wenn dich der Schlaf befiel. Bessere Hilfe weiß ich dir nicht, als schaffen, schaffen und schaffen, bis dir die Augen sinken und die Arme erlahmen. Und übermorgen sollst du reisen!"

Sie reichten sich die Hände.

„Ich gehorche!" flüsterte Pater Desertus.

Und Herr Heinrich ging, an der Wende des Pfades noch einmal zurückschauend mit bewegtem Blick. Als er das Herrenhaus erreichte, kam Frater Severin aus der Jägerhütte.

„Wo ist Walti?"

„Ich habe den Buben um Holz geschickt."

„Und das Mädchen?"

„Ich glaub, sie hockt in der Küche. Was die nur hat! Als wär die Drud hinter ihr, so ist sie gerannt gekommen, und vor Haymos Lager ist sie hingefallen und hat kein Wort geredet, was wir sie auch gefragt haben. Ich hab schon gemeint, der Haymo fahrt aus der Haut, so hat er's getrieben mit der Dirn. Aber sie hat ihm nit Red gestanden, und weil er gar nit hat aufhören wollen mit Fragen, ist sie zur Tür hinausgeschossen. Der Haymo hat gleich aufspringen und ihr nachlaufen wollen. Ich hab ihn gehalten, und weil ich gesehen hab, daß die Dirn ohne die Veiglen gekommen ist, hab ich ihm eingeredet, daß sie so verdreht wär, weil sie die Blumen verloren hat. Da drüber hat er sich gefreut."

Herr Heinrich trat in die Küche und sah das Mädchen

verschüchtert in einem Winkel sitzen.

„Gittli!"

Sie folgte ihm zögernd in die Herrenstube.

„Wo hast du deine schönen Blumen?"

„Verloren!" lispelte das Mädchen. „Die müssen mir heruntergefallen sein, wie er mich —" Sie verstummte.

„Du bist wohl arg erschrocken?"

Schweigend stand sie, mit gesenkten Lidern.

„Vergiß es, Gittli! Weißt du, der Pater ist ein armer, kranker Mann, krank im Herzen."

Sie sah zu Herrn Heinrich auf.

Freundlich strich er mit der Hand über Gittlis Haar. „Denk nur, ehe der Pater in das Gotteshaus getreten ist, war er ein Rittersmann, hatte eine junge, schöne Frau und holde Kinder und hat alle seine lieben Leut verlieren müssen in einer einzigen Nacht."

Gittlis Augen wurden feucht.

„Weißt du, und seit der Zeit ist er manchmal so träumig wie ein Kranker. Und wie du jetzt gekommen bist, hat er völlig gemeint, seine liebe Frau tät ihm erscheinen."

„Wohl," fiel Gittli hastig ein, „er hat auch einen Namen gerufen, wie ich gar nit heiß."

„Siehst du!"

„Mein, jetzt tut er mich dauern!" Sie streckte Herrn Heinrich die Hand hin. „Saget ihm doch, daß ich ihm nimmer harb sein will, gar nimmer!"

„Ja, Kind, das sag ich ihm, und das wird ihn freuen. Mußt auch mit keinem davon reden, weißt, die Leut täten ihn drum anschauen."

Sie schüttelte den Kopf.

„Aber komm, setz dich ein Weil! Ich bin ganz allein, wir wollen ein wenig haimgarten!"

Schüchtern setzte sie sich auf die Bank und strich an ihrem Rock die Falten glatt.

„Wie alt bist du, Gittli?"

„Im letzten Anderherbst[20] bin ich fünfzehn Jahr geworden."

„Fünfzehn Jahr?" wiederholte Herr Heinrich. Und nach kurzem Besinnen sagte er: „Weißt du nicht auch den Tag, an dem du geboren bist?"

„Wohl, Herr, am heiligen Pelagitag."[21]

Betroffen blickte der Propst das Mädchen an.

Am heiligen Pelagitag? Das war zehn Tage nach der Ampfinger Schlacht und *einen* Tag nach dem Brande der Burg Falkenberg! Hier hatte die Natur ein seltsames Spiel getrieben, oder — — Tief atmend schüttelte Herr Heinrich den Kopf und fragte: „Wo seid ihr daheim gewesen?"

„In Dorfen,[22] Herr, wir haben aber nit im Ort gehauset. Unser Haus ist einödig im Wald gestanden, denn der Vater hat gekohlet."

„Kannst du dich noch besinnen auf Vater und Mutter?"

Sie sah ihn mit feuchten Augen an. „Kann denn eins Vater und Mutter vergessen? Ich bet doch alle Tag dafür, und da seh ich sie allweil wieder dastehen vor mir, der Vater, der wie ein Baum gewesen ist, wenn das Mies dran hängt, ja, so einen langen Bart hat er gehabt, und wisset, Herr, er hat schon ein lützel gegrauelet. Aber die Mutter hat noch allweil Zöpf gehabt wie ein Junges. Und so gut schauen hat sie können, und eine Hand hat sie gehabt, wenn sie einen damit angerührt hat, das ist einem völlig gewesen, wie an einem Abend, wenn's recht warmelet und es streicht ein Lüftl an einen hin. Und so viel lieb hat sie mich mögen! Ich glaub, es hat noch keins auf der Welt eine so gute Mutter gehabt, wie ich!" Sie fuhr sich mit dem Arm über die Augen.

Herr Heinrich erhob sich, trat auf Gittli zu und nahm ihre Wangen in seine Hände. „Diese Mutter nimmt dir keiner mehr, und wenn er dir auch eine andere geben könnte!"

Sie sah ihn fragend an.

Frater Severin erschien. „Der Bub ist daheim."

„Er soll kommen."

Walti trat in die Stube, und während Herr Heinrich leise mit ihm redete, erhob sich Gittli und schlich zur Türe. Draußen fuhr sie sich noch einmal über die Augen, dann ging sie der Jägerhütte zu. Ehe sie das kleine Haus erreichte, blieb sie stehen, als besänne sie sich. Und nun eilte sie dem Pfad entgegen, der in das Steintal führte. Sie wollte die verlorenen Veilchen suchen.

Als sie die Wende des Steiges erreichte, fuhr sie erschrocken zurück. Dort auf dem Stein saß immer noch der Chorherr; und in seinen Händen hielt er ihren Kranz und blickte darauf nieder mit regungslosen Augen. Jetzt hörte sie auch Tritte hinter sich; dort kam der Bub mit zwei Bergstöcken und einer Kienfackel. Lautlos schlüpfte sie in eine Staude und wartete. Sie hörte, wie die beiden einige Worte wechselten und sich entfernten.

Nun kam sie wieder hervor und begann zu suchen. Das Kränzl wollte sich nicht finden lassen.

„Jetzt hat er's mitgenommen!" stammelte sie; aber sie zürnte nicht. „Vielleicht hat er eine Freud dran?" Und einem, der so viel Schmerzen getragen, war eine Freude zu gönnen. Weib und Kind verlieren müssen, in *einer* Nacht! Wer hätte mit ihm Erbarmen fühlen sollen, wenn nicht *sie*? Hatte sie doch Vater und Mutter auch an *einem* Tag verloren — damals, als im Land das große Sterben umging.

Lange, lange stand sie und blickte dem Chorherren nach, wie er bald im Gewirr der Felsblöcke verschwand, wieder auftauchte, zwischen dunklen Gebüschen sich verlor und wieder erschien.

Der frischer ziehende Abendwind spielte mit ihrem lockigen Haar. Unter ihr im Bergwald rief ein Kuckuck, der erste, der mit dem Frühling gekommen war. Und über den Halden begannen die steilen Wände, zwischen denen der Schnee nur noch in einzelnen Schluchten hing, mit warmer Röte zu glühen.

[17] Alter Weidmannsausdruck für das Herz des Wildes.

[18] Das Mühldorfer Stadtrecht im 14. Jahrhundert bestimmte: „Welleich leicht Weib pagent (zanken) mit den Worten die sie vermeiden sollen, der soll man den pagstein an irn Hals hengen und soll si von gazzen ze gazzen traiben."

[19] Zwei Stunden südwestlich von Passau.

[20] Oktober.

[21] Den 9. Oktober.

[22] Fünf Wegstunden südlich von Landshut.

18.

Die Dämmerung, die über den Bergen die ersten Fäden spann, webte im Tal schon die grauen Schleier.

Wolfrat war aus dem Sudhaus heimgekehrt und saß mit Sepha am Tisch. Sie hatte die Kraft gefunden, das Bett zu verlassen — es war die Kraft, die der Kummer und die Sorge gibt.

Ihr karges Nachtmahl hatten sie schon verzehrt, aber sie saßen noch, schweigend; jedes hielt die Arme über den Tisch gelehnt und grübelte vor sich hin.

Lippele kniete auf der Bank und guckte zum Fenster hinaus. „Schau, Mutter, schau, der Berg tut brennen!" Es störte ihn nicht, daß er keine Antwort erhielt. „So, so," schmollte er mit nickendem Köpfl, „wenn die Dittibas verbrennen tut, da droben!"

Wolfrat erhob sich ungestüm, schritt ein paarmal in der Stube auf und nieder und warf sich im Ofenwinkel auf die Bank. Sepha schlug die Hände vor das Gesicht.

Eine stille Weile verging, dann streckte Lippele neugierig den Kopf. „Vater! Mannerleut kommen."

Seph erblaßte und Wolfrat sprang auf das Fenster zu.

„Sie kommen, Seph!" sagte er und griff nach dem Tisch, als befiele ihn ein Schwindel.

„Jesus Maria!" stöhnte das Weib, flog auf ihn zu und umschlang ihn mit zitternden Armen.

Er richtete sich auf. „Nimm dich zusammen, Seph!" sagte er ruhig. „Sie dürfen kein unrechtes Wort hören. Komm, setz dich her da!" Er drückte sie auf die Bank. „Und red keinen Laut! Vom Gesicht schaut dir im Zwielicht keiner was ab. Und wenn es schief ausgehen sollt — ich glaub's nit, Seph, sei ruhig — ich mein' halt für alle Fäll," seine Stimme dämpfte sich zu hastigem Geflüster, „so laß ich dir eine Hilf zurück in der Not, einen Schatz, der zu heben ist. Mir ist er verschlossen, solang ich leb. Aber wenn's einmal aus ist mit mir, dann sollst du was haben davon, und mein Bub. Ein goldener Schatz, Seph! Und der Schlüssel dazu: das ist die Dirn."

Sie starrte ihn an; von allem, was er sagte, verstand sie nur das eine: daß er an das Schlimmste dachte.

Das Fenster wurde dunkel, als die Männer draußen vorübergingen.

Wolfrat nahm hastig seinen Platz hinter dem Tisch wieder ein.

Die beiden Knechte, die Herr Schluttemann ausgeschickt, traten in die Stube; der Fronbot, den sie mitgenommen, blieb draußen vor der Haustür stehen.

Lippele rutschte hurtig von der Bank herunter, lief auf die Mutter zu und schmiegte sich hinter ihren Arm.

„Ist der Polzer daheim?" fragte einer der Knechte.

„Wohl!" sagte Wolfrat. „Was gibt's?"

Der Knecht zögerte mit der Antwort; sein Blick streifte das Weib. „Geh, komm ein Weil mit uns vors Haus!"

„Ich hab den ganzen Tag geschafft und bin müd."

„Wirst aber heut noch einen weiten Weg machen müssen."

„Warum? Und wohin?"

„Warum, das wirst du erfahren, und wohin, das wirst du sehen."

Wolfrat lachte. „Da bin ich aber neugierig. Wer will denn was von mir?"

„Der Vogt."

„Der Vogt?" wiederholte Wolfrat überrascht. „So? So?" Er strich mit der Hand übers Haar und erhob sich. „Ja, freilich, da muß ich schon gehen. Aber wenn ich recht gehört hab, ist ja der Vogt seit Freitag im Gejaid — freilich, hab's ja von euch selber gehört, wie ich auf der Alm meine Schwester gesucht hab. Was will er von mir? Da droben?"

Die Knechte wollten ihn fassen; er trat zurück und machte zwei Fäuste. „Oho! So ist's gemeint? Ich geh von selber mit, weil der Vogt mich haben will. Aber anrühren soll mich keiner, sonst schlag ich zu."

„So komm!"

Wolfrat nahm den Hut von der Ofenstange und ging auf sein Weib zu. „Behüt dich Gott, Seph! Bis morgen abend bin ich wieder daheim." Er reichte ihr die Hand und hob den Buben in die Höhe.

„Vater," klagte Lippele, „du tust mich drucken!" Als der kleine Bursch auf der Erde stand, rollte er die Schultern, dehnte die Ärmchen, als wären ihm alle Knöchlein aus den Fugen geraten, und als müßte er sie wieder einrenken.

„Also weiter!" sagte Wolfrat und ging den beiden Knechten voran zur Stube hinaus.

„Mutter?" fragte Lippele. „Wohin muß der Vater?"

Dumpf schluchzend warf Sepha sich über den Tisch; sie hatte ein Gefühl, als wäre ihr jählings etwas eisig Kaltes in das Herz gefallen.

Als Wolfrat aus der Haustür trat, packten ihn die Knechte unversehens, der Fronbot warf den Strick, und ehe Wolfrat ans Wehren denken konnte, waren ihm schon die Hände hinter dem Rücken gebunden. Er sprach kein Wort mehr. Als sie ihn durch den Hag auf die Straße führten, warf er einen langen Blick auf das Totenbrett seines Kindes.

„Bet, bet," sagte das Brett, „vielleicht bist du der nächst!"

Da kam der Knecht, den Herr Heinrich geschickt hatte, die Straße einhergerannt. Keuchend blieb er vor den anderen stehen.

„Willst du was?" fragten sie.

Er schüttelte den Kopf und ließ sie ihres Weges ziehen. Während er ihnen nachblickte, hörte er aus dem Haus des Eggebauern lautes Geschrei und wirren Lärm, dann eine heulende Weiberstimme. Gleich darauf kam eine Magd durch den Garten auf die Straße gerannt.

„Was ist denn los bei euch?" fragte der Knecht.

„Der Bäuerin ist was geschehen, ich muß zum Bader laufen."

Er rannte neben ihr her. „So red doch, was ist denn der Bäuerin?"

„Der Krank ist schon über ein Jahr lang in ihr und hat ihr ungut zugesetzt. Und da hat ihr der Bader gesagt, sie könnt nur gesunden, wenn man ihr ein Herzkreuzl eingeben tät. Der Bauer hat ihr keins verschaffen können, und deswegen ist die Bäuerin allweil so schiech mit ihm gewesen und hat gezannt und gepaget in einem fort. Heut auf den Abend sind sie wieder aneinander geraten, und die Bäuerin im Zorn ist aus dem Bett gesprungen und hat ihm die Kunkel an den Kopf gehaut. Dabei ist sie ausgerutscht und der Läng nach hingeschlagen auf den Boden. So ein schweres Leut! Und da muß ihr einwendig was gebrochen sein, und drum muß ich zum Bader laufen."

Die Dirn wurde dem Knecht zu flink; er blieb hinter ihr zurück und wartete auf den Fronboten, der die beiden Knechte und ihren Gefangenen nur eine kurze Wegstrecke begleitet hatte.

Die Dämmerung wandelte sich zur Nacht. Als die Knechte mit Wolfrat das Seedorf hinter sich hatten und den Wald erreichten, steckten sie die Fackel in Brand; der sie trug, stieg voran; dann kam Wolfrat, und hinter ihm ging der andere Knecht; er hatte den Strick, der von Wolfrats gebundenen Händen ausging, an seinen ledernen Gurt befestigt. Nur zuweilen sprachen die Knechte ein paar Worte, die den Weg betrafen. Wolfrat redete keinen Laut. Er starrte vor sich hin auf den Pfad oder in den Wald hinein, in dem der rötliche Schein der qualmenden Fackel einen gespensterhaften Kampf zwischen der fahlen, unruhig zuckenden Helle und den schwarzen Schatten erregte; alles erhielt Leben; die moosigen Felsblöcke waren anzusehen wie die Köpfe von Ungeheuern, die aus der Erde zu steigen schienen; Baumstrünke mit dürrem Astwerk tauchten aus der Finsternis hervor gleich abenteuerlichen Gestalten, mit borstigem Haar und zum Fang gestreckten Armen.

Als Wolfrat vor fünf Tagen diesen gleichen Weg in der Nacht emporgestiegen, war es still und finster gewesen im Wald. Und langsamer war's gegangen. Das Kreuzbild, das er auf dem Rücken getragen, hatte sich mit den ausgestreckten Armen bald an Bäumen, bald an Zweigen verfangen. „Grad, als hätt's mich halten wollen!" dachte er.

Auf den Almen rasteten sie; dann ging's wieder weiter.

Der Morgen dämmerte, als sie sich der Kreuzhöhe näherten. Mit scharfen dunklen Linien hob sich das heilige Bild vom bleichen Himmel ab. Seit Wolfrat das Kreuz gewahrt hatte, konnte er den Blick nimmer von der Erde erheben. Als er am Kreuz vorüberschritt, geneigten Hauptes, mit scheuen Augen, rann ihm ein kalter Schauer durch das Herz. „Er lebt doch, ich hab ihn doch nit erschlagen!" schrie es in seiner Seele. Aber die Furcht wollte nicht von ihm weichen. Und eines wußte er: beten konnte er niemals wieder in seinem Leben, seit er an dieser Stelle, den Namen Gottes heuchlerisch auf den Lippen tragend, den Mordgedanken unter seiner Stirn geboren hatte. Er hatte nicht einmal beten können am Grab seines Kindes; so oft er auch begonnen: „Vater unser" — immer wieder stand das blutbefleckte Kreuz vor ihm und schloß ihm die Lippen.

Er atmete auf, als sie an der bösen Stelle vorüber waren.

Über das Steintal blickten im Morgengrau schon die Hütten her. In den Felswänden hörte man die Steine gehen, die von den ziehenden Gemsen gelöst wurden. Einzelne Wölklein, tief violett, schwammen langsam am blassen Himmel.

Es begann schon voller Tag zu werden, als sie die Hütten erreichten. Auf der Bank vor dem Herrenhause ließen sie sich nieder; die Türen waren noch geschlossen, alles war still; sogar die Quelle murmelte schläfrig, als wäre sie versiegt in der Nacht und begänne erst jetzt wieder zu fließen, da es tagen wollte.

In der Jägerhütte schlummerte Haymo auf seinem Lager, und Frater Severin, der bei ihm hätte wachen sollen, schnarchte auf der Holzbank; er hatte am vergangenen Abend ein schweres Werk geleistet: er ganz allein hatte das dritte ‚Pärchen' Rechberg und Stein bezwingen müssen, da Herr Heinrich den Vogt zu sich in die Schlafstube genommen, um den Heuboden für Gittli zu räumen.

Herr Schluttemann, dem die gewohnte ‚Bettschwere' fehlte, erwachte zuerst. Lautlos öffnete er den Fensterladen, und da gewahrte er die Knechte und den Sudmann; eine Weile stand er unschlüssig und kraute sich den Kopf; dann ging er hinaus; darüber erwachte Herr Heinrich.

Wolfrat und die Knechte erhoben sich, als der Vogt aus der Tür trat; kopfschüttelnd ging er auf den Gefangenen zu; er donnerte und blitzte nicht wie sonst; nur ernster Vorwurf klang aus seiner Stimme, als er zu Wolfrat sagte: „Polzer, Polzer! Was hast du da jetzt angestellt? Das wird dir einen bösen Tag bringen."

Es wäre Wolfrat wohler zu Mut gewesen, wenn der Vogt

geschrien und mit den Fäusten gefuchtelt hätte. „Ich weiß nit, was Ihr meinet, Herr! Aber wissen möcht ich wohl, warum mich Eure Leut überfallen und am Strick dahergeführt haben wie einen Ochs, den man metzgen will."

„Polzer! Polzer! Tu nicht leugnen!" sagte Herr Schluttemann mit den sanftesten Lauten, deren er fähig war. „Sonst wird dich einer fragen müssen, der eine glühende Zung hat und eiserne Zähn."

Wolfrats bleiches Gesicht wurde aschfarben. „Ich brauch nichts leugnen und nichts eingestehen. Ich weiß nit, was Ihr wollt von mir."

„Polzer, Polzer! Ich will dir in aller Güt nur sagen —" Der Vogt verstummte, denn Herr Heinrich war aus der Tür getreten. Nur einen Bückling machte Herr Schluttemann und deutete auf den Gefangenen.

Lange ließ Herr Heinrich schweigend seinen Blick auf Wolfrat ruhen, und dieser ertrug den Blick und zuckte mit keiner Wimper.

„Bindet ihm die Hände los!"

Herr Schluttemann machte große Augen. „Reverendissime, ich bitte zu bedenken —"

„Ich habe bedacht!" sagte Herr Heinrich kurz. „Löset ihn, dann soll er mir folgen." Er trat in die Herrenstube.

Wolfrat atmete auf, reckte die befreiten Arme und folgte dem Propst.

„Weck einer den Frater!" sagte Herr Schluttemann zu den Knechten und ging hinter Wolfrat her. Kaum hatte er die Herrenstube betreten, als Gittli vom Heuboden über die Leiter niederglitt, verstört und totenblaß. Die Stimmen hatten sie geweckt. Sie wankte zur Tür hinaus, hörte die Worte nicht, die Frater Severin ihr zurief, sah die Knechte nicht stehen und glotzen — mit gestreckten Händen und fliegenden Haaren stürzte sie der Jägerhütte zu und brach vor Haymos Lager in die Knie.

„Jesu mein! Gittli! Was hast du?" stammelte Haymo, dem der Schreck fast die Sprache nahm.

„Sie haben ihn, o Mutter Maria, sie haben ihn!"

„Wen, Gittli?"

„Der's getan hat! Mein Bruder, Haymo! Es ist mein Bruder!" Stöhnend warf sie die Arme über das Bett und drückte das Gesicht in die Decke.

Haymo war erblaßt. Ihr Bruder! Das Wort hatte ihn fast gelähmt, er konnte keinen Finger rühren.

Jetzt hob sie langsam das Gesicht, rutschte auf den Knien näher, umklammerte seine Hände und sah zu ihm auf, verzweiflungsvolle Angst in den bettelnden Augen.

Sie brauchte nicht zu sprechen, er verstand. Brennende Röte flog über seine Stirn. „Ich darf's nit hehlen, Gittli! Ich darf nit."

„Haymo! Schau doch, wie ich dich bitten tu!" Glitzernde Zähren rannen ihr über die Lippen. „Er ist mein Bruder, und sie hauen ihm die Hand ab und schlagen ihn zu Tod wie den Grünwieser-Konrad in Salzburg, der einen Hirsch gefangen hat. Und die Schwährin, die arme Schwährin, die muß versterben, wenn sie's hört, und schau, am Ostertag ist ihr doch erst ein Kind verschienen, so ein liebes, gutes Kindl! Haymo?"

„Ich darf nit, darf nit!" stammelte er mit versinkender Stimme.

Sie schlug die Hände vor das Gesicht und wankte zur Tür hinaus. Er streckte die Arme nach ihr, aber seine Lippen wollten ihren Namen nicht finden.

Hinter der Hütte, zwischen dem tief niederhängenden Gezweig der Fichten sank sie auf die Erde. Hätte sie lauschen können, sie hätte von der Herrenstube her durch das offene Fenster die redenden Stimmen hören müssen.

Wolfrat stand vor Herrn Heinrich, als wären seine Glieder von Stein. „Und wenn Ihr mich hundertmal fragt, Herr," sagte er mit kalter Ruhe, „ich weiß keine andere Widerred.

Ich hab den Weg gemacht, weil mir der Eggebauer das Lehent geliehen hat. Ich hab den Herrgott hinaufgetragen, hab ihn ans Kreuz genagelt, vor Tag bin ich fertig gewesen, hab nichts gesehen und gehört, hab mich wieder aufgemacht und bin daheim gewesen vor der neunten Stund. Wie die Dirn über Nacht nit heimgekommen ist, hab ich mich freilich sorgen müssen. Aber bis Mittag, da hab ich, hab ich —" Er stockte. „Ich hab zu schaffen gehabt."

„Du hast dein Kind begraben?"

Er nickte. „Und auf den Abend hab ich im Sudhaus sein müssen. Erst in der Nacht hab ich fort können und schauen nach der Dirn. Wie ich auf der Alm gehört hab, was geschehen ist, hab ich mir gedacht: sie soll nur bleiben, bei so was ist ein Weiberleut allweil gut. Und bin heimgegangen. Und hätt ich's denn ausgeredet überall, wenn ich es selber getan hätt?"

„Sag, weshalb ist deine Schwester zu Berg gegangen?"

„Ich weiß es nit."

„Wollte sie Schneerosen pflücken für das Kind? Zum Engelkränzlein?"

Er zögerte mit der Antwort. Das wäre ein Ausweg gewesen! Aber nein, lügen auf sein totes Kind, das brachte er nicht zuwege.

„Nun?"

„Ich weiß es nit."

Herr Schluttemann machte einen Bückling. „Reverendissime? Sollte man nicht die Dirn holen?"

Herr Heinrich wehrte mit der Hand. „Lasset das Mädchen aus dem Spiel!"

Wolfrats Augen blitzten, und seine Brust hob sich. Da winkte von irgendwo eine Hilfe! Das wußte er nun: Gittli hatte ihren Schwur gehalten. Jetzt hatte er nur eines noch zu fürchten, und das ließ nicht lange auf sich warten. Herr Schluttemann machte abermals einen Bückling und sagte:

„Reverendissime! So wär es wohl an der Zeit, den Haymo

wider ihn zeugen zu lassen?"

„Und Ihr meinet, dadurch würden wir der Wahrheit auf die Spur kommen?"

„Ei freilich!"

„So?" sagte Herr Heinrich in einem Ton, der vermuten ließ, als wäre er anderer Meinung. „Gut, gehen wir!" Er erhob sich. „Komm!" sagte er zu Wolfrat. „Wenn du die Wahrheit sprachst, so hast du nichts zu fürchten."

Wolfrat brachte keinen Laut über die Lippen. Einen Augenblick schien die Ruhe ihn verlassen zu wollen. „Schwören kann er nit, daß ich es war," sagte er sich in seiner zähen Hoffnung, „mein Gesicht war angerußt, nit einmal mein Weib hätt mich erkannt." Er hob den Kopf und folgte Herrn Heinrich mit schweren Schritten. Sie gingen hinüber zur Jägerhütte, wobei der Vogt keinen Blick von Wolfrat wandte; auch gab er den Knechten heimlich einen Wink, daß sie sich in der Nähe halten sollten.

Unter der Tür der Jägerhütte trat ihnen Haymo entgegen; er trug den Arm in einer Schlinge; sein Gesicht war weiß wie Kalk. Wolfrat senkte den Blick.

„Sieh dir diesen Mann an, Haymo!" sagte Herr Heinrich. „Der soll es getan haben. Erkennst du ihn?"

Wolfrat hob die Augen und erzitterte vor dem Blick, den Haymo auf ihn richtete; denn er las aus diesem Blick, daß der Jäger ihn erkannte. Doch Haymos Lippen blieben geschlossen.

„Sprich," mahnte Herr Heinrich, „erkennst du ihn als jenen, der es getan hat?"

„Nein, Herr!"

Über Wolfrats Gesicht flog heiße Röte. Herr Heinrich blickte sich um, als suchte er jemand; er sah nur, wie die niederhängenden Zweige der Fichten sich bewegten. Der Vogt aber griff sich mit beiden Händen an den Kopf, rannte auf Haymo zu, fuchtelte ihm mit den Fäusten vor der Nase umher und stotterte: „Mensch, wo hast du deine Augen? So schau ihn doch an! Ich sage dir, er muß es gewesen sein! Schau ihn doch an! Gelt, du erkennst ihn?"

„Nein, Herr Vogt!" sagte Haymo mit bebender Stimme. „Der's getan hat, war geringer am Leib und hat aschfarbenes Haar gehabt. Der da war's nit."

Herr Schluttemann hob die Arme und ließ sie auf seine Hüften fallen, als wollte er sagen: „Jetzt steht mir der Verstand still!"

„Ihr sehet, Vogt, man kann sich irren!" sagte Herr Heinrich. „Wir müssen den Mann freigeben." Er nickte, als wäre die Sache für ihn erledigt, und ging der Herrenhütte zu. Unter der Tür rief er den Frater. „Die Knechte sollen packen, wir steigen vor Mittag noch zu Tal. Du, der Vogt und das Mädchen, ihr gehet mit den Knechten über die Almen. Ich warte hier mit dem Haymo, bis das Maultier kommt. Dann nehmen wir den Abstieg nach dem See, er ist kürzer und für Haymo minder beschwerlich."

Vor der Jägerhütte stand Haymo noch immer auf der gleichen Stelle. Als er den Propst in der Tür verschwinden sah, atmete er tief auf, wandte sich wortlos ab und trat in die Hütte.

Wolfrat und Herr Schluttemann waren allein.

„Schau, schau," sagte der Vogt und kraute sich das Genick, „jetzt hab ich dir unrecht getan!"

Wolfrat schwieg und blickte langsam nach beiden Türen.

„So sei halt jetzt zufrieden, Polzer, und tu dich nicht kränken!" stotterte Herr Schluttemann. „Daß dir die Schicht ausbezahlt wird, die du heut im Sudhaus drunten versäumt hast, dafür sorg ich schon, ja, ja!"

„Kann ich jetzt gehen, Herr?" fragte Wolfrat ruhig.

„Freilich, Polzer, freilich! Geh nur heim zu deinem Weib!" Freundlich klopfte der Vogt dem Sudmann auf die Schulter. „Wenn's im nächsten Jahr wieder hapert mit dem Lehent, dann komm nur, ich laß schon reden mit mir."

„Es wird's nit brauchen, Herr! Behüt Euch Gott!" Wolfrat

zog den Hut in die Stirn und ging dem Steig zu, während Herr Schluttemann kopfschüttelnd das Herrenhaus betrat.

Da rief Herr Heinrich aus dem Fenster: „Wolfrat? Wohin?"

„Heim will ich, Herr! Ich kann doch gehen?"

„Wenn du willst. Doch wär's mir lieb, wenn du eine Weile noch bleiben möchtest. Ich hätt eine Arbeit für dich."

„Wohl, Herr!" sagte Wolfrat zögernd.

„Setz dich nur da her auf die Bank und warte, bis ich komme!"

Mit finsteren Augen ging der Sudmann zur Bank; man sah es ihm an, er tat's nicht gerne; unter dem Kittel rührte er die Schultern, als wäre ihm nicht wohl zu Mut in seiner Haut.

Zwischen den Zweigen der Fichten schlüpfte Gittli hervor und huschte in die Jägerhütte. Haymo saß auf dem Bett. Sie flog auf ihn zu und umschlang seine Hand. „Vergeltsgott, Haymo, Vergeltsgott tausendmal, weil du Erbarmen gehabt hast mit ihm!"

„Hab ich nit *müssen*?" sagte er. „Und wenn's mich gleich meine Seel gekostet hätt!" Seine Augen hingen an ihr mit sehnsüchtiger Schwermut.

„Schau, Haymo," zitterte es von ihren Lippen, „er hat freilich was Arges getan! Aber gelt? Ich hab's doch ein lützel wieder gutgemacht? Wie er gekommen ist und hat's der Schwährin gestanden, und ich bin drin in der Kammer gewesen und hab's gehört, schau, da hat mich doch keins nimmer halten können. Gelaufen bin ich und gelaufen, bis ich dich gefunden hab. Und gelt, ich hab's doch wieder ein lützel gutgemacht?"

Er ließ ihre Hände und überflog sie mit bangem Blick. „Nur weil du's wieder gut hast machen wollen?" fragte er mit versagender Stimme. „Sonst wegen gar nichts bist du gekommen?"

Sie blickte erschrocken zu ihm auf. „Weswegen sonst denn hätt ich kommen sollen? Was hast du? Was schaust du mich denn so an?"

Er schwieg und fuhr sich mit der zitternden Hand über die Stirn.

„Aber so red doch!" bat sie in herzbeklemmender Angst.

Er schüttelte den Kopf und wandte sich ab.

„Gott, was hast du denn, ich hab dir doch nichts getan?"

Sie wollte seine Hand fassen. Da klang von draußen die Stimme des Fraters: „Gittli? Gittli?" Er trat in die Stube. „Da bist du ja! So komm doch, Dirnlein, komm doch, du sollst mir packen helfen." Bei der Hand zog er sie mit sich fort.

„Haymo?" stammelte sie noch, aber da stolperte sie schon über die Schwelle hinaus.

Als sie an Wolfrat vorüberkam, senkte er den Kopf. Sie wollte zu ihm sprechen; der Frater hielt fest und zog, da gab es kein Bleiben. In der Küche tat sie wortlos, was man ihr sagte.

„Bruder," flüsterte Herr Schluttemann dem Frater zu, „packet das ‚Pärchen', das noch übrig ist, oben auf! Dann haben wir noch eine Kurzweil, wenn wir rasten."

Frater Severin nickte verständnisvoll.

Eine Viertelstunde später waren sie alle zur Heimfahrt gerüstet. Als Wolfrat die beiden Knechte mit hochbeladenen Kraxen davonschreiten sah, erhob er sich von der Bank. Die Ungeduld der Furcht zitterte ihm in allen Fibern. Er trat an das Fenster und rief hinein: „Soll ich noch allweil warten, Herr?"

„Ja, Wolfrat!" klang Herrn Heinrichs Stimme, als eben Gittli zu ihm in die Stube kam, um Abschied zu nehmen. Er sah sie freundlich an. „Geh mit Gott, mein Kind!" sagte er und bot ihr die Hand. Als sie diese Hand küßte, fiel eine Zähre aus ihren Augen. „Gittli? Bekümmert dich etwas?"

Sie schüttelte den Kopf und schlich davon. Vor ihrem Bruder blieb sie stehen. „Gelt, ich kann der Seph schon sagen, daß du bald heimkommen wirst?"

„Sagen kannst ihr's allweil!"

Sie wollte gehen. Unruhig blickte Wolfrat ihr nach. Jetzt sprang er auf.

„Dirn!"

Sie wandte sich, und da streckte er wortlos die Hand. In Kummer, die Lippen stumm bewegend, blickte sie zu ihm auf, als sie ihre Hand in die seine legte.

„Tummel dich, Dirnlein, daß wir weiterkommen!" mahnte Frater Severin.

„Ich geh schon!" Sie eilte zur Jägerhütte und fand die Stube leer. Erschrocken kam sie herausgelaufen. „Wo ist der Haymo?"

„Vor einer Weil hat er dem Hund gepfiffen," rief ihr Wolfrat zu, „und ist da hinaufgestiegen nach den Halden."

Zitternd blickte sie in die leere Stube.

„Ist das ein Narr, ein unguter!" brummte Frater Severin. „Nit einmal warten kann er, bis man ihm Behüt Gott sagt! Komm, Dirnlein, komm!"

Zögernd, mit gesenktem Kopf, schritt Gittli hinter Herrn Schluttemann und dem Frater einher. Immer wieder blieb sie stehen und blickte nach der Jägerhütte zurück, so daß die beiden immer weiter vorauskamen. Nun führte der Weg in eine Mulde, und die Hütten verschwanden. Da sank sie auf einen Stein und schluchzte in die Hände.

„Jetzt ist er harb auf mich. Und ich hab ihm doch nichts getan."

Aus dem Tal herauf hörte sie den Frater ihren Namen rufen. Sie trocknete mit dem Ärmel die Augen und fing zu laufen an.

19.

„So, Wolfrat!" sagte Herr Heinrich, als er, die Armbrust führend, aus der Tür trat. „Wir werden bald fertig sein. Ich hab mich schon zur Heimfahrt gerüstet."

Wolfrat erhob sich. „Was soll ich schaffen, Herr?"

„Geh in die Küche und hol einen Zuber!"

Der Sudmann eilte sich; das sah wirklich aus nach Arbeit; mit einer hölzernen Wasserkanne kam er zurück.

„Komm!" sagte Herr Heinrich und ging dem Pfade zu, der in das Steintal führte.

Wolfrat folgte. „Was er nur wollen mag?" Eine Ahnung drohender Gefahr beschlich ihn. Narretei! Der Jäger hatte für ihn gezeugt, und Herr Heinrich selbst hatte ihn freigegeben. „Vielleicht soll ich ihm Wurzen graben? Oder vielleicht hat er ein Erz gefunden, das er proben will, und ich soll ihm einen Zuber voll heimbringen." Beruhigt schritt er weiter. Aber immer länger erschien ihm der Weg, den sie gingen. Und von der Höhe winkte das Kreuz. Wolfrat blieb stehen.

„Herr! Wohin gehen wir?"

„Komm nur!" sagte Herr Heinrich und schritt weiter. Als er merkte, daß ihm Wolfrat nicht folgte, hielt er inne, wandte das Gesicht und fragte lächelnd: „Oder *willst* du nicht kommen?"

„Wohl, Herr!"

Langsam wanderten sie auf dem ansteigenden Pfad empor. Jetzt kamen sie zu einem rinnenden Wasser. „Fülle den Zuber!" befahl der Propst.

Wolfrat tat es. „Was weiter, Herr?"

„Komm nur!"

Immer näher kamen sie dem Kreuz. Aus dem Gesicht des Sudmanns war jeder Tropfen Blut gewichen, seine Augen glühten, und die Kanne, die er auf der Schulter trug, zitterte, daß das Wasser über den Rand schwankte. Als sie die Höhe erreichten, sagte Herr Heinrich: „Komm her, Wolfrat!" Er deutete auf die Blutspuren an dem Schnitzwerk. „Sieh nur diese häßlichen Flecken! Komm, nimm das Wasser und wasche sie weg!" Dem Kreuz gegenüber, das vom Glanz der Sonne umschimmert war, setzte er sich auf einen Stein und entblößte das Haupt. „Nun, warum zögerst du?"

Wolfrat stellte die Kanne nieder, schöpfte Wasser mit der hohlen Hand und wusch und wusch.

„Sie wollen nit weichen, Herr!" sagte er nach einer Weile mit dumpfer Stimme. „Sie haben sich eingefressen in das Holz."

„Ja, Sünde frißt sich ein! Wie hier in das Holz, so in die Herzen. Das ist wie Rost auf Stahl. Laß du nur erst den bösen Flecken und tilg ihn nicht zur rechten Zeit, so frißt er weiter, und die gute Waffe ist zerstört, unbrauchbar für alle Zeit, und du kannst sie ins alte Eisen werfen —" Herr

Heinrich blickte auf, „oder ins Feuer! Wasche, Wolfrat, wasche! Tu es dem Unglücklichen zulieb, der das heilige Bild so schwer entweihte. Denk nur, da läuft er umher unter den Menschen, und keinem wagt er mehr ins Auge zu schauen. Jeder Schritt, den er hört, macht ihn zittern. Jedes Wort, das sein Ohr vernimmt, weckt seine Furcht. Das raschelnde Laub, der flüsternde Wind, das murmelnde Wasser, die stille Nacht, wie der lärmende Tag, alles ist sein Feind geworden. Was er hört, alles klingt wie der Seufzer, mit dem sein Opfer zusammenbrach. Was er sieht, alles hat einen blutigen Schein. Und in seiner einsamen Not nicht Trost noch Hoffnung! Sein Herz möchte aufschreien zum Himmel, doch er sieht nur immer Gottes Bild vor sich, das er befleckt hat und entweiht, und seine Lippen haben kein Gebet mehr! — Nun? Wollen die Flecken weichen?"

„Nein, Herr!" Die Worte klangen, als läge eine würgende Hand an Wolfrats Kehle, und die Arme sanken ihm wie gelähmt.

„Mußt nur nicht ablassen! Plag dich nur noch ein lützel! So! So! Du tust es für einen, der sich selber doppelt straft, weil er meint, er könnte der Strafe entlaufen, die nun einmal gesetzt sein muß auf alles, was bös und unrecht ist. Laß ihn nur! Gottes zürnende Gerechtigkeit hat noch flinkeren Gang. Da läuft er, und die Strafe ist ihm schon an die Füße gehängt wie eine lange Kette, und er läuft und läuft und schlägt dabei mit der Kette nach allen Seiten und reißt noch andere mit sich in seinen Fall! Warum hörst du zu waschen auf? So! Laß nur nicht nach! Und sag mir, hast du ein Kleefeld?"

„Ein halbes Gras,"[23] stammelte der Sudmann, „für meine Geißen."

„Hast du schon einmal den Kleefraß[24] im Feld gehabt?"
Wolfrat nickte.

„Gelt, da hast du's halt übersehen, wie der Krank das erste Stäudl angepackt hat? Hättest du es nur gleich ausgerissen!

So aber hast du es stehen lassen, und wie du nach einer Woche wieder hingekommen bist, da war das halbe schöne Feld schon aufgefressen! Gelt, ja? Und schau! Der *das* getan hat —" Herr Heinrich deutete nach den Flecken, an denen Wolfrat mit zitternden Händen rieb, „der trägt jetzt auch einen Schaden in sich herum. Zuerst frißt es in *ihm* alles auf, was noch gut und gesund ist, und dann kriecht es aus ihm heraus, und hat er Vater und Mutter, so frißt es an denen, und hat er Weib und Kind — — Wolfrat? Ist dir nicht wohl?"

Der Sudmann schöpfte Wasser mit den Händen.

Herr Heinrich schwieg eine Weile, dann fragte er: „Wollen die Flecken noch immer nicht weichen?"

„Zur Hälft sind sie weg," murmelte Wolfrat mit versunkener Stimme, „aber die andern —"

„Wasch nur! Laß dich die Zeit nicht verdrießen. Ich warte schon, jawohl. Und jenen andern kann ich auch noch erwarten, bis er kommt und die roten Händ herzeigt. Wenn's nur dann nicht zu spät ist zum Waschen. Und wenn er gar nicht reden wollt, einer ist doch immer da, der in einer bösen Stund gegen ihn reden wird!"

Zögernd, mit scheuen Augen, blickte Wolfrat auf den Mund des Propstes.

„Einer, der es gesehen hat!" sagte Herr Heinrich und deutete zum Kreuz empor. „Der da, Wolfrat!"

„Der?" Ein irres Lächeln zuckte um Wolfrats Lippen, während er langsam die Augen hob. Dann schüttelte er den Kopf. „Es hat noch nie kein Holz geredet!"

Ein Wolkenschatten flog über den Grund.

„Meinst du?" lächelte Herr Heinrich.

Schwer atmend beugte Wolfrat sich über die Kanne, um mit den hohlen Händen Wasser zu schöpfen. Da klang aus den Lüften ein dumpfes Murren, das zum rollenden Donner wuchs, um mit einem krachenden Schlag zu enden. Eine Lawine hatte den letzten Schnee von den Wänden gestürzt.

Der Sudmann stand mit fahlem Gesicht, ein Schauer hatte ihn gerüttelt, und von seinen zitternden Händen tropfte das Wasser.

„Hast du gehört, Wolfrat?" sagte Herr Heinrich, während zwischen den Felsen der Widerhall verzitterte.

„Eine Lahn war's. Nur eine Lahn ist gegangen."

„Und wer hat sie reden lassen und hat ihr Füß gemacht?"

„Die Sonn!"

„Weil sie scheint, gelt? Und wer läßt die Sonne scheinen?"

Wolfrat schlug die Hände vor das Gesicht, sein ganzer Körper erbebte wie ein Baum vor dem Sturz. Dann warf er die Arme auseinander. „Ich kann's nimmer heben, es muß heraus!" Stöhnend brach er in die Knie und schlug mit den Fäusten seine Brust. „Ich — ich — ich hab's getan. Ich bin's gewesen, der ihn gestochen hat." Mit irrenden Augen blickte er auf; als hätte er gefürchtet, daß der Propst nun aufspringen würde in Zorn.

Herr Heinrich blieb ruhig sitzen. „Weshalb hast du es getan?"

„Weil er mich hat fassen wollen."

„Es war seine Pflicht. Du hast Raub getrieben. Weshalb?"

„Für mein Kind! Weil mir einer gesagt hat, daß die Schweißbluh noch helfen tät."

Herr Heinrich blickte betroffen auf. Nach einer Weile fragte er: „Wer hat dir das gesagt?"

Wolfrat schüttelte den Kopf und wehrte mit der Hand. Er konnte sich selbst verraten, doch keinen anderen.

Herr Heinrich fragte nicht weiter. „Sag mir nur, hat's auch geholfen?"

„Das Kind war schon verschienen, wie ich heimgekommen bin."

„Ja, Wolfrat, alle Sünd ist umsonst! Hat dir das, wie du mit der blutigen Hand vor das Bett getreten bist, der stumme Mund deines Kindes nicht gesagt?"

Wolfrat stand unbeweglich. Mit einem Blick des tiefsten

Erbarmens ruhten die Augen des Propstes auf dem Sudmann. Als er sich erhob, sah Wolfrat bang zu ihm auf.

„Herr? Was geschieht mit mir?" Weil er keine Antwort erhielt, sagte er leis: „Er ist doch lebig, Herr!"

„Ist es *dein* Verdienst? Du hättest ihn liegen und verbluten lassen, nur daß er nimmer reden möchte."

Dem Sudmann sank der Kopf auf die Brust. „Was geschieht mit mir?"

„Das weiß ich nicht. Das mußt du selber wissen. Es war nicht dein Fürst und Lehensherr, zu dem du gesprochen hast, es war dein Beichtiger. Was du auch sagtest, ich gehe von hier und hab's vergessen." Er bedeckte das Haupt und ging davon.

Wolfrat sprang auf, drückte die Faust auf die Stirn und starrte dem Propste nach.

Als Herr Heinrich die Tiefe des Steintals erreicht hatte, blickte er nach dem Kreuz zurück. Er sah den Sudmann zur Quelle gehen, um frisches Wasser zu holen.

Bei der Jägerhütte angelangt, rief der Propst nach Haymo. Die Antwort kam nicht aus der Hütte, sondern vom Berghang her, über den der Jäger, von der flinken Hel begleitet, langsam herabstieg, in der Hand ein Bündel ausgegrabener Wurzeln tragend.

„Wo warst du, Haymo?"

„Nieswurz hab ich gegraben," sagte der Jäger mit müder Stimme, „für den Frater Küchenmeister."

„Hat er wieder Atemnot und Herzkrämpfe? Ein Wunder wär es nicht. Aber du hättest diese Arbeit einem andern überlassen sollen."

Haymo hielt die Augen gesenkt. „Ich hab's ihm versprochen."

„Und hast dich übermüdet dabei, jetzt vor dem Abstieg! Wie bleich du bist! Gib deine Hand her! Sie zittert. Und deine Augen brennen. Haymo, ich muß dich in der Hütte lassen."

Der Jäger erschrak. „Ich bitt, Herr Heinrich, nur das nit! Ich tät's nimmer aushalten in der Hütt — bevor ich nit wieder gesund bin, *ganz* gesund!" Er betonte die beiden letzten Worte so seltsam.

Der Propst betrachtete ihn forschend. „So richte dich zur Heimfahrt!"

Haymo trat in die Stube. Herr Heinrich blickte ihm nach. „Seine Wunde heilt. Sein Herz ist siech geworden. Armer Bursch! Ich fürchte, diese Blume ist nicht für dich gewachsen."

Er hörte Hufschlag: der Knecht mit dem Saumpferd kam. „Ist das Tier müde?" fragte der Propst.

„Nein, Herr, ich hab's allweil rasten und grasen lassen."

„So können wir gleich aufbrechen. Sperr die Tür der Herrenhütte und bring mir mein Griesbeil!"

Haymo kam, wie zum Hegergang gerüstet, das Weidgehenk um die Hüfte, die Armbrust auf dem Rücken.

„Nein, du!" lächelte Herr Heinrich. „So wirst du nicht reiten: gewaffnet und den Arm in der Schlinge! Die Waffen hindern dich. Gib her, der Knecht soll sie tragen." Er nahm dem Jäger die Armbrust und den Fänger ab. „Das Griesbeil laß heroben in der Hütte, das Pferd hat viere für eins. So, und nun steig auf!"

„Herr Heinrich?" stammelte Haymo. „Ich soll reiten, derweil Ihr zu Fuß gehet?"

„Steig auf, sag ich!"

Haymo fügte sich schweigend und hob sich in den Sattel. Der Knecht nahm die Armbrust und schnallte sich das Gehenk um. „So, jetzt bin ich auch ein Jäger!" lachte er, stieß das Griesbeil in den Grund und faßte den Zügel des Pferdes. Bellend sprang die flinke Hel voraus. Haymo warf noch einen heißen Blick auf die geschlossene Tür seiner Hütte, dann ließ er den Kopf sinken. Die Heimfahrt begann.

Herr Heinrich schritt hinter dem Pferde her; immer blieb er stehen und blickte über das Steintal aus. Wenn er wieder ging, schüttelte er den Kopf. Es schien, als hätte er etwas erwartet, und das wäre nicht eingetroffen.

Ruhig und sicher ging das berggewohnte Pferd den rauhen Pfad; kamen schiefe Platten, dann legte es den Leib zurück und rutschte auf den vorgeschobenen Hufen. Vorerst hatte der Knecht, der es führte, leichte Arbeit. Unermüdlich plauderte er drauf los, und es störte ihn nicht, daß Haymo keine Antwort gab. Mit besonderer Wichtigkeit erzählte er die wunderliche Nachricht von der Eggebäuerin; zuerst schickte er voraus, was er am verwichenen Abend von der Magd gehört hatte. „Und heut in der Früh," erzählte er weiter, „hab ich den Bader getroffen. Der hat kaum reden können vor Lachen. Und da ist's aufgekommen, was der Bäuerin allweil gefehlt hat. Sie hat einen großmächtigen Schwollen[25] in ihr drin gehabt, schier so groß wie ein Faßl, und wie sie mit dem Bauer ins Raufen gekommen und auf den Boden hingeschlagen ist der ganzen Läng nach, hat's einen Knall getan, und der Schwollen ist aufgesprungen. Ja! Was sagst! Und jetzt wird das Weib gesund, grad weil sie *kein* Herzkreuzl gekriegt hat! Und der Bauer! O du mein Herrgott! Der soll herumgehen mit einem Kopf wie ein Metzen. Derweil das Weib krank war, hat er das Fegfeuer gehabt, und jetzt, wo sie wieder gesunden tut, wird er die Höll kriegen. Die kann aufhauen! Vergeltsgott, da bleib ich schon lieber ledig, eh ich mir so eine nimm."

Sie hatten den Wald erreicht. Die niederstehenden Äste, denen Haymo mit dem Kopf ausweichen mußte, rissen ihn aus seiner Versunkenheit. Und als seine Augen erst einmal lebendig wurden, gingen sie auch fleißig in die Runde.

Der Pfad wurde steiler und der Knecht mußte das Saumpferd fest in die Hand nehmen. Nur langsam ging der Abstieg vonstatten. Einmal blieb Herr Heinrich lauschend stehen. Er schüttelte den Kopf und ging wieder weiter. Doch nein, er hatte sich nicht getäuscht. Nun klang es wie eilende Schritte weit hinter ihm. Ein zufriedenes Lächeln umspielte die Lippen des Propstes. Er setzte sich auf einen gestürzten Baum und wartete.

In langen Sprüngen kam Wolfrat über den Pfad heruntergestürmt. Der Schweiß troff ihm von der heißen Stirn, und keuchend blieb er vor dem Propste stehen. Eh' er noch Atem fand, begann er schon zu reden. „Herr! Jetzt sind sie alle weg. Auch der letzte, der schier gar nit weichen hat wollen."

„Wirklich?"

„Ich hab nit ausgelassen. Und jetzt hätt ich eine Bitt, Herr!"

„Sprich, Wolfrat!"

„Lasset mich mit Euch gehen, Herr! Schauet, auf mir liegt die Not wie ein Trumm Stein, aber ich mein', es wär mir nirgends so wohl als wie bei Euch."

„So komm!" Herr Heinrich erhob sich.

„Und wenn ich heimkomm, so red ich mit meiner armen, guten Seph, und wenn sie meint, daß sie's tragen kann, in Gottesnam, so geh ich hin zum Vogt und tu mich angeben."

Herr Heinrich sprach kein Wort; er legte nur die Hand auf Wolfrats Schulter. Dann gingen sie. Als sie zu den anderen kamen, eilte Wolfrat auf das Saumpferd zu. „Gib her, ich mach das besser!" sagte er und nahm den Zaum aus der Hand des Knechtes.

Haymos Augen funkelten; doch schweigend ließ er alles geschehen. Mit scheuem Blick sah Wolfrat zu ihm auf. „Jäger! Jetzt kannst du schlafen!"

Das Pferd merkte die sichere Hand, an der es ging, und kam in verläßlichen Schritt.

---

[23] Ein Flächenmaß, nach dem in früheren Zeiten in den Alpen gerechnet wurde; ein „Gras", d. i. so viel Feld oder Weide, als ein Stück Hornvieh das Jahr über zur Nahrung braucht.

[24] Eine Krankheit des Klees, hervorgerufen durch einen rasch um sich greifenden Schmarotzerpilz.

[25] **Eine Geschwulst.**

20.

Es war später Nachmittag geworden, als Herr Heinrich mit seinem Geleit den See erreichte. In den weiten Felsenkessel fiel keine Sonne mehr, aber die hohen Almen und Kuppen funkelten noch in goldenem Glanz. Hier unten im Schatten waren alle Farben tief und satt. An den bleigrauen Felswänden hingen die steilen Nadelwälder wie dunkler Sammet, in den das frische, kräftig sprossende Grün der Buchen und Ahornbäume mit leichter Zeichnung sich einstickte. Glanzlos und durchsichtig dehnte sich der See. Weit draußen schwammen einzelne Wildenten langsam umher. Drüben auf der flachen Landzunge, auf der die Bartholomäer Klause stand, dampfte ein feiner Nebel aus den feuchten Wiesen. Überall schönes Schweigen; die an Wasser schon verarmenden Gießbäche rauschten so eintönig zusammen, daß ihre gleichmäßige Stimme das Ohr wie Stille berührte.

Haymo stieg vom Saumpferd. Der lange Ritt hatte ihn schwer ermüdet. Während er das Gebüsch suchte, in dem der Einbaum verborgen lag, gab Herr Heinrich dem Knechte den Auftrag, das Saumpferd um das Ende des Sees herum über die Salletalpe nach der Bartholomäer Klause zu führen, von wo die Fischerknechte das Pferd in einem größeren Kahn nach dem Seedorf schaffen könnten.

Wolfrat schob den Einbaum ins Wasser, und unruhig winselnd sprang die Hel in den Nachen; sie war keine Freundin von solchen Fahrten; da sie aber merkte, daß es sein mußte, war sie auch die erste im Kahn.

„Wo ist der Knecht hin?" fragte Haymo. „Er hat mein Schießzeug."

„Laß es ihm nur, es geht dir nicht verloren," lächelte Herr Heinrich, „heut brauchst du deine Waffen nimmer."

„Mir fehlt was, ich hab keine Ruh!"

„Geh nur, steig ein!"

Die Hel hatte sich auf dem Schnabel des Einbaums ein möglichst unbequemes Plätzchen ausgesucht. Auf dem Brett in der Mitte saß Haymo neben Herrn Heinrich, der das Wehrgehenk abnahm und mit dem Griesbeil auf den Boden legte. Wolfrat führte, im Spiegel des Schiffes stehend, das Ruder. Er trieb den Nachen mit so kräftigen Stößen, daß die Hel mit jedem Ruck ins Wasser zu plumpsen drohte; Herr Heinrich rief sie vor seine Füße; sie kam auch, aber gleich wieder schlich sie zum Schnabel des Fahrzeuges zurück, winselnd nach dem Lande spähend. Leise plätschernd glitt der Einbaum durch das Wasser. Niemand sprach. Immer näher rückte das flache Ufer des Felsentals, in dem die Seeklause stand. Plötzlich richtete die Hel sich auf, zitternd, die Nase windend vorgestreckt.

„Was mag der Hund nur haben?" fragte Herr Heinrich. Er hatte kaum ausgesprochen, als die Hel aufheulend mit weitem Satz in das Wasser klatschte und gierig nach dem Ufer ruderte. In Erregung sprang Haymo auf und deutete mit dem Arm. „Herr, sehet, dort! Der Bär! Der Bär! Er will über den See schwimmen."

Auf einen Bolzenschuß vom Ufer entfernt, sahen sie den Kopf des Raubtiers gleich einem braunen Holzklotz über das Wasser gleiten. Der Bär hatte den näherkommenden Hund schon gewahrt; zögernd schwamm er weiter, dann machte er plötzlich kehrt und suchte das Ufer zu gewinnen. Heulend, schnappend und Wasser blasend, schoß der Hund hinter ihm her.

„Herr! Herr! Wir müssen nach," schrie Haymo, „oder der gute Hund ist hin!"

„Tauch an, Wolfrat, tauch an!" rief Herr Heinrich mit klingender Stimme, während er nach einem Bolz griff und die Armbrust von der Schulter riß.

Wolfrat legte sich auf das Ruder, daß die Stange knirschte, und während Herr Heinrich sich zum Schuß bereit machte, riß Haymo, seiner Wunde und Schwäche nicht achtend, den Fänger aus dem Wehrgehenk des Propstes. Die rufenden Stimmen waren zur Seeklause gedrungen. Pater Desertus erschien am Ufer, und als er gewahrte, was vorging, schrie er gegen die Klause: „Walti! Mein Griesbeil!"

Der Bär hatte seichten Grund gefunden und begann zu waten. Jetzt erreichte ihn die Hel und fiel ihn kläffend an. Der Bär hob die Tatze und schlug; winselnd überstürzte sich der Hund und verschwand im Wasser.

„Tauch an, Wolfrat, oder die Hel ist hin, die arme Hel!" schrie Haymo.

Der Hund hatte sich schon wieder erhoben und fuhr im aufspritzenden Wasser auf den Bären los.

„Schießet, Herr, schießet!"

Die Sehne der Armbrust schwirrte, doch das Schwanken des Einbaums hatte den Schuß gestört; der Bolz streifte nur den Schädel des Bären und surrte über das glatte Wasser hin.

Heulend machte die Hel einen Sprung, dann hing sie

verbissen am Gehör des Bären, der auf den Hinterpranken aufgerichtet im schäumenden Wasser sich schüttelte, daß der Hund wie eine lebende, zappelnde Quaste um ihn herbaumelte.

„Der Hund ist hin, ist hin!" jammerte Haymo. Da wankten sie alle im Kahn. Der Einbaum war auf einen im Wasser liegenden Wurzelstock geraten. Noch im Wanken schwang sich der Jäger aus dem Nachen.

„Haymo! Bist du von Sinnen?" schrie Herr Heinrich; seine Arme erreichten den Jäger nicht mehr. „Zurück, Haymo! Mag der Hund hin sein! Zurück!"

Haymo hörte nicht; die Erregung, die Sorge um den Hund machte ihn taub. Den blitzenden Fänger in der erhobenen Faust, warf er sich durch das aufklatschende Wasser gegen den Bären. Bevor Haymo ihn erreichte, hatte das Raubtier den Hund schon abgeschüttelt, und als die Hel wieder aufsprang, schlug der Bär mit der Tatze. Lautlos, ein blutiger Klumpen, fiel der Hund ins Wasser.

„Meine Hel!" schrie Haymo und sprang auf den ans Ufer kletternden Bären zu. Er hörte nicht den zornigen Ruf seines Herrn, hörte nicht das warnende Wort, das Pater Desertus, der zwischen den Bäumen waffenlos herbeisprang, ihm zuschrie mit gellender Stimme; er stürzte dem fliehenden Bären nach, verklammerte sich mit der Hand in das zottige Fell und führte im Lauf mit dem Fänger einen Stoß gegen die Flanke des Raubtiers. Das Eingeweide quoll hervor, dumpf brummend machte der Bär einen flüchtenden Satz. Felsklötze versperrten ihm den Weg. Blitzschnell wandte er sich; in die nachschleifenden Gedärme tretend, richtete er sich empor und ging auf den Jäger los.

Ein Schrei vom Schiffe, ein Klatschen im Wasser, ein Schrei von den Lippen des Paters. Unerschrocken stand Haymo, und als das Raubtier die Tatzen zur Umarmung breitete, fiel der Jäger vor mit sicher gezieltem Stoß. Der durch die Wunde und die kranken Tage entkräftete Arm versagte, der Stahl glitt zwischen den Rippen des Bären ab. Haymo wollte zur Seite springen, ein Griff des Raubtiers machte ihn straucheln und stürzen — er war verloren. Doch ehe der Bär noch über ihn herfallen konnte, war Wolfrat durch das Wasser herbeigesprungen, und mit eisernem Griff schlug er dem Raubtier von rückwärts beide Arme würgend um den Hals. Aber was waren die Hünenkräfte dieses Menschen gegen die wilde Kraft des gewaltigen, um sein Leben ringenden Tieres. Der Bär schüttelte sich, er war befreit; gegen den neuen Feind sich wendend, führte er einen Hieb nach Wolfrats Schulter, und ihn mit den Zähnen an der Brust fassend, klammerte er die blutigen Tatzen um ihn her, daß Wolfrat erbleichend stöhnte, während ihm der Kopf in den Nacken fiel. Ehe Haymo sich aufraffen konnte, war Pater Desertus herbeigestürmt, hatte den Fänger von der Erde gerissen und stieß ihn bis ans Heft in das Herz des Raubtiers; ein dicker Blutstrahl schoß hervor; und die Tatzen des Bären lösten sich von seinem Opfer.

Als Herr Heinrich das Ufer gewann, und Walti mit dem Griesbeil kam, war alles vorüber. Schwer atmend und bleich stand Haymo, verendet lag der Bär, und Wolfrat taumelte ins Moos, mit den Händen ins Leere greifend, mit lallender Zunge nach Worten ringend.

Unter lautem Schreckensruf eilte Herr Heinrich auf ihn zu. Das Grauen, das den Propst erfaßte — wie sah diese Brust und diese Schulter aus! — machte ihn einen Augenblick zögern. Dann warf er sich auf die Knie, und während er Wolfrats Haupt auf seinen Schoß hob, rief er: „Walti! Hinauf zur Klause und zieh die Glocke, daß die Knechte vom Seedorf kommen. Und du, Haymo? Kannst du noch das Ruder führen?"

„Es *muß* sein, Herr! Was soll ich?"

„Fahr hinüber nach Bartholomä! Pater Eusebius soll kommen, er soll Verbandzeug bringen," die Stimme des

Propstes dämpfte sich zum Flüstern, „und das heilige Sakrament."

Walti war schon davongestürzt, Haymo sprang in den See und watete zum Einbaum.

„Wolfrat, wie ist dir?" fragte Herr Heinrich.

Der Sudmann wollte sprechen; Blut trat über seine Lippen, er streckte sich stöhnend, und die Sinne schwanden ihm.

„Gott sei dir gnädig!" flüsterte der Propst. Und zu Desertus aufblickend: „Ich fürchte, der Mann ist verloren. Doch wir müssen tun, was in unseren Kräften steht. Dietwald! Nimm meine Kappe, hole Wasser!"

Desertus eilte zum See und kam mit der gefüllten Kappe zurück. Herr Heinrich wusch dem Sudmann das Gesicht und flößte ihm Wasser über die Lippen. Lange Zeit verging, ehe Wolfrat wieder zu atmen begann und die Augen öffnete.

Da hörte man von der Klause her die Glocke läuten.

Der Blick des Sudmanns wurde starr, und seine Zunge lallte: „Gilt — das — mir?"

„Nein, nein, Wolfrat, die Glocke ruft nur die Knechte zu deiner Hilfe."

„Hilf?" Wolfrat schüttelte den Kopf. „Mit mir hat's ein End, Herr! Alles — ist eingedrückt da drin." Er preßte die zitternde Faust auf seine blutende Brust und stöhnte: „Meine Seph — Jesus Maria — und mein Bub, mein Bub!"

„Sei ohne Sorge! Was auch geschieht, ich gebe dir mein fürstlich Wort zum Pfande, dein Weib und Kind soll nimmer Not leiden!"

Wolfrat tastete nach der Hand des Propstes. „Vergeltsgott, Herr!" Seine Stimme begann zu erlöschen, er kämpfte um jedes Wort: „Und — saget meiner Seph — sie soll — die Gittli — die Dirn — ist meine Schwester nit."

Desertus erbleichte.

„Rede, Wolfrat, rede, rede!" stammelte Herr Heinrich.

Lautlos bewegten sich noch einmal die Lippen des

Sudmanns, dann verlor er wieder das Bewußtsein.

„Wolfrat! Wolfrat!"

In dem Antlitz des todwunden Mannes zuckte keine Miene mehr.

„Dietwald! Er *darf* nicht sterben!" rief Herr Heinrich in ratlosem Kummer. „Oder er nimmt auch *dein* Leben mit hinüber!"

„Herr? Ich verstehe nicht!"

„Du hörtest doch! Das holde Kind ist nicht die Schwester dieses Mannes. Hast du sichere Zeugschaft, daß deine Tochter das Los der Mutter teilte?"

„Nein, Herr!" Das war nicht Sprache, es war ein Schrei.

„Und als jenes Mädchen dich um alle Ruhe brachte, kam es dir da nie in den Sinn, daß kein Weib noch jemals so einem Weibe glich, wie ein Kind seiner Mutter gleichen kann?"

Wortlos und zitternd stand Desertus. Mit beiden Händen faßte er seine Stirn, dann stürzte er auf die Knie, und Wolfrats Hand umklammernd, schrie er: „Gib mir mein Kind! Mein Kind!"

„Dietwald!" rief Herr Heinrich erschrocken, als er die Wirkung seiner Worte sah. „Was hab ich getan! Die Erregung hat mir entrissen, was meine Lippen hätten verschließen sollen als eine scheue, schwankende Ahnung."

Desertus schien nicht zu hören; sein Blick hing festgebannt am Gesicht des Sudmanns. „Herr, er schlägt die Augen auf!"

Sie labten den Erwachenden mit Wasser. Wolfrat blickte suchend umher und lallte: „Wo ist — der Jäger? — Ist ihm was geschehen?"

„Nein, Wolfrat! Er hat sein Leben *dir* zu danken!"

Ein tiefer Seufzer quoll über Wolfrats Lippen. „Und — wird es der Herrgott — annehmen — als Buß?"

„Ja, ja, Wolfrat! Doppelt gewogen in der Schale des Guten!"

„Herr!" stammelte Desertus. „Sehet doch, wie ich zittere und bange!"

„Der Himmel hat das Vorrecht vor der Erde." Herr Heinrich beugte sich wieder über Wolfrat, dessen Blick mit scheuer Sehnsucht emporgerichtet war in das dämmerige Blau des Himmels.

„Wolfrat?"

„Und wenn ich — jetzt hinaufkomm — darf ich hinein, Herr?"

„Ja, mein guter Wolfrat."

„Ich hab doch blutige Händ."

„Gott sieht auf die Hände nicht, er sieht in das Herz. Die Reue hat dein Herz gereinigt, du hast Leben mit Leben bezahlt, mein Priesterwort darf dich lösen von aller Sünde, und ruhig könnte deine Seele vor Gott erscheinen. Doch sieh, du lebst ja noch!"

Schwer schüttelte Wolfrat den Kopf. „Ich spür's — daß ich — hin bin."

„Herr!" mahnte Desertus und verschlang mit flehender Gebärde die Hände.

„Sprich, Wolfrat, was war es, was ich deinem Weibe sagen sollte?"

„Meine Seph — mein Bub —" rang es sich in Schmerz über Wolfrats blutige Lippen.

„Und das Mädchen?" fiel Desertus mit bebender Stimme ein. „Sie ist deine Schwester nicht?"

„Sie ist ein Herrenkind."

„Wessen Kind?"

„Das weiß ich nit."

„Um Gottes Barmherzigkeit willen, wer ist ihr Vater, wer ist ihre Mutter?"

„Ich — weiß — nit."

In Verzweiflung faßte Desertus den Kopf des Sudmanns. „Mensch! Ich beschwöre dich! Wie heißt die Burg, in der das Kind geboren wurde?"

Kaum merklich schüttelte Wolfrat den Kopf, er wußte keine Antwort.

„Wo stand die Burg?"

„Ich — weiß — nit."

„Wie kamst du zu dem Kinde?"

„Aus dem — Feuer — hab ich's —" Er wollte weiter sprechen. Quellendes Blut erstickte seine Stimme.

„Wolfrat!" schrie Desertus aus gemartertem Herzen.

Herr Heinrich legte die Hand auf seinen Arm.

„Dietwald, sieh, Pater Eusebius bringt das Sakrament!"

Desertus bedeckte das Gesicht mit beiden Händen und trat zurück.

Ein großer, von drei Knechten geführter Kahn hatte am Ufer angelegt. Haymo stieg ans Land; er trug das ewige Licht. Pater Eusebius, eine kleine gebeugte Greisengestalt, brachte das Ziborium, das von goldgesticktem Mäntelchen umhüllt war. Er ließ sich neben Wolfrat nieder, dessen Kopf auf dem Arm des Propstes ruhte.

Niemand sprach. Die Knechte knieten mit gefalteten Händen im Schiff. Auf den Zinnen der Berge erlosch der letzte Schein der sinkenden Sonne. Tiefe Stille lag über Wald und Wasser.

Als Pater Eusebius mit murmelnder Stimme das Gebet zu sprechen begann, fing drüben über dem See in der Bartholomäer Klause die Glocke zu läuten an, und von allen Felswänden klang ein leises Echo der schwebenden Töne.

Mit erlöschenden Sinnen empfing Wolfrat das Sakrament und lag schon bewußtlos, als Pater Eusebius sich erhob.

„Dietwald!" sagte Herr Heinrich. „Wahre das Allerheiligste!"

Mit zitternden Händen faßte Pater Desertus den Kelch, drückte die Lippen auf seinen Rand und deckte das Mäntelchen darüber.

Eusebius, der Priester, verwandelte sich in den Arzt; er tat, was seine Kunst an solchem Orte zu tun vermochte.

„Ist noch Hilfe?" fragte Herr Heinrich, schon mit Zweifel in der Stimme.

„Nicht mehr bei Menschen!" lautete die ruhige Antwort des Greises.

Mit matter Stimme rief Haymo einen der Knechte. „Nimm das ewige Licht!"

„Was ist dir, Haymo?" fragte der Propst erschrocken.

„Mir ist schwindlig, Herr!"

Er hatte kaum ausgesprochen, als er ohnmächtig zu Boden sank.

Man hob ihn auf und labte ihn; er kam zu sich, aber die Füße wollten ihn nicht mehr tragen. Vom Seedorf waren zwei Knechte mit einem Kahn gekommen; es waren die beiden, aus deren Händen Gittli von Haymo erlöst worden war. Sie trugen den Jäger in den Nachen. „Schaffet ihn auf einer Bahre ins Kloster," befahl der Propst, „und schweiget von allem, damit nicht ein Unberufener dem armen Weib des Sudmanns die schlimme Botschaft zutrage." Und auf Wolfrat deutend, sagte er zu Pater Eusebius: „Diesen da vertrau ich *deiner* Pflege; bessere weiß ich nicht. Nimm ihn mit in die Klause, tue, was du vermagst, opfere deine Tage und Nächte, vielleicht läßt sein Leben sich noch erhalten."

Eusebius zuckte die Schultern, während die Knechte den Bewußtlosen achtsam in das Schiff hoben. „Er muß eine Natur haben wie ein Baum. Doch die Säge ist zu tief gegangen. Er kann noch Stunden, noch Tage ringen, aber —" Eusebius schwieg.

„Sollte er noch einmal sprechen können, so frag ihn um alles, was er weiß von seiner Schwester."

„Er wird nicht sprechen. Bevor ich ihn noch in die Klause bringe, wird das Wundfieber kommen. Oder das Ende."

„Herr!" stammelte Desertus. „Darf ich nicht mit ihm ziehen? Ich will wachen bei ihm, und wär es durch tausend Nächte. Und will harren auf ein Wort —"

„Nein, Desertus, du bleibst!" sagte Herr Heinrich, den

Namen betonend, den er sonst nicht zu gebrauchen pflegte.

Der Kahn mit Haymo schwamm bereits der Seeklause zu, um Walti abzuholen. Nun stieß auch der andere Nachen in den dunkelnden See, dessen Spiegel sich im sanft anhauchenden Abendwind zu kräuseln begann.

Pater Desertus war auf einen Stein gesunken, erfüllt von wirbelnden Gedanken und stürmischen Empfinden. Herr Heinrich trat an das Ufer und blickte den ziehenden Schiffen nach. Da sah er auf dem Wasser einen dunklen Körper treiben. Es war die Leiche der Hel.

„Jetzt hab ich sie umsonst gebrannt!" murmelte Herr Heinrich — und sein Blick suchte den Nachen, der den todwunden Sudmann nach der Klause trug.

21.

Desertus und Herr Heinrich waren allein. Sie mußten warten, bis das Schiff von Bartholomä zurückkam, um sie abzuholen.

„Komm, Dietwald, mir graut vor diesem Fleck Erde!" sagte Herr Heinrich und schritt dem Chorherren voran der Klause zu. Schweigend folgte Desertus; immer wieder blieb er stehen und preßte die Fäuste auf seine Brust.

Nun saßen sie auf der Bank. Herr Heinrich seufzte: „Ein böser Tag! Ich glaubte ein Menschenleben gerettet zu haben, und nun ist es verloren."

„Und ein Mund geschlossen, der nur halb geredet!" sagte der Chorherr mit fiebernden Worten. „Doch nein, nein, nein! Muß ich noch warten auf dieses Mannes Rede? Es redet doch mein Herz! Wie blind waren meine Augen, wie taub und irrend meine Sinne, daß ich die Wahrheit nicht ahnte, nicht gleich erkannte. Es ist mein Kind! Und doch — was hätt ich nicht gegeben für ein klares, unumstößliches Wort. Ach, Herr! Weshalb habt Ihr mich nicht gehen lassen mit diesem Manne?"

„Weil du noch reisen wirst in dieser Nacht."

Desertus sprang auf. „Das könnt Ihr begehren von mir? Jetzt? In dieser Stunde? Da die Brust mir springen will vor Bangen und Hoffen? Da ich in Sehnsucht die Arme strecke nach meinem Kind?"

„Pater Desertus? Ein Mönch?" fiel Herr Heinrich mit ernsten Worten ein. „Ich verstehe deine Rede nicht. Ein Irrwahn ist aus deinem Herzen gerissen, und schon droht dich ein neuer zu verschlingen und dich vergessen zu machen, daß mit der Stunde, da du in Gottes Haus getreten, ein eisern Tor sich geschlossen hat zwischen dir und allem, was in der Welt liegt. Ich trage selbst die Schuld daran, denn ich hätte schweigen sollen von dieser Ahnung, die auch jetzt noch keine Gewißheit ist. Unterbrich mich nicht! — Und so fühle ich doppelt die Pflicht, dich einem neuen Kampf und Zwiespalt zu entreißen. Du wirst reisen noch in dieser Nacht. Dein Propst befiehlt es."

Desertus schlug die Hände vor das Gesicht.

Herr Heinrich zog sie ihm nieder. „Nun komm und setze dich zu mir! Jetzt will Heinrich von Inzing reden mit seinem Freunde Dietwald."

Desertus fiel auf die Bank und drückte die Stirne an Herrn Heinrichs Schulter.

Eine Weile schwieg der Propst; dann sagte er: „Höre mich ruhig an! Und wenn dein Herz nicht verstummen will, so halte die Lippen fest! Ich gebe zu: diese seltsame Ähnlichkeit und auch schon das halbe Geständnis, das der nahende Tod diesem armen Menschen entpreßte, das sind verführerische Zeugen. Aber wie zweifelhaft sie auch wieder sind, das magst du daraus entnehmen, daß du selbst ohne mein unvorsichtiges Wort mit keinem Gedanken auf solchen Zusammenhang geraten hättest. Siehst du? Nun läßt du den Kopf wieder hängen! Noch darfst du keine Gewißheit hegen. Kaum eine zitternde Hoffnung! Die laß ich dir. Denn ich kann sie dir nicht mehr nehmen. Aber sie zittert, Dietwald! Wenn dieses Mädchen schon nicht die Schwester des Sudmanns ist, muß es deshalb die Tochter jenes Grafen Dietwald von Falkenberg sein, der, wenn ich mich recht entsinne, gestorben ist für die Welt? Kann das Mädchen nicht auch eines andern Vaters — Sprich nicht, Dietwald, denn ich muß dir weh tun, wenn die mögliche Enttäuschung dich nicht mit doppeltem Schmerz beladen soll. *Muß* deine Burg die Heimat dieses Kindes gewesen sein? In dieser mörderischen Zeit, in der man Burgen wirft wie Maulwurfshügel und Schlösser niederbrennt wie Flachs in den Kunkelstuben? Ist es in solcher Zeit ein so seltener Fall, daß sich ein Herrenkind in die Bauernhütte verirrt? Doch wer auch der Vater dieses Kindes sein mag — eines wissen wir gewiß: es ist ein Herrenkind, und ich will es seinem Stande zurückgeben, will ihm zu seinem Recht verhelfen. Auch hier, Dietwald, kann ich nicht wissen, nur hoffen, daß dieses Kindes Recht auch sein Glück sein wird. Schon morgen send ich das Mädchen in das Heim der Domfrauen nach Salzburg."

„Fort von hier?" stammelte Desertus.

„Ja, Dietwald! Fort vor allem! Aus einem zwingenden Grunde."

„Herr?"

„Das Mädchen liebt den Jäger."

Desertus erschrak. „Ein Kind?"

„Ein Kind, das ein Augenblick herzbrechender Angst zum Weibe machte. Noch weiß sie selbst nicht, daß sie aus Liebe tat, was sie getan. Ich hoffe von ihrer Jugend, daß dieses Gefühl noch nicht so fest verwurzelt ist, um sich nicht wieder zu lösen in langer Entfernung, unter neuen, überraschenden Eindrücken. Um meinen guten, treuen Haymo ist mir leid. Er wird das Mädchen nie vergessen. Er hat um ihretwillen getan, was er nicht getan hätte um sein Leben; er hat seiner Pflicht zuwider den Raubschützen verleugnet. Er wird schwer gestraft, der arme Bursch."

„Daß doch keine Freude blühen kann, ohne Schmerzen zu reifen!"

„Wir wollen sehen. Ich tue, was ich muß. Alles andere liegt nicht in meiner Hand."

„Was meint Ihr, Herr?"

„Nichts!" sagte Herr Heinrich, wie aus Gedanken erwachend. „Morgen schicke ich das Mädchen fort. Niemand darf erfahren, weshalb. Alles soll erscheinen wie eine Laune von mir, die das Glück dieses Kindes will. Wir dürfen sie in das neue Leben nur langsam einführen, nur vorsichtig. Oder aus diesem scheuen Häslein wird eine junge Löwin, die sich wehrt. Es steckt Blut in diesem Kind. Weißt du, was sie gesagt hat, als sie dem Haymo von ihrer Begegnung mit einem Bären erzählte, und der Jäger erschrocken fragte, was sie getan haben würde, wenn der Bär sie angenommen hätte? Sie sagte: ,Ich weiß es selber nit, aber wenn er gekommen wär, ich glaub wohl, daß ich zugeschlagen hätt!'"

Desertus drückte die Fäuste auf seine Brust, und es blitzte in seinen feuchten Augen. *Das* sollte sein Kind nicht sein?

„Und ich glaube, Dietwald, wenn du jetzt vor sie hintreten und ihr sagen wolltest, ein König wäre ihr Vater, eine Königin ihre Mutter — sie würde den Kopf schütteln, minder in Unglauben als in Unwillen. Selten noch hing ein Kind an seinen leiblichen Eltern mit solcher Liebe und Verehrung, wie dieses Mädchen an den Bettelleuten, die seine Pfleger wurden."

„Und seine Liebe genossen!"

„Nein, Dietwald, sage: seine Liebe verdienten, so sehr, daß die Stimme der Natur zum Schweigen kam und sich verwandelte. Es wird lange währen, bis mit diesem Kind von einem neuen Vater zu reden ist. Sie darf, daß sie ein Herrenkind ist, nicht erfahren, bevor sie sich nicht ans Herrenleben gewöhnt hat. Inzwischen, und während du fort bist, will ich forschen. Und wenn auch der Mund, den dieser Tag geöffnet und geschlossen, nicht wieder reden sollte — *eine* Fährte wird sich wohl finden lassen, der ich folgen kann. Und gebe Gott, daß ich dir gute Botschaft senden darf."

„Und dann, dann," stammelte Desertus, „wenn ich sie auch nicht halten darf in meinen Armen, wie ein Vater sein Kind, so darf ich mich ihrer doch freuen in verschlossenem Herzen, mich erquicken an ihrem sonnigen Dasein, darf bauen helfen an ihrem Glück!"

Es war Nacht geworden; hoch vom Himmel funkelte in die enge Schlucht hernieder ein heller Stern; der Wildbach rauschte, und plätschernd gingen die Wellen im See.

„Dietwald? Wie lang ist es her, daß wir so wie jetzt an dieser Stelle saßen? Damals schien die Sonne."

„Und es war Nacht in mir. Jetzt liegt die Finsternis um mich gebreitet, und eine Freude geht auf in meinem Herzen, hell wie ein Frühlingstag." Desertus stürzte auf das Knie. „Herr Heinrich! Mein Falter fliegt."

„So?" lächelte der Propst. „Mir scheint, er liegt erst recht zu Boden. O du Mensch!" Zärtlich strich er die Hand über den Scheitel des Chorherren.

„Als ich den Bären jagte in meinem Forst, ward mir mein Dirnlein geboren. Als ich den Bären schlug in diesem Wald, ward mein Kind mir neu gegeben. O Wege Gottes!"

„Natürlich! Der liebe Gott muß eigens die Bären erschaffen und von ihnen die Menschen zerreißen lassen, nur damit du seine Wege erkennst! Du Fliege du! Gib acht, daß du dir die Flügel nicht versengst! Nun aber steh auf! Ich höre die Ruder klatschen. Es ist Zeit, daß du reitest und Arbeit findest. Und *wiege* dich nicht in der Hoffnung! Sie soll dich *beleben*! Du nimmst ein schweres Werk auf dich. Sie haben harte Köpfe, der Papst und seine Kardinäle. Aber schlage dich für deinen Kaiser, als trügest du noch die Rüstung und das Schwert. Und wenn du vor dem Papste stehst, so sei vorerst ein Mann! Vergiß aber auch nicht, daß du ein Priester bist. Und sollte der Papst dich fragen, weshalb sein ‚getreuer Kaplan' Heinrich von Berchtesgaden der Satzung zuwider die Kirchen offen hält und die Sakramente spendet, derweil der Kaiser im Bann ist, so sag ihm mit meinen ehrfurchtvollsten Grüßen: erstens, weil meine Bauern und Lehensleute die Kirche und die Sakramente *brauchen* — zweitens, weil Heinrich von Inzing ein *deutscher* Kirchenfürst ist, und in hoc titulo steht das Deutsch *vor* der Kirche — und drittens — da kannst du wieder von vorne anfangen. Jetzt aber komm! Dort warten sie mit dem Schiff."

Herr Heinrich schritt dem Ufer zu. Desertus eilte in die Klause; als er wieder ins Freie trat, hielt er Gittlis Veilchenkränzlein in den Händen; er drückte einen heißen Kuß auf die welkenden Blüten und barg sie an seiner Brust.

„Wie steht es mit dem Wolfrat?" fragte Herr Heinrich.

„Er liegt in bösem Fieber," sagte der Knecht, „und Pater Eusebius nähet an ihm, wie der Schneider an einer ledernen Hos. Der arme Teufel hat Löcher, daß man sieben könnt durch seine Haut."

Sie bestiegen das Schiff. Schnell ging die Fahrt vonstatten. Als sie das Seedorf erreichten, sagte Herr Heinrich: „Fahret morgen zeitig hinüber zu der bösen Stelle und suchet meine Waffen zusammen! Ich weiß nicht, wo sie liegen."

„Und was soll mit dem Bär geschehen?"

„Streifet ihm die Haut ab. Den Leib soll man mit Steinen in den See versenken. Niemand soll davon essen!"

Einer der Knechte ging mit brennender Fackel voran, als Herr Heinrich und Desertus an der rauschenden Ache entlang die Wanderung durch das nächtige Tal begannen. In allen Hütten waren schon die Fenster dunkel, auch am Haus des Sudmanns, das sie nach einer Stunde erreichten. Pater Desertus blieb in tiefer Bewegung stehen.

„In dieser elenden Hütte lebte mein Kind!"

„Dein Kind?" lächelte Herr Heinrich. „Ach so! Du meinst das Herrenkind, dessen Vater wir finden müssen? Nein, Dietwald, da darfst du die Hütte nicht schelten. In keiner Burg hätte das Mädchen holder an Gemüt und Herz geraten können, als es in dieser Hütte geschah. Zum Dank dafür muß ich morgen Kummer und Schmerz unter dieses Dach tragen. Komm, Dietwald!" Er zog den Widerstrebenden mit sich fort.

Als sie vorübergingen, warf der Fackelschein eine falbe Helle durch das Fenster in die Stube.

Sepha richtete sich auf und lauschte.

„Noch allweil kommt er nit!" seufzte sie und ließ sich wieder zurücksinken.

Neben ihr schlief der Bub; er hatte Mimmidatzis Plätzchen geerbt; immer wieder tastete Sepha zu ihm hinüber, ob er auch zugedeckt wäre. Dann lag sie wieder ruhig und starrte in die Nacht hinein. Draußen rauschte die Ache, und in dem Pfosten der Tür, die zu Gittlis Kammer führte, tickte ein Holzwurm.

Mit jeder verrinnenden Stunde der Nacht wuchs Sephas Angst. Freilich, sie hatte sich so recht von Herzen auch nicht freuen können, als Gittli in die Stube hereingestürmt war mit den Worten: „Seph, Seph, sie haben ihn freilassen müssen, der Haymo hat für ihn gezeugt." Der schwerste Stein war ihr wohl von der Brust gefallen: ihr Mann war frei. Aber getan hatte er's doch!

Nun lag sie und wachte, warf sich hin und her, wartete und lauschte, setzte sich auf und fiel zurück, weinte in die Hände und drückte die nassen Augen wieder in die Polster. Und die Sorge um ihren Mann wechselte mit dem Kummer um ihr verlorenes Kind.

Ach, solch eine Sorgennacht! Jede Minute wird zur qualvollen Ewigkeit. Jeder Kummer wächst dir ins Riesenhafte, ins Ungemessene. Wohin du in der Finsternis auch blickst, überall siehst du ihn — das Dunkel hat keine Grenzen, und so weit es reicht, so weit hin stehen die Gespenster deiner Sorgen, eins am andern; sie drängen näher, sie ziehen an dir vorüber, und jedes hält eine Weile still, sieht dich an mit drohenden Glotzaugen und drückt dir die knöcherne Faust auf die Brust, daß dein Atem fast ersticken will. Ach, solch eine Sorgennacht!

Sepha hielt es nimmer aus. Sie sprang auf, kleidete sich an und machte Licht. Mit erhobener Kerze leuchtete sie in Gittlis Kammer. Das Mädchen lag mit offenen Augen — ein Bild, wie aus Dietwalds Träumen herausgelöst: das weiße Gesicht auf schwarzem Kissen, nein, das sind die gelösten Haare, die um ihre Wangen gebreitet liegen wie schwarze Seide.

„Gelt?" nickte das Weib. „Kannst auch nit schlafen?"

Gittli seufzte: „Wie ein Spinnrädl geht's mir herum im Kopf und läßt mir keine Ruh nimmer."

„Machst du dir Sorgen um den Polzer?"

Verwundert blickte Gittli zu der Schwäherin auf. „Um ihn? Warum denn? Sie haben ihn doch freigelassen. Ich hab's doch selber gehört und gesehen."

„Aber er müßt doch lang schon daheim sein."

„Geh, du! Ich hab dir's doch erzählt, daß er noch was schaffen hat müssen für den Herrn. Er wird halt lang gebraucht haben dazu und hat nimmer heim können vor der Nacht. Wirst sehen, er hat in der Almhütt geschlafen, und in der Früh ist er daheim, noch vor das Glöckl im Sudhaus läutet."

„Weswegen mußt du dich sorgen, wenn um den Bruder nit?"

Gittli schob die Hände unter den Nacken.

„Aber so red doch!"

„Geh! Tu mich du auch noch plagen!" Sie drehte das Gesicht gegen die Wand.

Sepha stellte das Licht in die Fensternische und ließ sich seufzend auf den Rand des Bettes nieder. Lange schwiegen sie.

Da begann an der Tür der Holzwurm wieder zu pochen.

„Hörst du ihn klopfen?" flüsterte Sepha, während ein Frösteln über ihre Schultern lief. „Das erstemal hab ich ihn gehört in der Nacht, in der über mein Kind der Krank gekommen ist. Jetzt weiß ich, was der Würbel[26] selbigsmal hat sagen wollen!" Sie schlug die Hände vor das Gesicht.

Gittli richtete sich auf, legte den Arm um Sephas Schultern und tröstete sie mit herzlicher Rede. Sie hatte sich Wort um Wort alles gemerkt, was Herr Heinrich mit ihr von dem Kinde gesprochen. Als Sepha endlich ruhiger wurde, begannen sie von Mimmidatzi zu plaudern. Sie erinnerten sich an jeden heiteren Zug des Kindes, an jedes verstümmelte Wort, das der kleine Mund geplappert, an jede drollige Gebärde. Und Gittli verstand es so gut, die Weise des Kindes nachzuahmen, daß zuweilen sogar ein schüchternes Lächeln über Sephas Lippen huschte. Darüber verging ihnen Stunde um Stunde, so daß sie kaum merkten, wie draußen der Tag zu grauen begann. Sie wurden es erst gewahr, als das niedergebrannte Talglicht mit hoher Flamme zu lodern begann.

„Schau, Seph, es taget schon!" sagte Gittli. „Geh, tu dich noch für ein Stündl hinstrecken. Ich mein' doch, du tätst die Ruh brauchen."

Sepha löschte das qualmende Licht. „Jetzt muß er bald kommen!" seufzte sie und wollte die Kammer verlassen. Noch einmal kam sie zurück. „Du, Gittli, sag, was ist das eigentlich mit dem Schatz?"

„Mit was für einem Schatz?"

„Der Polzer hat mir gesagt, du tätst einen Schatz wissen, der zu heben wär, und du hättest den Schlüssel dazu?"

Gittli schüttelte den Kopf zu dieser unverständlichen Sache.

Durch das Fenster klang von der Straße her der ferne Hufschlag mehrerer Pferde. An der Achenbrücke zogen sie vorüber und lenkten auf den Weg ein, der zur Grenzwarte des Klosterlandes, zum festen Hallturm führte, und von dort hinunter in das Reichenhaller Tal, hinaus in das ebene Land. Zwei gewaffnete Knechte zu Pferd, jeder ein beladenes Saumpferd führend. Ihnen voran ritt Desertus auf einem Eisenschimmel, dessen violette Schabracke, fast auf der Erde schleifend, in jedem Zipfel das Wappen des Klosters zeigte. Desertus trug nicht mehr die weiße Kutte, sondern das festliche Kleid des Chorherren: das Pelzbarett, den mit Otterfell verbrämten Mantel, und darunter den seidenen Talar, der, für den Ritt berechnet, bis zum Gürtel geschlitzt war. Es klirrte bei jedem Tritt des Rosses. Über dem Talar trug Pater Desertus den Harnisch und das Schwert.

Ein Lächeln spielte um seinen Mund, und träumend blickten seine Augen in den erwachenden Tag.

---

[26] Der Totenwurm.

22.

Herr Heinrich kehrte von einem schweren Gang in das Kloster zurück. Welch eine Stunde des Jammers hatte er im Hause des Sudmanns erlebt! Mit zögernder Vorsicht hatte er dem armen Weibe den bitteren Trank gereicht — und doch, als Sepha das volle Unglück erkannte, stürzte sie bewußtlos nieder, wie von einem fallenden Balken auf die Stirn getroffen. Dazu das Mädchen in seinem ratlosen Kummer und das kleine Bürschl, das sich schreiend an die Mutter klammerte!

Was sollte nun weiter werden? Sepha war krank, ernstlich krank. Das hatte Herr Heinrich von ihren Wangen und Augen abgelesen. Hier war Hilfe nötig wie Feuer im Winter.

Als der Propst das Stift erreichte, ließ er die Oberin der frommen Schwestern rufen, die in einem freundlichen

Kloster auf dem Nonnberg hausten. Er hatte mit ihr eine lange Unterredung, die, wie Herr Schluttemann mit Kopfschütteln bemerkte, hinter verschlossener Tür geführt wurde. Der Vogt war an diesem Morgen merkwürdig still; Frau Cäcilia hatte ihn zwar nicht sanfter behandelt als sonst; im Gegenteil, sie hatte in einer einzigen Stunde ausgegeben, was sie als gute Hausfrau während dieser Tage der Trennung zusammengespart hatte an spitzigen Dolchblicken und bitterscharfen Worten. In Herrn Schluttemann aber hatte die Predigt des Propstes nachgewirkt. Dazu reifte unter seiner gefurchten Stirne ein verwogner Plan. Mit rollenden Augen und gesträubtem Schnauzbart, die Arme verschränkt, wanderte er in seiner Amtsstube rings um den Tisch. Die Sache mußte wohl überlegt werden, denn sie konnte auch ein schiefes Ende nehmen.

Endlich war er mit sich im reinen. Er ließ einen Schreiber kommen und befahl ihm, den Gänsekiel fein säuberlich zu spitzen und aus dem Pergamentkasten das schönste Blatt hervorzusuchen. Als nun der Schreiber zum Werk bereit war, stellte sich Herr Schluttemann in kühner Haltung vor den Tisch und begann zu diktieren: „Urteil — in Sachen der zänkischen Hausfrau —" Er unterbrach den hohen Ton und sagte: „Den Platz für den Namen laß nur einstweilen frei, den Namen wird Herr Heinrich einzeichnen, wenn er das Urteil unterschreibt." Wieder diktierte er: „In nomine Reverendissimi et Celsissimi Principis Praepositi Henrici von Berchtesgaden wird anmit zu Rechtes Kraft gesprochen: weil genannte Hausfrau das Pagen und Keifen gegen den ihr von Gott zum Herrn gesetzten Ehegatten gar nicht lassen will, so soll ihr der Fronbot den Pagstein um den Hals hängen und soll sie an hohem Feiertag nach der Messe eine ganze Stund durch die Gassen führen, im Wiederholungsfall aber zwei Stund, und so immer deß mehr um eine ganze Stund."

Herr Schluttemann schnaufte. Er diktierte noch die

übliche Schlußformel des Urteils, dann fiel er erschöpft in den Lehnstuhl.

Als nun Herr Heinrich die Oberin durch die Vogtstube zur Treppe geleitet hatte und zurückkam, wurde ihm das Urteil zur Unterschrift vorgelegt. Er zeichnete den Namen der Frau Caeciliae Schluttemanae in die Lücke ein und unterschrieb. Herr Schluttemann warf sich stolz in die Brust; der Propst aber lächelte, als er sagte: „Das wird Eurer Hausfrau einen gehörigen Schreck einjagen! Ich hoffe, Ihr werdet Ruhe haben für lange Zeit!"

Eine Stunde später traf die Oberin mit zwei dienenden Schwestern im Haus des Sudmanns ein. Sepha sollte, um gute Pflege zu genießen, in das Kloster auf dem Nonnberg verbracht werden. Stumpf und willenlos ließ das kranke, von Kummer gebrochene Weib alles mit sich geschehen, ohne Frage, ohne ein Wort. Gittli war ein Bild der Verzweiflung und Sorge. Was sollte mit Lippele geschehen? Der dürfe bei der Mutter bleiben. Und mit den beiden Ziegen, mit den Hennen? Und wer würde die Bienenstöcke und das Haus bewachen, den Garten mähen und den Klee schneiden? Sie selbst müsse doch ihre Zeit jetzt teilen: einen Tag bei der Schwäherin, den andern beim Bruder! Es hieß, sie möge sich beruhigen, Herr Heinrich hätte für alles gesorgt.

Auf einer Bahre wurde Sepha zum Nonnenkloster getragen und in einer kleinen freundlichen Stube untergebracht. Lippele versöhnte sich rasch mit seinem neuen Aufenthalt, da er den großen, sorgsam gepflegten Garten gewahrte, den eine hohe Mauer umzog. Als Sepha versorgt war und nach dem Buben fragte, war er schon verschwunden. Nach langem Suchen wurde er im Garten gefunden; er hockte am Ufer eines kleinen Teiches und warf Steinchen nach den erschrocken hin und her schießenden Forellen.

Auf Gittli wartete im Zimmer der Oberin eine seltsame

Überraschung. Sie solle gleich zu Herrn Heinrich kommen, hieß es; aber bevor sie ginge, solle sie die neuen Kleider anziehen, die der Herr Propst ihr geschenkt hätte.

„Aber schauet doch her, Frau Mutter," lispelte das Mädchen, „ich hab doch eh schon mein gutes Häs an. Ich brauch kein neues."

Weder durch freundliches Zureden, noch durch ernste Worte war sie zu bewegen, die schönen Kleider anzulegen. Sie schüttelte immer den Kopf, wehrte mit den Händen, und Zähre um Zähre perlte aus ihren angstvollen Augen.

Auch zu Herrn Heinrich, zu dem die Oberin sie begleitete, ging sie nicht gern; sie wäre lieber bei der Schwäherin geblieben.

Als sie dann im Zimmer des Propstes stand, hob sie keinen Blick vom Boden und zitterte, als stünde sie fröstelnd im Schnee. Herr Heinrich faßte sie bei der Hand, zog sie an seine Seite und redete zu ihr mit herzlich tröstenden Worten. Es wäre freilich ein schweres Unglück, das über den Wolfrat und die Seph gekommen. Aber man dürfe die Hoffnung nicht verlieren; die Seph würde ganz gewiß in guter Pflege wieder genesen. Aber was sollte inzwischen mit ihr selbst geschehen? Sie könnte doch nicht allein im Lehen bleiben. Im Kloster auf dem Nonnberg wäre kein Platz mehr, und in der Bartholomäer Klause wäre ihr nach kirchlicher Satzung der Eintritt verboten.

„Und sieh, mein Kind, da hab ich nun dem Wolfrat in seiner Not gelobt, daß ich sorgen will für seine Leute. Für die Seph hab ich's ja schon getan."

Ein dankbarer Blick traf ihn aus Gittlis Augen.

„Jetzt muß ich aber auch an dich denken. Und schau, da wüßt ich einen guten Platz für dich in Salzburg bei den Domfrauen."

Gittli erbleichte vor Schreck.

„Nun, was meinst du?"

„Ich bitt schön, Herr," stammelte sie mit versagender

Stimme, „lasset mich hier bleiben! Ich müßt sterben vor Angst, wenn ich nit alle Tag hören tät, wie's der Schwährin und dem Bruder geht."

„Das wirst du hören, jawohl. Es gehen viele Salzkarren vom Sudhaus weg nach Salzburg. Da schick ich dir täglich eine Botschaft, ich versprech es dir."

„Ich bitt, Herr, bitt, lasset mich bleiben! Und wenn ich schon kein Heimatl mehr haben soll, schauet, ich tät mich gern eindingen bei einem Bauern. Meine Händ und Arm sind freilich ein lützel mager, aber ich kann deswegen doch schaffen wie eine richtige Dirn."

„So? Und was möchte dein Bruder dazu sagen? Er ist kein Höriger, sondern ein freier Mann. Soll er sich jetzt in seiner Not noch kümmern, wenn seine Schwester dienen muß?"

„Schaffen ist keine Schand, Herr! Er hat doch auch geschafft seiner Lebtag." Und da kam ihr plötzlich ein Gedanke, den sie in sprudelnden Worten hervorstürzte: „Herr! Aufs Almen tät ich mich auch verstehen, vielleicht nimmt mich der Eggebauer auf seine Alm in die Röt hinauf."

„In die Röt hinauf?" wiederholte Herr Heinrich mit wehmütigem Lächeln. „Nein, mein Kind, das ist zu harte Arbeit für dich. Und sieh, ich hab nun einmal deinem Bruder versprochen, daß ich für dich sorgen will. Oder willst du mich zum Lügner machen? Hab ich dir so viel Böses getan, daß du mir nicht vertrauen kannst?"

Gittli verstummte in ratloser Qual.

„Gelt nein? Und sieh, wenn ich sorge für dich, will ich es so tun, daß es dir zum guten ausfällt, zu deinem Glück! Ich bin dir zu Dank verpflichtet. Du hast für meinen Jäger so viel getan —"

Da schlug sie die Hände vors Gesicht und brach in Schluchzen aus.

Die Oberin wollte das Mädchen beruhigen. Herr Heinrich aber sagte: „Lasset das Kind nur, es soll sich ausweinen!"

Die Stille beängstigte Gittli; sie hörte zu schluchzen auf

und ließ die Hände in den Schoß sinken.

„Schau, Gittli, wer Gutes getan hat, muß sich auch den Dank gefallen lassen. Wenn du dich wehrst dagegen, müßte der Haymo glauben, daß dich wieder reut, was du für ihn getan hast."

Mit zuckenden Lippen und nassen Augen blickte sie zu Herrn Heinrich auf.

„Gelt ja? Und nun wirst du mir auch folgen in allem?"

„Wenn es sein muß," lispelte sie, „in Gottesnam!"

„So ist's recht, mein Dirnlein! Und jetzt sei tapfer, du gehst einer freundlichen Zeit entgegen. Wenn ich dich einmal besuche, wirst du lachend auf mich zukommen. Und jetzt sträube dich nimmer und laß dir auch die Kleider anlegen, die ich dir geschenkt habe!"

Verloren vor sich hinstarrend, nickte sie zu allem, was Herr Heinrich sagte. Sie fand auch kein Wort, als er ihr glückliche Reise wünschte, und ließ sich zur Tür hinausziehen, ohne recht zu wissen, daß es geschah.

Auf der Straße sagte die Oberin: „Warte hier ein Weilchen, ich habe Herrn Heinrich noch was zu fragen."

Gittli stand allein; die Knie zitterten ihr, daß sie sich kaum aufrecht zu halten vermochte; sie mußte sich auf den Eckstein neben der Tür niederlassen. Da spürte sie einen Puff an der Schulter. Erschrocken blickte sie auf. Walti stand vor ihr.

Mit beiden Händen faßte sie ihn an der Brust. „Walti! Sag mir! Wo ist der Haymo?"

„Drin liegt er im Kloster. Es geht ihm wieder schlechter seit gestern. Was sagst du, was das für eine Sach mit dem Bär gewesen ist! Ganz schütteln tut's mich vor Grausen, wenn ich dran denk."

„Walti! Schau, ich tu dich bitten, führ mich nur grad zu ihm!"

„Zum Haymo? Bist du denn närrisch? Ins Kloster darf doch keine Dirn hinein."

„Ich muß, ich muß zu ihm!"

Walti zog die Brauen in die Höhe und schob das Käppl in die Stirn. Das tat er immer, wenn er schwer zu denken hatte. Dann guckte er sich forschend um und flüsterte: „Seine Stub geht in den Garten hinaus, und das Fenster ist gar nit hoch. Aber — kannst du denn über die Mauer kraxeln?"

„Wenn sie so hoch wär wie der Wazmann und seine Kinder," stammelte sie, „ich müßt hinüber!"

„So komm!"

Sie huschten um die Ecke und schlüpften durch das Gebüsch zur Klostermauer. Zwischen wirrem Gezweig kletterte Walti in die Höhe, setzte sich rittlings auf die Zinne der Mauer und half dem Mädchen mit beiden Händen empor. Von oben sprangen sie in den Garten hinunter. Walti spähte durch das offene Fenster. „Er ist allein!" tuschelte er, schwang sich auf die Fensterbrüstung und zog das Mädchen nach.

Es war eine kleine weiße Zelle, in welcher Haymo auf einem mit Wildschuren überdeckten Lager ruhte.

Als der Jäger das Mädchen erblickte, hob er sich erschrocken auf und starrte Gittli an, als könnte er seinen Augen nicht trauen.

„Ich geh an die Tür und paß auf, ob keiner kommt." Walti huschte zur Zelle hinaus.

Als Gittlis Augen dem Blick des Jägers begegneten, war es wieder zu Ende mit ihrem Mut. Zitternd strich sie mit der Hand über ihre Stirn. Weshalb war sie nur eigentlich hieher gekommen?

„Gittli? Bist du's wirklich?" stotterte Haymo. „Sag mir doch um Herrgotts willen, was ist dir denn eingefallen? Hast ja den Klosterbann gebrochen! Schau, in mir drin ist alles völlig kalt vor lauter Angst. Wenn einer käm und tät dich finden, sie täten dich ausweisen aus dem Klosterland."

„Ich muß eh fort!" lispelte sie mit gesenkten Augen.

Haymo schwieg und seufzte.

„Weißt du's vielleicht schon?" fragte sie und blickte zögernd auf.

Er nickte. „Vor einer Weil ist Herr Heinrich dagewesen und hat mir's gesagt."

Rasch trat sie auf Haymos Lager zu. Ihre Hände ballten sich, ihre Lippen wurden schmal, und ein funkelnder Blick erwachte in ihren Augen. „Ich will aber nit fort. Weil — weil ich bleiben möcht, Haymo! Bleiben!"

Seine Hände zitterten; er wagte nicht aufzuschauen.

Sie beugte sich flüsternd zu seinem Ohr. „Was meinst du? Wenn ich davonlaufen tät, jetzt gleich, und tät mich verstecken, daß mich keiner mehr findet? Und dir allein tät ich sagen, wo ich bin!"

Da griff er nach ihren Händen und stammelte ihren Namen. Dann wieder schüttelte er den Kopf und atmete schwer. „Sie täten dich allweil finden. Und — Herr Heinrich hat gesagt, daß es dein Glück sein wird. Dein Glück! Da tät ich mir lieber die Zung abbeißen, als daß ich eine Widerred dagegen hätt. Gar jetzt, wo ich durch meine Unsinnigkeit das Unglück über deinen Bruder gebracht hab!"

„Du? Über ihn?" flog es bebend aus ihr heraus. „Es ist halt gekommen, wie es kommen hat müssen. Wenn ich du gewesen wär, ich hätt das arme Hundl auch nit im Stich gelassen. Und wenn ich der Wolfrat gewesen wär, ich hätt auch zugegriffen und den Bär an der Drossel gepackt, wenn er mich gleich zerrissen hätt."

Haymos Augen blitzten, als das Mädchen so vor ihm stand: mit funkelndem Blick, die Fäuste vorgestreckt, die Lippen halb offen, daß man die übereinandergepreßten Zähne sah. „Gittli!" stammelte er, und ein Wort, das heiß empordrängte aus seinem Herzen, kämpfte gegen den erlöschenden Willen, der es unterdrücken wollte. Da stürzte Walti in die Stube. „Dirn! Mach, daß du weiterkommst! Der Frater Küchenmeister hatschet den Gang herauf, gleich wird er da sein!"

Haymo erblaßte. „Gittli! Fort! Fort! Fort!" Mit beiden Händen drängte er sie vom Lager weg.

Bleich und zitternd stand das Mädchen, nach Atem und Worten ringend. „Ja. Ich geh schon. Aber sag mir, Haymo — oder ich kann nit gehen — bist du mir noch allweil harb?"

„Ich? Harb sein? Dir?" stammelte er. „Wie kannst du denn so was denken?"

Da lachte sie in Tränen, und von dem Buben fortgerissen, schwang sie sich auf die Fensterbrüstung. „Behüt dich Gott, Haymo!" Er streckte die Arme nach ihr, sie zögerte. Aber Walti versetzte ihr einen Puff, daß sie springen mußte. Draußen klang noch die zischelnde Stimme des Buben, ein Rascheln im Gebüsch. Und alles war still.

Haymos Augen hingen am leeren Fenster. „Jetzt seh ich sie nimmer. Nimmer!" Er fiel zurück und schlug die Arme über das Gesicht.

Die Tür begann zu zittern unter den schweren Tritten, die sich näherten. Haymo biß die Zähne übereinander. Der Frater Küchenmeister kam, um seinem jungen Freunde den ersten Krankenbesuch abzustatten. Als er sich auf den Rand des Bettes niederließ, krachten die Bretter in allen Fugen.

„Schau nur, was man dir für eine Ehr antut im Kloster!" lachte der Frater. „Das kracht ja wie ein Herrenbett!" Dann plauderte er weiter, rühmte die göttliche Vorsehung, die alles Böse für Haymo zum guten gewendet, und jammerte über das schlimme Aussehen des Jägers, über den matten Blick seiner Augen. „Aber warte nur," sagte er, „ich will dich schon wieder herausfüttern wie ein Hühnl, das den Zipf gehabt hat. Ja, und daß ich nit vergesse — Vergeltsgott will ich dir auch sagen. Der Knecht, der heut mit dem Saumpferd gekommen ist, hat mir die Nieswurzen gebracht. Die sollen mir ein hilfreicher Beistand werden in meiner unseligen Atemnot. Mit dem Schnaufen geht's allweil härter bei mir, von Tag zu Tag. Oft ist mir, als hätt ich im Hals einen Igel, der sich einspreizt und nimmer in die Höh will. Aber hast du die Wurzen auch zur rechten Zeit gegraben? Hat die Schneeros völlig verblüht gehabt?"

Ein Erblassen ging über Haymos Wangen. „Ja, Frater, die Schneeros hat ausgeblüht. Für mich!" Da war seine Kraft zu Ende. Mit den Zähnen knirschend, warf er sich gegen die Wand, so daß der Frater erschrocken die Hände ineinanderschlug. —

Gittli hatte den Platz vor dem Tor der Klostervogtei gerade erreicht, als die Oberin zurückkam, von Herrn Heinrich begleitet. Der machte verwunderte Augen, als er das Mädchen gewahrte. „Ich hab's doch gewußt!" flüsterte die Oberin. Er nickte dem Mädchen einen freundlichen Gruß zu und trat in das Tor zurück.

„Denke nur, Dirnlein," lächelte die Oberin, „Herr Heinrich hat mich gescholten, weil ich dich allein ließ. Er glaubte wahrhaftig, du würdest davonlaufen."

Ein müdes Lächeln huschte um Gittlis Mund, und von der Mauerecke ließ sich ein leises Kichern hören. Die Oberin guckte, aber Waltis Nase war schon hinter der Mauer verschwunden.

Als Gittli das Nonnenkloster erreicht hatte, ließ sie alles mit sich geschehen, stumm und geduldig wie ein Lamm, das geschoren wird. Die neuen Kleider, die man ihr anlegte, weckten keinen Laut auf ihren Lippen. Sie schämte sich wohl, als sie das lange, blaue Gewand nach der Sitte der Zeit bis über die Schultern ausgeschnitten sah; aber sie sagte nichts, denn sie bekam auch gleich ein weißes, bis zu den Ellbogen reichendes Mäntelchen um den Hals. Ein Gürtel aus weißem Leder umspannte die schlanke Hüfte. Um die Stirn und das offene Haar wurde ein blaues Band geknüpft. Als sie die gelben Schuhe mit den scharfgespitzten, spannenlangen Schnäbeln an den Füßen hatte, staunte sie scheu an sich hinunter.

Die Oberin und die beiden dienenden Schwestern lachten, als Gittli so hilflos dastand, mit seitwärts gestreckten Armen, als wage sie das Kleid nicht zu berühren; sie zitterte und getraute sich keinen Schritt mehr zu tun, denn wenn sie auftrat, knickten die unheimlichen Schuhschnäbel gleich spitzigen Dolchen in die Höhe. Und je lauter die anderen lachten, desto näher kam ihr das Weinen. Plötzlich stürzte sie auf die Türe zu, und als sie die Tür verschlossen fand, sank sie schluchzend zu Boden.

Man hob sie auf, man schalt und tröstete, man säuberte das verstaubte Kleid, und dann wurde sie zu Sepha hinübergeführt, damit sie von der Schwäherin und dem kleinen Buben Abschied nehmen und noch mit ihnen schwatzen könnte.

Vor der Mauer des Nonnenklosters wartete eine Sänfte, die zwischen gegabelten Stangen von zwei Maultieren getragen wurde. Man mußte Gittli hineinheben; aus freien Stücken wäre sie nimmer eingestiegen. Die Oberin setzte sich zu ihr. Zwei Knechte führten die Maultiere, und ein dritter, der gewaffnet war, ritt nebenher.

Die Leute auf der Straße blieben stehen, als sie die Sänfte kommen sahen, und spähten neugierig hinein; niemand erkannte die Schwester des Sudmanns; ihr schmales, blasses Gesicht verschwand fast in der weißen, über dem Scheitel steif geschnäbelten Haube, die man ihr für die Reise aufgesetzt hatte.

Da gingen zwei Mädchen vorüber; brennende Röte flog über Gittlis Wangen: die beiden, das waren die Zenza und eine Magd des Eggebauern.

„Du, da schau," flüsterte die Magd, „was ist denn das für ein Fräulen?"

„Ich kenn's nit," sagte die Zenza, „es muß ein Fremdes sein."

Die Sänfte war vorüber; wie ein Schwindel fiel es über Gittli, alles wirbelte. Die Häuschen an der Straße, das

Salzhaus, dem sie sich näherten, die rauschende Ache mit Ufer und Bäumen, der Berg mit dem Kloster, alles, alles versank vor ihrem Blick, und es war ihr, als sähe sie eine weite, sonnige Alm; grasend, mit läutenden Glocken ziehen die Kühe, und in der Sennhütte singt eine Mädchenstimme; da kommt vom Bergwald ein Jäger über das Almfeld hergegangen, vor der Hütte steht er still, lehnt das Griesbeil an die Blockwand und stößt die genagelten Schuhe gegen die Schwelle; die singende Stimme verstummt, und der Jäger fragt: „Darf man einkehren, Sennerin?" Aus der Hütte klingt die lachende Stimme der Zenza: „Freilich, Haymo, komm nur herein!" —

Die Frau Oberin in der Sänfte war erschrocken aus ihren Gedanken erwacht; denn das Mädchen an ihrer Seite hatte sich mit gellendem Schrei die weiße Haube vom Kopf gerissen, war aufgesprungen und wollte sich aus der Sänfte stürzen.

„Aber Kind! Kind!" stammelte die Oberin, Gittli mit beiden Armen umschlingend. Der gewaffnete Knecht kam herbeigeritten — verstört sah Gittli zu ihm auf, dann fiel sie in die Polster zurück und drückte die Fäuste auf die Brust, als wäre ihr das Herz zersprungen.

Ein paar Leute waren zusammengelaufen. Die Knechte trieben die Maultiere an, und immer rascher, immer weiter schwankte die Sänfte.

23.

Am andern Morgen wandelte Herr Heinrich zu früher Stunde im Garten auf und nieder. Was war in diesen wenigen sonnigen Tagen alles gewachsen und erblüht! Bäume und Sträucher standen in vollem Grün, und jeder Windhauch war gewürzt mit dem Duft der jungen Blumen.

Frater Severin arbeitete an einem kahlen Beet. Um sich das Bücken zu erleichtern, stand er mit weitgespreizten Füßen und schnaufte wie ein Roß, wenn es schwer zu ziehen hat. Dicke Schweißtropfen perlten ihm von der Stirn.

„Guten Morgen, Bruder!" grüßte Herr Heinrich.

„Guten Morgen, Reverendissime!" Frater Severin richtete sich auf und drückte, eine schmerzliche Miene ziehend, die Faust in den Rücken.

„Heute hält's wieder schwer mit dem Bücken, gelt? Hab

schon gehört: gestern hat es wieder unchristlich lange gedauert im Kellerstübl."

„Nit durch meine Schuld!" stotterte Severin. „Aber der Vogt hat gestern gar nit weichen wollen."

„Haben ihn denn die Knechte der Frau Cäcilia nicht geholt?"

„Wohl, Herr, aber er ist nit gegangen, er hat ihnen ein Pergament mit heimgegeben und ist hocken geblieben."

„Und da habt ihr ihm Gesellschaft leisten müssen?"

Frater Severin machte ein ehrerbietiges Gesicht. „Er ist der Vogt, Herr! Wer seiner Würde nit achtet, beleidigt das Kloster."

„Natürlich! Nur immer eine gute Ausrede! Ich werde dieser Höflichkeit einen Riegel vorschieben müssen. Aber sag, was machst du da?"

Der Frater atmete auf, als er das heikle Thema beendet sah. Eilfertig gab er zur Antwort: „Die Nieswurz reiß ich wieder aus."

„Die Nieswurz? Wie kam sie in den Garten?"

„Ich hab gemeint, ich könnt ein Beet mit Schneerosen anlegen, und da hab ich vergangen Jahr im Frühling ein paar Dutzend Wurzen heruntergenommen von der Röt, hab sie hier eingelegt und hab getan, was ich nur allweil gemeint hab, daß es gut wär. Aber nit eine einzige hat getrieben im Winter, und wie ich jetzt nachschau, find ich, daß alle Wurzen vertrocknet sind. Schauet nur!" Er nahm eine der ausgerissenen Wurzeln, brach sie entzwei und zeigte dem Propst das dürre Gewebe. „Kein Tröpfl Saft mehr! Eine Schneeros laßt sich halt nit verpflanzen. Die will Felsen, Bergstürm und Lahnen. Die Luft im Tal und der feine Boden tun ihr nit gut. Da kann einer machen, was er will. Eine Schneeros laßt sich halt nit verpflanzen." Er warf die dürren Strünke von sich. „Schad um die Wurzen! Droben hätten sie geblüht."

Herr Heinrich blickte sinnend vor sich hin; sein Blick

folgte der Straße im Tal, die über Schellenberg hinausführte gegen Salzburg. Er nickte. Und wortlos ging er davon.

Als er eine Weile später sein Gemach betrat, hörte er von der Vogtstube her das alte, polternde Gewitter. Er ging den grollenden Lauten nach, und als er die Tür öffnete, beförderte Herr Schluttemann soeben unter einem Hagelwetter von dröhnenden Scheltworten einen Zinsbauern zur Stube hinaus. Da der Vogt den Propst gewahrte, wurde er verlegen.

„Ist das die Wirkung des Urteils?" fragte Herr Heinrich.

Vogt Schluttemann kraute sich hinter den Ohren.

„Man sagte mir doch, daß Ihr gestern Eurer Hausfrau das Urteil gesendet habt?"

„Das hab ich freilich getan, Reverendissime!" gab der Vogt kleinlaut zur Antwort.

„Nun? Und was sagte sie, als Ihr nach Hause kamt?"

„Nichts."

„Und heute früh?"

„Auch nichts! Aber —" Herrn Schluttemanns Nase begann zu brennen, „aber das Urteil hat sie mir um den Kopf gehauen. Was sagt Ihr, Reverendissime? Eine solche Mißachtung — des Gesetzes!"

Herr Heinrich verwand das Lächeln. „Das muß streng geahndet werden. Bringet mir das Urteil, ich will ihm Wirkung verschaffen."

In heimlicher Schadenfreude rieb sich Herr Schluttemann die Hände, als der Propst die Stube verließ.

Eine Stunde später stieg Herr Heinrich zu Pferd, um nach dem See zu reiten. Als er den Hag des Eggehofes erreichte, sah er Zenza beim Immenhäuschen stehen. Er rief das Mädchen zu sich heran.

„Bist du die Tochter des Bauern?"

„Wohl, Herr!" sagte sie, trotzig zu ihm aufblickend.

„Ist dein Vater daheim?"

„Wohl Herr!"

„So ruf mir deinen Vater, ich habe mit ihm zu reden."

Zenza ging davon. Der Eggebauer erschrak nicht wenig, als das Mädel mit dieser Botschaft kam; er saß gerade in Hemdärmeln am Tisch und löffelte die Morgensuppe. In der schreckhaften Eile warf er den Napf um, fuhr in den verkehrten Rockärmel und rannte mit dem Ellbogen an den Türpfosten. Keuchend lief er um das Haus herum; je näher er dem Propste kam, desto langsamer wurde sein Gang, desto scheuer sein Blick.

„Grüß Gott, Eggebauer!"

Der Bauer zog die Kappe.

„Ich höre, dein Weib war krank. Wie geht es jetzt?"

„Es macht sich, Herr, jawohl!" Der Bauer seufzte und strich mit der Hand übers Haar. „Der Bader meint, sie könnt in acht Tagen schon wieder aufstehen."

„So? Das hör ich gern." Herr Heinrich tätschelte beruhigend den Hals des Pferdes, das ungeduldig mit den Hufen scharrte. „Ja, ja, Eggebauer, du mußt gut angeschrieben stehen beim lieben Herrgott. Schau nur, dir schickt er Freude und Genesung ins Haus, und deinem Nachbar, dem armen Sudmann, hat er Not und Tod geschickt."

Der Eggebauer schlotterte an Händen und Füßen.

„Nun? Du fragst gar nicht, wie es dem Wolfrat geht? Ich höre doch, du wärst allweil sein bester Freund gewesen? Hast ihm doch an Ostern das Lehent geliehen?"

„Wohl, Herr, ja, das Lehent, ja, das hab ich ihm geliehen, weil — weil er so ein armer Hascher ist!" lallte der Bauer. „Wohl! — Und — freilich, Herr, freilich — da möcht ich schon fragen, wie's ihm geht, dem Wolfrat?"

„Schlecht, Eggebauer! Der arme Teufel geht seinem letzten Stündl entgegen."

Der Bauer atmete auf; einer, der vor dem letzten Schnaufer steht, so dachte er, kann nimmer reden!

Herr Heinrich blickte auf den Sattelknauf und schüttelte

nachdenklich den Kopf. „Was mag der Wolfrat nur getan haben, daß Gott eine so schwere Straf über ihn schickt? Er war doch allweil ein braver, redlicher Mensch. Wenn er was Übles getan hat," Herr Heinrich blickte auf, „da muß ihn ein anderer dazu verhetzt haben. Meinst du nicht auch, Bauer?"

„Wohl, Herr — allweil ist er ein braver Mensch gewesen — der Wolfrat — allweil!" Dem Eggebauer trat der kalte Schweiß auf die Stirn.

„Gelt, ja! Wenn ich nur den herausfinden könnt, der den Wolfrat auf dem Gewissen hat! Dem wollt ich warm machen." Das Pferd bäumte sich, denn Herr Heinrich hatte die Zügel unsanft angezogen.

Erschrocken trat der Bauer zurück und fuhr sich mit dem Arm über die Stirn.

„Was hast du, Eggebauer?" fragte der Propst.

„Schwül, Herr — schwül ist mir. Ich mein', die Sonn wird heut noch richtig brennen."

„So? Meinst du?" Herrn Heinrichs Augen blickten hinüber nach dem benachbarten Gehöft. „Das ist doch das Haus des Sudmanns, gelt?"

„Wohl, Herr!"

„Jetzt liegt der arme Mensch verblutend in der Klause, und sein krankes Weib liegt droben bei den frommen Schwestern. Wer behütet jetzt das Lehen? Wer schaut auf Gras und Klee? Wer sorgt für die Hennen, für die Immen und für die Geißen?"

„Das könnt ich besorgen!" fiel der Bauer hastig ein. „Ich hab Leut genug im Haus."

„Brav, Eggebauer! Das will ich dem Wolfrat gleich erzählen, wenn ich in die Klause komm."

„Ja, Herr! Saget ihm nur, was ich ihm für ein guter Freund bin!" sprudelte es über die bleichen Lippen des Bauern. „Und — schauet, Herr — weil sich die armen Leut so fretten müssen — da hab ich schon oft so gemeint, man könnt an das Haus einen Stall anbauen? Und — ich könnt ihm eine Kuh hinüberstellen. Und ich tu's auch, meiner Seel! Ja, Herr! Und saget es ihm nur gleich, was ich alles für ihn tu."

„Der Wolfrat wird nimmer viel davon haben. Aber doch sein armes Weib. Und das wird dem Mann ein Trost sein in der letzten Stund. Ja, Bauer, tu's nur! Und damit deine Kuh nicht einschichtig steht, stell ich eine andere dazu. Und weil es doch Klostergut ist, das du verbesserst, will ich auch mein Teil dazu geben. Das Holz, das du nötig hast zum Bau, kannst du in meinen Wäldern schlagen, und das Eisenwerk, das du brauchst, magst du in der Klosterschmiede holen. So bleibt dir nur die Arbeit zu leisten. Und wenn du schon grade dran bist, magst du auch gleich das ganze Haus ein wenig nachbessern, neue Dielen legen, im Dach die Lücken schindeln — was halt nötig ist. Gelt?"

„Wohl, Herr!" nickte der Eggebauer mit versagender Stimme, während ihm der Schweiß in dicken Tropfen herunterkollerte über die fahlen Backen. „Und saget es ihm nur gleich, was ich alles für ihn tu!"

„Das will ich ihm sagen. Fang nur gleich an zu schaffen! Und alles fest und gut, Eggebauer! Gelt? Ich werde nachschauen jede Woch."

Lächelnd, doch ohne Gruß, ritt Herr Heinrich davon.

Es schien, als wäre dem Eggebauer schwindlig geworden. Er griff in die Hecke. Mit starren Augen blickte er dem Propste nach, und als er ihn zwischen den Bäumen verschwinden sah, wischte er sich den Schweiß vom Gesicht, trocknete die nassen Hände an der Hüfte und murmelte: „Da hab ich mir eine schöne Supp eingebrockt! Jetzt friß, Bauer, friß!"

In frischem Trab ritt Herr Heinrich durch das frühlingsblühende Tal. Als er den See erreichte, sah er neben einer Fischerhütte die mit Stangen ausgespreizte Bärenhaut zum Trocknen in der Zugluft eines schattigen Platzes stehen.

Das Pferd wurde versorgt, und ein Knecht ruderte den Propst im Einbaum nach der Bartholomäer Klause.

Stiller Friede atmete um die kleine steinerne Kirche, die den hochgetürmten Wänden des Wazmann zu Füßen lag: ein Bröselein Menschenwerk neben dem ewigen Riesenbau des Schöpfers. Das Sonnenlicht glitzerte über dem weißen Kiesgrund, aber vom nahen Gletscher der ‚Eiskapelle' wehte eine kühle Luft. Weit draußen in der Wiese sang ein Knecht, der am hohen Hag das von den Lawinen zerdrückte Flechtwerk besserte.

Nah bei der Kirche stand die aus Blöcken erbaute Klause, in welcher Pater Eusebius mit einem Laienbruder und zwei Knechten hauste.

Eusebius, der das Boot schon hatte kommen sehen, erwartete den Propst am Ufer.

„Nun, wie geht es ihm?" fragte Herr Heinrich, während sie zur Klause gingen.

Der Pater zuckte die Schultern. „Er kann noch Tage, noch Wochen kämpfen. Seine Riesennatur wehrt sich gegen den anstürmenden Tod, wie im Bett des Wildbaches ein Felsblock gegen das anstürzende Wasser; aber das Wasser läßt nimmer nach, der Block muß weichen. Bis vor einer Stunde lag der Mann in wildem Fieber." Eusebius blieb stehen. „Wisset Ihr, Herr, daß der Mann eine schwere Schuld auf dem Gewissen hat?"

„Was meinst du?"

„Im Fieber hat er's ausgeredet: er war es, der den Haymo gestochen hat."

„Ich weiß es. Und du, Eusebius, bewahre, was der Mann dir im Fieber gebeichtet hat! Ist er jetzt bei Sinnen?"

„Ein Weilchen immer, bis die Schwäche wieder kommt."

„Und daß er das Fieber überstand, das gibt keine Hoffnung?"

Eusebius schüttelte den weißen Kopf. „Die größte Gefahr

liegt dort, wo ich nicht hin kann mit meinen Händen, in der Brust. Drei Rippen sind gebrochen und in die Lunge gedrückt. Die äußerlichen Wunden hätte seine Natur vielleicht noch überstehen können. Freilich, die Schulter sieht bös aus! Alle Nervenstränge sind zerrissen, der Arm ist tot und die Schulter lahm."

„Die Schulter? — In die Schulter hat er dem Haymo das Messer gestoßen."

„Ja, ja," sagte Eusebius, während ein feines Lächeln seinen welken Mund umspielte, „der liebe Gott schickt mitunter merkwürdige Zufälle."

Herr Heinrich tat, als hätte er das Wort überhört.

Sie traten in die Stube, in welcher Wolfrat gebettet lag; er ruhte auf blutigen Kissen, die Brust mit wulstigen Verbänden umschnürt, die Arme geschindelt und gebunden, damit er sie nicht rühren könnte; das Gesicht war mit Leinwand überklebt, so daß man kaum die Augen und den Mund erkannte.

Er war bei Bewußtsein. „Herr! Guter Herr!" klang es mit leisem Stöhnen.

„Geh, Eusebius, laß mich allein mit ihm!" sagte Herr Heinrich.

Eusebius verließ die Stube und setzte sich vor der Klause auf die sonnige Bank. Drinnen klang in Zwischenräumen die Stimme des Propstes; er schien Frage um Frage zu stellen, auf welche Wolfrat mit matten Lauten Antwort gab. Eusebius lauschte nicht. Mit verschränkten Armen saß er an die Wand gelehnt, und seine klugen, forschenden Augen schauten langsam umher, als läge die Natur vor ihm wie ein aufgerolltes Pergament: jeder Baum ein Buchstabe, jeder Fels ein Wort.

Da fühlte er ein leises Kribbeln auf der Hand; eine Ameise lief über seine Finger; er bückte sich und ließ das verirrte Tierchen von seiner Hand auf die Erde kriechen; hier fand es Gesellschaft, eine zweite Ameise kam eilig über den Kies gehuscht; auf einem flachen Steinchen trafen sich die beiden; sie stutzten voreinander, hielten erregte Zwiesprache mit den Fühlern, liefen ein wenig zurück, dann wieder vor, und plötzlich fielen sie sich kämpfend an.

„Es ist doch allweil das gleiche!" lächelte Pater Eusebius und tippte die Streitenden mit dem Finger an, daß sie erschrocken auseinanderfuhren. „So groß ist die Welt! Es könnt doch eines am andern vorbeigehen in Ruh und Fried. Aber nein, just nicht! Raufen müssen sie, beißen, schlagen und stechen."

Herr Heinrich trat aus der Klause. Eine tiefe Erregung sprach aus seinen Zügen und Augen. Mit eindringlichen Worten empfahl er den Sudmann der Pflege des Paters. „Und was ich dir sagen will: du brauchst den Mann nicht mehr zu fragen wegen seiner Schwester."

Mit raschen Schritten ging der Propst dem Ufer zu, um die Heimfahrt anzutreten.

Als er eine Stunde später am Haus des Sudmanns vorbeiritt, sah er den Eggebauer schon im verlassenen Gehöft umherspazieren, die Hände hinter dem Rücken, mit verdrossenen Augen das Dach und die Mauern musternd.

Der Bauer schien mit seiner Freundschaft für Wolfrat große Eile zu haben; schon am folgenden Morgen begann er die Arbeit, zum keifenden Verdruß seines Weibes, auf dessen scheltende Fragen der Bauer nur immer die kleinlaute Antwort wußte: „Es muß sein. Der Herr will's haben. Frag ihn, warum!"

Tag um Tag verging.

Bei Sepha war eine schwere Krankheit zum Ausbruch gekommen. Und die Nachrichten aus der Bartholomäer Klause lauteten immer gleich: ein zähes, doch nutzloses Ringen wider den Tod. Mit den Salzfuhren aber ging täglich die freundliche Botschaft nach Salzburg: Gittli möge sich trösten, es stünde besser. — —

Nach der zweiten Woche war Haymo so weit genesen, daß

er seinen Hegedienst in der Röt wieder antreten konnte. Aber seine Wangen wollten sich nicht wieder färben, seine Augen blieben trüb und müde. Dieser heitere, lebensfrohe Bursch war ein stiller, in sich versunkener Mann geworden. Mit eisernem Fleiß versah er seinen Dienst. Das Bleiben in der Hütte war ihm eine Qual; und als die Nächte wärmer wurden, legte er sich, wo der Abend ihn überraschte, unter freiem Himmel schlafen. Lange Stunden saß er oft dem Kreuz in der Röt zu Füßen und starrte die Nägel an, von denen der Föhnsturm Gittlis Schneerosen hinausgeweht hatte in die brausenden Lüfte. Wohin? Wohin?

Zwei weitere Wochen, und es war Almenzeit geworden. Die Niederalmen waren schon mit Jungvieh befahren; nun ging es mit den Milchkühen auf die Hochalmen.

An einem sonnigen Morgen war im Gehöft des Eggebauern Bewegung und Leben. Die freigelassenen Kühe rannten mit gestreckten Schweifen umher und brüllten, aber nicht laut genug, um die kreischende Stimme der Eggebäuerin zu übertönen, die seit Tagen schon das Krankenbett verlassen hatte und wieder in Haus und Hof umherfuhr — der Bauer pflegte zu sagen: wie der ledige Teufel.

Zwei Knechte standen vor einem Ziehkarren bereit, auf den das Almgerät geladen war. Auch Zenza hatte sich schon zur Bergfahrt gerüstet, Hut und Griesbeil mit Blumen geschmückt.

Der Eggebauer sah brummend umher, bis ihm Zenza zurief: „Was ist denn, Vater, wo bleibt der Hüter? Du wirst doch einen gedingt haben?"

„Wohl! Vor vier Wochen hat sich schon einer angetragen. Nur die Zehrung hat er verlangt, keinen Heller Lohn. Da hab ich ihn freilich genommen. Schau, da kommt er."

Zenza blickte auf und sah den Kropfenjörgi das Gehöft betreten. Sie lachte zornig hinaus; aber sie sagte kein Wort.

Die Bergfahrer sammelten sich um die Bäuerin, die den

Almsegen sprach und Menschen und Vieh mit geweihtem Wasser besprengte.

Dann begann die Almfahrt, mit Lärm und Geschrei, mit Brüllen und Läuten.

Spät am Abend wurde die Sennhütte in der Röt erreicht; am Morgen zogen die Knechte wieder ab, und am folgenden Tag war alles auf der Alm im Geleise.

Mit fahriger Verdrossenheit tat Zenza ihre Arbeit; über ihrem Wesen lag eine fiebernde Unruh, die sich steigerte von Tag zu Tag.

Eines Abends ging Haymo nah bei der Hütte vorüber. Zenza sprang mit brennendem Gesicht zur Tür. „Haymo! Willst du nit ein lützel einkehren?"

„Vergeltsgott, Sennerin! Ich hab keine Zeit." Er rückte die Kappe und stieg seines Weges weiter.

Erblassend trat sie in die Hütte zurück. Ihre Fäuste ballten sich. „Das war das letzte Wörtl, das ich ihm gegeben hab."

Der Kropfenjörgi kam; er erschrak, als er Zenzas Gesicht erblickte. „Was hast du, Sennerin?" fragte er. „Bist du letz?"

„Laß mich in Ruh, du Täpp!"

Er setzte sich in den Herdwinkel und starrte sie mit seinen glotzenden Augen an, bis sie ihn aus der Hütte jagte.

Tag um Tag verging, und Zenza wurde immer stiller und verdrossener. Der Kropfenjörgi hatte viel mit der Herde zu schaffen, aber in jeder freien Minute lief er hinter dem Mädel her wie ein Hund hinter seinem Herrn. Mit dem Spürsinn der Eifersucht fand er bald heraus, wo die Ursach ihrer schlimmen Laune zu suchen wäre. Zenzas Augen blickten nie so finster, als wenn Haymo auf seinem Hegergang in die Nähe des Almfeldes kam.

„Sennerin? Hat dir der Jäger was getan?" fragte der Kropfenjörgi zu dutzendmalen.

Zenza hatte immer die gleiche Antwort: „Laß mich in Ruh!"

Eines Abends trat ihr der verschlossene Zorn doch auf die Lippen. Da saßen sie am Herdfeuer. Draußen ging ein Schritt vorüber. Zenzas Augen flammten, und ihre Hände zitterten.

Jörgi schlich aus dem Winkel hervor. „Sennerin?" fragte er mit heiserer Stimme. „Sag mir's! Hat dir der Jäger was getan?"

„Ja. Einen Schimpf hat er mir angetan, an dem ich erstick! Und jetzt laß mich in Ruh und frag nimmer!"

Jörgi trat vor die Hütte. Ringsumher, mit leise klingenden Glocken, lagen die wiederkäuenden Rinder im Gras. Sie hatten alle den Kopf nach dem Jäger gewendet, der in der sinkenden Dämmerung über den Almhang emporstieg. Jörgi ballte die Fäuste.

„Wart du! Wir zwei, wir wachsen zusammen!" Sein funkelnder Blick folgte der Gestalt des Jägers, bis sie im schwarzen Schatten des Waldes verschwand.

24.

Zwei Monate waren seit dem Ostertag vergangen, und es kam der Abend vor dem Sonnwendfest.

Walti hatte am Morgen dem Jäger frische Zehrung gebracht. Auf die Botschaft, daß Herr Heinrich dem Jäger gestatte, am Tag nach Sonnwend, am Fronleichnamsfeste, in das Kloster zu kommen, um dem feierlichen Umzug beizuwohnen, hatte Haymo kopfschüttelnd erwidert: „Ich kann nit fort, das Hochwild ist in der Setzzeit, ich muß auf die jungen Kälber acht haben, daß mir keiner drüberkommt, der vier Füß hat oder weniger." Dann hatte er die Armbrust hinter den Rücken genommen und war hinausgewandert in die vom Sonnenduft des Morgens umflimmerten Berge.

Müde, aber mit Augen, die sich nach keinem Schlummer sehnten, kehrte er abends in die Hütte zurück. Er bereitete sich den Imbiß, löschte das Feuer und zog gewaffnet, wie er gekommen, wieder hinaus in die sinkende Nacht.

Nicht allzufern von der Hütte, auf einer Felskuppe, die

das weite Steintal beherrschte, ließ er sich nieder. Das war ein Lieblingsplatz seiner schlummerlosen Nächte.

Tausend Sterne funkelten über ihm, aber ihr Glanz erblaßte schon vor dem Schimmer des steigenden Mondes, dessen Scheibe voll und groß emporschwamm über die wie mattes Silber glänzenden Firnen des Steinernen Meeres. In zartem Grau, als wären sie nicht körperlich, sondern gebildet aus erstarrtem Nebel, hoben sich alle Grate, Zinnen und Kuppen der Berge mit duftverschwommenen Linien in den mondbleichen Himmel, und über sie alle hinaus ragte der Wazmann mit seinem schneebedeckten Haupt, wie ein greiser Ahn inmitten seiner Kinder.

Haymo saß, die Arme um die aufgezogenen Knie geschlungen, das Haupt an den kühlen Fels gelehnt. Mit heißen Augen blickte er über die Berge, weit, weit in die verschleierte Ferne, wo zwischen Göhl und Untersberg das finstere Tal gegen das ebene Land hinauskroch wie eine schwarze, riesige Schlange. Dort draußen konnte Haymo, wenn es Tag und reiner Himmel war, die Türme von Salzburg blinken sehen. Jetzt aber zeigte ihm die Ferne nichts als ein unentwirrbares, eintöniges Grau, in das der steigende Mond weder Helle noch Schatten brachte. Doch nein — je länger Haymo in die Ferne starrte, desto deutlicher sah er ein sanftes Leuchten, wie von zwei Sternen, die ein dünner Nebel umflossen hält; und immer näher schienen sie zu kommen, immer heller wurde ihr Glanz, und nun schimmerten sie vor ihm: zwei große, schöne, rätselhafte Augen in einem schmalen, blassen Gesicht, das ihn anlächelte, selig und traurig zugleich.

„Gittli!"

Er schrie den Namen in die Nacht hinaus und vergrub das Gesicht in die zitternden Hände.

Stunde um Stunde verging. Es mochte Mitternacht vorüber sein, als ein Geräusch den Jäger lauschen machte. Aus dem Steintal klangen Schritte, die immer aussetzten und nach einer Weile, gedämpft und näher, sich wieder hören ließen. Da kam einer emporgestiegen, der für seinen Schritt die grasigen Stellen des Pfades zu suchen schien; er mußte Gründe haben, nicht gehört zu werden.

Lautlos glitt Haymo über den Hang und barg sich im schwarzen Schatten eines Gebüsches. Da sah er einen dunklen, unförmigen Klumpen langsam durch das Tal emporschwanken. Haymo vermochte lange nicht zu erkennen, was es wäre; endlich sah er: es war ein Mensch, der einen gewaltigen Pack von dürrem Reisig auf dem Kopfe trug; nun erreichte er den freien Platz, auf dem die Hütten standen, und legte vorsichtig den Pack zu Boden. Da erkannte ihn Haymo im Mondlicht. Es war Zenzas Hüter, der Kropfenjörgi.

„Was will der Unverstand?" murmelte Haymo und sah kopfschüttelnd zu, wie Jörgi die Schuhe von den Füßen streifte und auf die Jägerhütte zuglitt. Der Bursche lauschte an Tür und Fenster, dann schleppte er einen Felsbrocken herbei, holte einen zweiten, einen dritten, und so türmte er lautlos einen dicken Steinwall vor der Tür empor. Das Reisig verteilte er um die Blockwand und kauerte sich mit leisem Kichern auf die Erde nieder. Ein Schwefelfaden leuchtete bläulich auf, und aus dem Reisig züngelte eine helle Flamme. Jörgi schlich davon und rief mit häßlichem Gelächter gegen die Hütte zurück: „Du wirst der Zenza keinen Schimpf mehr antun!"

Da traf ihn ein Faustschlag, daß er bewußtlos zu Boden stürzte.

Haymo eilte auf die Hütte zu, riß das brennende Reisig auseinander und zertrat die Flammen.

Jörgi kam zur Besinnung; er wollte sich erheben, aber der Jäger warf sich über ihn, und da half es dem Burschen nichts, ob er auch um sich schlug, ob er biß und kratzte wie ein Tier; ein kurzer Kampf, und Jörgi lag mit geknebelten Händen.

„Steh auf!" sagte Haymo.

Jörgi erhob sich.

„Geh voran!"

Der Bursch trottete gesenkten Kopfes auf dem Steig dahin. Mit geschultertem Griesbeil ging Haymo hinter ihm her.

Es war Morgen geworden, als sie die Alm erreichten. Die Kühe zogen schon läutend über das Feld; aber an Zenzas Hütte war die Tür noch geschlossen. Haymo stieß das Griesbeil gegen die Bohlen. „Sennerin! Mach auf!"

Man hörte in der Hütte eine stammelnde Stimme, ein Geräusch, dann wurde die Tür aufgerissen, und Zenza erschien, mit ungeordnetem Haar und nackten Schultern, den Jäger anstarrend mit erschrockenem Blick.

„Da bring ich dir deinen Hüter!" sagte Haymo. „Er hat mich in meiner Hütt verbrennen wollen. Damit ich dir keinen Schimpf mehr antu!"

Zenza wurde kreidebleich, dann wieder schoß ihr brennende Zornröte in die Wangen. Mit heiserem Schrei stürzte sie auf Jörgi zu und schlug ihm, ehe Haymo es hindern konnte, die Faust ins Gesicht. Jörgi wankte, sein Gesicht verzerrte sich, aber kein Laut kam über seine Lippen, und mit gläsernem Blick hingen seine Augen an dem Mädel.

Haymo war davongegangen. Da kam ihm Zenza nachgerannt und umklammerte seinen Arm.

„Haymo! Haymo! Ich tu dir schwören bei allem, was heilig ist im Himmel und auf der Welt: ich hab's ihm nit geschafft. Ich hab nichts gewußt davon."

„Das weiß ich, Zenza."

„Schau, Haymo, wenn's geschehen wär, ich selber hätt sterben müssen."

Er sah sie mit traurigen Augen an, löste ihre Hände von seinem Arm, nickte einen Gruß und ging seiner Wege.

Wie zu Stein verwandelt stand das Mädel und starrte ihm nach. Sie strich den Arm über die Stirn und kehrte müd zur

Hütte zurück. Mit einem Messer zerschnitt sie den Strick an Jörgis Händen. „Geh, sag ich, und komm mir nimmer unter die Augen!"

Der Bursch glotzte sie an und rührte sich nicht.

„Mach fort, sag ich! Und wenn du hinunterkommst, dann richt meinem Vater aus, er soll mir einen anderen Hüter schicken."

Jörgi stand unbeweglich; nur ein Zittern lief über seinen Körper, als Zenza in die Hütte trat; dann atmete er schwer, rieb die Knöchel seiner Hände, faßte die Geißel, die an der Hüttenwand lehnte, und begann seinen Hüterdienst.

Als es Mittag wurde, sah ihn Zenza die Kühe zum Stall treiben. „Du bist noch allweil da?" rief sie mit zornbebender Stimme.

Ein funkelnder Blick traf sie aus seinen Augen. „Ich geh nit, Sennerin! Und wenn einer mit zehn Rossen käm und tät mich fortziehen wollen, ich bleib."

Sie trat auf ihn zu, riß ihm die Geißel weg und hob sie zum Schlag.

„Willst du gehen?"

„Hau zu! Ich wehr mich nit. Aber bleiben tu ich."

Klatschend fuhr ihm die Schnur der Geißel ins Gesicht und zeichnete einen blauroten Striemen über Stirn und Wange. Jörgi rührte sich nicht; das Wasser lief ihm aus den starren Augen.

Wieder fragte sie: „Willst du gehen oder nit?"

Er biß die Lippen übereinander und schüttelte den Kopf.

Sie wollte schlagen. Ein Gefühl des Ekels überkam sie — und sie wußte nicht, war es Ekel vor sich selbst, oder Ekel vor diesem menschenähnlichen Tier. Sie warf ihm die Geißel vor die Füße und ging der Hütte zu.

Zitternd hob Jörgi die Geißel auf, ließ die Schnur durch die Finger gleiten und machte sich wieder an seine Arbeit.

Gegen Abend wurde es lebendig auf der Alm. Eine Schar junger Burschen kam; mit ihnen ein Sackpfeifer und ein

Zitherschläger. Die Spielleute begannen eine lustige Weise, während die Burschen singend und jauchzend den Holzstoß zum Sonnwendfeuer rüsteten. Dann wurde die Bahn für das Scheibenspiel geebnet. Auf dem untersten Hang des Almfeldes baute sich eine grasige Kuppe über den steil zum See abfallenden Bergwald hinaus; man mußte schwindelfreie Augen haben, um von dieser Stelle furchtlos hinunterzublicken in die gähnende Tiefe, in welcher der See gebettet lag. Ein geflochtener Zaun umschloß den Platz, um das grasende Vieh vor der gefährlichen Stelle zurückzuhalten. Diesen Zaun entfernten jetzt die Burschen, und mit Holzpflöcken stampften und schlugen sie den sacht ansteigenden Grasboden der Kuppe glatt, um eine ebene Bahn für die rollenden Scheiben zu gewinnen; das machte ihnen nur wenig Mühe, denn der Boden war noch glatt vom vergangenen Sommer her. Es wurde auf dieser Kuppe, die der ‚Feuerpalfen'[27] hieß, seit grauen Zeiten, Jahr um Jahr, das Sonnwendspiel gehalten.

Lange, biegsame Stangen wurden zugerichtet, eine mächtige Fichte wurde gefällt, der Stamm mit der Säge in Scheiben zerschnitten, und aus jeder dieser Scheiben wurde das Mark herausgebohrt.

Der Abend dämmerte schon, als alle Vorbereitungen getroffen waren. Der Gäste wurden immer mehr; ein Bursch um den anderen kam aus dem Tal emporgestiegen, mit hellem Jauchzer sich ankündend; von allen Almen her, oft viele Stunden weit, kamen die Sennerinnen, und jede brachte ein mit geweihtem Wasser besprengtes Scheit zum Sonnwendfeuer und eine lange Kienfackel, um die heilige Flamme heimzutragen durch die finstere Nacht.

Als am dunklen Himmel die Sterne blinkten, wurde Feuer an den Stoß gelegt. Alle standen schweigend im Kreis umher, um achtzuhaben, wie hoch die erste Flamme emporzüngle: denn so hoch würde der Flachs geraten in diesem Jahr.

Mit Knistern und Prasseln wuchs das Feuer, und es währte nicht lang, da loderte es baumhoch empor mit rauschenden Flammen, die sich durcheinander ringelten wie hundert glühende Schlangen. Und da begannen auch in der finsteren Ferne, auf allen sichtbaren Gebirgsstöcken, auf den Lattenbergen und dem Wazmann, auf dem Göhl und Untersberg die Sonnwendfeuer aufzuleuchten, daß es anzusehen war, als hätte der Himmel seine Sterne als feurige Flocken heruntergeschüttet auf die Berge.

Die Pfeife klang, die Zither fiel ein, jeder Bursch faßte sein Mädel um die Mitte, und in geschlossenem Reigen wirbelten die jauchzenden Paare rings um das Feuer, bis der Holzstoß zerfiel und die Flammen zu schrumpfen begannen. Da stellten sich die Paare in langer Reihe auf.

„Springet, Dirnen und Buben," rief der Zitherschläger, „daß euch beim Traidschneiden das Kreuz nit weh tut!"

Und der Bursch, der zuvorderst in der Reihe stand, warf seinen Hut in die Luft und sang dazu:

> „Unterm Kopf, überm Kopf
> Tu ich mein Hütl schwingen!
> Dirndl, wie lieber mich hast,
> So höher mußt springen."

Lachend reichte ihm sein Mädel die Hand, in gleichem Schritt begann das Paar den immer flinker werdenden Anlauf. „Hupp auf!" schrien alle anderen. Und in hohem Schwung flog das Paar über die breite Glut hinweg und durch die züngelnden Flammen. Jauchzender Zuruf folgte dem glücklichen Sprung, und der Bursch halste das Mädel: „Schatz! Wir haben uns ein glückselig Jahr erschwungen!"

Paar um Paar sprang über das Feuer; mißglückte der Sprung, dann regnete es spottende Scherze über die Ungeschickten, die mit verdrossenen Gesichtern hinter die Reihe zurücktraten, um den Sprung ein zweites Mal zu versuchen.

Zenza stand mit verschränkten Armen unter der Hüttentür und schaute finster dem fröhlichen Treiben zu.

Da trat ein Bursch zu ihr. „Zenza, willst du dich nit schwingen mit mir?"

Sie blickte auf; es war Ulei der Bildschnitzer. Sie gab ihm keine Antwort; nicht einmal den Kopf schüttelte sie; schweigend trat sie aus der Tür, wandte dem Burschen den Rücken und wanderte langsam in die Nacht hinaus.

Das letzte Paar war glücklich über das Feuer gesprungen, und nun begann das Scheibenspiel. Ein Bursch um den anderen faßte mit langer Stange eine der durchlöcherten Scheiben und hielt sie ins Feuer, bis sie zu glühen begann; dann sagte er den altherkömmlichen Scheibenspruch, setzte das glühende Rad auf die ebene Bahn und begann gegen den Feuerpalfen zu laufen; nahe vor dem Abgrund ließ er die rollende Scheibe mit kräftigem Schwung von der Stange gleiten, daß sie funkensprühend hinausflog in die Luft und verglimmend in die Tiefe sank. Auch hier gab es Lob und Spott, je nachdem der Wurf gelang. Unter den Scheiben war eine, mit welcher keinem Burschen der Schwung gelingen wollte; die Scheibe war zu plump und schwer geraten; bald wollte sie nicht richtig glühen, bald brach unter ihrem Gewicht die Stange, bald wieder rollte sie seitwärts davon, noch ehe der Feuerpalfen erreicht war. Am Ende ließ man sie liegen und hielt sich an die leichteren Scheiben, die sich flink und lustig treiben ließen. Wohl eine Stunde währte das fröhliche Spiel, das sich wundersam ausnahm in der finsteren Nacht.

Da kam noch ein später Gast zum Sonnwendfeuer: Haymo, der Klosterjäger. „Schenket mir auch eine Scheib!" sagte er zu den Burschen, die ihn mit herzlichem Willkomm empfingen.

„Schad, Jäger, du bist zu spät gekommen. Die Scheiben sind all schon vertrieben."

„Dort liegt noch eine."

„Die will sich nit treiben lassen."

„Sie muß!" Der Jäger packte den rußigen Klotz und warf ihn ins Feuer. Als die Scheibe um und um glühte, hob er sie mit der Stange aus den Flammen und sagte mit bebender Stimme den Spruch:

„Eine Scheiben
Will ich treiben
Meiner Herzallerliebsten zu Ehren!
Will's einer wehren?"

Mit jähem Ruck setzte er den brennenden Klotz auf die verkohlte Grasbahn, fing zu laufen an und wirbelte die Scheibe, daß die Funken emporstoben wie aus einer Esse. Dicht vor dem Absturz hielt er inne. „Gittli, ich tu dich grüßen!" Das schrie er mit zitterndem Ruf in die Nacht hinaus. Und von mächtigem Schwung getrieben, surrte das feurige Rad in weitem Bogen über den Abgrund.

Alle rannten zum Feuerpalfen. „Schauet nur, schauet," riefen die Mädchen, „so hat noch keiner eine Scheib getrieben!"

Inmitten der Lärmenden stand Haymo und blickte stumm seiner Scheibe nach, die einer fallenden Sonne gleich in die Tiefe sank und immer noch keinen Grund erreichte.

„Schauet, schauet," rief es rings um ihn her, „sie fällt hinunter bis in den See!"

Tiefer und tiefer sank das kreisende Feuerrad, es wurde kleiner und kleiner, nun glich es schon einem winzigen Stern, und jetzt — die Scheibe mußte auf einen Fels gefallen und zersplittert sein — jetzt sprühte der Stern in hundert Funken auseinander, die sacht erloschen.

Schwer atmend schloß Haymo die Augen. So war sein leuchtendes Glück zerbrochen, versunken und erloschen.

Er wand sich aus dem jubelnden Kreis und trat in die Finsternis des Waldes. Dort stand er im schwarzen Schatten der Bäume und starrte nach dem erlöschenden

Sonnwendfeuer, dessen zuckende Flammen vor dem Licht des steigenden Mondes erblaßten. Er sah, wie eine Sennerin nach der andern zum Feuer trat, um die Kienfackel zu entzünden. Paarweis zogen sie davon, bergab oder seitwärts über die Halden, jede Dirn mit ihrem Buben. Grüße, Jauchzer und Jodler hallten von allen Pfaden durch die mondhelle Nacht. Und vom Steig herauf, der hinunterführte ins Klosterdorf, klangen noch die gurgelnden Töne der Sackpfeife. Bald waren die letzten Gestalten der Heimwärtsziehenden im Dämmerschein der Mondnacht entschwunden, und man sah auf allen Wegen nur noch die Fackeln ziehen, gleich gaukelnden Sternen, und jeder von diesen Sternen leuchtete einem heimlichen Glück, zärtlichem Geplauder und endlosen Küssen.

Haymo wollte aus dem Wald hervortreten. Da sah er noch einen letzten zu dem erlöschenden Feuer treten. Jörgi war es; er steckte ein Bündel Späne in die Glut, und als sie Feuer fingen, trug er die heilige Sonnwendflamme in Zenzas Hütte.

Haymo wollte ihm nicht begegnen; im Schatten des Waldes schritt er langsam dahin. Als er dann quer über das Almfeld wanderte, hörte er plötzlich in seiner Nähe ein bitterliches Weinen. Unter einer einsam stehenden Fichte sah er Zenza auf der Erde sitzen; sie hielt das Gesicht mit den Händen bedeckt, ihr ganzer Körper schauerte von Schluchzen. Sie hörte seinen Schritt nicht; erst als er, leis ihren Namen nennend, die Hand auf ihre Schulter legte, blickte sie erschrocken auf. „Was willst du von mir?"

„Ich hab dich weinen hören. Das hat mir weh getan. Und ich möcht dir's abbitten, wenn ich dir etwas Ungutes angetan hab. Schau, Zenz, ich kann nichts dafür."

Sie lachte zornig.

„So mußt du nit sein, Zenza! Es kann doch keines was dafür. Es hat halt nit sein mögen, daß wir zwei uns zusammenfinden in Freud und Fried. Schau, Zenz, so laß uns zusammenstehen und gute Kameradschaft halten im Herzleid! Könntest du nur hineinschauen in mich, wie's ausschaut da drin. Ich weiß, du tätst mir nimmer zürnen, sondern tätst ein Erbarmen mit mir haben."

„Haymo!" stammelte sie und zog ihn an ihre Seite. „Komm, schau, tu dich vor mir nit scheuen! Vor mir kannst du alles reden. Was hast du für ein Herzleid? Sag's, Haymo!"

In heiß quellendem Schmerze rang es sich aus seiner Brust: „Ich kann das Mädel nit vergessen. Ich würg mich und plag mich und zwing mich, und ich kann sie halt nit vergessen. Wo ich hinschau bei Tag und Nacht, überall steht ihr Gesicht und schaut mich an. Jedes Lüftl im Wald, jedes Wasser, das ich rinnen hör, alles hat dem Mädel seine Stimm. Jedes schlachtige[28] Bäuml, jedes Blümel tut mich mahnen dran. Und den See, den darf ich schon gar nimmer anschauen. Und nienderst hab ich kein Bleiben nimmer. Bin ich draußen, so treibt's mich heim, und bin ich daheim, so treibt's mich wieder fort. Das ganze Herz brennt's mir zusammen wie ein dürres Scheitl Holz. Ich spür's, Zenza, ich muß versterben dran!"

„Haymo! Jesus, Maria! Du mein lieber Bub!" Sie verstummte. Dann sprach sie weiter, mit ruhiger, fester Stimme: „Weswegen sollst du das Mädel vergessen müssen? Tut dich vielleicht die Gittli nit mögen? Aber geh, so eine dumme Frag! Wie soll dich eins nit lieb haben? Ich weiß schon — ich hab's gehört, man hat sie fortgeschafft, gelt?"

„Ja, Zenza!"

„Warum denn?"

„Ich weiß nit. Es hat geheißen, man tät ihr Glück machen."

„Glück?" murrte das Mädel. „Das Glück, das die Herrenleut für unsereins übrig haben, das geb ich keiner Kuh zu fressen. Aber sag, wo ist sie denn hingekommen?"

„Nach Salzburg zu den Domfrauen."

„Was tut sie denn da? Schafft sie im Stall oder in der

Küch?"

„Ich weiß es nit."

Zenza blickte sinnend vor sich hin. Dann sprang sie auf. „Schau, es muß schon mitternächtige Zeit sein, das Mondmanndl steigt schon hinunter über die Berg. Geh, Bub, steh auf und mach, daß du heimkommst. Schau, du bist so müd und übernächtig, daß du dich schier nimmer auf den Füßen halten kannst. Da hast du dein Käppel und dein Griesbeil! So! Und jetzt schau, daß du heimkommst, und leg dich schlafen! Gut Nacht, Bub!"

„Gut Nacht, Zenza!" sagte Haymo mit versunkener Stimme. „Und Vergeltsgott für den Haimgart!"

„Wohl! Kehr nur wieder einmal zu auf meiner Alm! Morgen bin ich nit daheim. Aber übermorgen, da findst du mich wieder." Ein schmerzliches Lächeln zuckte um ihren Mund. „Und jetzt schau, daß du heimkommst! Und schlaf auch! Gelt?"

„Wenn ich's fertig bring. Gut Nacht, Zenza!"

„Gut Nacht, Haymo!"

„Vergeltsgott!"

„Und Glück auf Sonnwend!"

„Glück? Möcht wissen, wo's herkommen soll?"

Müden Ganges stieg Haymo über den Almhang empor.

Zenza blickte ihm nach, bis seine Gestalt im Zwielicht der Mondnacht zerfloß. „Nein, Bub," stammelte sie, „versterben sollst du mir nit, solang ich noch eine Zung hab und Füß am Leib!"

Sie eilte der Hütte zu. Als sie zur Türe kam, sah sie Feuer auf dem Herd; Jörgi kauerte im Winkel und glotzte in die züngelnden Flammen. Mit leisem Schritt entfernte sich Zenza wieder. Als sie den Steig erreichte, der in das Klosterdorf hinunterführte, begann sie zu laufen.

Der helle Mondschein leuchtete auf ihrem stillen Weg.

---

[27] Palfen = Felsen.

[28] Fein, schlank.

25.

Bei grauendem Morgen erreichte Zenza das Dorf. Sie rastete nicht. Eilenden Ganges wanderte sie auf der Straße weiter; sie hatte den Rock geschürzt und führte in der Hand einen Stecken, den sie im Bergwald gebrochen. Noch stieg keine Rauchsäule aus den Dächern, und Stille herrschte über allen Feldern und Wiesen. Es war Fronleichnamstag![29] Das höchste Fest des Jahres! Viele Häuser waren schon mit Birkenbäumchen und Laubkränzen geziert, und vor anderen Gebäuden, die noch ungeschmückt waren, lagen die Birken haufenweise bereit. Niemand begegnete ihr; die Leute schliefen noch; nur manchmal fuhr kläffend aus einem Gehöft ein Hund hervor, der ein schweres Scheit Holz an den Hals geknebelt trug, das ihn hindern sollte, in den Klosterwäldern ein kleines Jagdvergnügen aufzusuchen.

Zwei Stunden tüchtigen Marsches, und Zenza erreichte

den Markt Schellenberg. Hier waren die Leute schon munter; Erwachsene zierten die Häuser, Kinder bestreuten die Straße mit Blumen, die Salzknappen schmückten das Sudhaus und bauten einen Altar.

Zenza hungerte. Sie trat in die Taferne. „Grüß dich Gott, Leutgeb!" sagte sie zum Wirt. „Kennst du mich?"

„Wenn ich recht mein', bist du dem Eggebauer seine Tochter?"

„Wohl!"

„Wo gehst du hin in aller Früh?"

„Auf Salzburg hinein."

„Willst du dir den Umgang anschauen?"

„Wohl! Und ich bin überhops von meiner Alm davon und hab vergessen, daß ich einen Zehrpfennig mitgenommen hätt. Willst du mir Essen und Trinken geben? Mein Vater zahlt schon, wenn er vorbeikommt. Und wenn du noch ein übriges tun magst, gib mir zwanzig Heller auf den Weg!"

Die Tochter des reichen Eggebauern hatte ein leichtes Fordern; hätte sie nicht zwanzig Heller, sondern zwanzig Schillinge begehrt, der Leutgeb hätte einen Katzenbuckel gemacht und wär' gesprungen, um den Kasten aufzutun.

Zenza schob die Münzen in die Tasche, den Stutzen Rotwein leerte sie auf einen Zug, Brot und Selchfleisch nahm sie in die Hand und begann zu essen, während sie weiterwanderte.

Abermals zwei Stunden, und der Untersberg lag hinter ihr. Weit und eben, noch von den zarten Nebeln des Morgens überflossen, dehnte sich das Grödiger Moos. Bald verwehte ein frischer Wind den grauen Duft, der über die Landschaft gebreitet lag, und im Glanz der Morgensonne, stolz und schön, winkte ihr die leuchtende Stadt entgegen. Auf den ragenden Zinnen der Hohensalzburg, auf dem steilen Dach des Domes zu St. Peter, auf dem schlanken, zierlichen Turm der Franziskanerkirche, auf jedem Herrenhaus, überall wehten die weißen und roten Fahnen des Festes.

Als Zenza das Nonntaler Tor erreichte, begannen schon alle Glocken zu läuten. Der junge Torwärtel hielt ihr die Hellebarde vor und wollte die Maut von ihren Lippen erheben; statt eines Kusses zahlte sie mit einem Nasenstüber, schlug den Spieß beiseite und rannte durch die enge Gasse, im Strom der Leute verschwindend, die zum Domplatz eilten. Zenza überließ sich dem schiebenden Gedränge, ratlos, was sie beginnen sollte. Das Heim der Domfrauen würde sie wohl bald erfragen können. Aber wie sollte sie ins Kloster gelangen? Wie sollte sie Gelegenheit finden, Gittli ohne Zeugen zu sprechen? Während sie grübelte, wurde sie gedrückt und geschoben; vom Hall der vielen Glocken begannen ihr die Ohren zu singen; und in dem hundertstimmigen Lärm, bei dem klappernden Getrappel der Pferde, bei dem Geschrei der vor den Hufen Flüchtenden wurde ihr völlig wirr und taub zu Sinne.

Schließlich stand sie mitten in dichtem Menschengewühl auf einem großen Platz; ringsum Kirchen und ragende Gebäude, alle reich geziert mit Fahnen, Bildern, kostbaren Teppichen und Stickereien, mit Birkenbäumchen, Laubgewinden und leuchtenden Blumen.

Das Geläut der Glocken hatte ausgesetzt; nun begann es wieder, mit ihm vermischten sich, aus einer nahen Gasse schallend, die schmetternden Klänge der Posaunen, die hellen Töne der Zinken, die dumpfen Wirbel der Pauken, dazu ein mächtig anwachsender Gesang von Kinder-, Frauen- und Männerstimmen, die durcheinanderflossen wie brausende Wellen. Vor Zenzas Augen, deren Herz erzitterte in frommem Schauer, entwickelte sich mit funkelnder Pracht die heilige Prozession. Voran auf weißen Rossen die Herolde in goldgestickten Wappenröcken, dann die bunt gewandete Truppe der Posaunenbläser, Zinkenisten und Pauker, eine Schar Kriegsknechte, ein rasselnder Reitertrupp, die Fronboten und alles Gesinde des erzbischöflichen Hofes, die

Ritter im Scharlachkleid, die Räte in schwarzen Talaren und mit schweren Goldketten; auf tänzelnden Pferden die Lehensritter in funkelndem Harnisch und mit blanken Schwertern, welche blitzten in der hellen Sonne; eine schier endlose Reihe von Mönchen und Laienpriestern, flackernde Lichter tragend; zwischen allen Gruppen wehende Kirchenfahnen und gaukelnde Laternen, heilige Statuen und Reliquienschreine; und jetzt der Baldachin, strotzend von Gold, mit nickenden Federbüschen auf jeder Stange, behangen mit Bändern und Goldschnüren, deren Quasten in den Händen schmucker Edelknaben ruhten, umgeben von gepanzerten Wächtern, umwallt von duftenden Weihrauchwolken; und unter dem schwankenden ‚Himmel' die Domherren im goldschweren Levitenkleid, in ihrer Mitte Herr Heinrich von Pirnbrunn, der neuerwählte Erzbischof von Salzburg, die weiße, goldgebänderte Inful auf dem Haupt, um die Schultern den von edlen Steinen blitzenden Rauchmantel, in den Händen die strahlende Monstranz.

Es stockte der Zug, der Erzbischof bestieg die Stufen des unter freiem Himmel erbauten Altars, der Gesang verstummte, die Posaunen und Zinken schwiegen, das Geläut der Glocken setzte jählings aus, über dem von Farben, Silber, Gold und Sonne leuchtenden Platz lag atemlose Stille. Da schrillten die Klingeln, die Weihrauchwolken wallten, es hob sich die Monstranz, alles Volk sank auf die Knie, und an jede von Ehrfurcht und heiligem Schauer erfüllte Brust schlug dreimal die zitternde Faust: „Mea culpa, mea culpa, mea maxima culpa!"

Einen Augenblick — und alles war wieder Bewegung und Gewoge, Gesang und Tönen, Klang und Geläut, Funkeln und Geflimmer.

Du stiller, träumerischer Zauber der heidnischen Sonnwendnacht, wie hättest du nicht erblassen sollen vor dem Glanz und der Glorie dieses Tages, welchen Papst Johannes zum höchsten Fest der Christenheit erhoben hatte, um die „Herrlichkeit der Kirche auch vor den Augen ihrer Gegner zu offenbaren und deren Seelen zu erschüttern und zu gewinnen!" —

Der Baldachin war an Zenza schon vorübergezogen, aber sie hatte immer noch zu schauen und zu staunen in Hülle und Fülle. Da kamen in prächtigen Gewändern die Edelherren und Edelfrauen, eine lange, lange Reihe. Dann wieder Mönche und Priester, singende Knaben und Mädchen. Und jetzt —

Durch Zenzas Herz zuckte ein heißer Schreck, und mit brennenden Augen starrte sie in den Zug.

„Das sind die Domfrauen," sagte ein Weib an ihrer Seite, „und die adeligen Fräulen."

Voran ging die Oberin mit sechs Schwestern, in schlichten blauen Gewändern, die blassen Züge überschattet von weißen Hauben, am Gürtel den Rosenkranz aus roten Korallen. Ihnen folgte, einem wandelnden Blumengarten vergleichbar, eine blühende Mädchenschar, alle gleich gewandet, in weißen, schleppenden Kleidern, die entblößten Schultern und Arme von zarten Schleiern überfallen, weiße Rosenkränzlein im gelösten Haar. Und von den Schönen die schönsten, sechs an der Zahl, trugen auf duftender Blumenbahre ein liebliches Marienbild.

An einer dieser Trägerinnen hing Zenza mit erschrockenen Augen. Als die Bahre vorüber war, fuhr sie auf, wie aus einer Betäubung erwachend. Mit stoßenden Ellbogen drängte sie sich aus dem Knäuel der Menschen hinaus in die freie Gasse.

Der Zug hatte gewendet und zog nun an sich selbst vorüber. Es gab ein wirres Gedräng, bei welchem es niemand auffiel, daß eine neugierige Bauerndirn fast mitten in die Schar der adeligen Fräulein hineingestoßen wurde. Aus nächster Nähe spähte Zenza in das Gesicht der Marienträgerin, über deren schmächtige Wangen eine brennende Röte flog.

„Kennst du mich?" flüsterte Zenza, während in der vorüberziehenden Spitze des Zuges die Posaunen schmetterten und die Zinken klangen.

„Kennst du mich, Gittli?" wiederholte sie und flüsterte weiter: „Deinetwegen bin ich gekommen. Du mußt davonlaufen aus dem Kloster! Noch heut! Ich wart vor dem Klostertor. Den ganzen Tag! Und wenn's sein muß, die ganze Nacht! Aber kommen mußt du. Du mußt! Der Haymo stirbt."

Zenza hatte kaum ausgesprochen, als ein Stadtknecht sie mit unsanftem Arm zurückstieß in das Gedräng.

Der Zug geriet in Stockung. Eine der Marienträgerinnen war ohnmächtig geworden, und als sie niedersank, konnten die hinzuspringenden Mädchen nur mit Mühe noch das heilige Bild vor dem Sturz bewahren.

„Jetzt hat sie's gar umgeworfen!" murmelte Zenza, während sie neugierig den Kopf über die Schultern der vor ihr stehenden Leute reckte. „So eine klebere Zetzen![30] Und an so eine hängt sich ein solcher Bub!" Fast war es Schadenfreude, was aus ihren Augen blitzte, als sie sah, wie Gittli von zwei Domfrauen an den Armen gestützt und fortgezogen wurde.

Es währte noch eine volle Stunde, bis die Feier vorüber war und das Gedräng der Menschen sich löste. Von Gasse zu Gasse fragte sich Zenza bis zum Heim der Domfrauen. Auf einem Eckstein kauerte sie sich nieder und wartete, bis die Domfrauen mit ihren Pfleglingen in das Kloster zurückkamen. Gittli war nicht dabei. Zwei Schwestern hatten sie schon nach Hause geführt und zu Bett gebracht; die Ohnmacht wurde dem Staub und der Hitze zugeschrieben, und man legte es als Schwäche aus, daß Gittli auf keine Frage Antwort gab. Geduldig ließ sie alles mit sich machen, nahm die stärkenden Tropfen, die man ihr reichte — und nun lag sie in ihrem Nest, von einer Schwester behütet, und starrte mit angstvollen Augen ins

Leere. Wohl war es ihre erste Regung gewesen, auf den Knien und mit aufgehobenen Händen zu betteln: „Lasset mich heim!" Aber das hatte sie seit jenem Tag, der sie ins Kloster brachte, schon zu hundertmalen nutzlos getan. Sie mußte schweigen und den günstigen Augenblick zur Flucht erwarten. Den Weg für eine solche Flucht hatte sie sich längst schon ausgesonnen, doch immer hatte ihr der Mut gefehlt, ihn zu betreten. Jetzt aber mußte sie fort, sie mußte. „Der Haymo stirbt." Dieses Wort hätte ihr den Mut gegeben, sich durch Feuer und Wasser hindurchzuschlagen.

„Der Haymo stirbt." Immer, immer hörte sie nur dieses eine Wort. Das Herz schlug ihr wie ein Hammer, und dennoch rann das Blut so kalt wie Eis durch ihre Glieder. „Der Haymo stirbt." War er denn nicht genesen? Hatte Herr Heinrich gelogen, als er diese Botschaft sandte, diese erste und einzige Freude, die sie hier zwischen den dumpfen, ihre ganze Lebensfreude erdrückenden Mauern erfahren durfte? Oder war Haymos Wunde wieder aufgebrochen? Hatte ihn ein neues Unheil getroffen? War er auf seinen gefährlichen Wegen gestürzt? Hatte ein Raubschütz, ein wildes Tier ihn angefallen? Quälende Bilder stiegen vor ihren Augen auf, und aus jedem dieser Bilder schrie ihr eine jammernde Stimme zu: „Der Haymo stirbt! Der Haymo stirbt!"

Fröhlicher Lärm unterbrach sie in ihren martervollen Gedanken. Etwa zwanzig Mädchen stürmten in den großen Schlafsaal, um die Kleider zu wechseln und sich vom Straßenstaub zu reinigen. Rings um die Wände standen die weißen Betten, jedes neben einem schmalen Schrein; die freie Mitte des Saales nahm der riesige Waschtisch ein, dessen Innenraum, einem gewaltigen flachen Trichter gleichend, mit blankem Kupfer ausgeschlagen war; rings auf dem breiten Rand war für jedes Mädchen ein Krug mit Wasser in Bereitschaft gestellt. Das gab ein lieblich heiteres Bild, wie sich die Mädchen um den Waschtisch drängten, mit gelösten Haaren, im kurzen Unterkleid, mit nackten Armen und

Schultern, plaudernd und kreischend, lachend und kichernd, mit Wasser spritzend und plätschernd, die Augen leuchtend, die Wangen brennend. Und daneben Gittli in den Kissen, stumm und bleich, verzehrende Angst in jedem Blick, in jedem Herzschlag zitternde Furcht und heiße Sehnsucht.

Den ganzen Tag über blieb Gittli kaum ein Viertelstündchen allein; sie hatte so viele Freundinnen, als das Heim der Domfrauen an jungen Mädchen barg. Zu Anfang hatten diese anderen das scheue, unbeholfene Ding mißachtet, verspottet und gehänselt wegen seiner bäuerischen Sprache und seines furchtsamen Wesens. Aber das Geheimnis, das um die kleine ‚Brigitte von Dorfen' gebreitet schien, reizte die Neugier; ihre stille, träumerische Schwermut weckte das Mitleid; und schließlich bezwang Gittlis natürlicher Liebreiz auch das widerspenstigste dieser jungen Mädchenherzen. Sie nahm die zärtlichen Freundschaften hin wie etwas Aufgezwungenes; sie lebte nur in sich selbst, und so war ihr alles, was sie hier umgab, an diesem letzten Tage noch so fremd und bedrückend, wie es ihr am ersten Tag gewesen. Sie kam sich vor wie in einem Fastnachtsspiel, darin man ihr die Rolle der verwunschenen Prinzessin wider Willen aufgezwungen hatte. Und wenn sie jetzt um Haymos willen in Angst und Bangen der Stunde entgegenzitterte, die ihre Flucht ermöglichen würde, mischte sich in ihre beklemmende Marter auch ein Aufatmen, ein tröstendes Vorgefühl ihrer Erlösung aus diesen schrecklichen Mauern.

Als es zu dämmern begann, blieb Gittli, während im Refektorium die Abendmahlzeit gehalten wurde, eine halbe Stunde allein. Zitternd erhob sie sich und zog das Gewand an, das neben dem Bett noch auf dem Sessel lag: das weiße, ausgeschnittene Schleppkleid und die gelben Schnabelschuhe. Ein Mäntelchen, das sie aus dem Schrein hervorholte, versteckte sie unter dem Kissen. So angekleidet legte sie sich nieder.

Jetzt kamen Stunden quälender Angst; kaum hatte sie die Decke bis an das Kinn gezogen, da brachte ihr eine dienende Schwester das Abendessen. Zuerst stellte sie sich schlafend; als sie geweckt wurde, beteuerte sie unter Stammeln und Tränen, daß sie nicht ein ‚lützel‛ Hunger hätte. Um zu essen, hätte sie sich aufrichten und dabei verraten müssen, daß sie angekleidet im Bette lag. Die Schwester ging, aber gleich wieder kam eine neue Gefahr: die Frau Oberin erschien, um sich nach Gittlis Befinden zu erkundigen.

„Dank der Nachfrag, ehrwürdige Mutter," stammelte das Mädchen, „mir ist schon völlig wieder gut. Aber schläfrig bin ich. So viel gern schlafen möcht ich."

„So schlaf, mein Kind! Aber mummel dich nicht so in die Decke! Da muß dir heiß werden, und dann wirst du dich in der Nacht erkälten."

„Wenn mich aber so viel frieren tut!" wehrte Gittli mit versagender Stimme und hielt die Decke krampfhaft fest.

„Frieren, Kind? Du wirst doch kein Fieber haben?" sagte die Oberin erschrocken. „Komm, gib deine Hand her, ich will den Puls fühlen."

Ein ganz klein wenig schob Gittli die zitternde Hand unter der Decke hervor.

„Ach, du armes Kind! Deine Hand glüht wie Feuer, und dein Puls hämmert." Die Oberin eilte zur Tür und zog an der Schellenschnur. Die dienende Schwester, die erschien, wurde um eine fieberstillende Arznei geschickt. Und wie Gittli sich auch sträubte — sie mußte schlucken. Ein naßkaltes Tuch wurde um ihre Stirn gebunden; aber das ‚Fieber‛ wollte nicht weichen, die Glut ihrer zitternden Hände nicht erkühlen.

Die Oberin schickte die dienende Schwester um Essig fort und richtete an Gittli eine besorgte Frage um die andere. In der quälenden Angst vor der drohenden Entdeckung verwirrten sich die Antworten des Mädchens immer mehr, so daß es wahrhaftig den Anschein gewann, als spräche aus ihr das sinnverwirrende Fieber.

„Kind, Kind! Du wirst mir doch nicht ernstlich erkranken!" jammerte die Oberin. „Gib die Decke weg, ich höre die Schwester schon kommen, wir müssen dich mit Essig waschen."

Gittli schluchzte und bettelte; aber es half ihr nichts; die Oberin löste ihr die Hände und nahm die Decke fort. Trotz der tiefen Dämmerung, die schon im Raume herrschte, erkannte die Oberin sofort, daß das Mädchen völlig gewandet und mit den Schuhen im Bette lag.

„Brigitte? Was soll das heißen?"

Gittli hatte sich aufgerichtet, die Füße unter das Kleid gezogen und hielt die zitternden Arme über der Brust verschlungen, mit verstörten Augen zur Oberin aufblickend.

Da half keine Ausrede mehr; nun mußte man ihre Absicht durchschauen, man würde ihre Flucht verhindern — und „der Haymo stirbt, der Haymo stirbt!"

Sie mußte fort, jetzt, gleich auf der Stelle, und wenn es ihr Leben gälte! Sie sprang aus dem Bett, riß mit jähem Ruck das Mäntelchen unter dem Kissen hervor, warf es um die Schultern und stürzte der Türe zu, als eben die Schwester mit der Essigschüssel eintreten wollte. Ein Schrei, ein Klatsch auf den Dielen, und vorüber an der taumelnden Nonne, welche die Schüssel hatte fallen lassen, rannte Gittli in den dunklen Säulengang hinaus. Hinter ihr her die beiden Frauen mit lautem Geschrei. Im Spielsaal verstummte der fröhliche Lärm, die Tür wurde aufgerissen, und mit erschreckten Gesichtern kamen die Mädchen herbeigelaufen.

„Was gibt es? Was ist geschehen?" So rief es mit zwanzig Stimmen durcheinander.

Die beiden Nonnen konnten sich dem Ring, der sich um sie gebildet hatte, kaum entwinden; Gittli gewann einen weiten Vorsprung, verschwand um die Ecke des Ganges, und während hinter ihr der Lärm der Stimmen verhallte, rannte sie Trepp auf und ab, durch dunkle Korridore, bis sie die Klosterkirche erreichte. Laut kreischte die eiserne Tür in den Angeln. Ein Schauer faßte Gittlis Herz, als sie zwischen den Säulen der Krypta den Schein des ewigen Lichtes schimmern sah; ein stammelndes Gebet auf den Lippen, eilte sie der finsteren Turmhöhle zu und hastete über die steile Treppe hinauf, bis sie das erste unvergitterte Fenster erreichte. Es lag über der Erde fast so hoch wie der Giebel an ihres Bruders Haus. Sie zögerte — „Der Haymo stirbt!" schrie es in ihr — und da sprang sie. Der harte Sturz betäubte sie fast, aber nur einen Augenblick währte ihr Taumeln, dann rannte sie an der öden Mauer entlang und schrie mit gellender Stimme: „Zenza! Zenza!"

Wie ein Wiesel kam das Mädel herbeigeschossen. „Bist du endlich da? Ich hab mir die Seel schier herausgewartet."

„Fort, fort, Zenza," stieß Gittli aus keuchender Brust hervor, „oder sie kommen und holen mich wieder."

Zenza faßte die Wankende am Arm und riß sie mit sich fort. Sie erreichten das Nonntaler Tor und huschten hinaus, gerade bevor es geschlossen werden sollte.

Als sie aus dem dunklen Schatten der die Straße geleitenden Bäume hinausgelangten auf das offene Grödiger Moos, blieb Gittli stehen. „Ich kann nimmer laufen, das dumme Häs kommt mir allweil unter die Füß."

„Ja," spottete Zenza, „fein hat man dich aufgeputzt, das muß ich sagen! Wie die Gredl[31] in der Kirch!"

„Gelt?" jammerte Gittli, faßte das Kleid, riß um den ganzen Saum herum eine handbreite Borte mitsamt der Schleppe weg und warf sie in den Straßengraben.

Dann fing sie wieder zu laufen an. Und im Laufen fragte Gittli mit zagender Stimme: „Zenza, mein Gott, sag mir doch, was fehlt ihm denn?"

„Was soll ihm denn fehlen?" lautete die murrende Antwort. „Du fehlst ihm."

„Zenza!" stammelte Gittli, und weiter brachte sie kein Wort mehr über die Lippen; nur ein erstickter Laut quoll aus ihrer Kehle, als wolle ihr das schwellende Herz die Brust zersprengen; und sie fing zu laufen an, daß Zenza ihr kaum zu folgen vermochte.

Noch ehe sie Schellenberg erreichten, waren die feinen Schnabelschuhe zertreten und die dünnen Sohlen durchgelaufen. Gittli ließ sich auf einen Straßenstein nieder und zerrte die zerfetzten Schuhe von ihren Füßen.

„So ein Gelumpert!" brummte Zenza. „Aber was machst du jetzt?"

„Barfuß lauf ich. Komm nur, komm!"

Und weiter ging es, immer weiter auf der mondhell gewordenen Straße.

---

[29] Zweiundzwanzig Jahre vor Beginn unserer Geschichte war die Fronleichnamsfeier vom Papst Johannes XXII. als allgemeines Fest der Christenheit eingeführt worden.

[30] Ein unscheinbares, kraftloses Ding.

[31] Hölzerne Puppe.

26.

Bald nach dem Ostertag war im Berchtesgadener Klosterland ein neues Sprichwort aufgetaucht. Wenn Sturm und Regen sich über Nacht in einen sonnigen Tag verwandelten, dann hieß es: „Das Wetter hat sich gewendet wie der Klostervogt." Und in der Tat, Herr Schluttemann war kaum mehr zu erkennen; die Leute wußten es nicht genug zu rühmen, wie gut und freundlich der Vogt sie jetzt behandle. Mit rechten Dingen könne das nicht zugegangen sein; darüber waren sie alle einig. Und es verbreitete sich die Märe: Herr Schluttemann hätte an der Wand seiner Amtsstube einen ‚Zauber wider die Galle' hängen; wenn immer nur ein Fünklein Zorn in ihm aufstiege, dann täte er schnell einen Blick nach dem unheimlichen Ding an der Wand und wäre plötzlich verwandelt in die leibhaftige Sanftmut.

Der ‚Zauber' hing unter dem Bilde, das den heiligen

Georg im Kampf mit dem Drachen darstellte, und sah einem zierlich beschriebenen, unter geschnitztem Rahmen verwahrten Pergamentblatt zum Verwechseln ähnlich.

Als Herr Schluttemann in der Woche nach Ostern eines Morgens seine Amtsstube betrat, gewahrte er den ‚Zauber' an der Wand. Er trat mit verblüfften Augen näher, fuhr mit glühender Nase zurück und rannte wutschnaubend in das Gemach des Propstes.

„Reverendissime! Alles kocht in mir."

„Weshalb?" fragte Herr Heinrich lächelnd.

„Man hat mich beschimpft. Man hat mir einen schmählichen Possen angetan. Das Urteil, Reverendissime, das Urteil wider meine Hausfrau —"

„Das sie Euch an den Kopf gehauen?"

„Ja! Das hat man in meiner Amtsstub aufgehangen. Aber ich will nimmer schlafen, bis ich den gefunden, der mir das angetan hat."

„Da braucht Ihr nicht lang zu suchen. Das hab ich selbst getan."

„Re... Re..." Herr Schluttemann wollte sagen: „Reverendissime!" Der Schreck lähmte seine Zunge.

„Eurer Klugheit mag es überlassen bleiben, herauszufinden, weshalb es geschah. Wenn Euch das aber nicht gelingen sollte —" Herr Heinrich machte eine bedenkliche Pause. „Ihr wißt, mein Vogt im Pongau ist gestorben. Ich muß einen anderen an seine Stelle setzen. Es ist ein böser, mühsamer Posten. Aber — wenn Ihr drüben im Pongau mit den Leuten umschreiet, dann hör ich es nicht." Herr Heinrich trat zu seinem Pult und begann in einem aufgeschlagenen Buch zu lesen.

Wie ein begossener Pudel ging Herr Schluttemann davon. Draußen in der Amtsstube stand er lange mit gespreizten Beinen und verschränkten Armen vor dem ‚Zauber'. Dann plötzlich stülpte er den Hut über das borstige Haar und rannte nach Hause, wie ein angeschossener Dachs in seinen

Bau. Da ging nun ein Spektakel los, daß die Leute auf der Straße zusammenliefen und lauschend stehen blieben. Eine geraume Weile hörte man *zwei* Stimmen; dann nur noch *eine*: die donnernde Stimme des Vogtes. Frau Cäcilia hatte zum erstenmal in ihrem Leben den kürzeren gezogen.

Herr Schluttemann ließ sich den Vorteil dieses ermutigenden Sieges nicht wieder entschlüpfen. Das merkte man ihm deutlich an, wenn er am Morgen behäbigen Ganges zur Amtsstube wanderte, gründlich ausgeschlafen, mit lachendem Gesicht. Frau Cäcilia versenkte sich in stummen Groll; da sie aber schließlich merkte, wie wenig ihr das Grollen eintrug, spielte sie die Klügere und gab nach. Am Morgen des Fronleichnamstages wurde die Versöhnung geschlossen, und bei der feierlichen Prozession schritt Herr Schluttemann Hand in Hand mit seiner ‚*getreuen* Hausehre' — wie er *jetzt* zu sagen pflegte — hinter dem Baldachin einher.

Als er anderen Tages seine Amtsstube betrat, war der ‚Zauber' verschwunden. Er stürzte in das Gemach des Propstes.

„Reverendissime! Das Ding ist weg von der Wand."

„So?" lächelte Herr Heinrich. „Da mag es wohl einer weggenommen haben, der gefunden hat, daß es nimmer nötig wäre."

Herr Schluttemann wollte zu einer langen Rede ausholen; aber da kam Frater Severin atemlos über die Schwelle gestolpert. „Herr! Herr! Pater Desertus ist heimgekehrt!"

„Wo ist er?" rief der Propst in Freude.

„Da kommt er schon!"

Von Staub bedeckt, wie er vom Pferd gesprungen, erschien Desertus unter der Türe. Sein Haupthaar, auch der lange, schwarze Bart, war leicht ergraut, aber seine Augen blickten hell und frei, und frische Lebensfarbe lag auf seinem sonnverbrannten Antlitz.

„Dietwald!" Herr Heinrich umschloß mit beiden Armen

den Heimgekehrten.

Frater Severin und der Vogt verließen das Gemach.

„Rede, Dietwald! Wie ist es dir ergangen? Aber ich frage noch! Und die Antwort steht in deinen Augen, auf jedem Zug deines Gesichtes."

„Wie hätt es mir übel ergehen können? Trost und Freude zogen mit mir. Sagt, Herr, wie geht es dem holden Kind?"

„Ich meine, gut. Die Kleine ist wohl aufgehoben bei den Domfrauen. Aber mir scheint, das neue Kleid will ihr noch immer nicht sitzen." Herr Heinrich lächelte. „Die Berichte der Oberin laufen von Jammer über wie heiße Milch. Bis heute hat das Mädchen im Kloster nicht *mehr* gewonnen, als alle Herzen."

Die Augen des Chorherren leuchteten. Dann faßte er die Hände des Propstes. „Ihr habt mich knapp gehalten mit Botschaft."

„Ich schrieb dir, was ich schreiben konnte. Der Sudmann weiß weder Ort noch Namen. Aber du selbst magst alles von ihm hören."

„Er lebt?" fragte Desertus mit ungläubigem Staunen.

„Zwei Monate lag er in schwerem Siechtum. Als ich ihn das letztemal besuchte, schien es mir, als begänne Eusebius zu hoffen. Wir wollen morgen zu ihm."

„Nein, Herr, heute noch, ich bitte!"

„Kann ich dir die erste Bitte versagen? Aber nun rede, erzähle! Wie hat dich der Kaiser aufgenommen?"

„Wie einen Sohn!"

„Und konntest du ihm diese Liebe vergelten? Wie ist deine Sendung ausgefallen?"

Das Gesicht des Chorherren verdüsterte sich. „Wir wurden abgewiesen."

Herr Heinrich nickte vor sich hin, als hätte er diese Antwort erwartet. „Wer zog mit dir?"

„Heinrich von Virneburg, der Mainzer. Einundzwanzig Tage währte unser Ritt. Wie staunte ich, als wir Avignon erreichten!"

„Du fandest einen weltlichen Hof, schwelgend in allen Freuden des Lebens?"

„Und inmitten dieses Taumels sitzt der Papst, ein williger Höfling Frankreichs, das den Streit zwischen Ludwig und der Kirche schürt und sich dabei durch Länderraub auf Kosten Deutschlands zu bereichern sucht. Wenn der Papst auch den Frieden mit Deutschland wollte, er *darf* ihn nicht wollen. Frankreich erlaubt es nicht." Mit zornigem Lachen hatte Desertus die letzten Worte begleitet.

„Laß nur gut sein, Dietwald! Für alles kommt eine zahlende Zeit." Herr Heinrich erhob sich. „Du wirst müde sein. Erhole dich einige Stunden! Dann magst du mir alles erzählen, während wir dem See entgegenreiten."

Desertus wollte nichts wissen von Ruhe. Er ging nur, um das Kleid zu wechseln. Dann ritten sie zum Klosterhof hinaus. Vor Mittag erreichten sie Bartholomä.

„Nun? Wie geht es deinem Kranken?" fragte Herr Heinrich.

Eusebius lächelte. „Sagt, Herr, habt Ihr schon einmal einen Stein in die Höhe fallen sehen und ein Wasser bergauf laufen? Nein? Dann passet nur auf, Ihr seht es gewiß noch! Denn der Mann wird gesund. Freilich, den lahmen Arm muß er sich gefallen lassen."

Herr Heinrich und Desertus traten in die Klause. Auf reinlichem Lager ruhte Wolfrat, abgemagert bis auf Haut und Knochen. Brust und Arme lagen noch im Verband; die Rißwunden im Gesicht waren geheilt und hatten kaum merkliche Narben zurückgelassen.

Wolfrats Augen leuchteten auf, als er den Propst in der Tür erscheinen sah. „Grüß Gott, Herr! Gelt, ich darf schon gleich fragen: wie geht's meiner Seph?"

„Ein paar Wochen noch, Wolfrat, und dein Weib ist wieder kerngesund."

„Vergeltsgott, lieber Herr! Und mein Bub?"

„Der ist kugelrund geworden. Freilich," Herr Heinrich lachte, „er war in Klosterkost."

Desertus trat in mühsam verhehlter Erregung an das Lager des Sudmanns.

„Jetzt kenn ich Euch erst, Herr Pater!" sagte Wolfrat mit schwankender Stimme. „Euch muß ich ein festes Vergeltsgott sagen. Hättet Ihr selbigsmal nur ein kleines Weil später zugestoßen, dann wär's aus gewesen mit mir."

„Sieh, Wolfrat," fiel Herr Heinrich ein, „da kannst du deinem Retter gleich ein Liebes erweisen! Pater Desertus möchte hören, wie es kam, daß Gittli deine Schwester wurde. Erzähl es ihm!"

„Wohl! Setzet Euch nur her!"

Desertus ließ sich neben dem Lager auf einen Sessel nieder, und Wolfrat begann: „Wisset, Herr, ich bin im zweiundzwanziger Jahr bei dem Salzburger Erzbischof als Reisiger gestanden und hab den Ampfinger Tag mitgemacht. Auf der feindlichen Seit. Gewurmt hat es mich freilich, daß ich hauen und stechen soll gegen meine eigenen Landsleut. Aber was hab ich machen können? Ein Eid ist allweil ein Eid. Ich hab meine Pflicht getan als richtiger Soldat. Aber ungern hab ich's nit gesehen, wie der Kaiser obenauf gekommen ist, und wie die Unsrigen auf den Abend das Laufen angefangen haben. Da hat keiner mehr stehen können, einen jeden hat's mitgerissen. Wer nit laufen hat wollen, hat laufen müssen. Vier, fünf Tag ist es allweil hergegangen um unser Leben, keiner hat die Gegend gekannt, und die bayrischen Reiter sind hinter uns her gewesen wie die ledigen Teufel. Ich hab mich mit ein Stücker vierzig von den Unsrigen zusammengehalten. Und da war's in einer stürmischen Nacht. Da sind wir in einen Markt gekommen."

„Wie hieß der Markt?"

„Ich weiß es nit. Aber ich besinn mich noch, daß gleich bei der Tafern eine Kirch gestanden ist. Die hat hint und vorn einen Turm gehabt und ein ebenes Dach."

„Pfarrkirchen war es!" sagte Desertus in lateinischer Sprache zu Herrn Heinrich. „Zwei Wegstunden von meiner Burg."

„Die Tafern war gesteckt voll mit flüchtigem Volk. An die dreihundert sind da beisamm gewesen. Es war ein fürchtiges Gejammer, was man jetzt anfangen soll, und wo man Zehrung hernimmt? Und da war einer unter uns, ein Salzburger Rottführer, Klees hat er geheißen —"

„Klees?" stammelte Desertus; und lateinisch sagte er zu Herrn Heinrich: „Der Mann hat einen Monat in meiner Schar gedient. Ich hab ihn fortjagen müssen, weil er mich bestahl."

„Der Klees ist auf den Tisch gesprungen und hat geschrien: er wüßt ein Mittel, daß man die Säck vollstopfen könnt. Nit weit vom Markt wär ein reicher Herrensitz. Der tät einem Ritter gehören, der in der Ampfinger Schlacht mit dem Flamberg unter uns herumgehauen hätt wie der Mähder mit der Seges[32] im Traidfeld. Die Handvoll Leut auf der Burg könnt man leicht überrumpeln. Wie er das gesagt hat, da hat's einen Höllenlärm gegeben, und die meisten sind gleich dabei gewesen, daß man den Handstreich wagen sollt. Ein paar haben freilich dawider geredt. Ich selber auch. Aber da hat's geheißen: man wär in Feindsland, und Krieg wär Krieg. Wer sich noch lang gewehrt hätt, ich glaub, den hätten die anderen niedergeschlagen. Der Klees hat Wein anfahren lassen, und wie wir heiße Köpf gehabt haben, da ist der Klees zum Hauptmann ausgeschrien worden. Und da hat er auch gleich die richtige Stund ausgenutzt. Noch in der Nacht sind wir fort aus der Tafern, und allweil durch Wald ist der Weg gegangen, den der Klees uns geführt hat. Ich muß schon sagen, die Sach hat mir nit gepaßt. Aber wie der Mensch ist! Wo hundert laufen, da lauft man mit. Und der Wein hat uns allen die Köpf dumper gemacht. Ich glaub, der

Klees ist der einzig gewesen, der gewußt hat, was es gilt. So um die zweite Morgenstund muß es gewesen sein, da sind wir aus dem Holz ins Feld gekommen, und ganz schwarz sind die Burgmauern vor uns aufgestiegen in der Nacht."

Desertus drückte die Fäuste auf seine Brust.

„Beherrsche dich, Dietwald!" mahnte Herr Heinrich in lateinischer Sprache. „Der Mann soll nicht wissen, wie nahe dich berührt, was er erzählt." Und zu Wolfrat sich wendend, sagte er: „Sprich nur weiter!"

„Der Klees hat uns halten lassen. Keinen Laut und keinen Tritt hat man gehört. Dann ist der Klees bis an den Burgwall hingegangen und hat den Torwart angeschrien. Ich hab's nit recht hören können, ich bin einer von den letzten gewesen. Aber ich mein', er hat dem Torwart zugeschrien, daß er eine Botschaft brächt vom Burgherrn, und die Sach hätt Eil. Hat der Klees die Losung gewußt, oder war der Torwart so ein guter Hascher, der gleich das erste Wörtl geglaubt hat? Ich hab noch kaum gemerkt, was los ist, da war die Zugbrück schon herunt, eine Hauerei und ein fürchtiges Geschrei ist losgegangen, und bis ich nach einer Weil mit den letzten hineingekommen bin in den Burghof, sind die paar Herrenknecht schon im Blut herumgelegen, die unsrigen haben schon alle Türen eingedrückt, und die brennenden Pechkränz sind in alle Fenster geflogen. Da bin ich nüchtern geworden. Wie ein steiniges Manndl bin ich gestanden und hab mir an den Kopf gegriffen. Und gegraust hat mir in der tiefsten Seel. Hätt mich einer am Ampfinger Tag niedergeschlagen, mir wär wohler gewesen. Ich hab freilich keinen Finger gerührt und keine Hand gestreckt. Aber dabei gewesen bin ich halt doch! Und die ganzen Jahr her, so oft was Unguts über mich und meine Heimleut gekommen ist, allweil hab ich an dieselbige Nacht denken und mir sagen müssen: Jetzt mußt du zahlen dafür!"

Wolfrat schwieg, und Stille herrschte in der Klause. Das

Gesicht des Chorherren war bleich, seine Augen irrten ins Leere.

„Wie die Flammen herausgeschlagen sind aus jedem Dach, da haben sie's drunten im Dorf gemerkt, was vorgeht, und haben die Sturmglock geläutet. Haufenweis sind die hörigen Leut aus dem ganzen Burgbann herbeigelaufen, die einen mit Schwert und Spieß, die andern mit Dreschflegeln und Segesen. Da ist die Hauerei aufs neu wieder angegangen. Ich hab mir gedacht, ich will mit einer so schiechen Sach nichts mehr zu schaffen haben. Aber wie ich beim Tor hinausschleichen und abschieben will, hör ich ein Gejammer von einer Weiberstimm. Und wie ich aufschau, steht auf dem Turmaltan, mitten im Feuer, eine junge, schöne Frau. Ein kleines Bübl ist bei ihr gestanden, und auf dem Arm hat sie ein Kind im Wickel gehalten. ‚Jesus Maria!' hab ich geschrien und bin zugesprungen und hab gemeint, ich könnt noch hinauf in den Turm und helfen. Derweil tut's schon einen fürchtigen Krach. Das ganze Sparrenwerk ist eingefallen, und als wär die Höll zersprungen, so fliegt der Turm auseinander in lauter Feuer."

Am ganzen Körper erzitternd, schlug Desertus die Fäuste vor die Augen.

„Gelt, Herr? Das greift einem ans Herz!" murmelte Wolfrat. „Ich bin gestanden, als wär in mir drin alles ein Eisbrocken worden. Und wie mich das Grausen wieder aufschauen laßt — von dem armen Weiberleut und dem Bübl hat kein Aug mehr was zu sehen gekriegt — aber auf einem spitzigen Balken, der aus dem Gluthaufen herausgestanden ist, hab ich das Kindl hängen sehen, das sich am Wickel verfangen hat. Da hab ich keine Glut und kein Feuer gescheut und bin hineingesprungen und hab das schreiende Würml gepackt. Und das Glück hat's wollen: ich bin herausgekommen. Da springt der Klees auf mich zu. ‚Gib her,' schreit er, ‚hörst ja, das Kindl weinet nach seiner Mutter.' Er will mir's wegreißen, aber ich hab ihm mit der

Faust eins übers Gesicht gewischt, daß er hingeschlagen ist wie ein Ochs. Derweil hat's schon geschienen, als täten die hörigen Leut Herr werden über die unsrigen. Der Klees ist wieder aufgesprungen und auf mich zu mit der blanken Wehr. Und wie's der Zufall will, springt ein scheues Roß gegen mich her. Ich erwisch es bei der Mähn, komm in einem Schwung hinauf, und zum Tor hinaus geht's in einem Sauser, gleich über zwanzig Köpf weg!"

„Kein Zweifel mehr!" rief Desertus mit bebender Stimme. Mühsam seine Erregung beherrschend, stammelte er in lateinischer Sprache: „Das war mein Weib! Das ist mein Kind! Mein Kind!"

Erschrocken sah der Sudmann zu ihm auf und warf einen fragenden Blick auf den Propst.

„Sprich weiter, Wolfrat!" sagte Herr Heinrich.

„Ich bin auf dem scheuen Roß gehangen wie der Frosch auf dem Mühlrad und hab nur allweil das Kind an mich hingedruckt. Und das Roß ist fortgesaust, fort und fort, bis weit hinter mir das brennende Schloß untergesunken ist in der finsteren Nacht. Wie der Tag gegrauet hat, sind dem Roß die Kräft ausgegangen. Eine Weil ist es stehen geblieben und hat den Grind hängen lassen. Dann ist es wieder fortgetrabt. Das Kind hat geschlafen, und ich hab's auf dem Arm gehalten und hab nit gewußt, was ich anfangen soll. Ich hab die Gegend nit gekannt, und in ein Dorf hab ich mich nit hineingetraut. Ich hab gemeint, es müßt alle Welt schon wissen, was in der Nacht geschehen ist. So bin ich allweil zu und zu geritten, weil ich nichts anderes gedacht hab, als grad das einzig: schau nur, daß du weit, weit fort kommst von dem Fleck! Auf Mittag hab ich einen Einödhof gefunden mitten drin im Holz. Einer Dirn hab ich ein Reindl Milch abgebettelt für das Kind. Und so bin ich weiter geritten, allweil zu, bis ich auf die Nacht an ein Wasser gekommen bin und bald darauf in einen Markt. Da hab ich mich ausgekannt: das Wasser ist die Vils gewesen, und der

Markt hat Velden geheißen. Und von da sind's keine drei ganzen Stund mehr in mein Heimatl gewesen. Wie hätt mir ein anderer Weg einfallen sollen! Ich bin geritten und geritten, bis ich daheim war. Meiner Mutter hab ich das Kind auf den Arm gelegt. Aber wie ich dazu gekommen bin, das hab ich verhehlt. Ich hab mich gescheut vor Mutter und Vaters Aug. Dabei gewesen bin ich halt doch!"

Wolfrat vermochte kaum mehr zu sprechen, seine Stimme zitterte vor Schwäche.

„Die Nacht drauf bin ich wieder fort. Aber das Kriegshandwerk hab ich satt gehabt bis an den Hals. In Landshut hab ich mich eingedingt als Flößer. Es hat lang gedauert, bis ich die schieche Sach in mir hab geschweigen können. Ich hab mir freilich allweil fürgesagt, daß ich ein Unrecht tu, wenn ich das Kindl um Recht und Namen bring. Aber ich hab mir nit getraut, daß ich umfrag und red. Da hätt's mir leicht an den Kragen gehen können, wenn ich mich verschnappt hätt. Sein Bröckl Leben hat jeder gern. Und wie ich wieder heimgekommen bin nach Dorfen und gesehen hab, daß meine Mutter mit ganzer Seel an dem lieben Kindl hängt, da hab ich erst recht nimmer reden können und hab mir gedacht: laß halt alles gehn, wie's geht, in Gottesnam!"

„Und niemals," fragte Desertus, „niemals wieder hast du von jener furchtbaren Nacht gehört? Nie den Namen jener Burg erfahren?"

Wolfrat schüttelte den Kopf.

„Aber es muß doch ein Bild jener Burg in deiner Erinnerung haften?"

Wolfrat schien sich zu besinnen. „Mein, es hat halt ausgeschaut, wie es ausschaut in einer Burg. Türm und Mauern, ein weiter Hof und ein großmächtiges Haus!" sagte er mit matter, kaum noch verständlicher Stimme. „Aber — wohl, Herr, auf eins besinn ich mich noch. Über dem Tor und über der Turmtür hab ich im Feuerschein ein gemaltes

Wappen gesehen."

„Sprich, Wolfrat, sprich!" klang es mit erstickten Lauten.

Wolfrat bewegte lallend die Zunge; man verstand nicht mehr, was er sprach: die Erregung hatte seine schwachen Kräfte völlig erschöpft, er schien einer Ohnmacht nahe.

„Sprich, Wolfrat, sprich!"

Mit erlöschenden Sinnen rang Wolfrat nach Sprache: „Das Wappen — war — ein weißer Falk — im blauen Feld."

„Das Wappen meines Hauses!" schrie Desertus. Sich erhebend schlug er die Hände vor das Gesicht, wankte hinaus, als erdrücke ihn der enge Raum, und ließ sich niedersinken auf die Hausbank.

Herr Heinrich eilte ihm nach. Im gleichen Augenblick legte ein Boot mit zwei Schiffern und einem Reisigen am Ufer an.

„Dietwald, ermanne dich!" flüsterte der Propst. „Es kommen Leute!" Er ging dem fremden Kriegsknecht entgegen. „Wen suchst du?"

„Herrn Heinrich von Inzing, den Propst."

„Wer bist du?"

„Ein Salzburger Fronbot. Die Oberin der Domfrauen schickt Euch diese Botschaft." Er reichte dem Propst ein versiegeltes Pergament.

Herr Heinrich las; er erschrak nicht; nur ein Lächeln glitt um seinen Mund. „Du kannst heimkehren!" sagte er zu dem Boten. „Man soll dir im Kloster den Botenlohn reichen und dich köstigen." Der Knecht ging zum Ufer zurück. Herr Heinrich wartete, bis das Boot abgestoßen war, dann wandte er sich zu Desertus. „Willst du lesen, Dietwald? Eine Botschaft von deinem Kind!"

Mit hastigen Händen griff der Chorherr zu und entfaltete das Pergament. Er erblaßte. „Mein Kind? Aus dem Kloster entflohen?"

„Entflohen? Weshalb das hohe Wort?" meinte Herr Heinrich lächelnd. „Sag lieber: davongelaufen!"

Desertus faßte die Hand des Propstes. „Herr! Ich bitt Euch! Lasset uns gleich zurückkehren! Im Seedorf stehen unsere Pferde. Wir wollen nach Salzburg reiten."

„Nach Salzburg? Nein, Dietwald, ich weiß einen näheren Weg, um dein Kind zu finden. Wir wollen hinaufsteigen in die Röt."

Desertus erschrak. „So meint Ihr — nein, nein! Es ist unmöglich! In dieser einen Nacht sollte das zarte Kind einen Weg bezwungen haben, der die Kräfte eines rüstigen Mannes erschöpfen würde?"

„Omnia vincit amor!" lächelte Herr Heinrich. „Komm, Dietwald!"

Schweigend folgte Desertus dem Propst an das Ufer. Ein Knecht holte zwei Bergstöcke, der Einbaum wurde ins Wasser geschoben, rasch war die schmale Wasserzunge übersetzt, und die beiden stiegen empor durch den sonnigen Bergwald.

Ungeduldig eilte Pater Desertus voran.

Herr Heinrich rief ihm lachend zu: „Dietwald, willst du nicht hinter mir gehen? Weißt du, ich möchte mit ganzer Lunge droben ankommen."

---

[32] Sense.

27.

Am Morgen, noch vor Tag, hatte Haymo die Jagdhütte verlassen, um die Grenzen seines Bergreviers zu umwandern. Nahe den Funtensee-Tauern traf er mit dem Jäger Renot zusammen, der am Grünsee hauste. Unter den steilen Wänden saßen sie eine Stunde lang beisammen: das jubelnde Glück neben der Schwermut.

„Hast du meine Gundi nie gesehen?" fragte Renot.

Haymo schüttelte den Kopf.

„Zwei Jahr lang bin ich ihr schon um den Weg gegangen. Und da war's in der letzten Mondzeit, da komm ich einmal hinauf zum Funtensee und hör auf den Halden das Almvieh läuten. Denk ich mir: jetzt muß ich doch schauen, was für eine Sennerin der Bauer geschickt hat. Ich geh auf das Hüttl zu, und wie ich hineinschau, steht die Gundi vor mir. Vor lauter Seligkeit hab ich einen Luftsprung getan, daß ich mir an der Tür das Hirnkastl angeschlagen hab. Und, du — ein

Sommer ist das jetzt! Jeder Tag eine Freud, die vom Himmel fallt. Gelt, das hast du doch auch schon gespürt: es gibt nichts Lieberes auf der Welt, als wenn zwei junge Leut zusammenhalten mit Herz und Hand. Und auslassen tu ich nimmer. Bis der Frühling kommt, wird Hochzeit gehalten. Und Kindstauf gleich dazu! Juhuuu!"

Von allen Wänden klang das Echo des hallenden Jauchzers.

Lachend schaute Renot in Haymos Gesicht. Da verstummte sein Lachen, und erschrocken fragte er: „Bub, was ist dir denn?"

Haymo sprang auf und schüttelte den Kopf; er konnte nicht sprechen.

„So red doch, Bub, was hast du?"

Wortlos nickte Haymo einen Gruß und ging seiner Wege.

Renot sah ihm betroffen nach. „Mir scheint, dem ist die Lieb überzwerch gelaufen."

Als Haymo zum Saum des Lärchenwaldes kam, hörte er den am Fuß der Felswand hinsteigenden Jäger singen:

„Der Winter ist zergangen,
In Bluh steht alle Heid,
Da kam zu mir gegangen
Gar süße Augenweid,
Mir war das Herzl froh,
Zum Schätzl sprach ich so:
Gelt, du bist mein? Nein, ich bin dein:
Der Streit, der muß wohl allweil sein!
    Jo ho!
    Jo ho!
So blank allsam ein Härmelein[33]
Sind ihre nackten Ärmelein.
Mein Schätzl, das ist fein und schmal,
Gar wohl geschaffen überall.
    Jo ho!
    Jo ho!
Mein Herzl, das ist froh!"

Lang war die jubelnde Stimme schon verhallt, und immer noch klang es wie quälender Spott an Haymos Ohr: „Jo ho, jo ho! Mein Herzl, das ist froh!"

Er hatte die Landtaler Wand erreicht, über deren schroff bis zum See abfallende Felsen ein schmaler Wildsteig hinwegführte. Einzelne Steine lösten sich unter den Schuhen des Jägers und stürzten prasselnd in die Tiefe; mit heißen Augen sah Haymo ihnen nach; er konnte ihre sausenden Sprünge mit dem Blick verfolgen, bis sie nahe dem See auf dem schräg verlaufenden Griesbett liegen blieben.

„Da drunten findet jeder seine Ruh! Ein jeder!"

Nun löste er absichtlich Stein um Stein und lauschte, wie ihr Fall, der mit lautem Lärm begann, immer leiser und leiser wurde. Und jeder fallende Stein redete zu ihm: „So könntest du dein schreiendes Herzleid auch geschweigen. Wirf's hinunter! Es tut keinen Laut nimmer, wenn es drunten liegt."

Mit der Hand an einem Felszacken sich anhaltend, beugte er sich vor, daß sein ganzer Körper über dem Abhang schwebte. Die verwitterten Schrofen, die aus dem steilen Gewände ragten, waren anzusehen wie tausend steinerne Arme, die sich streckten nach ihm. Und in der gähnenden Tiefe lag der Obersee wie ein großes, rundes Auge; es blickte herauf zu ihm, und dieser Blick hatte Sprache: „Ich seh dich. Komm nur! Schau, ich warte."

Immer weiter beugte Haymo sich vor, ein Frösteln überlief seine Glieder, seine Knie begannen zu zittern, an der Hand, die den Felszacken umklammert hielt, zuckten schon die Finger, als wollten sie sich öffnen.

Da tönten linde, schwebende Klänge durch die Luft empor. In der Bartholomäer Klause läutete die Glocke zur Frühmesse.

Haymo richtete sich erblassend auf und fuhr sich mit der Hand über die Stirn, wie um einen bösen Traum zu verscheuchen. Aufatmend bekreuzte er sich und stieg mit ungestümer Eile über die Wand hinweg. Es schien ihm erst wieder wohl zu sein, als er den Bergwald erreichte, um dessen Wipfel der erste Glanz der steigenden Sonne schimmerte.

Schon aus weiter Ferne hörte er das Gebrüll des Almviehs.

„Was die Rinder nur haben mögen?" fragte er sich. Vielleicht missen sie die Sennerin, meinte er. Sie wird wohl tags zuvor hinuntergegangen sein in das Klosterdorf, um dem heiligen Umgang beizuwohnen. Aber das hätte sie doch dem Hüter sagen müssen. Wohl an die hundert mal hatte Haymo am vergangenen Tag, bald im Gewänd, bald auf den Almen, bald im Bergwald den Hüter schreien hören: „Zenzaaah! Hoidoooh!"

Als Haymo die Alm erreichte, sah er die Kühe unruhig um die stille Hütte traben, brüllend und mit den Schweifen schlagend. Ihre Euter strotzten. Und die Tiere litten Schmerzen; sie hatten das Milchbrennen. Langsam kamen dem Jäger, da er sich der Hütte näherte, die Kühe entgegen, streckten keuchend die Köpfe, und eine Blessin fuhr ihm mit der rauhen Zunge über die Hand. Er kraute ihr die Stirn, und mit läutender Glocke lief sie ihm nach bis zur Hütte. Er trat in die Tür. Die Hütte war leer. „Zenza!" rief er. Keine Antwort kam. Er lehnte das Griesbeil an die Wand, legte die Armbrust ab und setzte sich auf den Herdrand. In der Asche lagen noch glimmende Kohlen; er stöberte sie zu einem Häuflein zusammen, legte Späne darüber und blies in die Glut. Eine Flamme züngelte über das Holz, die Späne knisterten und krachten, und als das Feuer wuchs, legte Haymo, in träumende Gedanken versunken, Scheit um Scheit in die Flammen.

Er hörte nicht mehr das Brüllen und Läuten der Kühe — Immer summte es in seinen Ohren: „Jo ho, jo ho! Mein Herzl, das ist froh!"

Weit drüben, in der Sennhütte am Funtensee, flammte jetzt wohl auch ein Feuer auf dem Herd, und Renot saß bei seiner Gundi und hielt sie umschlungen und zog sie an seine Brust und lachte: „So blank allsam ein Härmelein, sind deine weißen Ärmelein —"

Haymo schlug die Hände vor die Augen, als möchte er das Bild verscheuchen, das mit seinem jauchzenden Glück ihn quälte und verhöhnte, ihn und sein brennendes Leid, seine dürstende Sehnsucht.

Ganz in sich verloren saß er und hörte nicht, wie draußen die Kühe läutend zusammendrängten nach einer Stelle; er merkte nicht, daß ihr lautes Brüllen jäh verstummte; er hörte die raschen Schritte nicht, die sich der Hütte näherten; es war ihm nur, als hätte sich plötzlich die Tür verfinstert. Mit müden Augen blickte er auf. Und da traf es ihn wie ein Blitz. Er schnellte in die Höhe, streckte mit ersticktem Laut die Arme und stand wieder wie versteinert. War es Wirklichkeit oder nur ein Traum? War sie es wahrhaftig, die vor ihm unter der Türe stand, über und über mit Staub bedeckt, im weißen Rock, dessen zerfetzter Saum über die Knöchel der nackten, vom Gestrüpp zerkratzten Füße hing, ein weißes Mäntelchen um die schmalen Schultern, die gelösten Haare um den Hals geknotet, mit erschöpften Zügen, aber mit lachendem Mund und leuchtenden Augen?

Jetzt rührte sie die Lippen. „Haymo!" stammelte sie.

„Gittli!" schrie er. Und sie flogen einander entgegen, hingen Mund an Mund und hielten sich mit zitternden Armen umschlungen, fest, als wollten sie sich nimmer lassen.

„Haymo!"

„Gittli!"

Das war alles, was sie sprachen zwischen Küssen und Küssen.

Und als wäre das Glück über sie hergefallen, so groß und so erdrückend, daß sie es nicht mehr zu tragen vermochten auf ihren schwachen Schultern, so sanken sie auf den Herdrand nieder. Und da streichelte Gittli Haymos Gesicht mit beiden Händen und lispelte: „Gelt? Jetzt tust du mir nimmer sterben?"

„Sterben? Vor Freud!" Was er weiter noch stammeln wollte, erstickte wieder in einem heißen dürstenden Kuß.

Zenza stand in der Tür, mit geballten Fäusten und kalkweißem Gesicht. Sie konnte den Anblick dieses taumelnden Glückes nicht ertragen. Heiser auflachend wandte sie sich ab, rannte wie eine Wahnsinnige hinaus über das Almfeld, schlug die Fäuste an ihre Stirn und schrie: „Gibt's auf der Welt noch einen Narren, wie ich einer bin! Erschlagen hätt ich sie sollen heut in der Nacht! Ins Wasser werfen! Und ich selber hab sie hergeholt. So ein Narr! So ein Narr, wie ich einer bin!"

Unter einer einsam stehenden Fichte warf sie sich auf die Erde nieder, grub die Nägel in den Rasen und schluchzte.

Dann sprang sie wieder auf. „Da heroben bleib ich keine Stund nimmer!" Ihr heißer Blick spähte über das Almfeld, während sie mit gellender Stimme schrie: „Jörgi! Jörgi!" Der Ruf verhallte, keine Antwort ließ sich hören. Eine Weile wartete sie. Und wiederholte den Ruf. Alles blieb still. Nur die Kühe trabten ihr brüllend entgegen. „Meinthalben! Mag alles hin sein, das Vieh und alles! Ich bleib und ich bleib nimmer."

Sie ging dem Steige zu. Die Kühe zogen ihr nach. Mit Steinwürfen trieb sie das Vieh zurück. An der Stelle, wo der Pfad sich in den Wald verlor, blieb sie stehen und blickte, zornig auflachend, noch einmal zurück nach der Hütte. „So ein Narr, wie ich einer bin!" Immer wieder lachte sie, während sie dem talwärts ziehenden Pfade folgte.

Über eine Stunde war sie schon gewandert, als sie, schwer ermüdet, auf einen Steinblock sank. Die zwei durchwachten und durchwanderten Nächte hatten ihre Kraft erschöpft. Sie schluchzte und lachte, immer eins ums andere. Lang ertrug sie das ruhige Sitzen nicht. Während sie weiterlief, raffte sie einen dürren Stecken auf und zerschlug mit zornigem Hieb jeden grünen Zweig, der über den Pfad hereinhing.

Schon hatte sie den tieferen Bergwald erreicht. Da hörte sie eine rufende Stimme, halb erstickt vom dumpfen Rauschen des nahen Wildbachs.

„Zenza! Zenza! Hoidoooh!"

Es war ein wild kreischender, angstvoller Ruf.

Lauschend blieb sie stehen. Da klang es wieder, ein wenig näher schon:

„Zenza! Zenza! Hoidoooh!"

„Mir scheint, er sucht mich? Der Täpp!" knirschte sie zwischen den Zähnen. Und weil der Ruf nun abermals erklang, flammte eine dunkle Röte über Zenzas Gesicht, und ihre Fäuste ballten sich. „Der! Der ist schuld an allem! Hätt er den Jäger in Fried gelassen, so wär der Haymo nit zu mir gekommen, ich hätt mich nit scheuen und schämen müssen vor ihm, er hätt nit geredet mit mir, sein Herzleid hätt mir nit die Seel umgedreht im Leib, ich wär nit hinein auf Salzburg und müßt jetzt nit einen Zorn in mir haben, daß ich mich selber zerreißen könnt. Der! Der ist schuld an allem!" So schrie es in ihr; alles, was Jörgi verbrochen hatte, stand ihr vor Augen, wie mit Geißelschlägen ihren Zorn schürend; nur an eines dachte sie nicht: an jene Stunde, in der sie beim Ostertanz den von allen Verachteten, ihn und sich selbst verhöhnend, hervorgezerrt hatte aus seinem dunklen Winkel.

Nun sah sie ihn um die Wendung des Pfades biegen, in keuchendem Lauf, mit brennendem Gesicht, mit verstört umherspähenden Augen. Und zwischen ihr und ihm lag das breite Bett des mit reißenden Wassern steil abstürzenden Wildbaches.

„Zenzaaah —" Der Laut erstickte. Jörgi hatte die Sennerin erblickt. Mit jauchzendem Geschrei, mit Stammeln und Schluchzen kam er gerannt, stieß das lange Griesbeil in das

Wasserbett, warf sich hinüber mit hohem Schwung, brach in die Knie, raffte sich auf, und den Stock beiseite schleudernd, umschlang er Zenza mit beiden Armen.

Zornig aufkreischend, schlug sie ihm die Fäuste in das von Schweiß überronnene Gesicht. Und als er die Hände sinken ließ, gab sie ihm einen Stoß vor die Brust, daß er rückwärts taumelte und niedersank, mit dem halben Körper in das Wasser klatschend. Er wollte sich aufraffen. Eine Sturzwelle packte ihn, er drehte und überschlug sich, verschwand im Wasser und tauchte halb wieder auf.

„Jesus, Maria! Jörgi!" schrie Zenza. Sie stürzte dem steilen Ufer zu; es gelang ihr, die eine Hand des Versinkenden zu erfassen, mit der anderen haschte er nach ihrem Rock und klammerte sich an. Brausend schlugen die Wellen über ihn her und drückten ihn nieder. In schreiender Todesangst wollte Zenza von seinen Händen sich losreißen. Während sie kämpfte mit dem ganzen Aufgebot ihrer müden Kraft, wich der brüchige Grund unter ihren Füßen, und sie stürzte vornüber mit dem Gesicht in den Wildbach.

Welle rauschte über Welle, eine warf sich auf die andere, mit drängender Eile und zorniger Wucht. Aus allem Rauschen hörte man das Rollen der Steine, die der Wildbach auf seinem Grunde trieb. Über steile Gehänge warf er sich hinunter, tobte zwischen verwaschenem Gestein hindurch, hinweg über gebrochene Bäume, und verschwand in einer Schlucht, so eng und tief, daß der Himmel in der Höhe nur noch schimmerte als ein dünner, blauer Streif, während auf dem Grunde der Schlucht alles grau war, ohne Farbe, einzig weiß nur das schäumende Wasser. Dünne Quellen rieselten in die Schlucht hinunter, und die frei fallenden Tropfen leuchteten ein wenig, als möchte jeder von ihnen ein Stäubchen Sonne aus dem hellen Tag mit hinunterstehlen in die Finsternis.

Brausend schoß der Wildbach aus der dunklen Schlucht wieder hervor in ein breites Bett, umschleiert von

Wasserstaub, jede Welle bedeckt mit flockigem Schaum. Die Uferwände senkten und erweiterten sich. Blühende Büsche neigten sich über den Rand der Felsen und griffen wie mit hundert kleinen Fingern in den blauen Himmel. Buntfarbiges Moos und üppiges Flechtwerk spann sich um alles Gestein, an dem der Wildbach vorüberrauschte, und die tanzenden Wellen spielten mit dem niederhängenden Gezweig, bis sie breit und ruhig hinausflossen in den stillen, sonnigen See.

Von Bartholomä einher kam langsam ein plumper Nachen geschwommen, beladen mit kleinen Blöcken von Ahorn- und Zirbenholz. Ein alter Mann führte das Ruder. Im Bug des Schiffes saß Ulei, der Bildschnitzer. Er hatte sich neuen Vorrat für seine Werkstätte geholt. In der Hand hielt er ein Klötzchen Holz und bosselte daran mit einem kurzen Messer. Gewandt und sicher führte er jeden Schnitt, und immer deutlicher trat aus dem Holz ein weiblicher Kopf hervor.

Da sagte der Alte: „Ulei? Was liegt denn da drüben im Wasser?"

„Wo, Vater?"

„Wo der Wildbach ausläuft."

Ulei deckte die Hand über die Augen.

„Wohl, jetzt seh ich es auch."

„Es schaut sich an, als tät ein Gewand im Wasser liegen."

„Vielleicht hat einer was verloren. Geh, Vater, fahr hinüber!" Ulei steckte das halb vollendete Schnitzwerk mit dem Messer in die Tasche und erhob sich.

Der Alte drehte den Kahn und steuerte dem Ufer zu.

„Mein Gott, Vater," stammelte Ulei, „da hat's ein Unglück gegeben! Das ist ein Weiberleut. Du lieber Herrgott! Was muß da geschehen sein?"

Sie kamen näher. Von den Wellen des Wildbaches seitwärts getrieben, lag die Leiche auf seichtem Grund, überdeckt von durchsichtigem Wasser, auf dem das Kleid und die bleichen Hände schwammen.

Uleis Augen wurden starr und sein Gesicht erblaßte; er sprang aus dem Nachen und riß den leblosen Körper empor. „Vater, schau nur, schau! Die Zenza!" Die Worte erstarben ihm. Wie versteinert blickte er auf die Entseelte nieder, deren Haupt mit triefendem Haar, mit geschlossenen Augen und blutlosen Lippen in den Nacken hing. Aus dem Mieder und unter den zerrissenen Zöpfen sickerte Blut in dünnen Tropfen hervor. Das Gesicht war unentstellt; jeden Zug von Trotz und Wildheit hatte der Tod verwandelt in stillen Frieden.

Taumelnd watete Ulei an das Ufer, bei jedem Schritte keuchend unter seiner Last.

„So ein Unglück!" jammerte der Alte. „Das arme Ding! So ein junges, lebfreudiges Mädel! Ulei, bleib bei ihr! Ich fahr davon und lauf ins Ort hinein." Er hatte schon den Kahn gewendet und trieb ihn mit hastigen Ruderschlägen über den See.

Ulei war auf einen Steinblock niedergesunken. Mit beiden Armen preßte er den entseelten Körper an seine Brust, als könnte er die Kälte des Todes noch verscheuchen durch die Wärme seines eigenen Lebens.

Von Kind auf war sie ihm lieb gewesen. Immer gingen ihre Wege an ihm vorüber. Sein Herz geduldete sich und hoffte. Wenn er in seiner Werkstatt bei der Arbeit saß, stand es immer vor ihm wie ein Traum, der sich einst noch erfüllen müßte: daß er sie umschlungen hielte und dürfte sie herzen und küssen.

Jetzt hatte sein Traum sich erfüllt. Nun lag sie in seinen Armen. Scheu neigte er das Gesicht und drückte seine Lippen auf ihren kalten Mund. Sie duldete seinen Kuß und wehrte sich nicht.

„Du mein Schatzl!" Seine Hand zitterte, als er das blutige Haar von dieser blassen Stirne strich. „Und wenn ich hundert Jahr alt werd, ich bleib dein treuer Bub! Gelt ja!"

Auf blumigem Rasen legte er sie nieder, ordnete ihr Haar und schob ihr seine Joppe als Kissen unter den Kopf. Einen Zweig mit blühenden Alpenrosen, den er von der nahen Felswand holte, legte er in ihre Hände.

Auf den Knien sprach er ein Gebet. Dann setzte er sich neben der Toten auf die Erde und zog aus seiner Tasche das hölzerne Köpfchen und das Messer hervor. Vor jedem Schnitt, den er führte, hing er mit langem Blick an dem stillen, weißen Gesicht.

Zwei Stunden vergingen. Dann kam ein Schiff mit Leuten; unter ihnen der Eggebauer. Als er mit schlotternden Knien an das Ufer stieg, mußten ihn zwei Männer stützen.

---

[33] Wie ein Wiesel.

28.

"Wo nur die Zenza bleibt?"

So fragten sie immer wieder, wenn sie für kurze Weile aus ihrem wortlos träumenden Glück erwachten.

"Wo nur die Zenza bleibt?"

Sie traten vor die Hütte und riefen Zenzas Namen über das Almfeld und gegen den Bergwald. Alles blieb still.

"Wirst sehen, sie kommt nit. Und ich mein', ich weiß warum!" flüsterte Haymo.

Gittli sah ihn fragend an; dann schüttelte sie den Kopf. "Sie wird halt müd gewesen sein und hat sich an einem stillen Platzl schlafen gelegt."

"Meinst du?" sagte er. "Aber gelt, du wirst auch selber müd sein?"

"Nit ein lützel! Ich mein' völlig, ich hätt tausend Jahr lang geschlafen und wär mit einmal aufgewacht, und derweil ist alles anders geworden, und ich selber bin eine andere!"

„Was? Eine andere bist du? So, schön, jetzt hab ich gar zwei Schätzlen. Ich weiß nur nit, welches ich lieber hab: dasselbig, das du gewesen, oder dasselbig, das du geworden bist." So scherzte Haymo und wollte sie umfangen. Sie schlüpfte in die Hütte und wehrte ihn ab, als er folgen wollte. Er mußte sich auf die Bank setzen und warten. Und bevor sie ihn nicht riefe, dürfe er beileib nicht kommen.

Er saß kein Vaterunser lang, da fragte er schon: „Darf ich noch allweil nit hinein?"

„Jesus! Untersteh dich!" hörte er sie erschrocken stammeln.

Nun wartete er geduldig, sah mit leuchtenden Augen hinauf ins Blau und lauschte jedem leisen Geräusch, das sich in der Hütte vernehmen ließ.

Jetzt trat sie kichernd aus der Tür. Er machte zuerst große Augen, dann schlug er mit glückseligem Lachen die Hände ineinander. Gittli stimmte in sein Lachen ein. „Ich hab ein lützel in der Zenza ihrer Truh gekramt. Meinst, sie wird harb sein? Gelt nein? Sie hat ja selber allweil über das dumme Häs gescholten. Was sagst du, wie ich ausschau!" Sie hob die Arme und drehte sich. Er wollte kaum aus dem Lachen kommen. Gittli sah aber auch gar zu drollig aus. Das weiße, bis an den Hals geschlossene Hemd und der kurze Rock hätten ihr leidlich gepaßt. In dem schwarzen Mieder aber hätte ihr schlankes Persönchen noch ein zweites mal Platz gefunden, und jeder Fuß stak in dem plumpen Schuh wie ein Spatz im Hühnerkorb. „Was sagst du, wie ich ausschau?"

„Aber lieb! So lieb!" Er haschte sie mit beiden Armen und zog sie auf die Bank. „Da hast du einen gescheiten Einfall gehabt. Ich hab mich ehnder schier nit getraut, daß ich dich anrühr."

Wie sehr ihm jetzt der Mut gewachsen war, das fühlte sie aus dem ungestümen Kuß, mit dem er ihre stammelnden Lippen schloß.

So saßen sie in der Sonne, bald still versunken in ihr zärtliches Glück, bald wieder in heiterem Geplauder. Kein Wort, das sie sprachen, kein Gedanke, den sie dachten, ging über den Augenblick hinaus. Sie fragten nicht, was *vor* diesem Tag gewesen, fragten nicht, was *nach* diesem Tage kommen sollte. Eine selige Stunde war ihnen vom Himmel gefallen, wie Sonnenschein nach Ungewitter, und sie freuten sich ihrer als zwei Glückliche, die zusammengehören, weil der liebe Herrgott sie füreinander geschaffen hat. Ihr Glück war so still zufrieden wie eine Blume, die in dem Augenblick, da ihr Kelch sich dem warmen Licht erschließt, doch auch nicht fragt, wer ihren Samen in die Erde legte, oder wer sie brechen wird in der nächsten Stunde. Sie blüht und freut sich.

Endlich löste Gittli sich aus den Armen des Jägers. Ihre Wangen glühten wie zwei Rosen. Mit zitternden Händen strich sie das Haar von den Schläfen zurück.

„Schau, Haymo, die Sonn steht über Mittag. Hast du denn keinen Hunger?"

Er schüttelte lachend den Kopf.

„Aber ich!" sagte sie kleinlaut.

Erschrocken sprang er auf. „So komm doch, Schatzl, komm! Es wird in der Hütt wohl ein lützel was zu finden sein. Und die Zenza wird's schon verlauben."

„Was die aber lang ausbleibt! Völlig bangen tut's mich, daß ich ihr ein Vergeltsgott sagen möcht. Aber gelt, wenn sie kommt, da müssen wir gut sein mit ihr. Sie hat's verdient um uns."

Haymo nickte. Dann traten sie in die Hütte. Mehl, Salz und Butter fand sich im Überfluß. Als aber Gittli auf dem Herd das Feuer schüren wollte, faßte Haymo ihre Hände. „Nein, Schatzl, heut darfst du nit schaffen, heut mußt du schon mir die Sorg lassen. Da wirst du schauen, was ich dir aufkoch! Und du," er hob sie mit beiden Armen empor und legte sie sanft auf das Heubett nieder, „du tust derweil ein lützel rasten! So, Schatzl! Gelt, da liegst du gut?"

Erst war sie ein wenig erschrocken, dann aber ließ sie ihn lächelnd gewähren, und als sie in das weiche, duftende Heu versank, schlang sie die Arme um seinen Hals und zog sein Gesicht an ihre heiße Wange. „Gelt, Haymo, wir zwei tun nimmer voneinander lassen?"

„Nimmer, Gittli, nimmer, nimmer!"

Eine Weile saß er auf dem Rand des Bettes. Schweigend hielten sie sich bei den Händen. Plötzlich sprang er auf. „Jetzt muß ich aber schaffen, sonst tust du mir am End noch verhungern, du Hascherl, du arms!"

Sie schob die gefalteten Hände unter die Wange, schmiegte sich tief in das duftende Heu, und während Haymo auf dem Herd das Feuer schürte, blickte sie unter halb gesunkenen Lidern hervor, mit dankbar zärtlichen Augen jede seiner Bewegungen verfolgend. Flüsternd strömten ihre tiefen Atemzüge über die leicht geöffneten Lippen. Ihr war so wohl! Sie hätte sich für das ganze Leben nichts anderes mehr gewünscht, als nur immer so liegen zu dürfen, so weich zu ruhen, mit dieser sanften Wärme im Herzen, mit diesem süßen Gefühl: daß treue Liebe ihre Ruh behüte, treue Liebe für sie sorge und schaffe.

Immer wieder nickte Haymo ihr lächelnd zu. Er ging auf den Zehen und suchte jedes Geräusch zu vermeiden, während er alles herbeitrug, was er zur Bereitung der Mahlzeit nötig hatte. Auf dem Herde knisterten die brennenden Späne, leis rauschten die züngelnden Flammen, durch die Lücken des Schindeldaches fielen einzelne Sonnenstrahlen gleich goldig schimmernden Fäden, und der dünne Rauch, der sich langsam zwischen dem berußten Sparrenwerk verzog, umspann alle Balken mit bläulichem Duft.

Immer tiefer sanken über Gittlis Augen die schwarzen Wimpern, und sacht, unmerklich flossen ihre Träume aus dem Wachen hinüber in einen tiefen Schlaf.

Haymo ließ die Arbeit ruhen; er wäre mit seinem Werk in einer Viertelstunde zu Ende gewesen, und dann hätte er Gittli wecken müssen. Doch er sah, wie wohl ihr der Schlummer tat. Leise trug er einen Holzpflock neben das Heubett, ließ sich nieder, schlang die Hände um die Knie, lehnte den Kopf an die Kante des Lagers und betrachtete das Gesicht der Schlummernden.

Sie lag und regte sich nicht; nur manchmal bewegte sie ein wenig die Lippen, als spräche sie im Traum; dann zuckten auch die Wimpern, die gleich dunklen Sicheln auf den sanft geröteten Wangen lagen; und bei jedem tieferen Atemzuge hob sich die junge Brust unter dem weißen Leinen. Haymo streckte die Arme — es war, als möchte er aufspringen, als möchte er sie aus dem Schlaf empor reißen an sein Herz. Doch scheu und leise duckte er sich wieder auf den Holzpflock nieder, um die Schlummernde nicht zu wecken.

Stille Stunden verrannen.

Als Haymo meinte, daß Gittli nun doch bald erwachen würde, ging er zum Herd. Sie sollte nicht warten müssen auf die Mahlzeit. Als die heiße Butter in der Pfanne zu zischen begann, bewegte sich Gittli, schlug die Augen auf, lächelte — und schlief wieder ein.

Haymo übte sein Küchenamt mit peinlichster Sorgfalt. Vor Aufregung, ob die Speise auch wohl geraten würde, zitterten ihm die Hände. Doch als er einmal kostete, schien er nicht unzufrieden mit seinem Werk. Und während er die Pfanne wieder über das Feuer setzte, begann er mit halblauter Stimme zu singen:

> „Der Winter ist zergangen,
> In Bluh steht alle Heid,
> Da kam zu mir gegangen
> Gar süße Augenweid."

Immer lauter wurde sein Lied, bis es endete mit klingendem

Jauchzen:

> „Jo ho, jo ho,
> Mein Herzl, das ist froh!"

Da brauchte er Gittli nicht mehr zu wecken; sie saß im Heu, lachte ihn an mit hellen Augen und streckte die Arme.

Als wär' sie eine Feder, so schwang er sie in die Höhe und drehte sie im Kreis. Kichernd zappelte sie mit den Füßen. Aber auf die Erde kam sie nicht wieder; sie saß auf Haymos Schoß und wußte nicht, wie das gekommen war. Mit dem einen Arm hielt er sie an sich gedrückt, mit dem anderen zog er die Pfanne herbei. Und weil sich in der Hütte nur ein einziger Holzlöffel vorgefunden hatte, mußte Gittli dulden, daß Haymo ihr jeden Bissen zwischen die lachenden Lippen schob. Sie wehrte sich wohl, aber nur, weil ihr Sträuben das zärtliche Mahl verlängerte. Und wie sie jeden Bissen lobte! Haymo wurde stolz auf seine Kochkunst. „Ja, du," sagte sie, „das schmeckt einem! Weißt du, da drin," sie machte einen Deuter mit dem Kopf und meinte das Heim der Domfrauen in Salzburg, „da drin hab ich Sachen essen müssen, daß einem völlig hätt grausen mögen. Was die Herrenleut manchmal für einen Geschmack haben! Ich begreif das nit."

Er lachte und hielt ihr den vollen Löffel hin.

„Halt! Der gehört wieder *dir*!" schalt sie, denn sie wachte sorgsam darüber, daß die Teilung redlich vollzogen würde: erst sie einen Löffel, dann er einen Löffel — und dazu einen Kuß als Merkzeichen.

Als die Pfanne leer war, sagte sie erschrocken: „So, schön! Jetzt haben wir der Zenza gar nichts übrig lassen. Aber was sagst du! Jetzt ist die noch allweil nit da! Komm, wir müssen uns ein lützel umschauen nach ihr." Sie lief zur Tür hinaus und rief mit heller Stimme: „Zenza, Zenza!" Ringsumher hörte sie nur das dumpfe Brüllen der Kühe und das ruhelose Gebimmel der Almglocken. Als Haymo zu ihr trat, sagte sie: „Wirst sehen, die hat sich im Wald verschlafen. Aber wart nur, ich find sie schon!" Mit klappernden Schuhen lief sie gegen den Bergwald. Haymo haschte sie, und nun wanderten sie langsam, eins ans andere geschmiegt, dem Schatten der Bäume entgegen, den die sinkende Sonne schon dunkel und lang über das Almfeld warf. Als sie den Waldsaum erreichten, hatten sie schon wieder vergessen, was sie hierher geführt. Wo sie gingen, blühten mit dunklem Rot die Almrosen. Sie pflückten die schönsten der blühenden Zweige, und nach einer Weile prangte ein Strauß an Gittlis Mieder, ein anderer auf Haymos Kappe. Er legte den Arm um ihre Schulter, sie lehnte die Wange an seine Brust, und so wanderten sie dem Feuerpalfen zu, aus dessen verbranntem Rasen schon wieder die grünen Grasspitzen hervorlugten.

„Hast du nit daherdenken müssen in der Sonnwendnacht?" fragte er leis.

Sie nickte errötend. „Und wie ich eingeschlafen bin, da hab ich geträumt."

„Was denn?"

„Daß du mir eine Scheib getrieben hättst!"

„Aber, Narrerl, du liebs! Das hab ich ja doch getan!" lachte er. „Die allergrößte hab ich getrieben für mein kleines Schatzl. Und geflogen ist sie, als wär die Sonn heruntergefallen."

Sie umschlangen und küßten sich, als fänden sich ihre Lippen zum erstenmal. Kein Wunder, daß sie dabei die näherkommenden Schritte zweier Männer und einen stammelnden Ruf überhörten, der vom Saum des Waldes herklang.

Nun standen sie aneinandergeschmiegt und blickten still hinunter in die gähnende Tiefe. Glatt und schwarzgrün lag der See zwischen seinen felsigen, schon von dunklen Schatten umwobenen Ufern.

„Schau, Haymo," lispelte Gittli, „siehst du das Schiffl im See?"

„Wo, Schatz?"

„Dort, wo der Wildbach ausläuft wie ein weißes Band."

„Wohl, jetzt seh ich es auch."

„Das muß ein großes Schiff sein, es schaut sich schier an wie ein Scheit."

„Wohl, ich mein' auch, es müßten viel Leut drin sein. Schau nur, und hinter ihm kommt ein anderes!"

„Ein kleins, wie ein winziges Hölzl!"

Sie schauten den beiden kaum merklich gleitenden Schiffen nach, die hinter einem steil in den See abfallenden Waldrücken verschwanden.

„Geh, Haymo, komm," sagte Gittli tief aufatmend, „jetzt müssen wir die Zenza suchen. Mir tut schon völlig bangen."

Sie wollten den Feuerpalfen verlassen. Als sie sich vom Absturz wandten, fuhr ihnen der jähe Schreck in alle Glieder; sie erblaßten und waren wie versteinert; nur ihre Hände suchten sich noch und schlossen sich fest ineinander.

Herr Heinrich und Desertus standen vor ihnen.

Eine Weile wurde kein Wort gesprochen. Ernst betrachtete Herr Heinrich das Paar, während Desertus, mit heißem Glanz in den Augen, nur Gittli zu sehen schien.

„Es schattet, Haymo, und ich finde dich hier?" sagte Herr Heinrich ruhig. „Hast du meines Gewildes ganz vergessen? Und deiner Pflicht?"

„Herr!" stammelte Haymo, während brennende Röte über seine Stirne flog. Kein zornig scheltendes Wort hätte ihn eingeschüchtert; aber diese freundliche Mahnung brachte ihn um den letzten Rest seiner Fassung. Mit ratlosem Blick suchte er Gittlis Augen. „Ich muß gehen. Ich muß."

Da erwachte sie aus ihrer Erstarrung. Sie umschlang ihn mit beiden Armen, schmiegte den schlanken Leib an ihn, als möchte sie mit ihm in eins verwachsen, und drückte das bleiche Gesicht an seinen Hals: „Ich laß dich nimmer und ich laß dich nimmer!"

Verstört sah Haymo zu Herrn Heinrich auf. „Schauet, Herr! Wir haben uns lieb."

„Und ich laß mich nimmer wegschaffen," fiel Gittli mit bebender Stimme ein, die fester klang von Wort zu Wort, „und ich laß mich nimmer wegreißen von ihm. Da darf kommen, wer mag. Ich laß mich nimmer wegreißen. Ich weiß nit, was man allweil von mir will? Ich hab doch keinem was getan, ich bin doch ein braves Leut, und keiner hat ein Recht an mich, als der einzig, den ich lieb hab." Sie hatte sich aufgerichtet, ihre Augen blitzten, eine wilde Entschlossenheit verschärfte ihre Züge. „Und eh ich mich wieder wegreißen laß, eh spring ich lieber da hinunter, wo's am tiefsten ist. Komm, Haymo!" Sie klammerte die zitternden Hände um seinen Arm und zerrte ihn gegen den Abgrund. „Komm! Da haben wir Ruh und bleiben beieinander!"

„Kind!" schrie Desertus erblassend. Auf Gittli zustürzend, umfing er sie mit beiden Armen und riß sie vom Rand der Felsen zurück. Gittli wehrte sich gegen ihn mit zorniger Kraft, er aber ließ sie nicht mehr. „Kind! Du Kind!" Und die Lippen zu ihrem Ohr neigend, flüsterte er, nur ihr allein verständlich: „Es will dich niemand wegreißen von ihm!" Da erlahmte ihr Widerstand. Scheu erschrocken blickte sie zu ihm auf, und als sie seine Augen sah, diese zärtlich leuchtenden Augen, fiel es in ihr gemartertes Herz wie eine Offenbarung: hier ist Hilfe, hier ist einer, der es freundlich meint. „Herr, guter Herr!" stammelte sie. „Stehet mir bei in meinem Leid! Ihr habt doch auch eine liebe Frau gehabt und liebe Kinder. Schauet, ich hab ihn halt so lieb, so lieb!"

Haymo stand mit blassem Gesicht. Sein Atem ging keuchend, und unstet blickten seine Augen. Er sah, wie Desertus die Arme um Gittli geschlossen hielt und ihren schlanken Körper an sich drückte. Haymos Fäuste ballten sich. Um gewaltsam zu bezwingen, was sinnverwirrend in ihm aufstieg, packte er mit den Fäusten die eigene Brust.

Herr Heinrich ging auf ihn zu. „Haymo! Was hast du aus diesem Kind gemacht?"

„Ich, Herr?"

„Hast du nicht gehört, was sie gesprochen hat?"

„Es hat halt in ihr das Herz geredet, wie in mir das meinige. Wenn Euch das nit gefallt, Herr, dann müsset Ihr rechten mit Eurem Herrgott!"

„Mit *meinem* Herrgott? Hast du einen anderen? Oder gar keinen?"

„Wohl, Herr, ich hab schon einen. Das ist ein guter. Es ist derselbig, der das in uns zwei hineingelegt hat, daß es keiner nimmer herausreißt. Und wenn Ihr meinet, daß es doch geschehen könnt, so habt Ihr einen andern."

„So?" lächelte Herr Heinrich.

„Ja, und dann verträgt sich auch der meinig mit dem Eurigen nimmer." Haymos Stimme verlor sich in dumpfes Murmeln. „Und wir zwei taugen auch nimmer zueinander!"

„Du sagst mir den Dienst auf?"

Haymo senkte den Kopf, ein Schauer rüttelte seinen Körper, er blickte wieder auf und suchte mit irrenden Augen das Gesicht des Propstes; aus seiner Kehle wollte kein Laut.

„Gut! Ich kann dich nicht zwingen!" sagte Herr Heinrich. „Du bist kein Höriger, du bist ein freier Mann. Aber ich lasse dich ungern ziehen. Ich war dir gut, denn du hast mir treu gedient. Und so gerne wie dir hab ich noch keinem den Spruch gesagt: ‚Wehr ohne Schart und Fehl, graden Sinn ohne Hehl, treues Herz ohne Wank'. Was hast du? Wolltest du etwas sagen?"

Haymo würgte nach Worten und schüttelte den Kopf.

„Gut also! Wenn du es nicht anders willst. Am Michelstag bist du deines Dienstes enthoben. Als Klosterjäger!" Ein Lächeln spielte um Herrn Heinrichs Mund.

„Am Michelstag also! Am Michelstag!" raunte Haymo vor sich hin, während er sich mit der Hand über das Haar strich. „Wohl, am Michelstag, da geh ich. Wenn ich gleich mein halbes Leben dahint laß. Und daß ich bis selbhin meine Pflicht tu, ich mein', Herr, dafür kennet Ihr mich." Er wandte sich zu Gittli, die blaß und zitternd stand. „Behüt dich Gott! Es schattet, und ich muß nach dem Gewild schauen. Das ist Jägerpflicht, die ich beschworen hab. Behüt dich Gott derweil!"

„Haymo!" stammelte sie; aber nur eine ihrer Hände ließ Pater Desertus frei, und diese Hand streckte sie dem Jäger hin, der sie mit festem Druck umfaßte.

„Ich muß gehen," sagte er mit schwankender Stimme, „aber am Michelstag, da bin ich mein eigener Herr, da komm ich und such dich wieder. Was die Herrenleut von dir wollen mögen, ich weiß es nit. Aber ich komm und such dich, da kannst du dich verlassen drauf. Und wenn ich dich nimmer find, so mein' ich wohl, daß man auch mich wird suchen müssen. Unter der Landtaler Wand ist ein Fleckl. Da geht einer nit irr, der mich suchen mag."

„Haymo, Haymo!" schluchzte Gittli und klammerte die Finger um seine Hand. Er riß sich los und stürzte der Hütte zu.

Herr Heinrich blickte ihm nach und schüttelte den Kopf. „Amantes amentes!"

Desertus schlang die Arme um Gittli, zog sie an seine Brust und flüsterte: „Laß ihn doch, du Närrlein, er kommt schon wieder!"

Als Haymo die Hütte erreichte, riß er die Armbrust von der Wand und faßte das Griesbeil. Auf einer Holzbank sah er das übel zugerichtete weiße Kleid und das Mäntelchen liegen, packte beides mit zornigem Griff und warf es in die glühenden Kohlen. Eine Flamme loderte auf, und im Hui war das dünne Gewebe in Asche zerfallen.

Er trat ins Freie. Drüben über dem Almfeld wanderte Gittli langsam, mit gesenkter Stirne, den Waldsaum entlang, zwischen Herrn Heinrich und Pater Desertus, der sie an der Hand führte.

„*Der*! Und allweil *der*!" stammelte Haymo. In wirren Gedanken blickte er den dreien nach, bis sie im Wald verschwunden waren. Dann stieg er den höheren Bergen zu, mit so ungestümer Eile, daß er bald den Atem verlor und rasten mußte.

Fünf lange, bange Stunden währte der Weg, auf dem er kreuz und quer sein ganzes Revier durchwanderte. Er suchte die steilsten Gehänge und die gefährlichsten Pfade, um durch die Erschöpfung des Körpers seine Gedanken und sein Herz zu betäuben.

Als er zu den Hütten kam, lag über den Bergen schon die tiefe sternhelle Nacht. Aus der halboffenen Tür des Herrenhauses leuchtete ein matter Feuerschein. Haymo wollte zur Jägerhütte gehen. Da rief ihn Herr Heinrich an. Der Propst und Desertus saßen vor dem Herrenhaus auf der Bank. Haymo spähte und lauschte, aber von Gittli war nichts zu sehen, nichts zu hören.

„Nun? Wie ist der Pirschgang ausgefallen?" fragte Herr Heinrich. „Hast du Wild getroffen?"

„Wohl, Herr," erwiderte Haymo, sich gewaltsam zur Ruhe zwingend, „unter den Wänden ist eine Fahlgeiß mit ihrem Kitz gestanden, Gemsen hab ich zweiunddreißig gezählt, und auf dem Kreuzwaldlahner ist ein guter Hirsch ausgezogen, dem das Geweih bald reifen wird. Die Kolben zeigen schon die vierte Kron."

„Brav, Haymo, den wollen wir uns holen in der Brunft." Herr Heinrich stockte. „In der Brunft? Ach so, ich vergesse! Die gute Brunft beginnt um den Sankt Pelagitag. Und eine Woche früher fällt schon der Michelstag. Schade! Schade!"

Haymo erzitterte, als hätte er einen Stoß vor die Brust erhalten.

„Aber jetzt geh, Haymo, koch dir ein Nachtmahl und dann leg dich schlafen! Du mußt morgen wieder zeitig auf den Beinen sein."

Ein paar heisere Laute würgte Haymo zum Gruß heraus

und wollte zur Jägerhütte gehen.

„Nicht dort!" rief ihm Herr Heinrich nach. „In deiner Hütte schläft das Mädchen. Du mußt dich für heute mit dem Heuboden begnügen. Drinnen auf dem Herde findest du, was für deine Mahlzeit nötig ist."

Haymo trat in die Herrenhütte, schürte das erlöschende Feuer und begann seinen Imbiß zu bereiten. Er tat es nur, weil Herr Heinrich gesagt hatte: Koch dir dein Nachtmahl! Noch eh er damit zu Ende war, kamen die Herren in die Hütte. Der Propst ging in die Stube, Desertus blieb unter der Tür mit verschränkten Armen stehen und wandte keinen Blick seiner stillen, warm leuchtenden Augen von Haymo. Dem Jäger wurde unter diesem forschenden Blick unheimlich schwül zu Mut. Der Schweiß trat ihm auf die Stirn. Aber er tat, als sähe er den Chorherren nicht, hockte sich mit der Pfanne in einen Winkel und würgte Bissen um Bissen hinunter. Das Mittagsmahl hatte ihm besser geschmeckt! Mit einem tiefen Atemzug sprang er auf. Als er über die Leiter emporsteigen wollte, trat Desertus auf ihn zu, streckte ihm die Hand hin und sagte lächelnd:

„Gute Nacht, Haymo!"

„Gute Nacht, Herr!" murmelte der Jäger. Die gebotene Hand übersah er. Droben warf er sich über das Heu und grub das Gesicht in die Arme.

Als er nach einer Weile wieder ruhig wurde, hörte er die Herren in der Küche noch miteinander reden. Dann wurde alles still.

Leise strich der Nachtwind über das Schindeldach. Haymo wachte mit klopfendem Herzen. Als er meinte, daß Mitternacht schon vorüber wäre, streifte er die Schuhe von den Füßen, stieg lautlos über die Leiter hinunter und tappte durch die Finsternis zur Hüttentür.

Sie war versperrt. Der Schlüssel war abgezogen.

Fast eine Stunde stand Haymo zitternd auf einem Fleck. Als er sich endlich wieder zu rühren wagte und zum

Heuboden hinaufstieg, knarrte auch noch die Leiter.

Draußen war der Mond aufgegangen; sein bleicher Schimmer quoll durch die Lücken im Dach. Haymo lag schlaflos; er hielt die Hände unter dem Nacken verschränkt und starrte mit brennenden Augen auf eine der hellen Lücken.

Als er meinte, daß der Morgen zu grauen begänne, erhob er sich und stieg in die Küche hinunter. Dabei machte er Lärm und hustete. An der Türe rüttelte er, als wüßte er noch nicht, daß sie versperrt wäre.

Er trat in die Stube.

„Haymo?" fragte Herr Heinrich in der Schlafkammer.

„Wohl, Herr! Ich kann nit hinaus. Es muß einer die Tür versperrt haben."

„Komm her zu mir!" Herr Heinrich griff unter das Lederpolster und zog den Schlüssel hervor. „Da nimm! Und kannst auch gleich am Fenster den Laden aufstoßen. Ich mein', der Morgen wird schön."

Haymo tat, wie ihm geheißen war. Nun trat er ins Freie. Das graue Licht des Morgens kämpfte mit dem Mondschein. Still und dunkel lag die Jägerhütte. Als Haymo ihr entgegenschritt, schlug ihm das Herz bis an den Hals herauf. Trotz der Dämmerung sah er mit seinem Falkenaug, daß am Fenster der Laden offen stand. Aber ein offenes Fenster war auch *hinter* ihm.

„Wart nur," murmelte er und raffte ein Steinchen von der Erde, „so gescheit wie die Herrenleut bin ich auch noch!"

Als er die Hütte erreichte, warf er, fast ohne die Arme zu rühren, das Steinchen ins Fenster. Ein leiser Schrei klang aus der Stube. Haymo lehnte das Griesbeil an die Blockwand und bückte sich, als müßte er die Schuhriemen fester knüpfen.

„Gittli!" flüsterte er.

„Haymo!" klang es in der Stube mit zitterndem Laut, und gleich darauf erschien ein weißes Gesicht am Fenstergitter.

„So, jetzt kann er meintwegen zuschauen, wie er mag!" Mit flinkem Satz sprang Haymo auf das Fenster zu. Das war nun freilich ein beschwerlicher Kuß, denn die Lücken des Fensters waren eng, die eisernen Stäbe dick — aber ein Kuß war es doch.

„Laß dich nur nichts verdrießen, Gittli! Tu nur festhalten, gelt?"

„Wie ein Astl am Baum!"

Wieder fanden sich ihre Lippen.

„Behüt dich Gott, Schatzl!"

„Behüt dich Gott tausendmal, mein lieber, lieber Bub!"

Haymo faßte das Griesbeil und taumelte davon, das Herz zum Springen voll von Leid und Freude.

Hinter dem offenen Fenster des Herrenhauses standen der Propst und Desertus.

„Es eilt, Dietwald, es eilt!" sagte Herr Heinrich lächelnd.

„Das merk ich, Herr! Wenn ich nicht das Elend meines Kindes will, muß ich flink die Hände rühren zu seinem Glück."

Haymo war schon hinausgewandert in die Dämmerung. Er kam an diesem Morgen mit seinem Hegergang so rasch zu Ende wie noch nie. Als die Sonne über die Berge emportauchte, war er schon wieder auf dem Heimweg. Von der Kreuzhöhe sah er die Hütten; sie waren geschlossen. Spähend blickte er über die Täler, die der Pfad durchschnitt. Nahe dem Bergwald sah er die Herren mit Gittli gegen die Almen wandern; sie verschwanden unter den Bäumen und kamen auf dem Almfeld wieder zum Vorschein. Aus der Sennhütte lief ihnen ein Mädel entgegen. Das mußte wohl die Zenza sein? Eine Weile standen die viere beisammen. Dann gingen sie der Hütte zu, und trotz der weiten Ferne meinte Haymo zu erkennen, daß Gittli von den Herren gestützt und geführt wurde.

„Lieber Herrgott," stammelte er, „sie wird doch nit letz geworden sein!" Über Felsen und Buschwerk stürmte er hinunter ins Tal.

Als er nach einer halben Stunde atemlos die Alm erreichte, trat ihm unter der Hüttentür eine fremde Person mit verweinten Augen entgegen.

Er starrte sie an. „Sind die Herrenleut schon wieder fort?"

„Schon lang wieder."

„Wo ist die Sennerin?"

„Die bin ich selber. Oder weißt du noch nit, was geschehen ist?" Weinend erzählte sie.

Haymo sank erblassend auf die Bank.

„Gestern um Mittag hat man das arme Leut gefunden. Und der Jörgi geht ab. Seit der Früh schon sucht man nach ihm."

„Suchen?" stammelte Haymo. „Wo?"

„Beim Wildbach drunten."

Sich bekreuzend und ein Vaterunser betend, stürzte Haymo davon, um sich den Suchenden anzuschließen.

29.

Es war Herbst geworden. Von den Buchen fiel das welke Laub, und in den kühlen Nächten begannen schon die Hirsche zu röhren.

Wieder erwachte ein Morgen über dem See. Ein grauer, schwerer Nebel lagerte über dem Wasser und flutete um die Bartholomäer Klause. Man konnte kaum auf zwanzig Schritte sehen. Die Tür der kleinen Kirche war offen, und im Dämmerlicht der schmalen Halle stand Pater Eusebius neben dem Altar. Auf den Stufen kniete Wolfrat. Als er sich erhob, schlug er das Kreuz mit der linken Hand; der rechte Arm, den der Ärmel umhüllte wie einen dürren Stecken, hing in einer ledernen Schlinge.

Schweigend traten sie ins Freie und gingen zum Ufer.

„Schau, Wölfi, da wartet schon das Schiffl!" sagte Pater

Eusebius und legte seine Hand auf die Schulter des Sudmanns. „Jetzt schau halt, daß du gut heimkommst. Und sei gescheit und mach keinen Streich mehr!"

Wolfrat schüttelte den Kopf und tappte nach der Hand des Paters. Die Augen gingen ihm über. „Vergeltsgott für alles, Vergeltsgott tausendmal!" So stammelte er und quetschte dabei die Hand des Paters, als wäre sie eine Nuß, die er knacken müßte.

„So hör doch auf!" stöhnte Eusebius und befreite seine rotüberlaufenen Finger. „Der Kerl druckt noch mit *einer* Hand wie ein anderer mit zwei Fäusten. Jetzt aber mach, daß du weiterkommst! Oder hast du an den fünf Monaten daherin nicht genug gehabt? Geh, Wolfrat! Wenn der Schnee fällt, komm ich auch hinaus, und dann schau ich schon einmal, wie's geht bei dir daheim." Er schob den Sudmann in das Schiff, in dem ein Knecht schon das Ruder bereit hielt.

Wolfrat konnte nicht sprechen, er nickte nur und winkte mit der Hand. Ein Ruck des Schiffes warf ihn auf den Sitz nieder. Schon nach wenigen Ruderschlägen war das Ufer im Nebel verschwunden. Wolfrat starrte in die grauen Schleier, die ihn umhüllten, ihn und das dunkle Los, dem er entgegenfuhr. Sein Herz dürstete nach Weib und Kind. Aber wie durfte er sich freuen, da ihm das Schwerste noch bevorstand. Mit dem lieben Herrgott war er vielleicht auf gleich gekommen; aber der Vogt hatte auch noch ein Wort zu reden. Und wenn die Strafe überstanden war, wie sollte er dann schaffen für Weib und Kind, mit seinem lahmen Arm? Im Sudhaus war es vorbei mit der Arbeit; da brauchte man Leute, die ihre ganzen, gesunden Glieder hatten. Mit der Bauernarbeit war es auch nichts; noch weniger mit Holzen und Flößen. Vielleicht aber fand sich etwas für ihn im Bergwerk? Auf einen Häuerdienst durfte er freilich nicht rechnen; aber einen guten Schlepper[34] gäbe er wohl noch ab; so schwer möchte niemand den ‚Hund' laden, daß er ihn nicht vom Fleck brächte. Ein Schlepper also!

Er seufzte tief und strich mit der linken Hand über den dürren Arm.

Da blies ihm ein frischer Wind in den Nacken; der See begann sich zu kräuseln, und der Nebel kam in Bewegung. Wie in Streit und Kampf wallten die grauen Massen durcheinander, wirbelten in drängender Eile über das Wasser, rissen entzwei, zeigten für einen Augenblick einen blauen Fleck des Himmels und eine sonnig schimmernde Bergzinne, schlossen sich wieder und flossen wogend durcheinander. Immer dünner wurden die grauen Schleier. Bald waren sie nur noch anzusehen wie bläulicher Duft, durch den der Glanz der Sonne schon herunterquoll auf das Wasser; jetzt teilten sie sich mit einem klaffenden Riß über den ganzen See hin, legten sich an beiden Ufern mit fließenden Falten über den steilen Bergwald und schwammen langsam in die Höhe, spurlos zerrinnend in der leuchtenden Luft.

Welch ein schöner Morgen! Mit trinkenden Augen blickte Wolfrat umher in dieser farbigen Pracht des Herbstes: tiefblau der Himmel, weißglänzend alle Kalksteinfelsen der hohen Wände, die Nadelwälder saftig grün, alles Laub so feurig gelb und rot, als stünde jede Buche und jeder Ahorn in Flammen. Und über dem ganzen See, auf all den kleinen laufenden Wellen blitzte der Widerschein der Sonne mit tausend gaukelnden Lichtern.

Der Nachen fuhr ans Land. Wolfrat stieg aus, reichte dem Knechte wortlos die Hand und ging mit raschen Schritten davon. Er atmete freier; es war etwas in seine bedrückte Seele gefallen wie ein Trost. Wo er auch ging, überall Glanz und Licht. Die braunen Wiesen im Tau, die von Spinnwebnetzen überzogenen Stoppelfelder, die welken Hecken und Bäume, die weiße Straße, die fliegenden Fäden in der Luft — alles schimmerte. Aus Höfen und Hütten, das weite Tal entlang, stieg in geraden Säulen der blaue Rauch. In der Ferne, zwischen schlanken Fichtenwipfeln, funkelten die vergoldeten Kreuze auf Turm und Dach des Stiftes, und dahinter, gleich einem riesenhaften Grenzstein des Klosterlandes, erhob sich der Untersberg, über dessen höchste Felsen schon ein dünner Schnee gefallen war, so zart und duftig, als hätten die roten Marmorstöcke weiß geblüht.

Nicht weit von der Seelände blieb Wolfrat verwundert stehen. Da war ein neues stattliches Haus aus der Erde gewachsen; es stand zwischen Bäumen auf einer Wiese, die von einem frischgeflochtenen Hag umschlossen war. Der Unterstock gemauert, der Oberstock aus gefächertem Sparrenwerk gebildet. Auf dem Giebel des weißen Schindeldaches war, die Vollendung des Hauses kündend, ein mit bunten Bändern geschmücktes Tannenbäumchen errichtet. Dem Haus zur Seite stand ein zweiter Bau: Stall und Scheune. Eine Schar von Arbeitern tummelte sich, um den Bauplatz zu räumen; aus allem Lärm klang immer wieder eine befehlende Stimme, die der Sudmann zu kennen meinte.

„Wohl, das ist er schon!" murmelte er und folgte mit sinnendem Blick dem Chorherrn, dessen weißer Talar bald hier, bald dort, an allen Ecken und Enden auftauchte und wieder verschwand in treibender Geschäftigkeit.

Auf der Straße stand ein Wagen, der mit dem Abrat des Baues beladen wurde. Einen der Knechte, die Gebälk und Bretter zum Wagen trugen, fragte Wolfrat: „Wem gehört das Haus?"

„Dem Kloster. Um Sonnwend ist kein Stein noch gestanden, und jetzt schau das Haus an!" Der Knecht maß ihn mit zwinkernden Augen: „Wer bist denn du?"

Wolfrat ging ohne Antwort davon; hinter seinem Rücken hörte er den Knecht noch sagen: „Meiner Seel, das ist heilig der Sudmann, den der Bär in der Arbeit gehabt hat!"

Je näher Wolfrat dem Klosterdorf kam, desto heißer wurde

ihm ums Herz. Von weitem schon suchte er den Giebel seines Lehens; er fand ihn nicht. Ein quälendes Bangen beschlich ihn, als er neben dem Dach des Eggehofes, dort, wo sonst der moosbehangene Giebel seines Hauses hervorgelugt hatte, einen First von frischen Brettern leuchten sah. Immer größer wurden seine Augen, je näher er kam. War denn das noch sein Lehen? Die Lehmwände weiß getüncht, das Dach geschindelt, kein schiefer Laden mehr, überall neue Bohlen und Bretter, das ganze Haus um ein Doppeltes gewachsen: denn aus dem niederen Schuppen war ein Stall und eine Scheune geworden. Und das Rote im Garten? Was war denn das? Herr Gott, das waren zwei grasende Kühe!

Wolfrat wurde bleich und zitterte. Jetzt wußte er, wie es stand. Sein Lehen war an einen anderen gefallen, der sich das Nest schön warm und sauber gerichtet hatte.

Taumelnden Ganges folgte er der Straße. Da sah er das Totenbrett seines Kindes.

„Schau, das hat er doch stehen lassen?"

Aber schief stand es, als wär es von einem Wagenrad gestreift worden. Wolfrat richtete es gerade und stampfte den Rasen fest, in dem es stak.

„Mariele!"

Er starrte die Zeichen des Namens an, von denen der Regen fast die ganze Farbe gewaschen hatte.

Dann ging er mit hängendem Kopfe weiter. Er machte einen Umweg, um nicht am Sudhaus vorüber zu müssen.

Nun stand er am Fuß des Nonnberges, vor der Gartenmauer des kleinen Klosters, und zog den Glockenstrang. Eine dienende Schwester öffnete.

„Was willst du?"

„Ist die Seph noch da? Die Polzer-Seph? Ich möcht reden mit ihr."

Die Schwester nickte und schloß die Tür. Er hörte die Nonne auf dem knirschenden Kies davongehen. Nach einer

Weile näherten sich langsame Schritte, und Seph erschien auf der Schwelle. Sie erblaßte vor Schreck und Freude. Wortlos reichten sie sich die zitternden Hände und sahen sich an.

Endlich atmete Sepha tief auf. „Grüß dich Gott, Polzer!"

„Grüß dich Gott auch, Seph!"

„Weil du nur wieder da bist! Mein Gott, ist das eine schieche Zeit gewesen!"

„Gelt ja?"

Er zog sie sanft von der Türe weg. Der Mauer zu Füßen setzten sie sich auf den welken Rasen und ließen die Füße in den Straßengraben hängen.

Sie sah ihn kummervoll an. „Hast du auch völlig den Gesund wieder?"

„Wohl! Bis auf den da halt!" Er streifte mit einem Blick seinen lahmen Arm. „Der wird nimmer anders. Den muß ich haben."

Ein Schauer rüttelte ihre Schultern, als sie mit den Fingern über den schlotternden Ärmel streifte und den leeren Knochen fühlte. Eine stille Weile verrann.

„Aber du?" sagte er. „Wie geht's denn dir? Ich mein', du tust noch ein lützel blasseln?"

„Da mußt du keine Sorg haben. Ich bin lang wieder richtig beinander und kann wieder schaffen wie eh. Aber jetzt halt, weißt, ich schau nur so aus, weil — weil halt —" Sie wurde rot. „Merkst du es nit?"

Er warf einen Blick über ihre Gestalt. „Seph! Seph! O du lieber Herrgott!" stammelte er und drückte sie an seine Brust. So saßen sie schweigend und blickten ziellos in den schimmernden Morgen.

„Jetzt kommt's mir erst doppelt schwer an!" murmelte er.

„Das wird wohl ein Schmerzenkindl werden, das arme Würml!"

„Und der Bub? Was macht der Bub?"

Da huschte ein Lächeln über ihre Züge. „Den wirst du

schier nimmer kennen! Wie der ausschaut! Wie's helle Leben! Und gut hat er's. Die besten Bröcklen schieben ihm die Schwestern zu. Überhaupt, Polzer, wie man da gut ist mit uns, das kann ich dir gar nit sagen." Die Tränen stürzten ihr aus den Augen. Sie fuhr sich mit dem Ärmel über das Gesicht. „Wart, ich hol dir den Buben, daß du doch auch eine Freud hast!" Sie erhob sich und wollte zur Tür.

Er schüttelte den Kopf und hielt sie zurück. „Laß ihn, Seph, bis ich wiederkomm!"

„Wo gehst du hin?" Da sah sie den verstörten Ausdruck seiner Züge und stotterte: „Was hast du denn?"

„Zum Vogt muß ich. Und muß mich angeben."

„Polzer!" schrie sie und sah sich erschrocken nach allen Seiten um. Die Sprache versagte ihr; nur mühsam brachte sie noch die Frage heraus: „Es *muß* wohl sein?"

Wolfrat nickte. „Komm, Seph, machen wir's kurz! Behüt dich Gott derweil!"

Sie umklammerte seine Hand; es kam kein Laut mehr über ihre Lippen.

Er machte sich los und ging davon. Als er nach einer Weile zurückschaute, stand Sepha noch unter der Tür. Langsam schritt er weiter. Bei der Wendung der Straße blieb er wieder stehen. Sepha stand noch immer auf dem gleichen Fleck.

„Geh, Sepha," rief er, „geh doch hinein!"

Da wandte sie sich und verschwand in der Tür.

Aufatmend schritt er dem Markt entgegen. Einige Leute sprachen ihn an; er nickte nur einen Gruß und ging vorüber. Bald erreichte er das Stift. Die Wartestube des Vogtes war überfüllt. Eben schob Herr Schluttemann zur Tür ein altes Bäuerlein hinaus, das unter stotterndem Dank einen Bückling um den andern machte.

„Ja, Mannderl, ja, ist schon gut!" sagte der Vogt. „Und wenn du wieder was brauchst, nachher komm nur gleich, gelt?" Da gewahrte er den Sudmann: „Grundgütiger

Herrgott! Seh ich denn recht? Wolfrat! Du? So komm doch!" Er packte ihn bei der Hand und zog ihn hinter sich her in die Stube.

Wolfrat riß Mund und Augen auf und starrte Herrn Schluttemann an wie ein heiliges Wunder. Eh er noch wußte, wie ihm geschah, saß er schon in einem Lehnstuhl, und vor ihm hockte Herr Schluttemann mit schlenkernden Beinen auf dem Tisch. Lachend und immer die Hände reibend haspelte der Vogt ein Dutzend Fragen herunter, ohne die Antwort auf eine einzige abzuwarten. Erschrocken hielt er inne, als Wolfrat sich plötzlich aufrichtete mit aschfahlem Gesicht.

„Was hast du, Wolfrat, was hast du denn?"

„Reden muß ich was! Fürs erste aber will ich noch ein Vergeltsgott sagen für alles, was man an meinem Weib und Kind getan hat. Und nachher will ich sagen —"

„Was denn? Was denn? Was denn?"

„Von wegen dem Jäger. Derselbig, der ihn gestochen hat — ich bin's gewesen!"

Herr Schluttemann verlor die Fassung. „Du Mensch du," stammelte er, „aber das ist ja doch gar nicht möglich!"

„Wohl, ich bin's gewesen."

Der Vogt starrte den Sudmann an, griff sich an den Kopf und rannte davon, hinein in die Stube des Propstes.

Herr Heinrich erhob sich von seinem Schreibpult; die Tür blieb offen stehen, und Wolfrat konnte jedes Wort vernehmen.

„Reverendissime! Denket! Jetzt kommt dieser Wolfrat und gibt sich an und sagt, daß er es doch gewesen ist, der den Haymo gestochen hat."

„Der Wolfrat?" Herr Heinrich schüttelte den Kopf.

„Ja, der Wolfrat! Ich hab auch den Kopf geschüttelt. Aber der Mann ist da und sagt, er hat's getan."

„Der Haymo hat aber für ihn gezeugt. Und ein Jäger hat gute Augen."

„Vielleicht hat er Erbarmen gehabt?"

„Der Haymo lügt nicht. Ja, Vogt, Ihr habt dem Wolfrat damals unrecht getan."

„Aber meiner Seel," stotterte Herr Schluttemann, „er steht doch draußen und sagt, er hat's getan!"

„Das ist mir unbegreiflich. Aber wißt Ihr, was ich meine? Der Mann trägt es Euch nach, daß Ihr ihm unrecht getan habt. Jetzt will er Euch den Streich heimzahlen und kommt und spielt Euch einen Possen und bindet Euch einen Bären auf, zur Heimzahlung für den, der über ihn gekommen ist."

„Da soll ihn doch gleich —" Herr Schluttemann zog mit der Faust aus, um der Tischplatte eins zu versetzen; aber er besann sich noch rechtzeitig.

„Ich muß gestehen, das ist ein keckes Stück!" lächelte Herr Heinrich. „Der Mann geht zu weit. Das greift hart an Eure Würde, Vogt! Das dürft Ihr Euch nicht gefallen lassen."

„Und ich laß es mir auch nicht gefallen! Da soll ja doch —" Herr Schluttemann stürmte mit purpurrotem Gesicht hinaus in die Amtsstube. Er war seit Monden zum erstenmal wieder in hellem Zorn.

Wolfrat stand mit weit aufgerissenen Augen, zitternd am ganzen Leib, bei jedem Atemzug die Farbe wechselnd.

Herr Schluttemann hielt ihm die Fäuste unter die Nase und schrie: „Gelt? Jetzt steigt dir das Grausen auf! Wart, du Gauner, du schwollkopfiger, dir will ich die Späßlen noch austreiben! Du sag mir noch einmal, daß du's gewesen bist! Gelt? Jetzt verschlagt's dir die Red! Wart nur! Wart! Den Vogt uzen! Wart nur!" Herr Schluttemann stürzte auf die Wand zu und riß am Glockenstrang; ein Fronbot trat in die Stube. „Pack den Kerl! Marsch in den Block mit ihm! Und nur fest hinein!"

Der Fronbot faßte den Sudmann, der wie ein Trunkener zur Türe schwankte.

Herr Schluttemann tat einen Pfiff, und als der Fronbot zurückkam, tuschelte er ihm zu: „Aber gib ein lützel Obacht auf seinen lahmen Arm!"

Der Fronbot nickte und packte den Sudmann wieder beim Kragen. Eine Weile später saß Wolfrat im Hof des Klosters auf der Erde, mit Arm und Füßen an den Block gefesselt. Warm schien die Sonne auf ihn nieder. Ein Finkenweibchen kam herbeigeflattert, guckte ihn neugierig an und flog wieder auf das Dach. Aus dem offenen Fenster einer hochliegenden Zelle klang das sanfte Spiel einer kleinen Orgel.

Stunde um Stunde verging. Wolfrat rührte sich nicht; wohl brannten die Knöchel, und sein Rücken schmerzte; aber er saß wie ein Träumender, und seine Augen glänzten.

Als die Glocke zu Mittag läutete, kam Frater Severin mit einer Holzbitsche und hielt sie an Wolfrats Lippen. „Da trink!"

In langen Zügen schlürfte der Sudmann den Wein, bis ihm der Frater die Bitsche wegnahm mit den Worten: „Halt aus ein lützel, mußt nit alles auf einmal schlucken! Sonst kriegst du am End noch einen Rausch!" Er stellte die Bitsche auf die Erde, stemmte die Fäuste in die Hüften und schnaufte. Wahrlich, Frater Severin hatte in diesen Monaten sein möglichstes getan, um das ‚vollgedrückte Maß', das ihm Gott der Herr gegeben, in unversehrter Fülle zu erhalten. Die paar Pfunde, die er auf den Bergfahrten verloren, hatte er reichlich wieder zugesetzt.

„Viel Schweiß hat's freilich gekostet, ui jei!" sagte er. „Aber schön ist's da droben doch allweil gewesen! Jetzt hat's ein End mit dem Bergsteigen. Weißt du, jetzt muß ich Tag um Tag in der Küch stehen. Von der Hitz geht der Mensch auseinander wie der Teig in der Pfann." Er verschränkte die Hände über seinem wölbigen Bäuchl. „Ein Kreuz! Ein rechtes Kreuz! Lieber wär ich in meinem Garten geblieben. Aber weißt du, ich hab die Herdregentschaft erben müssen, seit Frater Friedrich, der Küchenmeister, am Lachen gestorben ist."

Wolfrat hob verwundert die Augen. „An was?"

„Am Lachen!" sagte Frater Severin ernst.

„Sonst macht das Lachen die müden Leut lebendig. Kann eins denn sterben am Lachen?"

„Leichter als an der Sorg. Mit dem Bruder Friedrich ist's gegangen, so schnell, ich weiß nit wie." Eine wehmütige Trauer war noch in Frater Severins Augen, als er das Gesicht hinüberdrehte zu den offenen Küchenfenstern, aus denen zarte, wohlduftende Dämpfe sich herauskräuselten. Je länger Severin diese grauen Flatterfähnchen seines ererbten Reiches betrachtete, um so fröhlicher wurden seine Augen; nun fing er leise zu lachen an, und auf dem strebsamen Hügel seiner Nabelstätte machten die verschlungenen Hände hurtighüpfende Bewegungen. Dabei sagte er: „Eigentlich ist's ein schandbar Ding, daß man beim Gedenken an eines guten Menschen gottseliges Sterbstündl so lustig wird. Aber das ist gewesen wie ein Fastnachtsspiel, so übermütig, daß es der Keckste von allen Klosterpoeten nit spassiger hätt ersinnen können."

Er wischte die Lachtränen aus den kleinen Augen. Und während der Sudmann aller drückenden Pein des Blockes zu vergessen schien, fing Frater Severin zu erzählen an.

Daß der tonnenrunde Küchenmeister Friedrich vor Lachen sterben mußte, das geschah in der Woche nach Sankt Jakobi. Schon seit Beginn des heißen Sommers hatte es den schwerbefrachteten, an Luftnot und Aderverhärtung leidenden Bruder — wie Frater Severin sich ausdrückte — ‚arg beim Zwickel'. Jeder Schnaufer wurde ihm zu einer so harten Mühsal, wie wenn man ein gewichtiges Essigfaß heraufziehen muß über die steile Kellertreppe und es quieksen beim Rutschen die Dauben und Reifen. Seit einigen Tagen wollte ihm auch der Marksaft der Schneerosenwurzel nimmer richtig helfen, den gedrosselten Atem nicht mehr erleichtern. Dennoch harrte er, wie eine arme Seele auf den Himmel wartet, an jedem Morgen auf die Mittagsstunde, in der ihm nach sparsamer Krankenkost die ‚zwei Tropfen' gereicht wurden. Wollte die Erleichterung dann nicht kommen, so bettelte er hundertmal wie ein krankes Bübl: „Noch! Noch!" Hätte man es ihm nicht gewehrt, er hätte den Nießwurzgeist geschluckt wie Rechberger Auslese — Frater Severin sagte: ‚wie des liebreichen Himmels allerhöchste Gnad'. Immer mußte jemand bei dem Kranken sitzen und ihm den Weg zum Fenster versperren, wo die kleine Phiole mit dem wasserklaren Schneerosenblut in der Sonne stand, um die belebende Kraft des Heilsaftes in der firmamentischen Wärme zu steigern.

„Und da bin ich am Freitag nach Sankt Jakobi neben seinem Lehnstuhl in der Küchenzell gesessen. In seiner schmerzhaften Sehnsucht hat er mit den eingesunkenen Durstaugen allweil hinübergeschaut zum Fenster, hat allweil die Hand gestreckt, die so rund gewesen ist wie ein Butterkrapfen. Und endlich hat das Stündl geschlagen, wo ich das Fläschl hab holen dürfen. Sein Gesicht, ui jei, das ist gewesen wie eine mondgewordene Menschenfreud. Und derweil ich fürsichtig die zwei Tröpflen hineinfallen laß in seinen gewässerten Metbecher, geht draußen in der Küch ein Bubengelächter los, daß man meinen hätt können, der Teufel hätt seinen Schwanz verloren. Ich stell das Fläschl auf den Tisch und spring zur Tür hinüber, will gucken, was da draußen geschehen ist — und da seh ich die Küchenbrüder und Laufbuben herumstehen um die Anrichttafel. Und jeder von ihnen muß sich vor Lachen zusammenbiegen, muß die gespreizten Händ heben oder ein Hockerl machen. Und der Walti schreit wie ein lustiger Narr: ‚Mirakel, Mirakel, der Frater Küchenmeister hat —' Er kann vor Lachen nit weiterreden. ‚Was hat er?' frag ich. Und der Walti kudert: ‚Ein Kindl hat er gekriegt! Das schaut ihm gleich wie ein grünes Johannisbeerl dem Kürbis!' Ich will dem Buben wegen seiner ehrfurchtswidrigen Red eine Gesunde hinter die Ohren hauen. Aber kaum ich hinguck auf die

Anrichttafel, da muß ich selber lachen — ui jei, schau her, ich kann schier nimmer reden, so tut mir das Lachen weh!"

Frater Severins runde Mitte wackelte so hurtig, als wäre die Erinnerung für ihn zu einer Wirklichkeit geworden, die er abermals erlebte. Auch Wolfrat in seinen Schmerzen mußte schmunzeln und sagte: „Ich hätt mir im Leben nit denken mögen, was für ein kurzweilig Ding das sein kann, im Block sitzen." Und weil der Frater in seinem fröhlichen Erinnern noch immer schweigsam blieb, fragte der Sudmann: „Sag? Warum ist's in der Klosterküch am selbigen Freitag nach Jakobi so lustig zugegangen?"

Einer von den Küchenjungen hatte einen Bubenscherz getrieben, um den sich so viel Heiterkeit entspann, daß die Lachenden nicht merkten, wie grausam er war.

Halb aufrecht, mit den unbehilflichen Zappelhändchen in der Luft, saß inmitten der großen Anrichttafel ein winziges, drollig entstelltes, weißgrünes Geschöpf, wie ein kugelförmiger Märchenzwerg — ein Laubfrosch, den der Küchenjunge mit einem Strohhalm aufgeblasen hatte. Weil das Tier bei der prallen Rundung seines silberweißen Ränzleins nimmer auf alle Viere kam, mußte es aufgerichtet sitzen gleich einem gläsernen Männlein Steh-auf. Bei der geringsten Bewegung geriet es ins Kollern und überrollte sich ein paarmal, bis es sich mit den Hinterpfoten wieder an der Tischplatte festsaugen und zu dieser Predigerstellung aufrichten konnte, die von unwiderstehlicher Komik war.

„Ist kein neuer Spaß gewesen, Gott bewahr," sagte Frater Severin, „die Unsinnigkeit der jungen Menschenleut ist ein ewiges Ding, und jeder Lausbub lernt es vom andern. Man hätt sich ärgern sollen in Barmherzigkeit. Aber das kürbisfeiste Fröschl hat ausgeschaut — meiner Seel, es hat grad so ausgeschaut als wie —" Er mußte wieder verstummen, weil ihn die lustige Erinnerung aufs neue überwältigte.

Wie der kleine, um das Vielfache seines Umfanges

ausgedehnte Frosch so inmitten der großen Tafel saß, glich er in seiner vorderen, milchweißen Hälfte einem drastisch geformten Augustinerpüppchen. Und mit der straffgedunsenen Trommel, mit den hilflos tappenden Händchen, die immer zu verlangen schienen: „Noch!", und mit den weißen Schlotterbacken unter dem klagend verzogenen Mundschnitt hatte das Fröschl mit dem leidenden Frater Küchenmeister in seiner weißen rundgepolsterten Kutte eine so flink erkennbare Ähnlichkeit, daß jeder vom Gesind der Klosterküche bei diesem Anblick brüllen mußte, ob er wollte oder nicht.

„Und derweil wir alle so kudern, hören wir gählings hinter uns ein Lachen, als tät einer mächtig herumklopfen auf einem hohlen Faß. Wir gucken wie die Narren. Und was sagst du — der Frater Küchenmeister, der seit Wochen schier nimmer aus seinem Lehnstuhl gekommen ist, steht fest und munter vor uns da! Kann schnaufen wie ein Gesunder! Und lacht und lacht, ui jei, ich sag dir, in seinen Äugerln ist's gewesen wie neuvergoldeter Lebensglanz. Und er muß auch gleich gemerkt haben, was uns alle so lustig macht. ,Hoi,' sagt er, streicht wie ein Schwimmer die runden Händ auseinander, schupft zur Linken und Rechten einen Laufbuben davon — ,hoi,' sagt er, ,so lasset mich doch ein lützel hingucken zu meinem Ebenbild!' Und da muß er lachen, daß er nimmer hat reden können! Und buckelt sich mit Brust und Armen über die Tafel hin. Und lacht und lacht, als hätt er so was Viehnärrisches im Leben noch nie gesehen. Und wie wir alle vom Brüllen schon müd geworden sind, und es ist ein lützel stiller um die Tafel gewesen, da hören wir ein feines, langgezogenes Tönlein — piiiiiiiii — als tät ein Spielmann lindhändig über die Fiedel streichen. Erst haben wir gemeint, der Frater Küchenmeister hätt so geschnauft. Aber Gott bewahr! Das ist die Luft gewesen, die dem Fröschl wieder entronnen ist. Und wie ihm so langsam das Bäuchl schwindet, und wie wir das

Fröschl so als Singvogel in contrario haben schrumpfen sehen zu der neidhaften Magerkeit, die der liebe Gott bei Erschaffung der Welt den Laubfröschen gegeben hat — ui jei, das kannst du mir glauben, Sudmann, das ist von allem das Allerlustigste gewesen."

Frater Severin mußte Atem holen.

„Wir brüllen noch alle, derweil das Fröschl munter und vergnügt schon auf der Anrichttafel herumhupft und einen Ausweg sucht. Da merk ich gählings, daß der Frater Küchenmeister nimmer lacht. ‚Bruder, was ist dir?' frag ich. Und wie ich ihn anrühr beim Ellbogen, rutscht er langsam von der Tafel auf den Boden hin. Und ist ein maustoter Mann gewesen! — Freilich, der Tod schaut allweil aus wie ein trauriges Ding. Aber am Lachen sterben? Ist das nit besser, als sterben an der Pest?"

Wolfrat nickte. „Ich wollt, ich tät das Lachen schon wieder können!"

Eine Weile schwieg der Frater. Dann sagte er ein bißchen verdrießlich: „Mir hat man selbigsmal den Fürwurf gemacht, ich hätt nit obacht gegeben auf das Fläschl mit dem Nießwurzgeist. Zehn Tropfen, heißt es, machen tot. Aber ich laß mir ein Ding, das mich reuen müßt, nit einreden. Das Fläschl wird umgefallen sein, und das Schneerosenblut ist ausgeronnen und verdunstet." Er lächelte schon wieder. „Und denk, das Fröschl hat keiner mehr gesehen. Möcht wissen, was geschehen ist mit ihm. Und ob's noch lebt?"

Der Sudmann murrte: „Möcht lieber wissen, wer den Kuchlbuben bei den Ohren genommen hat?"

„Freilich, ja!" Frater Severin nickte nachdenklich vor sich hin. „Aber —" Sein fettes Rundgesicht bekam den Ausdruck tiefster Philosophie: „Wer blast denn *uns* so auf?" Langsam strich er mit den Händen über sein ‚vollgedrücktes Maß'. Und weil ihm Wolfrat keine Antwort gab, hob er die Bitsche von der Erde und hielt sie dem Sudmann an den Mund:

„Komm! Schluck wieder ein lützel!"

Wolfrat trank.

„Der liebe Herrgott soll's gedeihen lassen!" seufzte Frater Severin, sog den Rest aus der Kanne und ging davon. „Auf den Abend komm ich wieder."

Er hatte da ein Versprechen gegeben, das er nicht halten konnte. Denn als die Sonne von den Dächern geschwunden war, als es zwischen den hohen Mauern schon zu dämmern begann und Wolfrat einmal aufblickte, stand Herr Heinrich vor ihm.

„Nun? Wird's dir schon bald zu lang?"

Wolfrat schüttelte den Kopf. „Ach, lieber, guter Herr! Ich sitz mit Freuden, bis ich umfall. Das ist doch keine Straf."

„So? Meinst du?" Herr Heinrich setzte sich auf den Block. „Dann muß ich raiten mit dir. Hast du nicht Sünde mit Reue, Blut mit Blut bezahlt? Hast du für das Leben, das du dem Jäger nehmen wolltest, nicht dein eigenes Leben schier hingeben müssen? Hat dich nicht einer, der klüger ist als alle Richter der Welt, ein halb Jahr lang in den Block gelegt? Trägst du nicht ein Merkzeichen davon für deine Lebzeit? Und den Steinbock hast du teuer genug erkauft: mit dem letzten Blick deines Kindes. Hätt ich dich härter strafen können?"

Wolfrat ließ den Kopf sinken.

„Schau, noch keiner hat, wo er Böses gesät, eine volle Ähre geschnitten. Einen wachsenden Kern hat nur das Gute. Man muß nur nicht allweil gleich die eigene Scheuer damit füllen wollen, muß auch säen können, wo andere ernten."

„Wohl, Herr, das muß heilig wahr sein. Was wär denn jetzt mit mir, wenn's nit gute Leut auf der Welt gäb!"

„Ja, Wolfrat, das sag dir nur allweil, dann wirst du auch nimmer vergessen, daß man zusammenhalten muß und gut sein mit den anderen, hart nur gegen sich selber. Ich mein', du hast es doch gespürt, wie schwer und finster das Leben ist, und wie es über einem oft liegen kann, als wär es ein ganzer Berg. Wenn du so einem begegnest, dann mußt du halt auch flink zuspringen. Wirf nicht einen Stein noch drauf, sondern hilf ihm tragen! Wirst sehen, dann kommt ihr beide zu einem sonnigen Fleck, wo man rasten und ausschnaufen kann für den weiteren Weg!"

„Wohl, Herr!" Wolfrat blickte mit feuchten Augen zu Herrn Heinrich auf. „Aber wie soll ich noch etwas helfen können in der Welt? Ungrade Finger greifen schlecht."

„Nützen und zum Guten helfen kann einer auch mit halben Armen. Wenn nur ein ganzes Herz dabei ist! Und schaffen wirst du wohl auch noch können für Weib und Kind. Man muß halt ein richtiges Geschäftl suchen für dich."

„Vergeltsgott, Herr, Vergeltsgott!" stammelte Wolfrat. „Schauet, da hab ich halt so für mich gemeint: einen Schlepper im Salzberg tät ich allweil noch abgeben."

„So? Hast du denn schon einmal im Berg gefördert?"

Der Sudmann schüttelte den Kopf.

„Da wird's schwer halten! Alles will gelernt sein. Ich mein', du wirst im Sudhaus bleiben müssen. Mit dem Feuern und Sieden hat's wohl ein End. Aber Ausschau halten und in die Pfannen lugen und Kerbschneiden[35] wirst du allweil noch können. Da verdienst du auch ein lützel mehr dabei. Der alte Rottmann[36] will sich zur Ruh setzen. Was der gehabt hat, wirst du ja wissen. Und jetzt komm, steh auf!"

Herr Heinrich erhob sich und öffnete den Block. Wolfrat aber blieb sitzen und rührte sich nicht; er starrte immer den Propst an und würgte nach Worten. Herr Heinrich mußte ihn am Arm fassen und aufrichten.

„Geh, Wolfrat! Deine Seph wartet daheim, sie wird sich ängstigen, wenn du so lange bleibst. Streck dich! Und geh heim!"

Wolfrat stand mit gebeugtem Rücken; das Sitzen im Block

hatte ihn ganz steif gemacht; aber das schien er nicht zu fühlen.

„Heim? Heim?" stotterte er mit halb erstickten Lauten. „Wo bin ich denn daheim? Jetzt saget nur gleich: im Himmel — und ich glaub's!"

„Später einmal!" lächelte Herr Heinrich. „Für jetzt noch in deinem Lehen. Wo denn sonst? Nun aber geh und behüt dich Gott!" Er führte den Wankenden zum Tor und schob ihn auf die Straße.

Ein paar Schritte taumelte Wolfrat vorwärts. Als er hinter sich das Tor ins Schloß fallen hörte, stammelte er erschrocken: „Jesus Maria! Ich hab vergessen —" Er sprang zurück und schlug mit der Faust an die Bohlen. „Herr, Herr! Lasset mich doch hinein! Lasset mich doch ein Vergeltsgott sagen."

„Dank einem anderen!" klang die Stimme des Propstes, während seine Schritte sich entfernten.

Wie ein Berauschter schwankte Wolfrat auf die Straße und starrte in der Dämmerung umher, als wär' es eine neue Welt, die ihn umgab. Da sah er die Mauer des Friedhofs und hinter ihr die steinernen Kreuze. Er trat hinzu und fand auch hier ein geschlossenes Tor. Am eisernen Gitter streckte er den Arm durch die Stäbe, als könnte er hineingreifen bis zum Grab seines Kindes.

Auf dem Turm begann die Glocke zu läuten. Sanft hallend schwebten ihre Klänge über das weite Tal, zu Ruh und Frieden mahnend. Wolfrat bekreuzte sich und murmelte den Mariengruß. Dann rannte er davon.

Keuchend erreichte er sein Lehen. In der Stube brannte schon das Licht. Unter der Türe trat ihm sein Weib entgegen.

„Seph! Seph!"

Mehr brachte er nicht heraus. Er wankte, und sie mußte ihn stützen. Als er in die Stube trat, streckte er die Hand, wie um mit einem einzigen Griff alles zu fassen, was ihn umgab. Sepha ließ ihn auf die Bank sinken, und da saßen sie nun und hielten sich wortlos umschlungen, bis von draußen ein aufgeregtes Stimmchen tönte:

„Mutter! Mutter! Alle zwei sind hinein in den Stall, ganz alleinig!"

Wie eine Hummel kam Lippele in die Stube gesurrt und stand erschrocken still.

„Bürscherl?" fragte Wolfrat mit schwankender Stimme. „Kennst du mich nimmer?"

„Jöi, der Vater, der Vater!" schrie der Bub in Freude, kletterte auf Wolfrats Knie und drückte und küßte, daß ihnen beiden fast der Atem verging.

„Aber Seph! Wo ist denn die Dirn?"

„Ich weiß nit, was da sein muß! Jetzt hat man sie wieder im Klösterl gehalten. Und die ganze Zeit her —"

Sepha konnte nicht weiter sprechen. Denn Lippele drückte ihr die Hand auf den Mund und gebot: „Sei still, Mutter, ich muß dem Vater was zeigen!" Und von Wolfrats Knien auf die Erde niederrutschend, schrie das Bübl mit brennendem Gesicht: „Schau, Vater, schau, was ich schon kann!"

Im Hui hatte der kleine Kerl das Jöppl heruntergerissen; er warf es auf den Boden, duckte sich, und schwupp, stand er kerzengerade auf dem Kopf. Freilich plumpste er gleich wieder auf die Seite; aber das tat dem Stolz keinen Eintrag, mit dem er sich erhob.

„Und das hast du im Klösterl gelernt?" staunte Wolfrat.

„Wohl! Aber nit von den Klosterfrauen."

Seph und Wolfrat sahen sich an und mußten lachen.

Wie lange war es her, seit diese Stube das letzte Lachen vernommen hatte!

Und dieses neugefundene Lachen war gesünder als jenes, an dem der Frater Küchenmeister hatte sterben müssen.

---

[34] Ein Bergknappe, der die geförderten Erze auf einem kleinen Wagen (Hund) hinwegschafft.

[35] Jede Schicht eines Arbeiters wurde in zwei aneinander gelegten Stäben durch eine Kerbe verzeichnet; den einen Stab behielt der Aufseher, den anderen der Arbeiter.

[36] Aufseher.

30.

Am andern Morgen, zu früher Stunde schon, verließ Desertus das Stift und ging dem Klösterlein der frommen Schwestern zu.

Einige Stunden später wanderte Herr Heinrich nach dem See. Als er am Eggehof vorüberkam, sah er beim Hag, der das Gehöft vom Polzerlehen trennte, den Eggebauer mit Wolfrat beisammenstehen. Der Bauer ließ den Kopf hängen. Wolfrat hatte ihm den Einarm um die Schultern gelegt und schien dem Bekümmerten herzlich zuzusprechen.

Mit sinnendem Lächeln schritt Herr Heinrich dahin unter dem welkenden Laubdach der die Straße geleitenden Bäume. „Wieder einer, der im Schatten die Sonne fand! Freilich, nur einer! Aber laß einen einzigen Tropfen in den See fallen, er zieht doch immer seine Wellen und rühret hundert andere!"

Nach einer Stunde erreichte Herr Heinrich die Seelände. Die beiden Fischerknechte, die mit dem Spannen der feuchten Netze beschäftigt waren, zogen die Kappen und traten ihm entgegen.

„Habt ihr den Jäger nicht herkommen sehen über den Steig?"

„Den Haymo? Nein, Herr!"

„Dann habet acht eine Weil! Er wird wohl kommen. Doch braucht ihr ihm nicht zu sagen, daß ich nach ihm fragte. Saget ihm nur: wenn er mich etwa sprechen wollte, dann fänd er mich beim neuen Haus."

Herr Heinrich ging, und die Knechte glotzten ihm nach.

Es währte nicht lang, so hörte man auf dem Steig ein Griesbeil klirren und klappernde Schritte näher kommen.

Haymo tauchte unter den Bäumen auf. Sein Gang war langsam und müde; das Gesicht sah verhärmt aus, obwohl es gerötet war, denn er hatte schwer getragen; die Armbrust war um seinen Hals gehängt, und der Rücken mit einem vollgestopften Bergsack beladen.

„Was tragst du da?" fragte einer der Knechte.

„Mein Sach!" erwiderte Haymo mit zuckenden Lippen.

„Was ist denn? Es liegt doch allweil noch kein Schnee droben? Ziehst du schon ab von der Röt?"

Der Jäger nickte.

„Mußt du in ein anderes Revier? Auf den Roint oder auf den Griesberg hinauf?"

Haymo schüttelte den Kopf.

„Wo willst du denn hin jetzt?"

„Ins Kloster hinein zum Herrn."

„Den kannst du näher haben. Grad ist er zum neuen Haus hinaufgegangen."

„Zum neuen Haus?" Haymo sah verloren auf und tat einen schweren Atemzug. „Kann ich bei euch derweil meinen Sack einstellen?" Ohne eine Antwort abzuwarten, ging er in die Fischerhütte, legte den Bergsack in die Stube, nickte den Knechten einen Gruß zu und folgte der Straße.

Das ‚neue Haus' war leicht zu finden. Über die goldig schimmernden Baumwipfel leuchtete das weiße Schindeldach herüber mit dem bändergeschmückten Tannenbäumchen. Als sich Haymo zögernd dem Tor näherte, das den frisch geflochtenen Hag durchbrach, blieb er stehen, wie von freudigem Schreck betroffen. Es war ihm, als hätte er aus einem der offenen Fenster ein klingendes Lachen gehört. Er lauschte. Alles blieb still. Ein bitteres Lächeln zitterte um seinen Mund. War ihm das in diesen langen, bangen Wochen nicht zu hundertmalen geschehen? Wenn er durch den stillen Bergwald gestiegen, oder gipfelwärts über ödes Gestein, versunken in seine träumende Sehnsucht, dann hatte er plötzlich diese liebe, klingende Stimme gehört, bald wie aus weiter Ferne, bald wieder, als wäre sie dicht an seinem Ohr. Und hatte er sich mit stockendem Herzschlag umgewandt, so waren rings um ihn her nur die leeren Lüfte gewesen, der stille Wald und die schweigenden Felsen. Und wenn er in dunkler Nacht auf der Wolfshaut lag, vor Ermüdung fiebernd an allen Gliedern, wenn nach martervollem Sinnen und Grübeln der Schlaf ihm die Lider schwer machte, daß sie sanken, dann klang es plötzlich hell und weckend in seinen Schlummer: „Haymo!" Und er fuhr in die Höhe, strich die zitternde Hand über die Stirn und lauschte, und fand sich allein, umgeben von tiefer Finsternis, und nur seine Seufzer klangen in der stummen Hütte.

„Es geht mir überall nach!" murmelte er, während er mit irrem Blick das stattliche Haus überflog.

Zögernd betrat er den Hofraum und erbleichte, als er einer alten Ulme zu Füßen, auf einem moosigen Steinblock, Herrn Heinrich sitzen sah.

„Haymo? Du?"

Der Jäger zog die Kappe, und während er sie zwischen den Händen zerknüllte, trat er näher mit gesenktem Kopf.

„Grüß Gott, Herr!"

„Wie kommst du da her? Was hat dich ins Tal geführt?"

„Herr!" Die Stimme des Jägers schwankte. „Heut ist der Michelstag."

„Der Michelstag?" sagte Herr Heinrich erstaunt. „Richtig, der Michelstag! So, so! Der Michelstag? Und deshalb kommst du herunter?"

„Wohl! Ich hätt nimmer bleiben dürfen, auch wenn ich mögen hätt." Immer leiser wurde Haymos Stimme. „Heut geht mein Dienst aus."

„Richtig, richtig! Von heut an hab ich um einen Klosterjäger weniger. Und weniger um den besten. Und nun bist du gekommen und willst mir Behüt Euch Gott sagen, gelt? Und dann willst du dir einen neuen Herrn suchen?"

Haymo knüllte an der Kappe, verdrehte den Kopf, als quäle ihn ein Krampf im Nacken, und zog die Brauen zusammen wie einer, der auf der Folter liegt und doch keinen Schmerzenslaut will hören lassen.

„So rede doch, Haymo, schau mich an!"

Nur noch tiefer senkte Haymo den Kopf, während er mit heiserer Stimme Wort um Wort vor sich hinstieß: „Ich bitt, Herr, daß Ihr es kurz machet! Wenn's mich auch gleich nimmer fortlassen will — von Euch — fort muß ich doch."

„Mußt du? So? Und was willst du jetzt?"

„Was ich wollen muß! Ein einzigs halt! Grad noch ein einzigs im Leben! Allweil das einzig! Und ich weiß kein Straßl nimmer, wo ich's find. Ich hab mich verschuldigt, jetzt muß ich's büßen. Und wenn ich gleich einmal noch hinlauf an mein Glück — es bleibt nur ein halbes." Er wandte sich ab.

„Haymo!"

Der Jäger erzitterte bei dem warmen, herzlichen Klang seines Namens.

„Hab ich recht gehört? Du möchtest gern bleiben bei mir?"

Haymo sagte nicht Ja und nickte nicht mit dem Kopf; er wandte sich nur noch mehr von Herrn Heinrich ab und drückte das Kinn an die Brust.

Der Propst betrachtete ihn eine Weile mit leisem Lächeln. „Also bleiben möchtest du? Schau, Haymo, das merk ich gern, daß ich dir lieb geworden bin als Herr. Schade! Warum hast du nicht früher gesprochen? Denn jetzt — jetzt wird es zu spät sein. Heut ist der Michelstag. Du bist nicht mehr mein Klosterjäger."

Ein schwerer Atemzug erschütterte die Brust des Jägers.

Immer fröhlicher lächelte Herr Heinrich. „Wer weiß, *wir* zwei hätten vielleicht noch können auf gleich kommen miteinander."

Haymos Augen streiften den Propst mit einem scheuen Blick.

„Aber Pater Desertus hat im letzten Kapitel einen Antrag gestellt, und der ist durchgegangen. Das Stift hat einen Wildmeister ernannt, von heut an. Der soll über die ganze Jägerei des Klosters gesetzt sein. Er ist ein weidgerechter und strenger Jäger. Wie ich ihn kenne, wird er seine Leute fest an der Schnur halten. Und mit einem, der aus Mutwill oder Narretei seinen Dienst aufsagt, mit solch einem wird er sich schwer befreunden. Meinst du nicht auch? — Was hast du denn? Schaust du dir das Haus dort an? Ein schmuckes Haus, gelt? Da soll der neue Wildmeister wohnen. Über vier Wochen hält er Hochzeit. Schau, Haymo, dort unter der Tür, das ist sein Bräutl."

Haymo, dem die Kappe entfallen war, stand mit zitternden Händen und wankenden Knien. Jetzt erblassend, dann wieder die Wangen überflogen von brennendem Rot, riß er Mund und Augen auf und starrte nach der Tür, aus welcher Pater Desertus trat, Gittli an seiner Hand. Wie hold und schmuck war das Mädchen anzusehen! Ein roter Rock umfloß in weichen Falten ihre schlanke Gestalt, aber er war nicht kurz geschnitten nach Bauernart, sondern reichte, wie bei einem Fräulein, bis auf die Fußspitzen; schneeweißes Linnen umbauschte die Schultern und Arme, und knapp spannte sich ein dunkelgrünes, mit Silber verschnürtes Mieder um die junge Brust. Gittlis Augen leuchteten, wie glühende Rosen lag es auf ihren Wangen, und gleich einer schwarzen Krone schmückten die straff geflochtenen Zöpfe ihre Stirn.

Haymo lallte mit schwerer Zunge. Aber da hatte ihn Gittli schon erblickt und kam auf ihn zugeflogen mit freudigem Schrei. Stammelnd und schluchzend hing sie an seinem Hals, während Haymo, durch das über ihn herstürzende Glück um alle Besinnung gebracht, noch immer mit den Händen ins Leere tappte. Gittli nahm sich nicht einmal die Zeit zu einem Kuß. Hastig löste sie sich wieder von Haymos Brust, und mit der einen Hand seinen Arm umfassend, griff sie mit der anderen nach der Hand des Paters.

„Gelt, Herr Pater, gelt, ja? Ich darf ihm gleich alles zeigen?"

Desertus nickte mit frohen Augen. Und da zog sie den Stammelnden mit sich fort, unter sprudelnden Worten: „So schau doch, Haymo, schau! Was sagst du? Schau dir das schöne Haus an! Da sollen wir wohnen miteinander, hat der gute Pater gesagt! Und schau nur, das steinerne Bankl vor der Tür! Da können wir sitzen und Haimgart halten auf den Abend, hat der gute Pater gesagt. Und er selber wird manchmal kommen, hat er gesagt. Wie der uns mögen tut, ich sag dir's, ein Vater kann seine Kinder nit lieber haben. Und schau, Haymo, schau, in das leere Nischerl über der Tür, hat er gesagt, da kommt ein Muttergottesbild hinein. Das tut unser Haus hüten und unser Glück! Aber schau nur, das Anwesen da drüben, das hast du noch gar nit gesehen! Da kommen zwei Pferd hinein, hat er gesagt, und vier Küh, daß wir Milch haben, grad was wir brauchen. Und, du —" Sie schlug die Hände ineinander, und ihre Augen gingen über vor Entzücken. „Du! Das Kucherl muß ich dir zeigen! Ich sag dir, da glänzet alles vor lauter Kupferzeug! So komm doch, komm —"

Mit beiden Händen faßte sie seinen Arm und zog ihn zur Tür hinein.

Im dämmerigen Hausflur stand er still und preßte die Fäuste auf die Brust.

Noch immer begriff er nicht. Aber eines schien er doch endlich zu glauben: daß wirklich und leibhaftig sein Mädchen vor ihm stand. Und plötzlich, unter stammelndem Laut, umschlang er Gittli mit heißem Kuß.

Draußen stand der Propst neben dem schweigsamen Chorherren.

„Komm, Dietwald!" sagte Herr Heinrich lachend. „*Den* Kuß warten wir nicht ab, bis er ein Ende nimmt. Komm, laß uns gehen! Sie sollen diese Stunde für sich allein haben. Wenn sie so weit aus ihrem seligen Rausch erwachen, um nach einem Dritten fragen zu können, dann suchen sie dich schon."

Noch lange hing Desertus mit den Augen an der Tür, bis er sich loszureißen vermochte, um dem Propst zu folgen. Zwischen goldig leuchtenden Hecken schritten sie der Straße zu. Weiß glänzte ihnen im Sonnenschein der See entgegen.

Desertus legte die Hand auf Herrn Heinrichs Arm.

„Ich will Euch ein Rätsel zu lösen geben! Was ist wärmer als diese Sonne, lichter als dieser Tag, reiner als dieser klare See?"

„Deines Kindes Glück. Und deines Herzens Freude. Ja, Dietwald, du hast recht getan! Ich habe dir meinen Rat nicht aufgedrängt. Hier mußte dein eigenes Herz die richtige Sprache finden, ganz allein. Und du hast sie gefunden."

„Hätt ich mich besinnen sollen? Nur einen Augenblick? Was wollte ich mehr als meiner Tochter Glück? Jeder andere Weg hätte Weh und Elend über sie gebracht, hätte ihr Leben zerstört und alle Blüten abgestreift von ihrem holden

Dasein. Und kein Rang und Name, nicht Glanz und Reichtum hätte sie dafür entschädigt. Ist das Leben noch Leben, wenn ihm die Sonne fehlt, das Glück? Hätte mich in jener finstern Nacht, die mir alles nahm, das Schicksal vor die Wahl gestellt: willst du bleiben, was du bist, oder willst du ein Bettler werden und nur das Glück deines Herzens mit hinübertragen in die arme Hütte? — glaubt Ihr, ich hätte mich besonnen? Und hätt ich nun anders wählen sollen für mein Kind? Was sie um ihres Glückes willen verliert? Entbehrt sie es denn? Würde sie den Geliebten ihrer Liebe werter halten, wenn er den Schild am Arm und die Helmzier über den Locken trüge? Und ich?" Desertus lächelte. „Haymo ist ein freier Mann. Und verwahrt er auch keinen Adelsbrief in seinem Schrank, er trägt auf seiner Stirn den Adel tüchtiger Mannheit und eines treuen, redlichen Gemüts. Ich lieb ihn. Er ist mein Sohn."

„Und väterlich hast du für ihn gesorgt!" lachte Herr Heinrich. „Wäre der Propst von Berchtesgaden nicht dein treuer Freund, und hätte er nicht selber seine Freude an diesem jungen Glück, er hätte böse Augen gemacht zu dem tiefen Griff, den du in den Klostersäckel getan. Ich vermute, es war noch lange nicht der letzte. Aber sag —" Die Stimme des Propstes wurde ernst. „Du hast auch heute nicht mit ihr gesprochen?"

„Nein, Herr! Ich konnte nicht."

„Und das Mädel hat genommen und genommen? Und mit keinem Gedanken ist es ihr aufgefallen: woher kommt das alles?"

„Wäre ihr Glück denn voll und ganz, wenn sie fragen könnte: warum?"

Herr Heinrich nickte, und schweigend schritten sie weiter.

Immer wieder blickte Desertus zurück nach dem hellen, zwischen schimmerndem Laub verschwindenden Dache. „Oft lag mir das klärende Wort auf der Zunge," sagte er nach einer Weile, „aber wenn ich sah, wie dieses große kleine Herz so übervoll war von Liebe, dann schwieg ich wieder. Hätt ich sie schrecken und betäuben sollen mit Neuem, Unerwartetem? Jetzt? Kommt sie in ihrem Glück erst wieder zu Atem, dann wird sich von selbst die Stunde finden, in der sie mich als Vater erkennen und Vater nennen wird. Es dürstet wohl mein Herz nach dem süßen Laut von meines Kindes Lippen. Aber ich will mich gern gedulden. Vaterliebe, das heißt nicht: nehmen, sondern: geben! Und bin ich nicht schon reich geworden nach aller Armut meines Herzens? Tag und Nacht darf ich sinnen und schaffen für meines Kindes Glück, an seiner Freude darf ich mitgenießen, darf mich erquickt und getröstet fühlen durch seine Nähe." Desertus blieb stehen und faßte den Arm des Propstes. „Seht, Herr, wie freundlich das Heim meines Kindes herschimmert durch die Bäume!"

„Ein schönes Bild! Komm, wir wollen rasten!"

Aus dem Fuß eines Hügels, der dicht an die Straße reichte, schob sich eine Felsplatte gleich einer Bank hervor. Hier ließen sie sich nieder. Kleine Schatten und große Lichter zitterten auf der Erde, denn durch die halbentlaubten Bäume fand die Sonne fast freien Weg. Ein leichter Windhauch raschelte durch alles Gezweig, und langsam, wie in gaukelndem Spiel, fielen die welken Blätter. Mit stillen Augen betrachtete Desertus ihren lautlosen Fall.

Herr Heinrich fragte: „Stimmt es dich trübe, daß die Blätter fallen?"

„Nein, Herr, der Winter kommt nur, um den Frühling zu bringen!"

„So? Es gab eine Zeit, da du sagtest: der Sommer blüht nur, damit seine Blust vom Winter verschüttet werde unter Schnee und Eis!"

Desertus preßte die Hände auf seine tiefatmende Brust. „Mein Auge ist sehend worden. Ich fühle die Sonne wieder, und Schatten um Schatten weicht von mir. Vor dem holden Antlitz meines Kindes löst sich aller Jammer meines Lebens in süßen Trost, und in Verklärung schweben die Gestalten der Verlorenen um mich her."

Herr Heinrich lächelte. „Ist alles Geschehene denn anders geworden?"

„Nein, Herr, aber ich seh es mit anderen Augen. Glaubet mir, so tief, wie ich, hat noch kein Mensch erfahren, daß wir nicht leben können, wenn wir die Sonne nicht suchen, und daß uns zum Leben so nötig, wie Luft und Brot, noch ein drittes ist: *Das helle Sehen!*"

„Eine schöne Wahrheit, Dietwald! Aber sie ist nicht neu. Das hat vor mir und dir schon ein anderer gesagt, der allen Schmerz des Lebens fühlte und dennoch die Liebe nicht verlor. Besinne dich: Matthäus, 6. Kapitel, 22. Vers!"

Mit leiser Stimme sprach Pater Desertus die Worte der Bergpredigt vor sich hin: „Dein Auge sei deines Lebens Leuchte. Ist nur dein Auge lauter, so wird auch dein Leben in der Helle wandeln. Ist aber die Finsternis in dir, und dein Auge sieht finster, so wird auch die Finsternis dich umgeben auf allen Seiten." Er faßte die Hände des Propstes und stammelte: „Herr! Nehmet meinen Namen von mir! Ich will nicht länger Desertus heißen."

„So heiße Pater Theophilus!"[37]

Sie saßen schweigend. Über Tal und Höhen leuchtete die warme Sonne des Herbstes, und die sinkenden Blätter in ihrem schimmernden Gelb waren anzusehen wie fallende Feuerzungen.

Plötzlich streckte der Chorherr in Erregung den Arm. „Sehet, Herr!"

Ein weißer Falter gaukelte vorüber.

„Das ist wohl der letzte!" sagte Herr Heinrich. „Auch er wird sterben. Aber er war mit der Sonne gut Freund und darf nun einen Tag genießen, den Tausende seinesgleichen nicht erlebten."

Sie sahen dem Falter nach. Er folgte mit seinem Flug dem Lauf der Straße, flatterte um die weißen Steine, hob sich empor zu den Wipfeln der Bäume, gaukelte zurück auf die niedere Hecke, aus deren Gezweig der Wind die silberig blitzenden Spinnfäden wehte, und bald sich verhaltend, bald wieder eilig weiterfliegend, erreichte er die große Wiese vor dem neuen Haus. Hier suchte er jede verspätete Blume auf und sog aus dem welkenden Kelch noch einen Tropfen Seim.

Dann flatterte er an der weißen Mauer empor, und lange, lange gaukelte er um das mit Bändern geschmückte Tannenbäumchen auf dem First.

Hand in Hand, mit brennenden Gesichtern, traten Haymo und Gittli aus der Tür.

„Wo sind sie denn?" stammelte Gittli. „Schau nur, Haymo, sie sind nimmer da!"

Suchend blickten die beiden umher. Da näherten sich langsame Schritte dem Tor. Ulei, der Bildschnitzer, betrat das Gehöft. Er trug auf den Armen eine hohe Figur, die von grüner Leinwand umhüllt war.

„Das soll ich abgeben, hat's geheißen. Es gehört über die Tür hinauf!" sagte er.

Ulei stellte die Figur auf die Steinbank und löste mit zitternden Händen das Tuch.

„Haymo, schau nur! So was Liebes und Schönes! Wie wenn's lebig wär und tät uns anschauen!"

Leichte Röte huschte über Uleis bleiche Züge. Das Lob hatte ihm Freude gemacht. Wortlos wandte er sich ab und verließ das Gehöft. Haymo und Gittli merkten nicht, daß er ging. Sie standen schweigend aneinandergelehnt und betrachteten das mit Farben bemalte Schnitzwerk.

Der Sockel stellte eine graue Wolke dar, umringelt von einer Schlange, auf deren Kopf das Bildnis mit beiden Füßen stand. Ein blaues Kleid verhüllte mit eng gereihten, strengen Falten den ganzen Körper; die schlanken Finger hielten einen Lilienstengel; das weiße Gesicht mit den blauen Augen war leicht geneigt, und gleich einem Mantel fiel das gelöste

Blondhaar um die Schultern. Die Stirne schmückte ein Kranz aus blühenden Schneerosen.

„Haymo! Schau doch ihr Gesicht an!" flüsterte Gittli. „Merkst du nit, wem es gleich schaut?"

Er nickte und stand in den Anblick des Bildes versunken.

Gittli faltete die Hände, und während glitzernde Tropfen über ihre Wangen rollten, sprach sie leise ein Gebet.

„Was meinst du?" sagte Haymo. „Wenn ich's gleich hinaufstellen tät? Die hütet unser Haus. Die schon!"

Er wälzte einen hohen Pflock herbei, und während er das Bildwerk achtsam emporhob in die Mauernische, eilte Gittli davon; sie suchte und suchte, aber sie fand nur welkende Blumen. Da sah sie das rankende Immergrün, das sich neben dem Hoftor um den Stamm der alten Ulme spann. Sie brach alle Ranken, und Haymo flocht sie um den Sockel des Bildes.

Nun standen sie wieder Seite an Seite, eines den Arm um den Hals des andern gelegt, und blickten zu dem Bild empor.

„Gelt?" flüsterte Haymo. „Die soll die ersten Blumen haben all Jahr!"

„Allweil die schönsten. Und wenn es lenzen tut, steigen wir miteinander hinauf in die Röt. Und da kann der Schnee haustief liegen. Wir holen einen Rosenstrauß herunter, gelt?"

Sie reichten sich die Hände.

Nach einer Weile sagte Haymo, tief atmend: „Komm, Schatz, wir müssen die Herren suchen! Mein Gott, sag nur, wie sollen wir so viel Guttat heimzahlen können?"

„Gelt, ja?" lispelte Gittli. Eine bessere Antwort wußte sie nicht.

Haymo sperrte die Tür und zog den Schlüssel ab. Als sie das Hoftor schon erreicht hatten, fragte Gittli: „Hast du auch richtig zugesperrt? Und zweimal umgedreht?"

„Wohl!"

„Schauen wir lieber nochmal hin!"

Sie gingen zur Tür zurück, und eins nach dem anderen rüttelte an der Klinke.

Nun machten sie sich auf den Weg. Beim Hoftor blieben sie noch lange stehen, betrachteten das Haus, und immer wieder kehrten ihre Blicke zu dem Bild über der Tür zurück.

Haymo schüttelte immer wieder den Kopf. Plötzlich zog er das Weidmesser aus der Scheide und drückte die scharfe Spitze in den Rücken seiner Hand.

„Jesus, was treibst du denn!" stammelte Gittli erschrocken.

„Spüren möcht ich, ob ich wach! Allweil mein' ich, daß ich träumen tu und müßt aufwachen mit jedem Augenblick!"

„Geh! Wie du einen ängstigen kannst!" Gittli klammerte die Arme um seinen Hals.

Er küßte sie — wieder und wieder — und schien dabei doch endlich die Überzeugung zu gewinnen, daß er völlig wach wäre.

Langsam gingen sie zwischen den Hecken dahin. Sie mußten sich dicht aneinanderschmiegen, denn der Pfad war schmal.

* *
*

Herr Heinrich hatte wahr prophezeit. Über vier Wochen hielt der neue Wildmeister Hochzeit. Pater Theophilus legte die Hände des jungen Paares ineinander; als er den Segen sprach, schwankte vor freudiger Bewegung seine Stimme, daß sie bei jedem Wort zu erlöschen drohte. Gittlis Augen waren leuchtend zu ihm emporgerichtet. Seit dem vergangenen Abend wußte sie, daß es ihr Vater war, dem sie alles Glück verdankte.

Bis auf den letzten Platz war die Kirche gefüllt. Zuvörderst im Herrenstuhl, neben Herrn Heinrich, kniete der Vogt, in dessen nicht gar feierlichem Antlitz eine merkwürdige Erregung zuckte. Er zwirbelte den dicken Schnauzbart und schielte immer wieder zu Herrn Heinrich auf. Die Hochzeit des Haymo mit der Schwester des Wolfrat hatte ihm ein Licht aufgezündet.

Als die Trauung vorüber war, wurde das junge Paar von Glückwünschenden umdrängt. Nur Seph und Wolfrat fehlten. Weshalb nur waren sie nicht gekommen?

Als einer der letzten trat Herr Schluttemann zu dem Paar. Er machte einen Bückling vor der errötenden Braut und faßte Haymos Hand. „Also Herr Wildmeister, viel Glück fürs Leben! Und einen guten Rat will ich Euch geben dazu: lügen, Herr Wildmeister, lügen müßt Ihr nimmer!"

„Herr Vogt?" fragte Haymo lachend. „Wie meint Ihr das?"

„Schon gut, schon gut! Ich weiß, was ich weiß!"

Stolz erhobenen Hauptes stapfte Herr Schluttemann davon. Er war wohl auch zum Brautmahl geladen; aber er wollte zuvor noch in der Vogtstube Nachschau halten. Als er das Kloster betrat, klangen von der Kirche herüber die Hörner der Jäger, die das junge Brautpaar mit schmetterndem Weidmannsgruß empfingen.

Herr Schluttemann fand in der Wartestube nur wenige Leute vor, die er eilig abfertigte. Schon wollte er die Vogtei verlassen, da kam noch einer mit polterndem Eilschritt herbeigerannt.

„Herr Vogt! Herr Vogt!"

Beim Klang dieser Stimme spitzte Herr Schluttemann die Ohren.

„Was? Der traut sich noch herein zu mir?"

Er runzelte die Brauen und stemmte die Fäuste in die Hüften, als er seine Vermutung bestätigt sah und den Rottmann Polzer erkannte.

Wolfrat blieb an der Tür stehen und stützte sich mit dem Einarm an den Pfosten, keuchend vom raschen Lauf, das lachende Gesicht von glitzerndem Schweiß überronnen.

„Was ist denn das schon wieder für eine Narretei?" donnerte Herr Schluttemann. „Will man vielleicht den Vogt wieder uzen? Wart nur, jetzt will ich dir aber zeigen —"

Weiter kam Herr Schluttemann nicht, denn Wolfrat, der die Worte des Vogtes gar nicht zu hören schien, sagte mit Lachen: „Herr Vogt! Nehmet nur gleich das Leutbuch her! Und schreibet hinein: wir haben ein Kindl gekriegt — ein Dirnl, Herr Vogt, ein liebes Dirnl! Blaue Äugerln hat's und bluhweiße Löcklen! Und Mariele soll's heißen — Polzer Mariele! Schreibet, Herr Vogt, schreibet! Ich muß zum Pfarrer laufen —"

Da rannte er schon davon, lachend und keuchend.

Herr Schluttemann stand noch immer mit gespreizten Beinen, die Fäuste in die Hüften gestemmt. „Natürlich!" knurrte er. „Nur allweil Kinder, allweil Kinder, daß nur die Lugenschüppel nicht minder werden auf der Welt! Aber wart nur! Du kommst mir schon wieder! Dann sollst du merken, daß ich mich nur *ein* Mal hab anschmieren lassen!" Er hob die Fäuste gegen die Stubendecke. „Ooooh! Die Menschen sind doch schlechte Leut!" Zornig riß er an der Glocke. Der Fronbot trat ein. „Geh hinüber in die Küch und nachher zum Kellermeister, laß dir einen richtigen Korb voll Freßzeug geben und einen Krug Wein — trag alles hinunter zum Rottmann Polzer und sag: Das schick ich ihm zur Kindstauf! Dem Gauner!"

Mit vollen Backen blasend, ging Herr Schluttemann auf den Schrank zu, nahm das in Schweinsleder gebundene Leutbuch heraus, schlug es bedächtig auf, tauchte brummend die Gänsefeder ein und schrieb:

„Den 26. des Anderherbst, a. d. 1338, dem Rottmann Wolfrat Polzer ein Dirnlein geboren, heißt Mariele."

„Punktum!" sagte Herr Schluttemann und spritzte die Feder aus.

Durch das offene Fenster klangen jauchzende Stimmen und die schmetternden Klänge der Jagdhörner.

[37] Theophilus = der Gottliebende.

www.ingramcontent.com/pod-product-compliance
Lightning Source LLC
Chambersburg PA
CBHW050851300426
44111CB00010B/1222